> "주님께서 그대에게 복을 내리시고
> 그대를 지켜 주시리라.
> 주님께서 그대에게 당신 얼굴을 비추시고
> 그대에게 은혜를 베푸시리라.
> 주님께서 그대에게 당신 얼굴을 들어 보이시고
> 그대에게 평화를 베푸시리라."
> (민수기 6, 24-26)

_____ 님께

_____ 드림

천지 창조의 첫 날
하느님께서 말씀하시기를 "빛이 생겨라." 하시자 빛이 생겼다.(창세 1,3)

가톨릭교회 평신도를 위한 신앙생활 길잡이 ①

가톨릭이란 어떤 종교인가요?

교리교사가 330가지 질문을 알기 쉽게 풀이한
가톨릭 교리문답

엮음 / **김 성 열** 마태오

추천 / **유 흥 식** 라자로 추기경

감수 / **이 계 창** 아우구스티노 신부

도서출판 프린트샵

한국 가톨릭교회의 상징인 현 명동 성당 내부 모습

원내 그림은 한국 가톨릭교회 신앙선조들이 명례방 공동체(明禮坊共同體)에서 종교 집회를 가지는 모습으로, 명례방 공동체(明禮坊共同體)는 한국 가톨릭교회 창설 초기인 1784년 한성(서울) 명례방(明禮坊) 마을에 있던 김범우(金範禹, 토마스, 1751-1786년)의 집에서 형성된 신앙 공동체로서 명동 성당의 뿌리라고 할 수 있다.

| 개정 증보판을 발행하면서 |

『가톨릭 교리문답 개정 증보판』을 발행하면서

김 성 열
마태오

†찬미 예수님!!!

하느님의 사랑과 은총 안에서 먼저 큰 감사의 인사 올립니다.

제가 2018년 3월에 예비 신자의 교리 교재와 신자들의 재교육용으로 조금이나마 도움이 되길 바라는 마음에서 부족하지만『가톨릭 교리문답』을 펴냈습니다. 2차에 걸쳐 15,000권을 발행하여 국내 성당과 공소, 성지, 교도소, 군부대, 가톨릭 기관 단체는 물론이고 국외 한인 성당까지 약 7천여 곳에 보급하였습니다.

저는 성사나 성경, 전례를 전공한 학자도 아니고 평신도이면서 교리교사로서, 평신도의 눈높이에서 평신도와 특히 예비 신자들을 위하여 가톨릭 교리를 알기 쉽게 그리고 정확하게 표현하고자 하였고, 그동안 제가 예비 신자들과 함께 직접 교리 공부를 하면서 가장 많은 질문을 받았던 내용과 또 이 책을 통해 각 성당에서 직접 교리 교육을 하시는 사제와 수도자, 교리교사들의 의견을 중심으로 이 책을 펴내게 되었습니다.

참고한 문헌은 한국 천주교주교회의에서 발간한『성경』,『교회 법전』,『한국 천주교 사목 지침서』,『가톨릭교회 교리서』,『한국 천주교 예비 신자 교리서』,『한국 천주교 청년 교리서』,『간추린 사회교리』,『제2차 바티칸 공의회 문헌』과『말씀으로 익히는 가톨릭교회 교리문답·정승현신부·2018년』등을 위주로 20여 차례에 걸친 전면 개정 작업을 하여『교리교사가 330가지 질문을 알기 쉽게 풀이한 가톨릭 교리문답』개정 증보판을 발행하였습니다.

이 부족한 책이 민들레 홀씨처럼 이 세상의 어느 곳에서든 퍼져 나가 하느님의 말씀과 진리와 사랑이 하느님을 모르는 이들과 예비 신자들은 물론 쉬고 있는 교우들에게 전달되어 신앙의 기쁨을 찾아 참된 행복의 길로 나아가는 기회가 되기를 바라는 마음입니다.

우리의 도움이신 성모님께 보호와 전구를 청하오며,『개정 증보판』이 책으로 나올 수 있도록 허락해 주신 대전교구장 유흥식 라자로 추기경님과 책 내용을 일일이 지도해 주신 김종수 아우구스티노 주교님, 그리고 검열해 주신 대전 교구청 신부님들께 머리 숙여 큰 감사의 말씀 올립니다. 또한 지금까지 내용을 여러 차례 꼼꼼히 감수해 주신 이계창 아우구스티노 신부님께도 감사 인사를 드리며, 그동안 출판에 수고해 주신 도서출판 프린트샵 이재승 사장님과 편집 관계자께도 깊이 감사드립니다.

"나에게 힘을 주시는 분 안에서 나는 모든 것을 할 수 있습니다" (필리 4,13)

천주교 대전교구 반석동 성당 / 김성열 마태오

| 추천사 |

"너희는 가서 모든 민족들을 제자로 삼아,
아버지와 아들과 성령의 이름으로 세례를 주고,
내가 너희에게 명령한 모든 것을 가르쳐
지키게 하여라." (마태 28,19)

유 흥 식
라자로 추기경

찬미 예수님,

마태오 형제님은 참 다양한 이력을 지닌 분이십니다. 세무사이면서 경제와 경영을 공부하시고, 학생들을 가르치는 강단에도 서셨습니다. 천주교 신자로 열심히 사시면서 본당 사목회장은 물론 교구의 재정을 돌보는 일에도 봉사해 주셨습니다. 뿐만 아니라, 늦깎이 학생이 되어 '대전가톨릭대학교 교리신학원'에서 당신 평생의 삶을 아우르는 신앙을 심화시키려 노력하셨습니다. 한순간도 소홀하게 흘려보내지 않고 부지런하고 치열하게 살아오셨기에, 마태오 형제님을 한마디로 소개하기엔 부족함이 있지만 '참 멋진 분'이십니다. 그런 땀과 노력의 열매로 김성열 마태오 형제님의 『가톨릭 교리문답』이 마침내 세상의 빛을 보게 되었습니다. 우리 가톨릭 신앙에 관심이 있는 분들이 가질 수 있는 300가지의 질문들을 뽑아 간단하고 명쾌하게 정리해 주셨습니다. 예비 신자들은 물론, 신앙을 체계적으로 알고 싶어 하는 우리 신자들에게도 많은 도움이 되리라 믿습니다.

마태오 형제님, 고생 많으셨고 앞으로도 지금처럼 하느님 안에서 치열한 신앙의 여정을 잘 걸어가시길 빕니다. 우리 한국 가톨릭교회는 마태오 형제님처럼 깨어있으려는 평신도들에 의해 시작되고 복음의 씨앗이 뿌려졌습니다. 탈렌트를 많이 받은 예수님의 제자로서 그 소중한 복음의 씨앗을 세상에서 계속 키워가고 좋은 열매 맺도록 노력해 주시길 바랍니다. 고맙습니다.

2018년 복되신 동정 마리아의 배필 성 요셉 대축일에

천주교 대전교구장 / 유흥식 라자로 추기경

| 감수사 |

『가톨릭 교리문답』을 감수하고서

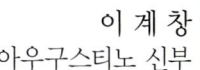
아우구스티노 신부

　우선 김성열(마태오) 회장님의 『가톨릭 교리문답』의 출판을 진심으로 축하드립니다. 제가 알기로 평신도로서 교리책을 낸다는 것 자체가 커다란 용기와 결단이 필요했을 텐데, 한마디로 장하십니다.

　1955년 제가 고등학교 2학년 때, 세례 받을 준비를 하면서 『천주교 요리 문답』 소책자를 외우던 생각이 납니다. 모두 320조목으로 되어 있었는데, 지금도 첫째 조목이 기억나네요.

　"사람이 무엇을 위하여 세상에 났느뇨?"

　"사람이 천주를 알아 공경하고 자기 영혼을 구하기 위하여 세상에 났느니라."

　이렇게 묻고 대답하는 식으로 320가지였습니다.

　저는 1967년 사제 서품을 받고, 1968년 서산 동문동 보좌 신부로 부임하여 곧바로 예비 신자 교리 강의를 시작하게 되었습니다. 그때만 해도 마땅한 교리책이 별로 없어 제가 교리를 요약하여 인쇄물로 나누어 주면서 가르쳤습니다. 그 뒤 교리를 요약한 것을 제가 『가톨릭 교리(요약)』라는 책으로 만들어 본당을 옮겨 다니면서 사용했던 일이 있습니다. 제가 사제 서품 30주년 기념으로 발행한 『하느님 내 하느님』(가톨릭출판사, 1997) 340~424쪽에 실려 있습니다.

　김성열(마태오) 회장님은 『가톨릭 교리문답』을 내시면서 가톨릭 교리를 알면 알수록 신앙이 성숙되어 하느님께 더욱 가까이 가게 된다면서, 이 책이 신자 분들의 재교육은 물론이고 가톨릭에 관심이 있는 분들께도 가톨릭을 이해하는 데 도움이 되었으면 하는 바람이라고 말씀하셨더군요. 진실로 많은 도움이 될 것입니다!

　더욱이 '한국 천주교 평신도사도직 단체 협의회' 설립 50주년을 맞아 '평신도 희년'(2017. 11. 19.~ 2018. 11. 11.)을 기념하기 위하여, 평신도의 한 사람인 우리 대전교구 김성열(마태오) 회장님이 『가톨릭 교리문답』을 냈다는데 더 큰 의의(意義)가 있다고 생각합니다. 정말 수고 많으셨습니다.

천주교 대전교구 원로사목자 / 이계창 아우구스티노 신부

| 머리말 |

『가톨릭 교리문답』을 펴내며

김 성 열
마태오

　우리 가톨릭 신자 분들은 대부분 세례를 받을 때에 가톨릭 교리를 공부한 이후로는 특별히 교리 공부를 하는 경우가 많지 않습니다. 그러나 교리 공부를 통해 가톨릭 교리를 제대로 알면 알수록 그만큼 신앙이 바르게 성숙되어 하느님께 더욱더 가까이 다가가게 되므로, 가톨릭 교리 공부를 더 열심히 해야 한다고 생각합니다.

　더군다나 요즈음 가톨릭 교리를 제대로 이해하지 못한 채 신앙생활을 하는 우리들을 늘 유혹하여 혼란에 빠뜨리거나 아예 가톨릭 신앙을 버리게끔 하는 일련의 사태를 보더라도, 우리들이 생명처럼 귀하게 여기고 있는 가톨릭 신앙은 반드시 지켜야 한다는 생각입니다.

　마침 올해는 한국 천주교 평신도사도직 단체 협의회가 설립 50주년을 맞아 교황청에서 승인한 평신도 희년의 해를 보내면서, 한국 천주교회가 평신도 스스로 복음의 진리를 찾아 이룩한 자생 교회라는 사실과, 이에 걸맞은 평신도의 역할과 중요성을 다시금 돌아볼 수 있는 좋은 기회라 생각됩니다.

　이런 점을 감안하여 제가 기존의 여러 가톨릭 교리서를 살펴보면서, 특히 박도식 신부님의 저서인 〔무엇하는 사람들인가?〕와 〔가톨릭교회 교리서〕를 중점적으로 참조하여, 핵심적인 가톨릭 교리에 관한 질문에 답하는 형식으로 알기 쉽게 풀어서 정리한 『가톨릭 교리문답』을 펴내게 되었습니다.

　따라서 이 〔가톨릭 교리문답〕이 가톨릭에 처음으로 입문하는 예비 신자와, 신앙생활을 하고 있는 가톨릭 신자 분들의 재교육은 물론이고, 가톨릭에 관심이 있는 분들께도, 가톨릭을 이해하는데 조금이나마 도움이 되었으면 하는 바람입니다.

　한편 2012년 한국 천주교 주교회의 춘계 정기총회에서 승인된 〔한국 천주교 가정 제례 예식서〕를 부록으로 첨부하니, 우리 가톨릭 신자 분들이 가정에서 기일 제사와 명절 차례 지내실 때 유용하게 활용하시기 바랍니다.

　이 부족한 글이 책으로 출판될 수 있도록 허락해 주시고 추천서까지 써주신 대전교구 유흥식 라자로 추기경님께 감사의 인사를 올립니다. 아울러 감수를 해 주신 이계창 아우구스티노 신부님께도 감사드리며, 또한 이 책이 나오기까지 처음부터 끝까지 수고해 주신 관계자 여러분께도 감사의 인사를 드립니다.

천주교 대전교구 반석동 성당 / 김성열 마태오

| 목차 |

개정 증보판을 발행하면서 ·················· 5
추천사 ································· 6
감수사 ································· 7
머리말 ································· 8

[목차 참고 사항]
흑색 : 당초 발행분과 동일.
녹색 : 답변 보완.
청색 : 새로운 질문·답변 항목.

PART

가톨릭 교리 기본입문

| Q 1 | 십자 성호(성호경)는 어떤 의미를 가지나요? ················· 25
| Q 2 | 가톨릭(Catholic)이란 말은 무슨 뜻인가요? ················· 25
| Q 3 | 종교(宗敎·Religion)란 무엇인가요? ····················· 25
| Q 4 | 인간의 근본을 하느님 안에서 찾는 참된 종교가 되려면 어떤 조건이 필요한가요? ··· 26
| Q 5 | 우리 인간이 갖고자 하는 종교적인 삶이란 어떤 것인가요? ········· 27
| Q 6 | 우리 인간이 신앙을 가져야 하는 이유는 무엇인가요? ············ 27
| Q 7 | 우리가 올바른 신앙인이 되려면 어떤 결단이 필요한가요? ·········· 28
| Q 8 | 인간의 영혼(靈魂)이란 무엇인가요? ···················· 29
| Q 9 | 인간에게 영혼(靈魂)이 있다는 것을 어떻게 알 수 있나요? ········· 30
| Q 10 | 인간의 영혼(靈魂)은 왜 죽지 않나요? ··················· 30
| Q 11 | 신앙과 과학은 어떻게 다른가요? ······················ 30
| Q 12 | 과학만으로 인간의 모든 것을 해결할 수 있나요? ·············· 31
| Q 13 | 진화론에 대한 가톨릭교회의 입장은 무엇인가요? ·············· 32
| Q 14 | 계시(啓示)란 무엇인가요? ·························· 32
| Q 15 | 사적 계시(私的啓示)는 우리에게 어떤 가치를 지니나요? ·········· 33
| Q 16 | 계시 종교(啓示宗敎)와 자연 종교(自然宗敎)의 다른 점은 무엇인가요? ··· 34
| Q 17 | 가톨릭(Catholic)이란 어떤 종교인가요? ·················· 34

Q 18	가톨릭교회란 어떤 곳이며, 그 특성을 설명해보세요.	34
Q 19	가톨릭교회의 교계 제도와 우리 한국 가톨릭교회의 전래(傳來)와 특징(特徵)을 말해보세요.	35
Q 20	성당은 무엇이고, 성당 안에서 특별한 장소는 어디인가요?	37
Q 21	교회(敎會)와 성당(聖堂)은 어떻게 다른가요?	37
Q 22	교구와 본당과 공소를 설명해보세요.	38
Q 23	미사(Missa)는 무엇이고 개신교 예배와는 무엇이 다른가요?	39
Q 24	미사 예식에 대해 설명해보세요.	40
Q 25	성경이란 무엇인가요?	42
Q 26	구약의 의미와 구약 성경에 대해 설명해보세요.	43
Q 27	신약의 의미와 신약 성경에 대해 설명해보세요.	44
Q 28	성전(聖傳·Tradition)이란 무엇인가요?	45
Q 29	성령의 감도(感導)란 무엇인가요?	45
Q 30	우리는 성경을 어떻게 읽고 해석해야 하나요?	45
Q 31	4복음서는 무엇인가요?	46
Q 32	성경은 모두 몇 권인가요?	46
Q 33	가톨릭교회와 다른(이웃) 종교와의 관계는 어떠한가요?	47
Q 34	개신교 신앙과 가톨릭 신앙의 차이점은 무엇인가요?	48
Q 35	가톨릭 신자도 제사(祭祀·祭禮)를 지낼 수 있나요?	50
Q 36	가톨릭교회에서 가르치는 성모님에 관한 교리는 무엇인가요?	51
Q 37	인류 역사 안에 오신 예수 그리스도께서는 어떤 분이신가요?	51
Q 38	예수 그리스도에 관한 상징적인 표시들과 용어를 설명해보세요.	53
Q 39	천사는 무엇인가요?	54
Q 40	우리 인간은 하늘에 있는 천사들과 어떤 관계를 맺을 수 있나요?	55
Q 41	악마는 무엇인가요?	55
Q 42	우리의 신앙 고백을 끝맺는 '아멘'은 무슨 뜻인가요?	56

PART 2 하느님과 인간

Q 43	하느님은 어떤 분이신가요?	59
Q 44	구약 성경 창세기에 기록된 하느님의 천지 창조에 관한 내용은, 어떤 의미가 있나요?	59
Q 45	구약 성경 창세기에 기록된 하느님의 첫 번째 창조 이야기를 통해, 우리 인간에게 어떤 내용을 가르치고 계시나요?	60
Q 46	구약 성경 창세기에 기록된 하느님의 두 번째 창조 이야기를 통해, 우리 인간에게 어떤 내용을 알려주고 계시나요?	60
Q 47	하느님께서 전능하시다는 것은 무슨 뜻인가요?	61
Q 48	하느님께서 우주를 창조하신 목적은 무엇인가요?	61
Q 49	최초에 하느님께서 창조하신 아담과 하와는 누구인가요?	62
Q 50	인간이 하느님의 모상으로 창조되었다는 말은 무슨 뜻인가요?	62
Q 51	원죄(原罪)란 무엇인가요?	63
Q 52	원죄로 인하여 하느님을 떠난 인간의 처지는 어떠했나요?	63
Q 53	하느님께서 인간에게 구원에 대한 약속과 희망을 주셨는데, 그 의미는 무엇인가요?	64
Q 54	하느님께서 하신 세상과 인류 구원 계획은 누구를 통하여 성취하셨나요?	64
Q 55	인간은 무엇을 위해 사나요?	65
Q 56	왜 하느님은 죄 짓는 인간을 창조하셨나요?	65
Q 57	하느님의 전능하심과 인간의 고통과 악에 대해 설명해보세요.	66
Q 58	하느님께서 우리 인간을 창조하신 이유와 우리 인간이 하느님을 찾는 이유는 무엇인가요?	67
Q 59	우리 인류에 대한 하느님의 계획은 무엇인가요?	68
Q 60	하느님께서는 우리 인간에게 어떤 방법으로 당신을 충만하게 드러내 보이시나요?	68
Q 61	우리 인간이 하느님께 기도하고 청해야 하는 이유는 무엇인가요?	69
Q 62	우리 인간이 하느님을 믿는다는 것은 무엇을 뜻하나요?	69

PART 3

예수 그리스도와 신앙

Q 63	예수 그리스도란 무엇을 뜻하나요?	73
Q 64	12월 25일은 무슨 날인가요?	73
Q 65	예수 그리스도께서는 언제 어디서 탄생하셨나요?	74
Q 66	예수 그리스도의 탄생은 우리 신앙에서 어떤 의미를 가지나요?	74
Q 67	예수 그리스도께서 탄생하셨을 때 그분을 찾아 온 사람들은 누구인가요?	74
Q 68	예수 그리스도의 어머니는 누구신가요?	74
Q 69	요셉은 예수 그리스도와 어떤 관계가 있는 분인가요?	75
Q 70	헤로데의 흉계를 모면하기 위해 예수 그리스도께서는 어디로 피신하셨나요?	75
Q 71	예수 그리스도께서는 세상에서 몇 년이나 사셨나요?	75
Q 72	예수 그리스도께서 행하신 기적을 몇 가지 말해보세요.	75
Q 73	예수 그리스도의 최후의 만찬에서는 어떤 일이 있었나요?	76
Q 74	예수 그리스도께서는 무슨 이유로, 어떻게 돌아가셨나요?	76
Q 75	예수 그리스도의 죽음은 우리 신앙에서 어떤 의미를 가지나요?	77
Q 76	예수 그리스도께서 돌아가신 후 3일 만에 무슨 일이 있었나요?	77
Q 77	예수 그리스도의 부활은 우리 신앙에서 어떤 의미를 가지나요?	77
Q 78	예수 그리스도의 승천(昇天)이란 무엇인가요?	78
Q 79	예수 그리스도께서 가르치신 하느님 나라는 무엇인가요?	78
Q 80	예수 그리스도의 십자가는 우리에게 어떤 교훈을 주나요?	79
Q 81	예수 그리스도께서는 왜 우리에게 자기 십자가를 지고 따르라고 하시나요?	79
Q 82	예수 그리스도께서 십자가 위에서 하신 말씀은 무엇인가요?	79
Q 83	예수 그리스도의 사랑에 대해 말해보세요.	80
Q 84	예수 그리스도께서 바라시는 그리스도인의 소명은 무엇인가요?	81
Q 85	예수 그리스도께서 이루신 구원이란 말의 뜻은 무엇인가요?	81
Q 86	예수 그리스도께서는 왜 하필이면 십자가를 통해서 우리를 구원하셨나요?	82
Q 87	죄로 잃은 은총을 다시 찾아 주시기 위해 예수 그리스도는 어떤 대가를 치르셨나요?	82
Q 88	유다인들이 생각하는 구세주는 어떤 구세주인가요?	82

Q 89	예수 그리스도의 가장 중요한 가르침은 무엇인가요?	83
Q 90	예수 그리스도의 복음 선포는 어떤 의미가 있나요?	83
Q 91	돌아가신 예수 그리스도께서 저승에 가신 이유는 무엇인가요?	84
Q 92	예수 그리스도의 제자 중에 한 사람인 유다는 왜 예수 그리스도를 배반하였나요?	85
Q 93	삼위일체 신비에 대한 가톨릭교회의 교리를 설명해보세요.	86
Q 94	인류 구원 역사에서 드러난 삼위일체에 대해 설명해보세요.	87
Q 95	성경이 전해주는 삼위일체는 어떤 내용이 있나요?	87
Q 96	삼위께서 이루시는 사랑의 친교란 무엇인가요?	88
Q 97	삼위일체 신앙에 대한 교회의 신앙 고백과 그 의미는 무엇인가요?	89
Q 98	신경(信經)이란 무엇이며, 가장 중요한 신경들은 어떤 것인가요?	89
Q 99	사도전승(使徒傳承)이란 무엇인가요?	92
Q 100	파스카(Pascha)란 말은 무슨 뜻인가요?	92

PART 4

가톨릭교회와 일곱 성사

Q 101	교회의 창립일은 언제인가요?	95
Q 102	예수 그리스도께서 교회를 세우신 이유는 무엇인가요?	95
Q 103	예수 그리스도의 신비체란 무엇인가요? 성경 구절과 함께 설명해보세요.	95
Q 104	교회의 사명(使命)은 무엇인가요?	96
Q 105	선교(宣敎)는 교회의 본질적인 사명인가요?	96
Q 106	교회를 하느님의 백성이라고 부르는 이유는 무엇인가요?	98
Q 107	교회를 그리스도의 몸이며, 성령께서 머물러 계시는 성전이라고 하는데 그 의미는 무엇인가요?	98
Q 108	하나의 일치된 교회를 이루기 위해서 우리는 어떻게 해야 하나요?	99
Q 109	가톨릭교회와 유다 민족은 어떤 관계인가요?	100
Q 110	루터의 소위 종교 개혁은 정당했나요?	100
Q 111	우리에게 생명을 주시는 성령(聖靈)은 어떤 분이신가요?	101

Q 112	성령 강림이란 무엇인가요?	102
Q 113	성령의 은혜란 무엇인가요?	102
Q 114	성부 하느님과 성자 예수 그리스도와 함께 활동하시는 성령(聖靈)을 우리는 어떻게 알 수 있나요?	103
Q 115	은총(恩寵)이란 무엇이며, 은총을 통해 우리는 어떤 일을 할 수 있나요?	104
Q 116	상존 은총(常存恩寵·gratia habitualis·생명의 은총)은 무엇인가요?	105
Q 117	조력 은총(助力恩寵·gratia actualis·도움의 은총)은 무엇인가요?	105
Q 118	우리는 어떻게 우리에게 잘못한 이를 용서할 수가 있나요?	106
Q 119	성사(聖事)란 무엇인가요?	107
Q 120	예수 그리스도께서 하느님의 성사(聖事)라고 하는 이유는 무엇인가요?	107
Q 121	교회를 그리스도의 성사(聖事)라고 하는 의미는 무엇인가요?	108
Q 122	교회의 일곱 성사의 이름과 성사의 효과에 대해 설명해보세요.	108
Q 123	예수 그리스도께서 일곱 성사를 세우신 이유는 무엇인가요?	109
Q 124	세례성사의 의미와 그 효과에 대해 설명해보세요.	110
Q 125	세례성사의 집전자는 누구이며, 세례성사를 받기 위한 준비는 무엇이 필요하나요?	110
Q 126	세례 때 물을 쓰는 이유는 무엇인가요?	111
Q 127	우리가 세례 때 세례명을 정하는 이유는 무엇인가요?	111
Q 128	세례 받을 때에 대부·대모란 무엇이며, 왜 대부·대모를 세우나요?	112
Q 129	개신교에서 세례를 받았는데 가톨릭교회에서 세례를 또 다시 받아야 하나요?	112
Q 130	가톨릭 신자 가정에서 자녀가 태어나면 어떻게 해야 하나요?	113
Q 131	우리가 세례를 받은 후 시련이 닥치면 어떻게 해야 하나요?	113
Q 132	임종 대세란 무엇이며, 이에 필요한 기본 교리를 말해보세요.	114
Q 133	견진성사의 의미와 그 효과에 대해 설명해보세요.	114
Q 134	견진성사의 예식에 대해 말해보세요.	115
Q 135	견진성사를 받을 자와 집전자는 누구이며, 견진성사의 은혜는 무엇이 있나요?	115
Q 136	견진성사를 '도유 성사'라고도 하는데 그 이유는 무엇인가요?	116
Q 137	성사의 인호(印號)란 무엇인가요?	116
Q 138	성체성사의 의미와 그 효과에 대해 설명해보세요.	117
Q 139	성체성사에 관한 성경 말씀의 예고는 어떤 내용이 있나요?	117
Q 140	성체성사에 대한 예수 그리스도의 말씀을 말해보세요.	118

Q 141	예수 그리스도께서 "이는 내 몸이다", "이는 내 피다" 하신 말씀은 무슨 뜻인가요?	118
Q 142	예수 그리스도께서 "나를 기억하여 이를 행하여라." 하신 말씀은 무엇을 뜻하나요?	119
Q 143	거양 성체란 무엇인가요?	119
Q 144	미사의 네 가지 목적은 무엇인가요?	119
Q 145	미사의 은혜를 세 가지로 나누어 설명해보세요.	119
Q 146	미사 예물이란 무엇인가요?	120
Q 147	미사 중에 바치는 주님의 기도 후에는 왜 '아멘'을 하지 않나요?	120
Q 148	미사 전례 예식 중에 사제가 입는 제의 색깔은 무슨 의미를 담고 있나요?	121
Q 149	가톨릭 미사 전례 중에 사용하는 노래와 음악의 합당한 기준은 무엇인가요?	122
Q 150	우리가 성당에 들어갈 때 성수(聖水)를 찍어 십자 성호를 긋는 이유는 무엇인가요?	122
Q 151	전례(典禮)란 무슨 뜻이며, 제2차 바티칸 공의회 이후 미사 전례가 어떻게 바뀌었나요?	123
Q 152	가톨릭교회의 전례주년에 대하여 설명해보세요.	124
Q 153	가톨릭교회 안에서의 시간 전례란 무엇인가요?	126
Q 154	영성체(領聖體·Communion)는 무엇이며, 어떻게 성체를 받아 모셔야 하나요?	127
Q 155	성경에 성체를 받아 먹으라는 말이 있나요?	128
Q 156	영성체를 하기 위해서는 어떻게 준비해야 하나요?	128
Q 157	가톨릭교회에서 거행되는 미사 중에 사용되는 성찬례의 재료는 무엇인가요?	129
Q 158	양형 영성체(兩形領聖體)란 무엇인가요?	130
Q 159	공복재(空腹齋·Eucharistic fast)는 무엇인가요?	130
Q 160	신령성체(神領聖體)와 모령성체(冒領聖體)는 무엇인가요?	131
Q 161	성체 조배(聖體朝拜)는 무엇인가요?	132
Q 162	십자가 제사와 미사성제의 의미는 무엇인가요?	132
Q 163	노자 성체(路資聖體)와 병자 영성체(病者領聖體·봉성체)는 무엇인가요?	132
Q 164	첫영성체란 무엇인가요?	133
Q 165	고해성사의 의미와 그 효과에 대해 설명해보세요.	133
Q 166	예수 그리스도께서 교회에 사죄권(赦罪權)을 주신 것에 대해 말해보세요.	134
Q 167	고해성사를 받기 위한 합당한 준비는 무엇인가요?	134
Q 168	세례 받은 이들은 회개할 필요가 있나요?	135
Q 169	세례를 받은 뒤에 고해성사가 왜 필요한가요?	135
Q 170	왜 소죄도 고해성사 고백의 대상이 될 수 있나요?	136

Q 171	고백을 듣는 고해사제는 고해의 비밀을 누설할 수 있나요?	136
Q 172	고해소에 들어가서 하는 절차를 말해보세요.	137
Q 173	어떤 경우에 일괄 고백과 집단 사죄의 고해성사가 거행될 수 있나요?	137
Q 174	보속(補贖)은 무엇인가요?	138
Q 175	남에게 끼친 손해를 보상하지 않고도 고해성사를 받을 수 있나요?	139
Q 176	보속(補贖)하는 방법에 대해 말해보세요.	139
Q 177	대사(大赦)란 무엇인가요?	139
Q 178	대사(大赦)는 누가 주나요?	140
Q 179	대사(大赦)에는 몇 가지 종류가 있나요?	140
Q 180	전대사(全大赦)란 무엇인가요?	140
Q 181	전대사(全大赦)를 받기 위한 조건이란 무엇인가요?	140
Q 182	한대사(限大赦)란 무엇인가요?	140
Q 183	대사(大赦)는 누구에게 양도할 수 있나요?	141
Q 184	성교회의 보고(寶庫)란 무엇인가요?	141
Q 185	모든 성인의 통공(通功)이란 무엇인가요?	141
Q 186	성년(聖年 · Holy Year)이란 무엇인가요?	143
Q 187	병자성사의 의미와 그 효과에 대해 설명해보세요.	143
Q 188	병자성사 예식에 대해 설명해보세요.	144
Q 189	성품성사의 의미와 그 효과에 대해를 설명해보세요.	144
Q 190	성품성사를 통해 받은 사제들의 직무 사제직에 대해 설명해보세요.	145
Q 191	성품성사의 세 품계(品階)에 대해 설명해보세요.	145
Q 192	사제가 되려면 어떤 조건과 과정을 갖추어야 하나요?	146
Q 193	가톨릭 사제가 독신 생활을 하는 이유는 무엇인가요?	147
Q 194	사제(司祭)는 사제 고유의 직무를 어떤 권위로, 어떻게 수행하나요?	147
Q 195	부제 서품(副祭敍品)의 효과는 무엇인가요?	148
Q 196	서원(誓願)은 무엇인가요?	148
Q 197	혼인성사의 의미와 그 효과에 대해 설명해보세요.	148
Q 198	혼인의 목적과 특성에 대해 설명해보세요.	149
Q 199	혼인성사 예식에 대해 설명해보세요.	150

Q 200	혼인에 관해 명하는 것은 무엇인가요?	150
Q 201	남자와 여자에 대한 하느님의 계획은 어떠한가요?	150
Q 202	혼인 공시는 무엇인가요?	151
Q 203	비신자와 혼인한 가톨릭 신자에게는 무슨 의무(義務)가 주어지나요?	151
Q 204	이혼 후 재혼한 가톨릭 신자들도 성사 생활을 할 수 있나요?	152
Q 205	혼인 장애(조당)는 무엇이며, 바오로 특전이란 무엇인가요?	153
Q 206	가톨릭교회는 부부의 별거 생활을 언제 허락하나요?	157
Q 207	결혼 후 부부가 자녀가 없을 때 무엇을 할 수 있나요?	157
Q 208	준성사는 무엇인가요? 그 예를 들어보세요.	157
Q 209	준성사와 성사는 어떻게 다른가요?	158
Q 210	준성사인 축복(祝福)과 축성(祝聖)과 구마(驅魔)는 무엇인가요?	159
Q 211	신앙인은 기도하는 사람이라고 하는데, 그 의미는 무엇인가요?	160
Q 212	신앙인의 올바른 기도의 자세는 어떠해야 하나요?	161
Q 213	기도는 언제 해야 하나요?	162
Q 214	기도의 형태는 몇 가지이며, 그 중에 소리(염경) 기도란 무엇인가요?	162
Q 215	묵상 기도와 관상 기도는 무엇인가요?	163
Q 216	묵주 기도는 무엇인가요?	163
Q 217	삼종 기도는 무엇인가요?	164
Q 218	화살 기도는 무엇인가요?	164
Q 219	우리가 늘 주님께 바치는 '주님의 기도'의 기원과 내용은 무엇인가요?	164
Q 220	베드로는 어떤 사람인가요?	165
Q 221	베드로의 수위권에 대한 예수 그리스도의 말씀은 무엇인가요?	166
Q 222	예수 그리스도께서 베드로에게 천국의 열쇠를 주셨다는 것은 무슨 뜻인가요?	166
Q 223	교황은 어떤 분이시고, 어떻게 선출되나요?	166
Q 224	교황이 삼중관(三重冠·Tiara Papale)을 쓰는 이유는 무엇인가요?	167
Q 225	성품권(聖品權)을 설명해보세요.	168
Q 226	통치권(統治權)을 설명해보세요.	168
Q 227	교도권(敎導權)을 설명해보세요.	169
Q 228	교황의 무류성(無謬性)이란 무엇인가요?	169

Q 229	교황은 어디에 계시나요?	170
Q 230	추기경은 어떤 분인가요?	170
Q 231	성직자들이 수단과 로만 칼라를 입는 이유는 무엇인가요?	170
Q 232	공의회(公議會)는 무엇인가요?	171
Q 233	공의회(公議會)와 시노드(synod)는 어떻게 다른지 비교 설명해보세요.	171
Q 234	교적이란 무엇인가요?	172

PART 5
하느님의 지킬 계명과 그리스도인의 삶

Q 235	하느님 없는 윤리 도덕의 맹점은 무엇인가요?	175
Q 236	우리 인간의 마음속에 존재하는 양심(良心)이란 무엇인가요?	175
Q 237	십계명은 누가 어디서 누구에게서 받은 것인가요?	176
Q 238	십계명은 무엇이며, 우리가 십계명을 지키며 살 수가 있나요?	176
Q 239	십계명 중 보상의 의무가 따르는 계명은 무엇인가요?	177
Q 240	첫째 계명이 명하는 것은 무엇인가요?	177
Q 241	첫째 계명에서 금하는 것은 무엇인가요?	178
Q 242	둘째 계명의 내용은 무엇인가요?	178
Q 243	셋째 계명의 내용은 무엇인가요?	179
Q 244	넷째 계명이 명하는 것은 무엇인가요?	180
Q 245	다섯째 계명이 금하는 것은 무엇인가요?	181
Q 246	여섯째 계명이 금하는 것은 무엇인가요?	181
Q 247	일곱째 계명이 금하는 것은 무엇인가요?	182
Q 248	여덟째 계명이 금하는 것은 무엇인가요?	182
Q 249	아홉째 계명이 금하는 것은 무엇인가요?	183
Q 250	열째 계명이 금하는 것은 무엇인가요?	184
Q 251	흠숭(欽崇)과 공경(恭敬)의 내용은 어떻게 다른가요?	185
Q 252	가톨릭교회에서는 성모 마리아를 교회의 어머니로 공경(恭敬)하는 이유는 무엇인가요?	185

Q 253	성모 마리아나 성인들에게 바치는 기도와, 하느님께 바치는 기도의 차이는 무엇인가요?	186
Q 254	과연 성모 마리아께서는 예수 그리스도의 형제·누이들을 낳으셨나요?	186
Q 255	성모 마리아께서는 실제로 우리를 도우실 수 있나요?	187
Q 256	부모로서 지녀야 할 자녀들에 대한 참된 사랑은 무엇인가요?	187
Q 257	자녀가 부모에게 해야 할 의무는 무엇인가요?	188
Q 258	주일학교는 무엇인가요?	188
Q 259	안식일(토요일) 대신 일요일이 주일이 된 이유는 무엇인가요?	188
Q 260	주일 미사 참례를 못할 때는 어떻게 해야 하나요?	189
Q 261	주일에 해야 하는 것과 하지 말아야 하는 것은 무엇인가요?	189
Q 262	주일 헌금과 교무금에 대해서 명하는 것은 무엇인가요?	190
Q 263	봉헌금에 대한 가톨릭 신자들의 의무와 십일조란 무엇인가요?	190
Q 264	의무 축일은 무엇이며, 한국 가톨릭 신자가 지켜야 하는 의무 축일은 어느 것인가요?	192
Q 265	의무 축일인 성모 승천 대축일이란 무슨 날인가요?	192
Q 266	재의 수요일이란 우리에게 어떤 의미를 주나요?	193
Q 267	사순 시기란 어떤 시기인가요?	193
Q 268	고해성사와 영성체에 대해 명하는 것은 무엇인가요?	194
Q 269	금식재와 금육재는 누가 어떻게 지키는 것인가요?	194
Q 270	판공성사란 무엇인가요?	195
Q 271	죄란 무엇인가요?	195
Q 272	우리 영혼의 원수는 무엇인가요?	196
Q 273	대죄와 소죄는 어떻게 구별되나요?	197
Q 274	칠죄종(七罪宗)에 대하여 설명해보세요.	197
Q 275	미신 행위가 죄가 되는 이유는 무엇인가요?	197
Q 276	덕이란 무엇인가요?	198
Q 277	향주 삼덕(向主三德)이란 무엇인가요?	198
Q 278	신덕(信德)은 무엇인가요?	200
Q 279	망덕(望德)을 거스르는 죄는 어떤 것인가요?	201
Q 280	향주 삼덕 중 첫째가는 애덕(愛德)은 무엇이며, 그 이유는 무엇인가요?	201
Q 281	사추덕(四樞德)이란 무엇인가요?	202

Q 282	복음 삼덕(福音三德)은 무엇인가요?	202
Q 283	세례성사를 통해 하느님의 자녀가 된 우리 그리스도인들은 어떠한 삶을 살아야 하나요?	203
Q 284	우리 그리스도인들은 하느님의 법(=자연법)을 어떻게 알아서 지킬 수 있나요?	203
Q 285	성경 말씀을 통해서 우리 그리스도인들에게 전달되는 삶의 규범과 윤리적 가르침은 무엇인가요?	204
Q 286	우리 그리스도인들은 실정법과 교회법을 모두 지켜야 할 의무가 있나요?	205
Q 287	모든 그리스도인들의 일치를 이루기 위하여 우리는 어떻게 해야 하나요?	206
Q 288	우리는 비가톨릭 그리스도인들을 어떻게 이해해야 하나요?	206
Q 289	오늘날 가톨릭 신자들이 가지는 기복적 신앙과 미신적 행위는 어떤 모습인가요?	207
Q 290	오늘날 우리 인간 생명을 경시하는 심각한 현상은 무엇이 있나요?	209
Q 291	동성애자(同姓愛者)에 대한 가톨릭교회의 입장은 무엇인가요?	211
Q 292	사람은 동물을 어떻게 대해야 하나요?	212
Q 293	우리 그리스도인들에게 가난한 이들은 어떤 의미인가요?	213
Q 294	청소년 성교육에 대한 가톨릭교회의 가르침은 무엇인가요?	213
Q 295	노동은 인간에게 어떤 의미를 가지나요?	214
Q 296	진정한 지상 세계의 평화란 무엇을 말하나요?	214
Q 297	교회는 사회 문제에 대해 언제, 어떻게 개입하나요?	215
Q 298	가톨릭은 여성을 차별하는 종교인가요?	215
Q 299	가톨릭교회에서는 사람들의 불평등함을 어떻게 보고 있나요?	216
Q 300	가톨릭의 교리 교육에 관하여 교회법에서는 무엇을 가르치고 있나요?	217
Q 301	가톨릭교회 안에서 성화상(聖畵像·거룩한 그림과 조각)은 어떤 의미를 지니나요?	218
Q 302	오늘날 지구상의 심각한 기후 변화에 대한 그리스도인의 책임은 무엇인가요?	219
Q 303	평신도 사도직(平信徒使徒職)이란 무엇인가요?	220
Q 304	평신도에게 주어지는 성체 분배권은 어디에 근거를 두고 행하나요?	221
Q 305	가톨릭교회의 특별 봉사자인 비정규직 성체분배권자의 삶은 어떠해야 하나요?	223
Q 306	참된 가톨릭 신자가 되려면 어떻게 해야 하나요?	223
Q 307	가톨릭 신자들의 가정생활은 어떤 모습이어야 하나요?	224
Q 308	가톨릭 사회교리에 맞는 그리스도인들의 경제생활은 어떤 모습이어야 하나요?	225
Q 309	가톨릭 사회교리에 맞는 그리스도인들의 사회생활은 어떤 모습이어야 하나요?	226

PART 6 그리스도인의 영원한 생명

- Q 310 그리스도교적인 죽음과 영원한 생명에 대해 설명해보세요. ····· 233
- Q 311 하느님의 피조물인 인간은 무엇을 가장 열망하고 사나요? ····· 234
- Q 312 하느님 나라에 들어가려면 우리가 먼저 무엇을 해야 하나요? ····· 234
- Q 313 예수 그리스도께서 가르치신 하느님 나라의 참 행복은 어떤 것인가요? ····· 235
- Q 314 공로(功勞)는 무엇이며, 어떻게 닦을 수 있나요? ····· 237
- Q 315 주님이신 예수 그리스도께서는 지금 이 세상을 어떻게 다스리고 계시나요? ····· 237
- Q 316 예수 그리스도께서는 산 이와 죽은 이를 어떻게 심판하시나요? ····· 238
- Q 317 죽음으로 우리의 육신과 영혼에는 무슨 일이 일어나나요? ····· 238
- Q 318 개별 심판(私審判·사심판)이란 무엇인가요? ····· 239
- Q 319 최후의 심판이란 무엇이며, 언제 일어나나요? ····· 240
- Q 320 최후의 심판에 따른 하느님 나라의 완성이란 어떤 의미인가요? ····· 241
- Q 321 우리들은 우리 자신의 육신에 대하여 어떤 의무를 지나요? ····· 241
- Q 322 육신 부활이란 무엇인가요? ····· 242
- Q 323 천국(天國·Heaven)이란 어떤 곳인가요? ····· 243
- Q 324 지옥(地獄·Hell)이란 어떤 곳인가요? ····· 243
- Q 325 연옥(煉獄·Purgatorium)이란 어떤 곳인가요? ····· 244
- Q 326 죽은 사람 앞에 명복(冥福)을 빈다는 것은 무엇을 뜻하나요? ····· 245
- Q 327 하느님은 사랑이신데 어떻게 지옥이 존재할 수 있나요? ····· 245
- Q 328 가톨릭교회 안에서 죽은 이들을 위한 기도란 어떤 의미를 가지고 있나요? ····· 245
- Q 329 위령 기도(연도)는 무엇인가요? ····· 246
- Q 330 가톨릭교회에서의 장례 예식은 무엇을 표현하며, 가톨릭 신자들도 화장(火葬)을 할 수 있나요? ····· 246

부록 1 새 영세자를 위한 신앙생활 길잡이 (2018년, 이기정) ····· 249
부록 2 한국 천주교와 이웃 종교 (2019년, 한국천주교중앙협의회) ····· 281
부록 3 가톨릭 주요 기도문 (2018년, 한국천주교중앙협의회) ····· 309
부록 4 한국 천주교 가정 제례 예식서 (2018년, 한국천주교중앙협의회) ····· 333
참고문헌 ····· 350

최후의 만찬 (레오나르도 다빈치, 1495-1498년 제작, 템페라, 이탈리아 밀라노, 산타마리아)

최후의 만찬은 12사도와 이별하는 만찬에 있어서 주(主)의 배신자를 지적하시는 모습과 성찬례를 제정하시는 내용으로 "그들이 음식을 먹고 있을 때에 예수님께서 빵을 들고 찬미를 드리신 다음, 그것을 떼어 제자들에게 주시며 말씀하셨다. '받아 먹어라. 이는 내 몸이다.' 또 잔을 들어 감사를 드리신 다음 제자들에게 주시며 말씀하셨다. '모두 이 잔을 마셔라. 이는 죄를 용서해 주려고 많은 사람을 위하여 흘리는 내 계약의 피다.'"
(마태 26,26-28) (색보정 : 이인선 요한)

제자들의 발을 씻어 주시다

식탁에서 일어나시어 겉옷을 벗으시고 수건을 들어 허리에 두르셨다. 그리고 대야에 물을 부어 제자들의 발을 씻어 주시고, 허리에 두르신 수건으로 닦기 시작하셨다. 예수님께서는 제자들의 발을 씻어 주신 다음, 겉옷을 입으시고 다시 식탁에 앉으셔서 그들에게 이르셨다. "내가 너희에게 한 일을 깨닫겠느냐? 주님이며 스승인 내가 너희의 발을 씻었으면, 너희도 서로 발을 씻어 주어야 한다. 내가 너희에게 한 것처럼 너희도 하라고, 내가 본을 보여 준 것이다."
(요한 13,4-15)

PART *1*

가톨릭 교리 기본입문

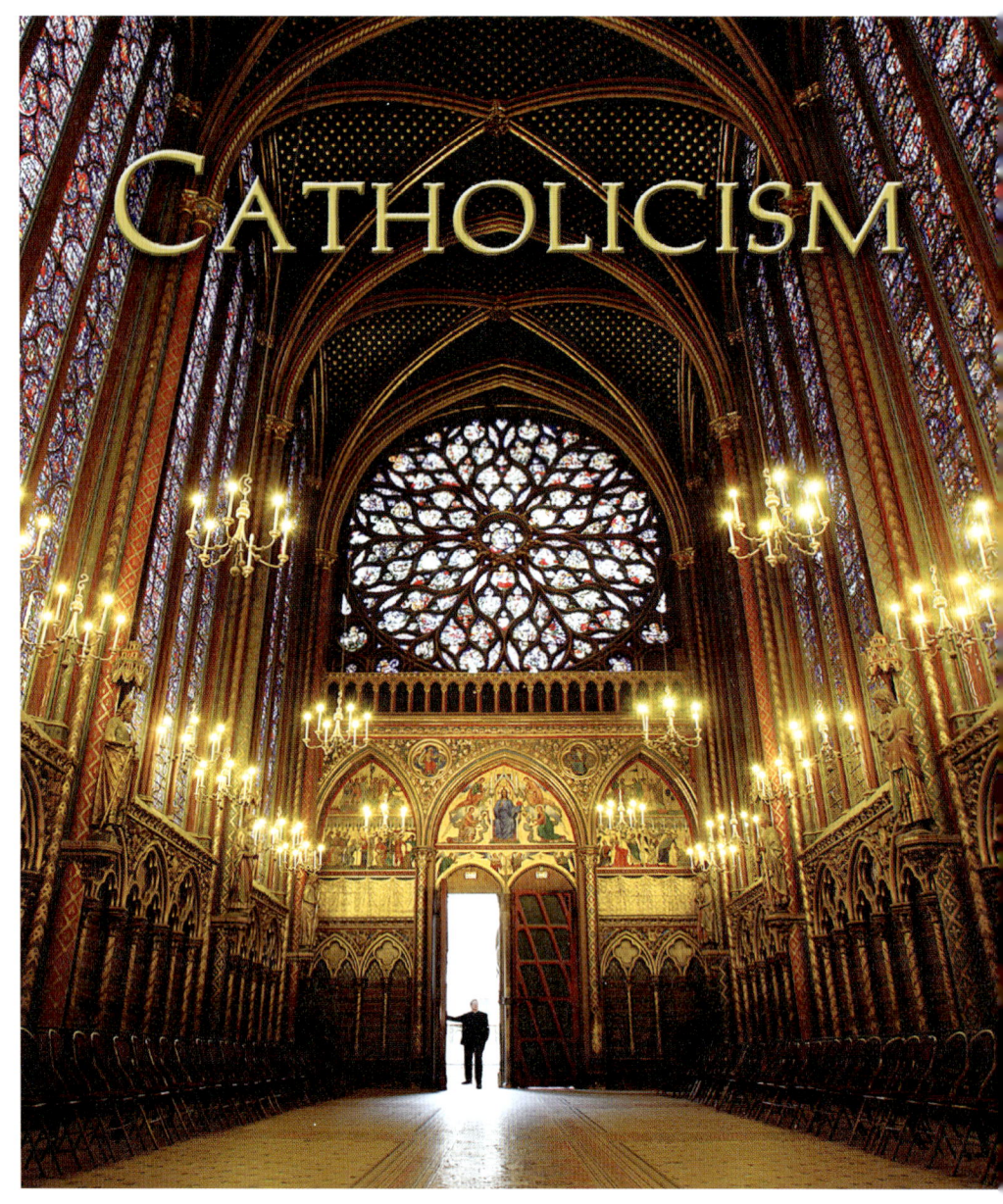

가톨릭 (Catholic)

가톨릭이란 말은 전체성 또는 온전성, 보편성이라는 뜻으로 모든 사람들이 다 믿을 수 있는 종교를 의미합니다.

* 여기서 Q는 Question의 약자로 '질문'을 뜻하고, A는 Answer의 약자로 '답변'을 뜻합니다.

Q1 십자 성호(성호경)는 어떤 의미를 가지나요?

A 1. 가톨릭 신자들은 기도할 때는 물론 모든 일을 시작할 때와 마칠 때에, 언제나 손으로 십자(十字) 모양을 **이마와 가슴과 양 어깨**에 그으면서, "성부와 성자와 성령의 이름으로. 아멘."하고 성호경을 외우는데, 그 의미는 다음과 같습니다.
① 삼위일체이신 하느님, 즉 성부와 성자와 성령에 대한 신앙 고백이며,
② 하느님의 아드님이신 예수 그리스도께서 우리의 구원을 위하여 십자가에 못 박혀 돌아가셨음을 상기하는 것이며,
③ 이 동작으로 우리가 가톨릭 신자임을 드러내는 것입니다.
2. 십자 성호를 긋는 방법은 **왼손**을 먼저 가슴에 붙이고 **오른 손가락**을 모두 한데 모아, **이마**에서부터 '성부와', **가슴**에서 '성자와', **왼쪽 어깨**에서 '성', **오른쪽 어깨**에서 '령의' 하며 십자를 긋고 나서, 곧바로 오른손과 왼손을 가슴에 모으면서 **성호경의 남은 부분** '이름으로 아멘.'을 외웁니다.

Q2 가톨릭(Catholic)이란 말은 무슨 뜻인가요?

A 1. **가톨릭(Catholic)이란 말은 전체성** 또는 **온전성, 보편성**이라는 뜻으로 교회 초창기부터 사용해 왔으며, 모든 사람들이 다 믿을 수 있는 종교를 의미합니다.(가톨릭교회 교리서 830-831항 참조)
2. **천주교(天主教)**라는 말은 중국에 가톨릭(Catholic)이 전래된 후, **상제(上帝)** 개념과 구분하려고 **천주(天主)**라는 말을 사용하였고, 천주교(天主教)가 중국을 통해 들어온 우리나라에서도 이를 그대로 사용하고 있으나, 본래 명칭은 **가톨릭(Catholic)**입니다. 현재도 우리 한국 가톨릭교회에서는 가톨릭(Catholic)과 천주교(天主教)를 함께 사용하고 있습니다.

Q3 종교(宗教·Religion)란 무엇인가요?

A 1. 인간이란 무엇인가?, 무엇 때문에 사람은 고통을 겪는가?, 참 행복의 길은 어디에 있는가?, 죽음은 무엇이고, 우리는 어디서 와서 어디로 가는가? 이

와 같이 쉽게 풀리지 않는 인생의 물음은 예나 지금이나 사람들을 고뇌하게 합니다. 사람들은 각자 이 물음에 대한 답을 **하느님**이나 **절대자** 또는 **초자연적인 힘**에 대한 **믿음**을 통하여 **인생의 수수께끼**를 풀고 그 **궁극적인 의미**를 깨닫습니다.

2. 인간은 현실에 만족하지 않고 그 너머의 초월적 가치를 추구하는 **영적인 존재**로서 본디 **종교적 심성**을 지니고 있으며, **진실하고 보람 있는 삶**을 갈망하며, 어쩌다 잘못을 저지르게 되면 **양심의 가책**을 받고 괴로워합니다. 이와 같이 인간은 자신의 **나약함과 부족함**을 스스로 알고 **절대적인 존재**에 의존하려고 하고, **자신의 한계**를 좀 더 절실하게 느낄 때 **인간의 종교적 본성**은 더욱 드러납니다.

3. 세상에는 여러 종교가 있는데 우리나라만 해도 **불교, 유교, 개신교, 가톨릭** 등 여러 종교들이 그 **발생 기원과 교리, 조직 체계와 신앙 태도** 등이 비슷하기도 하지만 **공통점**을 전혀 찾아 볼 수 없는 경우도 있습니다. 그래서 '종교란 이런 것이다.'라고 명쾌하게 정의하기가 쉽지 않으며, 어떤 사람들은 종교를 **하나의 감정**에 빠지는 것이라 하고 또 어떤 사람들은 **철학적 인생관** 또는 인간의 도리를 강조하는 **도덕적 가르침**이나 **신비적 예식**이라고도 말합니다. 그러나 이러한 주장은 종교를 단편적으로만 보고 이야기하는 것입니다.

4. 종교(宗敎·Religion)라는 말을 풀어보면 모든 것의 으뜸이 되는 가르침, 곧 **인생의 근본과 도리에 대한 가르침**으로 이해할 수 있으며, 서양 언어에서의 종교의 어원은 '다시 묶는다.', '다시 잇는다.'라는 의미로 종교는 '**인간을 하느님과 다시 이어 주는 것**'으로 이해할 수 있습니다. 따라서 종교를 갖는다는 것은 인간이 하느님에게서 비롯된 **자신의 근본**을 알아보고, 인생을 살아가는 **올바른 길**을 **하느님** 안에서 찾는 것으로 표현할 수 있습니다.

Q4 인간의 근본을 하느님 안에서 찾는 참된 종교가 되려면 어떤 조건이 필요한가요?

A 1. 인생의 근본과 그 길을 **하느님** 안에서 찾는 **참된 종교**가 되려면 몇 가지 조건이 있는데, ① 종교는 **이성을 초월**할 수는 있어도 **이성과 모순**되어서는 안

되고, ② 종교 때문에 **인간의 도리**, 곧 **인륜을 거스르는 일**이 있어서는 안 되며, ③ 종교의 근본 진리가 **시대나 장소에 따라 변질**되어서는 안 됩니다.
2. 어떤 사람은 종교는 필요 없고, 다만 양심을 거스르지 않고 살면 된다고 말합니다. 이는 **종교의 본질**이 무엇인지를 모르고 하는 말이며, 만일 종교가 단지 **정신 수양**을 하는 것이라면 어느 종교를 믿든지 상관이 없을 것입니다. 그러나 종교는 **윤리 도덕**과 같지 않으며, 참된 종교는 **하느님과 친밀한 관계**를 맺고 그분의 **가르침**을 따르면서, **영원한 삶을 향한 희망**을 갖게 합니다.

Q5 우리 인간이 갖고자 하는 종교적인 삶이란 어떤 것인가요?

A
1. 종교의 좋은 점은 인정하지만 실제로 종교를 갖는 것에는 **큰 부담**을 느낀다고 말하는 사람도 있습니다. 종교에서는 무슨 일을 하든지 **진실하고 올바르게** 하도록 가르치는데, 그 가르침대로 살면 **경쟁 사회**에서 밀려나 **낙오자**가 될지도 모른다는 이유 때문입니다.
2. 그러나 우리는 누구나 **불의한 사회**보다 **정의로운 사회**에서 살기를 바라며, 생존을 위한 전쟁터라고 일컬어지는 **사회생활** 속에서도, **성실함과 정직함**으로 사람들의 **신뢰와 존경**을 받으면서, 늘 **기쁘고 평화롭게** 살아가는 사람들이 많습니다.
3. 인간은 어쩔 수 없이 **환경의 지배**를 받는다고 말하지만, 동시에 **새로운 환경을 만들어 나가는 능력**도 가지고 있는데, 우리는 이러한 능력을 **종교**에서 얻을 수 있습니다.

Q6 우리 인간이 신앙을 가져야 하는 이유는 무엇인가요?

A
1. 신앙은 한마디로 **절대자**를 믿고 따르면서 **교의**를 받들어 지키는 일입니다. 신앙이란 그냥 단순히 무엇인가를 믿는 것만이 아니라, 하느님께서 자신을 알려 주시는 **계시**를 받아들이는 것이며, 그렇게 받아들인 계시에 대하여 인간으로서 드리는 **인격적인 응답**까지를 다 포함하는 개념이기도 합니다. 즉, 신앙의 내용이란, 인간이 하느님과 인격적인 관계를 맺고, 하느님과 친교를 맺기 위하여 갖춰야 하는 **기본적인 자세**를 말하므로, 신앙이야말로 우리 그리스도인을 결정짓는 **중요한 열쇠**입니다.

2. 따라서 인간이 신앙을 가져야 하는 이유는, 하느님이 아닌 지위나 권력이나 돈을 최고의 의지처로 생각하는 사람은 그것들이 믿음의 대상이 되며, 미신 행위(점쟁이 등)를 통해 잘못된 운명론에 의존하는 사람들이 있으나, 하느님을 믿는 우리는 하느님께 우리의 모든 것, **삶과 죽음**까지도 온전히 맡기고, **마음**을 다하고, **생각**을 다하고, **힘**을 다하여 **하느님을 사랑**하고 **이웃을 내 몸같이 사랑**하겠다는 마음으로 살아갈 때에, 하느님께서는 우리에게 **평화**와 **기쁨**과 **참된 행복**을 주시기 때문입니다. "너는 나를 보고야 믿느냐? 나를 보지 않고도 믿는 사람은 행복하다."(요한 20,29 참조)

Q7 우리가 올바른 신앙인이 되려면 어떤 결단이 필요한가요?

A 우리가 하느님을 믿는 올바른 신앙인이 되려면 다음과 같은 것에 과감한 결단이 필요합니다.

1. 하느님께 자신의 모든 것을 내맡기기로 다짐한 우리는 **돈이나 권력**을 우상으로 섬기거나 **미신 행위**를 하는 것을 중단해야 합니다. **미신이나 점술** 등은 사람을 미혹하여 올바르지 않은 길로 유인할 뿐만 아니라 해를 끼칠 수 있으므로 늘 깨어 있어야 합니다.

2. 가톨릭 신자들은 **시한부 종말론**에 현혹되지 말아야 합니다. 가톨릭에서의 종말론은 사람을 위협하고 불안하게 하려는 것이 아니라, 오히려 미래에 대한 **희망을 주는 메시지**입니다. 곧 세상의 마지막 날에 모든 사람이 하느님을 만나서, 기쁨을 누리도록 **현세에서 죄악의 생활**을 버리고 **새로운 삶을 살면서 준비하라는 것**입니다. 세상의 끝날이 언제 어떻게 일어날지는 **오직 하느님**만이 아십니다.

3. 하느님의 손으로 창조된 인간은 하느님의 사랑 안에서 구원을 얻고자 하느님께 돌아가야 하는 존재이므로, 가톨릭 신자들은 **전생이나 윤회**를 믿지 않습니다. 하느님 사랑과 이웃 사랑으로, 하느님을 만나고 그분과 일치를 추구하면서 살아가도록 새로 태어나는데, 이와 같은 **하느님과의 만남**은 **하느님의 은총**과 **인간의 자유 의지**에 달려있기 때문에, 우리 인생은 환생을 통해 되풀이되는 것이 아니고, 하느님을 만나기 위한 **결정적인 단 한번**이며, 그 만남을 위해서 이 세상에서부터 **하느님을 알고 사랑을 나누어야** 합니다.

Q8 인간의 영혼(靈魂)이란 무엇인가요?

A

1. 성경은 "하느님께서 흙의 먼지로 사람을 빚으시고, 그 코에 생명의 숨을 불어 넣으시니, 사람이 생명체가 되었다."(창세 2,7 참조)고 기록하고 있습니다. 그러니까 흙의 먼지로 빚어진 물질적인 사람의 육체가 생명을 얻어 살아있는 존재가 된 것은 바로 하느님께서 직접 불어넣어주신 하느님 생명의 숨, 곧 **영혼** 때문입니다.(가톨릭 교회 교리서 365항 참조) 인간은 이 영혼에 힘입어 **생명력**을 얻으며, **인간이 인간일 수 있는 것**은 육체에 영혼이 깃들어 있기 때문으로 영혼이 없는 육체는 더 이상 인간이 아닙니다.

2. 이렇듯 하느님의 모습으로 창조된 인간은 육체적이며 동시에 영적인 존재, 즉 **육체와 영혼으로 이루어진 단일체**입니다. 육체만으로도, 영혼만으로도 인간일 수 없습니다. 육체와 영혼은 인간에게서 **온전히 하나**입니다. 그래서 교회는 "인간 안의 정신과 물질은 결합된 두 개의 본성이 아니라, 그 둘의 결합으로 하나의 단일한 본성이 형성되는 것이다."(가톨릭 교회 교리서 365항조)라고 가르칩니다.

3. 인간이 물질적인 육체와 영적인 영혼으로 **하나인 존재**라는 사실은 이 세상을 살아가고 있는 우리 인간의 처지를 잘 드러냅니다. 어떤 사람들은 모든 것이 물질로 되어 있다고 믿습니다. 이러한 경향은 특히 우리가 살아가고 있는 이 시대에 날로 강해지고 있으며, 그런 사람들은 눈에 보이는 것만이 전부라고 믿기 때문에 자기의 겉모습을 예쁘게 꾸미는 데에 전념합니다. 육체적인 건강이 인생의 전부라고 생각하고, 인간의 삶은 이 세상에서 끝나는 것이라고 믿기 때문입니다.

4. 그러나 하느님께서 나에게 영혼을 직접 불어 넣어주시어 나를 창조하셨고, 이 영혼으로 말미암아 **하느님을 알고 사랑**함으로써, **하느님의 영원한 생명에 참여**할 수 있다고 믿는 사람은, 이 세상이 전부가 아닙니다. 그래서 눈에 보이는 것들보다 지금 당장 눈으로 볼 수는 없지만 더 소중한 **영적인 것, 영원한 것**을 추구합니다.

5. 따라서 육체로 대표되는 물질에 끌려 다니는 삶이 아니라, 하느님께서 불어넣어 주신 영혼이 육체를 끌고 가는 삶을 살게 해주시라고 기도하는 **신앙생활**은, **영혼이 주인이 되어 육체를 다스리려 노력하는 생활**이며, 영혼

을 거슬러 싸움을 벌이는 **육적인 욕망들을 멀리하기 위해 애쓰는 생활**입니다.(1베드 2, 11 참조)

Q 9 인간에게 영혼(靈魂)이 있다는 것을 어떻게 알 수 있나요?

A 인간의 육체와 결합하여 하나의 본성을 이루고 있는 영혼은 물질이 아니기에, 무게도 색깔도 없고 더욱이 볼 수도 없습니다. 그러나 인간의 눈으로는 보이지 않는다하더라도 눈에 보이지 않는 **생각**을 하여 옳고 그름을 판단하고 이에 따른 행동을 하는 것을 보면, 인간에게는 생각을 할 만한 물질이 아닌 **정신적인 능력**, 곧 **영혼**이 있다는 것을 알 수 있습니다. 우리 인간은 이와 같은 영혼으로 말미암아 **하느님을 알고 사랑**함으로써, **하느님의 영원한 생명에 참여**할 수 있는 것입니다.

Q 10 인간의 영혼(靈魂)은 왜 죽지 않나요?

A 인간의 육체와 결합된 영혼은 인간의 죽음으로 육신과 분리되고, 육신은 썩어 없어지지만, 예수 그리스도께서 재림하실 때에 예수 그리스도께서 이루신 부활을 통하여 하느님께서는 우리 영혼을 육신과 다시 결합시켜 주십니다. 이것은 인간 본성에서 나오는 **영혼 불멸의 증거**로서, 영혼은 물질이 아니기 때문에 육체처럼 썩거나 닳아 없어지지 않고 죽지 않습니다. 따라서 우리 가톨릭에서는 죽어 **연옥에 있는 영혼**들을 위하여 **위령 미사나 연도**를 통해 기도드립니다.

Q 11 신앙과 과학은 어떻게 다른가요?

A 1. 신앙은 **하느님과 인간의 관계**인만큼 신앙의 대상은 **하느님**이고, 과학의 대상은 **자연계**입니다. 인간을 놓고 본다면 과학은 인간의 육체, 즉 **생리 조직**을 연구하지만, 신앙은 인간의 정신, 즉 **영혼의 문제**를 다룹니다. 과학은 이미 **주어진 질서**를 연구하는 것이지 **자연 질서**를 만들 수 없으며, 자연계 안에서만 힘을 쓸 수가 있습니다. 그러나 신앙은 **우주의 존재 이유, 인간 존재의 근원, 인생의 목적, 생명과 죽음, 죽은 후의 문제, 인생의 비참이나 고통**을 말해줍니다.

2. 오늘날 눈부신 과학의 발달로 하느님을 믿기가 더 힘들어진 세상이지만, 과학자들 중에는 결국 하느님을 **창조주**로 승복하는 사람이 많습니다. 하느님께서 인간에게 **이성의 빛과 신앙**을 주시므로, 이성과 신앙이 전적으로 다른 것일 수가 없기 때문이며, 아무리 발달한 과학이라도 그것이 진리를 탐구하는 것이라면 그 과학마저 **하느님의 진리에 부합할 수밖에 없는 것**입니다.

Q 12 과학만으로 인간의 모든 것을 해결할 수 있나요?

A
1. 과학은 **자연계**를 논하지만 종교는 자연을 준 창조주, 즉 생명을 준 생명의 원천이신 **하느님**을 말합니다. 그러므로 인간이 정신적이고 물질적으로 균형 잡힌 생활을 하려면 반드시 종교를 가져야 합니다.
2. 일단 육체에서 영혼이 떠나면, 즉 생명이 끊어지면 아무리 뛰어난 의사라도 다시 살리지 못합니다. 그러므로 과학이 죽음이란 숙명적인 인간의 불행한 운명에서 인간을 해방시킬 수 없습니다. 이러한 생명이 어디서 왔으며, 죽은 다음에는 어떻게 되는지를 가르치는 것이 종교입니다.
3. 21세기를 살아가고 있는 세계 인류가 직면한 **4차 산업 혁명**, 즉 인공 지능과 로봇, 사물 인터넷, 빅데이터, 의학, 생명 공학, 유전자 공학, 신경 과학 등 기술과 기술의 융합과 혁신이 빠르게 진행되고 있는 오늘날 인공 지능과 생명 공학 발전은 산업·경제 뿐 만아니라 인간 생명과 인간 노동의 의미, 자본과 부의 분배, 생태 환경 등 **인류 생활에 지대한 영향을 미치고 있는 것**은 사실입니다.
4. 이와 같은 신기술이 우리 인류에게 던지는 질문은 신앙의 근본 중심 중의 하나인 **인간학과 관련된 것**들로서 이에 대한 답은 **대화**라는 것입니다. 대화를 통해서 인류 미래에 대한 하나의 도전인 이 부분에 대해서 함께 걱정하고 함께 답을 찾아가자는 것입니다.
5. 교황청은 교회와 신앙인 그리고 과학자들 사이에 더 큰 대화의 장이 마련되어야 한다고 말하면서 교회는 이 대화를 뒷받침하는 원칙으로 ① **인간 중심성** ② **선에 대한 보편적 가치** ③ **기술적으로 가능하거나 실현 가능한 모든 것이 윤리적으로 수용 가능한 것은 아님**을 분명히 제시하였으며, 한국 교회 안에서도 대화의 작업이 진행되고 있습니다.

6. 결론적으로 종교와 과학에서 가르치는 진리는 결국은 일치하는데, 그 이유는 **자연 질서를 주신 분도 하느님이요, 종교가 가르치는 진리도 하느님이 주신 진리이기 때문**입니다. 따라서 과학만으로는 결코 인간의 모든 것을 해결할 수 없으며, 사람이 과학만 믿고 추종한다면 **영혼과 육신의 불균형**을 가져오므로 인간의 삶에는 반드시 종교가 필요합니다.

Q 13 진화론에 대한 가톨릭교회의 입장은 무엇인가요?

A
1. 진화론은 만물이 진화의 산물이며, 인간 역시 오랜 세월에 걸쳐 하등 동물에서 진화·발전되었다고 말하는 모든 진화론자들은, 진화의 과정에서 있을 수 있는 하느님의 개입을 부정하거나, 생명을 주시는 분으로서 하느님의 존재 자체를 부정하지는 않습니다.
2. 가톨릭교회는 하느님께서 **인간과 우주 만물을 창조**하셨다는 기본 사실을 인정하는 한, 창조 이후의 인간과 사물에 대한 **진화와 발전에 관련된 이론**들을 부정하지 않습니다.
3. 그러나 **무신론적 진화론**을 주장하는 일부 극단적인 진화론자들은, 인간 정신이라는 것도 물질의 합성으로 저절로 생겨난 것이지, 결코 하느님께서 창조하신 것이 아니라고 주장하는 것과 또한 **근본주의적 창조론**은 창세기 1-3장에 나오는 천지 창조 이야기를 글자 그대로 믿으면서, 세상은 성경에 나와 있는 순서대로 창조되었다고 주장하는 이 두 가지 극단적인 입장을 가톨릭교회에서는 모두 받아들이지 않습니다.

Q 14 계시(啓示)란 무엇인가요?

A
1. 계시(啓示)란 인간이 스스로 알 수 없는 **종교적 진리를 하느님께서 인간에게 드러내 보이시는 것**을 말합니다. 하느님의 모습으로 창조된 인간은 **타고난 능력**으로 하느님을 알 수 있습니다.
2. 그렇지만 하느님께서 어떠한 분이시고, 우리를 어떻게 사랑하시는지를 오류 없이 확실하게 알려면, 하느님께서 직접 알려 주셔야만 가능합니다. 이렇게 하느님께서 **당신 자신과 당신의 사랑을 직접 가르쳐 주시는 것**이 바로 계시(啓示)입니다.

Q 15 사적 계시(私的啓示)는 우리에게 어떤 가치를 지니나요?

A
1. 공적 계시(公的啓示)란 "하느님께서 예전에는 예언자들을 통하여 여러 번 걸쳐 여러 가지 방식으로 우리 조상들에게 말씀하셨지만, 이 마지막 때에는 아드님을 통하여 우리에게 말씀하셨습니다."(히브 1,1-2 참조) 하느님께서는 당신의 유일한 말씀이신 아들을 우리에게 주셨기 때문에 우리에게 주실 다른 말씀은 없으십니다. 그러므로 새롭고 결정적인 계약인 예수 그리스도의 구원 경륜은 결코 폐기되지 않을 것이며, 우리 주 예수 그리스도께서 영광스럽게 나타나시기 전에는 어떠한 새로운 공적 계시(公的啓示)도 바라지 말아야 하나, 그 계시가 완결되었다고 해도 그 내용이 명백히 드러난 것이 아니므로 그리스도교 신앙은 시대를 살아가며 계시의 내용을 파악해 가야 합니다.(가톨릭교회 교리서 65항- 66항 참조)

2. 이와 같은 공적 계시(公的啓示)와는 달리 사적 계시(私的啓示)는 세월이 흐르는 동안 수차례 사적 계시(私的啓示)들이 있었고 그 중의 어떤 것들은 교회의 권위에 의해 인정받기도 하였지만, 이것들은 신앙의 유산에 속하는 것이 아니며, 예수 그리스도의 결정적 계시를 개선하거나 보완하는 것이 아니라 역사의 한 시대에 계시에 따른 삶을 더욱 충만하게 살 수 있도록 돕는데 지나지 않습니다. 예수 그리스도께서는 계시의 완성이시므로 그리스도교 신앙은 그리스도의 계시를 벗어나거나 수정하려고 시도하는 다른 계시들을 받아들일 수 없으며, 그리스도교가 아닌 일부 종교들과 신흥 종파들은 바로 이런 부류의 계시들에 근거하여 세워진 경우입니다.(가톨릭교회 교리서 67항 참조)

3. **예수 그리스도나 성모님의 발현과 메시지**는, 교회 역사 안에서 이루어지는 이례적인 일로서, 교회는 이를 잘 식별하여 **신적 계시**인지 아닌지 확인함으로써 신자들을 **이단에서 보호**하며, 믿는 이에게 **구원**을 가져다주는 **계시 진리**는 사도들과 그 후계자, 곧 교회의 교도권에 맡겨진 **신앙의 유산**이며, 교회는 **성령의 인도**를 받아 권위 있게 예수 그리스도 신자들에게 **계시 진리**를 가르치는 **교도권(敎導權)**을 가지고 있습니다.

Q 16 계시 종교(啓示宗敎)와 자연 종교(自然宗敎)의 다른 점은 무엇인가요?

A 1. '계시 종교(啓示宗敎)'는 하느님께서 인간에게 가르쳐주신 모든 진리를 통해서 하느님을 섬기는 것을 말하며, **가톨릭**은 '**계시 종교(啓示宗敎)**'입니다.
2. '자연 종교(自然宗敎)'는 인간의 힘으로 하느님이 계심을 깨닫고, 하느님이 주신 양심의 법도에 따라, 마음으로 하느님을 섬기는 것을 말하며 좀 더 넓게 보면 **불교(佛敎)**와 **유교(儒敎)**가 이에 속합니다. 힘이 센 짐승들을 믿는 '**토테미즘(totemism)**'이나 자연속의 정령(精靈), 즉 무생물계에도 영혼이 있다고 믿는 '**애니미즘(animism)**'과 우주에 널리 가득 차 있는 신적(神的) 존재를 믿는 '**범신론(汎神論)**'은 자연 종교(自然宗敎)가 아닌 미신입니다.

Q 17 가톨릭(Catholic)이란 어떤 종교인가요?

A 1. 가톨릭(Catholic)은 **인간**이 스스로 진리를 터득해서 세운 종교가 아니라, **하느님**께서 직접 당신을 드러내시고, **구원의 진리**를 가르쳐 주심으로써 이루어진 **계시 종교(啓示宗敎)**입니다. 가톨릭(Catholic)은 인간 스스로 **해결하지 못하는 물음들**에 대하여 **하느님**께서 직접 가르쳐 주신 **구원의 진리**를 간직하고 있습니다.
2. 가톨릭은 우리에게 **하느님의 지혜**를 가르치고, **인생의 진리**를 깨우치면서, **겸손과 사랑**으로 하느님을 섬기라고 우리를 초대합니다. 또한 가톨릭은 신앙의 눈으로 세상을 바라보면서, **이웃과 사랑**을 나누도록 가르칩니다. 이렇게 살 때 우리는 **성숙한 인간**이 될 수 있고, **인생의 완성**을 추구하며 살 수 있게 됩니다.

Q 18 가톨릭교회란 어떤 곳이며, 그 특성을 설명해보세요.

A 1. 가톨릭교회는 하느님께서 세상과 인간의 구원을 위하여 불러 모으신 공동체, 곧 **하느님의 백성**이고 **예수 그리스도의 몸**이며, **성령께서 머물러 계시는 성전**입니다. 또한 가톨릭교회는 하나이고 보편되며, 2,000년 동안 사도로부터 이어온 정통 교회요, 지상에 신앙의 순례자와 정화 과정을 거치고 있는 죽은 이들과 천국에 있는 성인들이 모두 일치하여 오직 하나의 거룩한 교회를 이루고 있습니다.

2. 지상의 순례자로 있는 우리는 이 세상에 예수 그리스도의 복음을 전파하고 증언하는 선교 활동을 통해, 예수 그리스도의 예언자직과 사제직과 왕직을 올바로 수행함으로써, 모든 인류를 위한 **하느님의 구원 사업**에 성실히 협조해야 합니다.

3. 이와 같은 가톨릭교회의 특성을 다시 한 번 살펴보면,

① **교회는 하나입니다.**

교회는 오직 한 분이신 주님을 모시고 있고, 하나의 신앙을 고백하며, 하나의 세례로 태어나고, 하나의 몸을 이루며, 한 분이신 성령께서 생명을 주시기에 교회는 하나입니다.

② **교회는 거룩합니다.**

거룩하신 하느님께서 교회를 세우셨고, 예수 그리스도께서 교회를 거룩하게 하시려고 자신을 바치셨으며, 거룩하신 성령께서 교회에 생명을 주시기에 교회는 거룩합니다.

③ **교회는 보편됩니다.**

예수 그리스도께서 교회에 현존하시므로, 교회는 그분의 진리를 온전히 지니고 있고, 이를 모든 시대 모든 사람들에게 전하기에 교회는 보편됩니다.

④ **교회는 사도로부터 이어옵니다.**

교회는 예수 그리스도께서 직접 선택하신 사도들 위에 세워졌으며, 성령의 도움으로 사도들의 후계자인 주교들을 통하여, 사도들의 가르침과 고귀한 신앙 유산을 보존하고 이어오고 있기 때문에 사도로부터 이어오는 교회입니다.

⑤ **교회는 일곱 가지 성사로써 은총을 줍니다.**

교회는 예수 그리스도께서 제정하신 입문 성사인 세례, 견진, 성체성사가 있고, 치유 성사인 고해, 병자성사가 있으며 그리고 친교 성사인 성품, 혼인성사를 통해 우리를 새롭게 변화시키고, 하느님과 일치하도록 이끌어 줍니다.

Q 19 가톨릭교회의 교계 제도와 우리 한국 가톨릭교회의 전래(傳來)와 특징(特徵)을 말해보세요.

A 1. 예수 그리스도께서는 하느님의 백성을 돌보고 세상에 복음을 전파하시려고, 교회 안에 다양한 직무를 마련하셨고, 당신의 몸을 이루는 각 지체에

게 고유한 직무를 수행하게 하셨습니다.

① **성직자**에게는 예수 그리스도께서 당신의 이름과 권한으로 가르치고 거룩하게 하며 다스리는 임무를 맡기셨고,

② **평신도**에게는 교회와 세상에서 하느님 백성 전체의 사명을 수행하도록 하셨으며,

③ **수도자**(성직자, 평신도 중에서 복음의 권고, 즉 청빈, 정결, 순명을 서원한 자)는 하느님께 봉헌되어 교회의 구원 사명에 이바지하도록 하셨습니다.

④ 따라서 성직자는, 베드로 사도의 후계자인 **교황**, 사도들의 후계자인 **주교**, 주교의 협조자인 **사제**와 **부제**입니다.

2. 우리 한국 가톨릭교회의 **전래(傳來)**와 그 **특징(特徵)**을 살펴보면,

① 지금부터 230여 년 이전에 **서학을 연구하던 학자**들을 중심으로, 예수 그리스도를 믿는 **자생적 모임**이 이어오다가, 이승훈(28세)이라는 평신도가 1784년 북경에서 프랑스 사람 그라몽 신부에게 세례를(베드로) 받고 돌아오면서, 신자들의 공동체가 본격적으로 형성되었으며, 현재 명동 성당 부근의 명례방에서 정기적인 신앙 집회가 이루어지면서, 외국 선교사가 아닌 **우리 민족 스스로 가톨릭 신앙을 받아들인, 세계 교회사에서 볼 수 없는 유일한 한국 가톨릭의 찬란한 역사**를 가지고 있습니다.

② 그 당시에 우리나라는 국가와 사회의 이념적 근본을 **유교**에 두고 있는 사회생활과 가정생활의 바탕이 된 시대에, 하느님 앞에 만인은 평등하고, 모두 하느님의 자녀로서 한 형제이며 자매라는 예수 그리스도의 가르침은, 양반과 천민, 남자와 여자라는 엄격한 신분 차별이 있던 사회에서 참으로 획기적인 일이었습니다.

③ 가톨릭이 기존 사회 질서를 어지럽히는 위험 세력으로 판단한 당시 지배층은, 가톨릭 신자를 부모도 나라님도 모르는 대역무도의 무리 또는 사학죄인으로 몰아 네 번에 걸친 큰 박해로 수많은 순교자가 생겨났습니다. (1801년 신유박해, 1839년 기해박해, 1846년 병오박해, 1866년 병인박해)

④ 1845년에는 김대건(안드레아)이, 중국 상하이 금가항 성당에서 페레올 주교에게 사제품을 받음으로써, 최초의 조선인 사제를 맞게 되었고, 1984년에는 혹독한 박해를 견디고 죽음조차 두려워하지 않았던 많은 순교자들

가운데 103명이 시성되었으며, 2014년에는 124명이 시복되었습니다.

⑤ 오늘날의 한국 가톨릭교회는, **신앙 선조들의 훌륭한 신앙 유산**을 끊임없이 이어오고 있으며, 직접적인 **복음 선교 활동**은 물론 가난하고 소외된 이웃에게 **봉사**하고, 남북통일을 위하여 **기도**하고, 북한 형제들과 나눔을 **실천**하고 있으며, 하느님께서 주신 **인간의 기본권**을 지키며, **사회의 빛과 소금의 역할**을 다하려고 노력하고 있습니다. 2018년 말 기준으로, 우리나라 가톨릭 신자는 586만 명으로, 전체 인구의 11%를 차지하고 있습니다.

Q 20 성당은 무엇이고, 성당 안에서 특별한 장소는 어디인가요?

A 1. 성당은 거룩한 집이라는 뜻으로 하느님의 집이며, 그곳에 살아 있는 교회의 상징일 뿐만 아니라, 천상 예루살렘의 표상으로서 **교회가 성찬례를 거행하고, 감실 안에 실제로 현존하시는 예수 그리스도께 예배를 드리는 기도의 장소**입니다. 이와 같은 "기도의 집은 성찬례가 거행되고, 성체가 보존되어 있으며, 신자들이 모이고, 우리를 위하여 희생의 제단에서 봉헌되신 우리 구세주이신 하느님의 아들의 현존을 공경하며, 신자들이 도움을 받는 곳이므로 아름다워야 하고, 기도와 장엄한 성사에 알맞아야 한다."는 것입니다.(가톨릭교회 교리서 1199항 참조)

2. 성당 안에서 특별한 장소는, 성당의 중심인 주님의 십자가와 주님 만찬의 식탁을 상징하는 **제대(제단)**와, 미사 후 남은 성체를 모셔두는 곳인 **감실**이 있으며(성체 유무를 표시하는 성체등이 있음), 축성 성유와 다른 성유(병자 성유와 예비 신자 성유)들의 **보관소**가 있고, 미사의 말씀 전례를 거행하는 곳인 **독서대**가 있으며, 세례성사를 거행하는 곳인 **세례대**가 있고, 고해성사를 거행하는 곳인 **고해소**가 있으며, 성체께 조배 드릴 수 있는 **성체 조배실**이 있습니다.

Q 21 교회(敎會)와 성당(聖堂)은 어떻게 다른가요?

A 1. 성경 말씀에 예수 그리스도께서는 "너는 베드로이다. 내가 이 반석 위에 내 교회를 세울 터인즉, 저승의 세력도 그것을 이기지 못할 것이다."(마태 16,18 참조)라고 말씀하십니다. 예수 그리스도께서 베드로라는 반석 위

에 세우신 교회(敎會)는 '**믿는 이들의 공동체**'라는 뜻을 가진 말입니다. 예수 그리스도에 대한 믿음을 통해, 새로운 구원의 계약을 맺은 **하느님의 백성을 지칭하는 말**이며, 교회는 "세상이 생길 때부터 이미 상징으로 암시되었고, 이스라엘 백성의 역사와 구약을 통하여 놀랍게 준비되었고, 마지막 시대에 창립되어, 성령께서 오심으로써 드러났으며, 세말에 영광스럽게 완성될 존재"입니다.(교회 헌장 2항 참조)

2. 교회를 희랍어로는 ecclesia(에클레시아)라고 하는데, '**불러 모은 사람들**'이란 뜻입니다. 세례를 받고 하느님을 믿는 우리 모두는 주님께서 당신의 자녀로 불러 모으신 사람들이니 우리 모두가 바로 교회입니다. 이렇게 교회는 건물이나 장소를 지칭하는 말이 아니라 **하느님을 중심으로 모인 사람들의 공동체를 의미하는 말**입니다.

3. 한편, 하느님을 경배하기 위해 지정된 거룩한 건물을 성당(聖堂)이라고 부르는 데, 성당(聖堂)은 신자들이 미사나 전례에 참여하기 위해 모이는 장소이자, 성체 안에 현존하시는 하느님께서 거처하시는 장소이며, 넓은 의미에서 성당(聖堂)은 **하느님 경배를 위해 지정된 모든 건물**을 말합니다. 미사경본 총 지침 288항에 따르면 성당은 '거룩한 행위를 거행하고, 신자들이 능동적으로 참여하는 데에 알맞은 거룩한 건물'로, '품위 있고 아름다워야 하며, 천상 현실에 대한 표지와 상징이 되어야 한다.'고 명시하고 있습니다.

4. 예수 그리스도를 믿는 신앙인의 공동체인 교회(敎會)는 자신의 삶을 하느님께 나아가는 **순례의 여정**으로 이해하며, 성당(聖堂)은 이러한 여정 중에 영적인 **음료와 양식**을 취하고, 하느님 안에 머무름을 통해 활기를 회복하는 **쉼터**이면서 또한 **천상의 예배**를 미리 맛보는 **찬미의 전당**이기도 합니다.

Q 22 교구와 본당과 공소를 설명해보세요.

A
1. 교회 역시 사람들의 모임이기 때문에 조직적인 체계를 갖추고 있는데, 도(道) 단위의 지방 자치 단체처럼 커다란 지역을 일컬어 교구(敎區)라고 부릅니다. 이는 교황이 임명한 **교구장 주교**를 중심으로 신자 공동체를 이루고 있는 **교회의 기본적인 사목구역**을 말합니다.

2. 교구는 좀 더 작은 신자 공동체인 본당(本堂)으로 나누어지는데, 주교들의

협조자인 **사제**들이 상주하며 신자들을 보살핍니다. 본당에서는 신자들의 **효과적인 신앙생활**을 돕고자 가까운 이웃의 몇 몇 가구가 모여 구성하는 **작은 공동체 모임**을 운영하고 있습니다.
3. 본당의 관할 지역이 너무 멀리 떨어져 있어 사제가 사목하기가 어려운 상황인 경우에는 본당에서 다시 조그만 신앙 공동체 모임을 구성하는데 이를 공소(公所)라고 합니다.
4. 가톨릭 신자들은 누구나 **자기가 살고 있는 지역**의 교구와 본당에 소속되어 신앙생활을 합니다. 본당을 중심으로 신자들은 초대 그리스도교 공동체의 모습처럼, **한마음**으로 **하느님께 예배**를 드리고, **형제적 사랑**으로 **나눔**을 **실천**하며, 세상에 나아가 **선교 사명**을 **수행**합니다.
5. 본당에는 신자들의 신앙생활 지도를 책임지고 있는 본당 사제가 상주하고 있고, 전교 수녀와 사무실 직원들이 협력하고 있으며, 공소는 공소 회장을 두어 매주 공소 예식을 통해 하느님께 예배드리고 있으며, 본당 사제가 정기적으로 방문하여 신자들을 돌보고 있습니다.

Q 23 미사(Missa)는 무엇이고 개신교 예배와는 무엇이 다른가요?

A 미사(Missa)는 성체성사의 또 다른 이름입니다.
1. 인류 역사에서 가장 위대한 사건인 **예수 그리스도의 죽음과 부활을 기념하는 제사이자 잔치이며, 사제가 예수 그리스도의 몸과 피를 성부께 바치면서, 십자가상의 제헌을 새롭게 하는 가톨릭의 참 제사**로서, 미사 전례가 다 끝난 후에 '미사가 끝났으니 가서 복음을 전합시다.'하고 폐회를 선포하는데, 이 말을 라틴어로 '이테 미사 에스트'(Ite, missa est)라고 하며, 여기에서 미사라는 말이 나왔습니다.
2. 개신교 신자들은 주일이면 예배 드리러 교회에 간다고 하고, 가톨릭 신자들은 미사를 드리러 성당에 간다고 하는데, 미사와 예배는 서로 다름과 같음이 있습니다. 미사와 예배는 **그리스도교 신자들이 공적으로 하느님을 경배하는 행위**라는 점에서는 같다고 할 수 있으나, 개신교 신자들이 바치는 예배와 가톨릭 신자들이 바치는 미사는 **내용과 방식, 의미** 등

에서 큰 차이가 있습니다. 우선 미사는 예수 그리스도께서 인류 구원을 위해 당신 자신을 십자가의 희생 제물로 바치신 것을 기념하고 현재화하는 제사입니다.

3. 예수 그리스도께서는 잡히시던 날 밤 빵을 들고 감사를 드리신 다음, 제자들에게 떼어 주시면서 말씀하셨습니다. "**이는 너희를 위한 내 몸이다. 너희는 나를 기억하여 이를 행하여라.**" 또 포도주가 담긴 잔을 들고 말씀하셨습니다. "**이 잔은 내 피로 맺는 새 계약이다. 너희는 이 잔을 마실 때마다 나를 기억하여 이를 행하여라.**"(1코린 11, 23-25 참조) 예수 그리스도는 당신 자신을 십자가의 희생 제물로 바치심으로써, 마지막 만찬에서 제자들에게 하신 이 말씀을 실제로 이루셨습니다.

4. 미사는 바로 이를 기념하고 현재화하는 것으로, 미사 때에 사제가 **빵과 포도주**를 들고 위와 같은 말씀으로 축성할 때에, 예수 그리스도 친히 사제의 인격 안에 **현존**하시면서, 빵과 포도주를 **당신 몸과 피로 변화**시키십니다. 또 십자가에서 당신 자신을 희생 제물로 바치신 것처럼, **당신 몸과 피를 빵과 포도주 형상**으로 우리에게 **영적 양식**으로 내어 주시므로, 미사를 '**성체성사(聖體聖事)**'라고 부릅니다.

5. 우리는 이와 같은 놀라운 성체성사를 통해 예수 그리스도와 **한 몸을 이루고** 예수 그리스도 안에서 **서로 일치를 이루며** 또 예수 그리스도께서 당신 자신을 **생명의 양식**으로 우리에게 나눠 주셨듯이 우리도 우리 삶을 **이웃과 나눌 것**을 새기고 다짐합니다.

6. 따라서 미사를 드릴 때마다 인류 구원의 가장 위대한 사건, 곧 **예수 그리스도의 십자가 죽음과 부활**이라는 파스카 사건이 현재화하는 것으로, 이것이야말로 미사가 주는 가장 놀라운 은총입니다. 그래서 교회는 성체성사인 미사를 '**그리스도교 생활 전체의 원천이요 정점**'이며, '**우리 신앙의 요약이요 집약**'이라고 가르칩니다. 다른 식으로 표현하자면, 교회가 하느님께 바치는 최상의 예배가 바로 **미사(Missa)**입니다.

Q 24 미사 예식에 대해 설명해보세요.

A 미사는 **말씀 전례**와 **성찬 전례**라는 두 개의 큰 축으로 이루어져 있으며, 말씀

전례 전에는 **시작 예식**이 있고 성찬 전례 다음에는 **마침 예식**이 있습니다.
미사는 입당 성가, 인사, 참회와 자비송, 대영광송, 본기도로 구성된 시작 예식에 이어 말씀 전례가 진행됩니다.

1. 말씀 전례는 **하느님의 말씀을 선포하는 부분**으로, 구약 성경과 사도들의 서간들 그리고 복음서의 말씀들이 봉독됩니다. 말씀 전례 순서는 다음과 같습니다. 독서, 화답송, 복음 환호송, 복음, 봉독된 말씀들을 하느님의 말씀으로 받아들이고 실천하도록 권고하는 강론이 있으며, 이어서 신앙 고백과 모든 사람을 위하여 드리는 보편 지향 기도가 있습니다.

2. 성찬 전례는 **예물 준비, 감사 기도, 영성체 예식**으로 구성되어 있습니다. 하느님의 백성은 그리스도께서 최후 만찬 때에 사용하셨던 **빵과 포도주**를 봉헌하고, 사제는 제대에서 감사 기도를 바치면서 구원의 업적 전체에 대하여 하느님께 감사드립니다.

3. 사제가 **축성 기원 성령 청원 기도**에 이어 예수 그리스도께서 최후의 만찬 때에 제정하신 **축성문(감사, 기념, 현존)**을 외우면 빵과 포도주는 그리스도의 몸과 피가 됩니다. 이어서 영성체 예식이 진행되는데, 영성체 준비를 위하여 다 함께 **주님의 기도**를 바치고, **평화 예식**으로 하느님의 백성은 성체를 모시기 전에 교회에서 누리는 **일치와 서로의 사랑**을 드러냅니다.

4. 그리고 사도들이 예수 그리스도께 받아 먹었듯이 하느님의 백성은 사제로부터 **주님의 몸과 피**를 받아 모십니다. 성체를 모신 신자는 **하느님의 말씀과 성체**로 힘을 얻어 **삶의 현장**으로 나아갈 **파견의 축복**을 받고 미사를 마칩니다.

5. 가톨릭교회에서는 미사 전례 때에 ① **일어섬** ② **앉음** ③ **무릎 꿇음** ④ **고개 숙임** 등 통상 네 가지 동작으로 일치된 행위를 드러내며, 서품식이나 서원식 등 특별한 예식 때에는 **엎드리는 동작**도 있습니다.

   ① 일어섬은 '**존경의 표시**'입니다. 그리스도의 대리자로 미사를 집전하는 사제가 성당에 들어오거나 나갈 때 모두 일어서서 존경을 표현합니다. 또 사제(부제)가 복음을 읽을 때도 일어섭니다. 또 일어섬은 죽음에서 일어나신 그리스도의 '**부활**'을 **상징**합니다. 그래서 특히 부활 시기 삼종 기도를 바칠 때는 일어서서 부활의 기쁨을 드러내는 게 교회의 관습입니다.

② 앉음은 말씀을 '**귀담아 듣는 자세**'입니다. 미사 중 독서 말씀과 강론을 들을 때 앉습니다. 말씀 선포 후나 영성체 후 모든 교우들이 앉아서 침묵 중에 말씀을 묵상합니다.

③ 무릎 꿇음은 '**상대를 공경하고 자신을 낮추는 겸손의 표시**'입니다. 미사와 기도할 때, 하느님을 경배하고 주님께 간절히 청할 때, 성체와 성혈을 축성할 때나 장엄 기도 때, 그리고 성당에 들어설 때는 하느님께서 현존하시는 성체와 제대, 십자가등에 무릎을 꿇고 예의를 표하지만 요즘은 무릎을 꿇지 않고 허리를 굽히는 큰 절로 바꾸어 하기도 합니다. 또 무릎을 꿇는 것은 '**뉘우침**'**을 드러내는 표시**이기도 합니다. 그래서 고해소에서는 무릎을 꿇고 고해성사를 하도록 무릎틀이 준비되어 있습니다.

④ 고개 숙임은 '**감사**'**와** '**공경**'**의 표시**입니다. 미사 중 신앙 고백을 할 때 '성령으로 인하여 동정 마리아께 잉태되어 나시고' 할 때 고개를 깊이 숙여 하느님의 아드님이 인류 구원을 위해 사람이 되어 오셨음에 대한 감사의 표시이며, 또 사제가 기도를 바칠 때 기도에 함께 참여한다는 표시로 고개를 깊이 숙입니다.

Q 25 성경이란 무엇인가요?

A 성경은 **하느님의 구원 약속**에 대하여 인간이 알아들을 수 있는 **문자로 기록된 거룩한 경전**으로 하느님께서 어떤 분이시며, 인간을 얼마나 사랑하시는지를 말해 줍니다. 우리는 성경에서 인간에 대한 하느님의 사랑의 신비스러운 뜻과 인생의 의미, 우리 삶의 길을 발견할 수 있습니다. 그리고 교회의 살아 있는 전통인 성전을 통하여 성경 말씀들을 바르게 이해합니다. 가톨릭은 성경과 성전을 똑같이 **하느님 계시의 원천**으로 삼습니다.

1. 성경은 문자 그대로 **거룩한 책**, 곧 하느님께서 당신을 인간에게 드러내시는 책(계시의 책)으로서, **인간에 대한 구원과 사랑의 약속을 담은 책**입니다. 성경이 쓰인 목적은 "예수님께서 메시아시며 하느님의 아드님이심을 여러분이 믿고, 또 그렇게 믿어서 그분의 이름으로 생명을 얻게 하려는 것"(요한 20,31참조) 입니다.

2. 그러므로 성경의 내용은 **하느님, 예수 그리스도, 인간의 상호 관계, 그리고**

예수 그리스도의 생애와 그분의 말씀과 행적을 통한 가르침 등을 담고 있습니다. 성경은 한 권의 책이 아니라 하느님의 말씀을 한데 모아 놓은 전집(全集)이라고 할 수 있으며, 크게 **구약 성경과 신약 성경**으로 나뉩니다.

3. 성경은 **기원전 10세기부터 기원후 1세기까지** 천 년 이상에 걸쳐 쓰였습니다. 비록 인간의 손으로 쓰인 책이지만 하느님께서 인간의 지성과 의지를 움직이시어, 당신에 대한 신앙을 바탕으로 쓰게 하신 거룩한 책입니다. 성경의 저자들이 썼다 할지라도 **성경의 원저자는 하느님**이십니다. 성경 저자들은 하느님의 뜻에 따라 여러 가지 **문학적 형식**을 이용하여 **인간 구원의 역사**를 기록한 것입니다.

4. 기원후 16세기에 신·구약 성경 모두에 장, 절을 붙였고 같은 이름으로 된 책이 여러 권일 때에는 구약은 **상·하권**으로, 신약은 **1·2·3서**로 구분합니다. 1사무 29는 사무엘기 상권 29장으로, 1코린 13은 코린토 1서 13장으로 읽습니다.

Q 26 구약의 의미와 구약 성경에 대해 설명해보세요.

A 1. 이스라엘 백성은 자신들의 힘으로는 도저히 이룰 수 없었던 이집트 탈출, 곧 민족 해방을 **하느님의 결정적인 도움**으로 이룰 수 있었습니다. 하느님께서는 **이스라엘 백성**과 계약을 맺으셨는데, 그것은 "나는 너희와 함께 살아가면서 너희 하느님이 되고 너희는 나의 백성이 될 것이다."(레위 26,12 참조)라는 것이었습니다. 이로써 이스라엘 백성은 하느님만을 믿고 따라야 할 하느님의 백성이 되었습니다. 이 계약을 **옛 계약**, 곧 **구약(舊約)**이라고 합니다.

2. 구약 성경은 하느님께서 이스라엘 민족을 통하여 이루셨던 **인간 구원 역사**를 기록한 책입니다. 하느님께서는 인간을 구원하시려고 먼저 한 민족을 선택하셨는데, 바로 **이집트에서 종살이하던 이스라엘 백성**이었습니다. 이 이스라엘 민족의 역사, 법률, 종교, 관습, 문화 등이 담겨 있습니다.

3. 그러나 무엇보다 하느님께서 이스라엘 백성을 통하여 인류 가운데에서 실현하시려는 계획이 무엇인지, 하느님의 백성은 어떻게 살아야 하는지, 하느님과 그 백성 사이에 맺은 계약을 통해 밝혀 주고 있습니다.

4. 하느님께서 이스라엘 민족을 먼저 당신 백성으로 선택하신 것은, 그들과

함께 **구원의 역사**를 이루어 가시면서, 장차 온 인류를 구원하시려는 **궁극적인 인간 사랑**을 보여 주시기 위한 것입니다. 구약 성경은 모두 **46권**으로 이루어져 있는데, 내용에 따라서 **오경, 역사서, 시서와 지혜서, 예언서**로 나눌 수 있습니다.

Q 27 신약의 의미와 신약 성경에 대해 설명해보세요.

A
1. 하느님께서는 구약의 계시를 통하여, 이스라엘 민족과 맺으신 계약을 확대하여 **모든 민족들**을 상대로 **새 계약**을 맺으시겠다고 약속하셨습니다. 그리고 당신께서 정하신 때가 이르자 당신의 아드님 **예수 그리스도**를 이 세상에 보내셨고, 그 아드님을 통하여 모든 인간의 구원을 위한 **새로운 계약**, 곧 **신약(新約)**을 맺으셨습니다.

2. 신약 성경에는 예수 그리스도의 생애와 가르침이 기록되어 있습니다. 예수 그리스도의 죽음과 부활로 그분께서 참으로 하느님의 아드님, 우리의 구세주시라는 사실을 굳게 믿게 된 **제자**들은, 자신들이 보고 들었던 **예수 그리스도의 행적과 가르침**을 입에서 입으로 생생하게 전할 수 있었습니다. 그러나 이러한 **목격 증인**들이 사라져 가고, 또한 그리스도 신앙이 **팔레스티나 땅**을 벗어나 **세계 각지**로 퍼지게 되자, 그분에 대한 신앙을 일으키고 전파하려고 그분의 **가르침과 행적**을 기록하여야 했습니다. 이렇게 해서 신약 성경이 쓰이게 된 것입니다.

3. 신약 성경의 네 복음서인 **마태오 복음, 마르코 복음, 루카 복음, 요한 복음**에는 **예수 그리스도의 생애와 죽음, 말씀과 행적**이 담겨 있는데, '예수님께서 그리스도, 곧 구세주로서 우리를 구원하신 하느님의 아드님이시며, 그분께서 곧 하느님이시다.' 라는 신앙 고백을 담고 있습니다.

4. 신약 성경은 모두 **27권**으로 이루어졌는데, 네 복음서 외에도 초대 그리스도인들의 공동체적 삶과 사도들의 행적을 기록한 **사도행전**, 사도들이 초대 그리스도교 공동체들에게 보낸 신앙에 관한 **서간들**, 그리고 **요한 묵시록**이 수록되어 있습니다.

Q 28 성전(聖傳·Tradition)이란 무엇인가요?

A
1. 성경을 보면 "예수님께서 하신 일은 이 밖에도 많이 있다. 그래서 그것들을 낱낱이 기록하면, 온 세상이라도 그렇게 기록된 책들을 다 담아내지 못하리라."(요한 21,25 참조)는 기록이 있습니다. 이처럼 성경에 기록된 것 외에도 예수 그리스도를 믿고 따르던 **사람들의 공동체**에는 **예수 그리스도와 성령**께서 사도들에게 맡기신 **하느님의 말씀**이 **구전**으로 전해지다가 후대에 **전례나 교회 문헌 등의 형태**로 기록되어 내려오고 있는데, 이것을 **거룩한 전승**, 곧 성전(聖傳)이라고 합니다.
2. 가톨릭교회는 성경과 성전을 하느님 말씀의 **단일한 유산**으로 보고 똑같이 소중하게 여깁니다. 기록된 하느님의 말씀(성경)이나, 살아 있는 신앙 공동체인 교회 안에 전해지는 하느님의 말씀(성전)에 대한 **유권 해석**은 **교회의 공식적인 권위(교도권)**에 맡겨져 있습니다.

Q 29 성령의 감도(感導)란 무엇인가요?

A 하느님의 비서 역할을 한 성경 저자들은 **하느님의 지도하에 하느님의 말씀을 기록**하였으므로 틀릴 수가 없는데, 이것을 **성령의 감도(感導)**라고 합니다. 다시 말해서 성경은 성령의 감도에 따라 기록된 하느님의 말씀이기 때문에, 성경 저자가 쓸 때 **성령의 특별한 지도**를 받고 또 끝까지 틀리지 않도록 **도움을 받아 기록하는 것**을 말합니다.

Q 30 우리는 성경을 어떻게 읽고 해석해야 하나요?

A
1. 오늘날 우리가 살고 있는 이 시대는 전례 없이 성경 공부의 기회와 여건이 좋아진 상태지만 **성경에 대한 올바른 해석과 지식을 얻는데 어려움도 늘어나는 경향**이 있습니다.
2. 우리가 성경을 읽고 해석하는 데 따른 가장 중요한 것은 **성경을 자연적·초자연적 환경**에서 읽어야 하고 또 **전례의 빛**에 비추어 읽어야 하며, **교회의 마음**으로 성경을 읽어야 합니다.
3. 제2차 바티칸 공의회에서 결정되고, 가톨릭교회 교리서에 성경 해석에 대한 간단한 지침을 요약해 보면, ① **성경 전체의 내용과 단일성에 유의할 것**

으로, 우리가 전후 맥락을 왜곡하는 것을 막음으로써, 거룩한 성경 저자들이 의도한 의미에서 벗어나지 않도록 하고, ② 전체 교회에 **살아 있는 성전**에 따라 성경을 읽는 것으로, 살아 있는 전승을 소중히 간직하는 공동체 안에 성경의 자리를 확고히 설정하며, ③ **신앙의 유비**(로마 12,6 이하 참조), 곧 **신앙의 진리들 상호간의 일관성**과 **계시의 전체 계획 안에 있는 진리의 일관성**을 유의할 것으로, 성경 본문을 충만한 가톨릭 신앙의 테두리 안에서 고찰하도록 해야 합니다.(가톨릭교회 교리서 112항-114항 참조)

Q 31 4복음서는 무엇인가요?

A 신약 성경 중 **마태오, 마르코, 루카, 요한**이 쓴 네 권을 '**4복음서**'라 합니다. 복음이란 복된 소리, 즉 인류 구원을 위한 기쁜 소식이란 뜻으로, 여기에 **예수 그리스도의 강생**과 **그분의 가르침**(기적, 말씀, 사랑)이 기록되어 있습니다.

Q 32 성경은 모두 몇 권인가요?

A 1. **성경**은 모두 73권인데 **구약 성경이 46권이고, 신약 성경이 27권입니다.**

① 구약 성경 중에 오경(5권)은 창세기, 탈출기, 레위기, 민수기, 신명기로서 구약 성경의 가장 핵심적인 작품으로 어느 한 사람의 작품이 아니라 폭넓은 시대와 배경에 걸친 이야기가 각각의 신학적인 내용을 바탕으로 집성되어 있습니다.(한국 가톨릭대사전 2690면 참조)

② 구약 성경 중 역사서(16권)는 여호수아기, 판관기, 룻기, 사무엘기 상권, 사무엘기 하권, 열왕기 상권, 열왕기 하권, 역대기 상권, 역대기 하권, 에즈라기, 느헤미야기, 토빗기, 유딧기, 에스테르기, 마카베오기 상권, 마카베오기 하권으로 되어 있습니다.

③ 구약 성경 중 시서와 지혜서(7권)는 욥기, 시편, 잠언, 코헬렛, 아가, 지혜서, 집회서가 있습니다.

④ 구약 성경 중 예언서(18권)는 이사야서, 예레미야서, 애가, 바룩서, 에제키엘서, 다니엘서, 호세아서, 요엘서, 아모스서, 오바드야서, 요나서, 미카서, 나훔서, 하바쿡서, 스바니야서, 하까이서, 즈카르야서, 말라키서로서 구

약 시대의 예언자들은 하느님과 사람 사이의 중개자로서 하느님의 계명을 가르치고, 사람들의 악행을 엄하게 꾸짖으며, 구세주 그리스도와 관련되는 미래를 예언하였습니다.

⑤ 신약 성경 중에 예수 그리스도의 생애와 가르침을 담은 복음서(4권)인 마태오 복음서, 마르코 복음서, 루카 복음서, 요한 복음서를 4복음서라고도 합니다.

⑥ 신약 성경 중에 사도들의 행적을 전하는 역사서 (1권)인 사도행전이 있습니다.

⑦ 신약 성경 중에 바오로가 교회와 신자들에게 보낸 편지(14권)인 로마 신자들에게 보낸 서간, 코린토 신자들에게 보낸 첫째 서간, 코린토 신자들에게 보낸 둘째 서간, 갈라티아 신자들에게 보낸 서간, 에페소 신자들에게 보낸 서간, 필리피 신자들에게 보낸 서간, 콜로새 신자들에게 보낸 서간, 테살로니카 신자들에게 보낸 첫째 서간, 테살로니카 신자들에게 보낸 둘째 서간, 티모테오에게 보낸 첫째 서간, 티모테오에게 보낸 둘째 서간, 티토에게 보낸 서간, 필레몬에게 보낸 서간, 히브리인들에게 보낸 서간이 있습니다.

⑧ 신약 성경 중 그 외의 사도들의 편지(7권)인 야고보 서간, 베드로의 첫째 서간, 베드로의 둘째 서간, 요한의 첫째 서간, 요한의 둘째 서간, 요한의 셋째 서간, 유다 서간이 있습니다.

⑨ 신약 성경 중에 예언서적 묵시록(1권)인 요한 묵시록이 있습니다.

2. **개신교에서는 구약 성경 중 토빗기, 유딧기, 마카베오기 상권, 마카베오기 하권, 지혜서, 집회서, 바룩서 등 7권을 성경으로 인정하지 않으며, 구약 성경 39권과 신약 성경 27권 총 66권 만을 정경으로 인정하고 있습니다.**

Q 33 **가톨릭교회와 다른(이웃) 종교와의 관계는 어떠한가요?**

A 1. 이 둘 사이에는 먼저 **인류의 공통적 기원과 목적에 따른 유대**가 형성되어 있으며, 다른 종교들 안에서 찾아볼 수 있는 모든 **선한 것**과 **참된 것**은(즉 하느님은 선의 근원이시기 때문에, 선하고 참된 모든 것은 선하신 하느님, 참되신 하느님을 반영한다.) **하느님께로부터 온 것**이고, **하느님의 진리를**

반사하는 것으로 알고 있어, 이 모든 것은 다른 종교인들이 복음을 받아들일 수 있도록 준비시키고, 그리스도 교회 안에서 인류가 일치를 이루도록 도와줍니다.(교회헌장 16항 참조)

2. 비그리스도교에 속하는 종교와 미신(사이비 종교)과는 구별되어야 하며, 우리나라에서는 특히 종교로 믿어 신봉하는 **불교나 유교 안에 있는 모든 선한 것과 참된 모든 것**은, **하느님께로부터 나온 것**으로서, 그리스도의 복음을 받아들이기 위한 준비라 할 수 있으며, 하느님께서는 "한 사람에게서 온 인류를 만드시어 온 땅 위에 살게 하셨다."(사도 17.26 참조)라는 인류의 단일성을 나타내는 말씀으로서, 모든 인류는 **한 형제자매**이며, **가족적 유대**를 지닙니다.

구체적인 인류의 단일성에 대한 내용은 아래와 같습니다.

① **기원의 단일성**(사람은 모두 한 하느님에게서 창조되었음)
② **본성의 단일성**(사람은 모두 영혼과 육체로 되어 있음)
③ **목적의 단일성**(사람은 모두 하느님을 향해 창조되었음)
④ **사명의 단일성**(사람은 모두 하느님을 알고 사랑해야 함)
⑤ **주거의 단일성**(사람은 모두 이 세상에서 살아감)
⑥ **방법의 단일성**(사람은 모두 같은 방법으로 같은 목적에 도달함)
⑦ **구원의 단일성**(사람은 모두 예수 그리스도께 구원을 받음)

Q 34 개신교 신앙과 가톨릭 신앙의 차이점은 무엇인가요?

A 기독교(基督敎)는 예수 그리스도를 믿는 모든 종교를 뜻하는 말로서, 그리스도교 공동체의 특징은 ① **사랑과 용서** ② **화해와 일치** ③ **섬김과 나눔** ④ **희생과 봉사**이며 그리스도교를 한자 발음식으로 표현한 기독교(基督敎)는 현재 크게 세 종파로 나누어져 있습니다. 즉, **기독교(基督敎)**= ㉠천주교 + ㉡개신교 + ㉢정교회입니다.

㉠ 천주교(로마 가톨릭 또는 가톨릭이라고 표현)
㉡ 개신교(프로테스탄트, 흔히 기독교라고 잘못 지칭)
㉢ 정교회(오르토독스, orthodoxy)입니다.

1. 가톨릭은 예수 그리스도께서 친히 세우시고, 사도들로부터 이어져 내려 오

는 2,000년 역사의 교회로서, 하나이며, 거룩하고, 보편된 교회입니다. 가톨릭의 교황은(현 교황 프란치스코는 266대임) 초대 교황 성 베드로의 후계자이며, 교황을 정점으로 주교, 사제, 부제와 같은 질서정연한 교계 제도를 갖추고 있는 단일 종파입니다.

2. 과거 중세기에 가톨릭이 유럽에서 세속화되고 부패된 적이 있었는데, 이에 대한 반발로 루터가 16세기 무렵 종교 개혁(분열)으로 갈라져 나온 종파가 개신교입니다. 개신교는 단일 종파가 아니기 때문에, 그 안에 루터교, 장로교, 청교도, 성공회, 감리교, 침례교, 성결교, 순복음교, 안식일교 등등 수많은 내부 종파가 있습니다.

3. 가톨릭, 개신교, 정교회는 모두 예수 그리스도를 믿음으로써 구원을 얻는다는 근본 교리는 같고, 세부적인 교리에서 서로 차이점이 있긴 하지만, 같은 하느님을 믿는 한 형제입니다.

4. 오늘날 가톨릭은 개신교를 갈라진 형제라고 생각하고, 타종교에 대해서도 포용적인 입장인 반면, 개신교는 타종교에 대한 배타성과 편협성이 상대적으로 강한 편입니다.

5. 가톨릭은 바로 실천하는 신앙으로서, 단순히 믿는 것으로 끝나지 않고, 그 믿음의 내용으로 사는 신앙입니다. 따라서 가톨릭은 "사랑으로 행동하는 믿음"(갈라 5,6 참조)을 강조하기 때문에, 사회봉사와 같은 '이웃 사랑'을 중시하는 편이고,

6. 개신교는 루터의 사상을 중심으로 말한다면, '오직 믿음'을 강조하고, 실천에 대해서는 상대적으로 소홀한 면이 있으며, '전도'에 더 집중하고 있습니다.

7. 가톨릭은 구약 성경은 46권이지만, 개신교는 7권을 빼고 39권만 정경으로 인정하고 있고,

8. 가톨릭에서는 예수 그리스도를 낳으시고 길러주신 어머니이신 성모 마리아를 성인으로 공경하면서, 우리들이 주님께 바라고 청하는 것들을, 우리와 함께 주님에게 기도해 달라고 청하는 분인데, 개신교에서는 가톨릭은 주님을 믿지 않고, 성모 마리아만을 믿고 숭배하는 종교라는 잘못된 편견을 가지고 있습니다.

9. 가톨릭에서는 예수 그리스도께서 제정하신 눈에 보이는 표징인 일곱 성사

(세례, 견진, 성체, 고해, 병자, 성품, 혼인)를 거행하는데, 성품성사를 받은 사제들이 종교 의식을 행함으로써 신자들의 영혼을 거룩하게 합니다. 특히 일곱 성사 중에 고해성사는 영세 후에 범한 모든 죄를 사하는 성사로서, 인간 사제의 어떤 권한으로 죄를 사하는 것이 아니라, 예수 그리스도께 받은 사죄권을 사제가 예수 그리스도를 대신하여, 고해를 하는 신자들에게 예수 그리스도의 이름으로 죄를 사해 줍니다. 그러나 개신교에서는 예수 그리스도의 의화(義化)를 입어, 자기가 직접 하느님께 죄를 고하고, 자기의 죄도 사해졌다고 스스로 믿는 신앙입니다.

10. 가톨릭의 성직자와 수도자는, 독신 생활을 통해 오롯이 주님만을 더 충실히 섬기겠다는 일념으로 주님께 서원을 통해 일생을 독신의 삶을 살지만, 개신교 성직자들은 대부분 결혼을 통해 가정을 이루고 있습니다.
11. 가톨릭은 자기가 거주하고 있는 관할 성당에서 신앙생활을 하는 것이 마땅하여, 이사를 가게 되면 주소지 관할 성당으로 교적을 옮겨 신앙생활을 하고 있으나, 개신교에서는 대부분 거주지 개념이 아닌 교회의 소속 개념으로 신앙생활을 하고 있습니다.

Q 35. 가톨릭 신자도 제사(祭祀·祭禮)를 지낼 수 있나요?

A
1. 제사의 근본정신은 조상에게 **효**를 실천하고, 생명의 **존엄성**과 **뿌리 의식**을 깊이 인식하며, 조상의 유지에 따라 **진실한 삶**을 살아가고, 가족 공동체의 **화목과 유대**를 이루는 것입니다. 나이가 들어 입교한 가톨릭 신자들 중에는 어려서부터 제사를 지내온 분들이 많을 뿐만 아니라, 가톨릭 신자 가정 가운데에서도 제사를 지내는 경우가 많습니다. 우리나라 가톨릭교회는 이러한 전통 제사의 아름다운 정신을 **복음의 빛으로 재조명**하며 시대에 맞게 **적절한 표현 양식**을 찾고 있습니다.
2. 따라서 가톨릭 신자들은 **명절**이나 **기일** 등 조상을 기억해야 하는 특별한 날에 우선적으로 **위령 미사**를 봉헌하지만 조상님들을 위해서 **상에 음식을** 차려 놓고, **십자가와 조상의 사진**을 모셔 놓은 다음, 그 앞에서 **향을 피우고 절을 하는 예식을 허락**합니다. 다만 미신적인 요소, 즉 조상 숭배의 의미를 연상시킬 소지가 있는 **신위(神位), 신주(神主), 위패(位牌), 지방(紙榜)**

이라는 유교적 제례 용어를 쓰는 것과 **혼령(魂靈)**을 불러들이는 **축문(祝文)**을 읽는 것은 금합니다.
3. 살아 있는 우리 후손들이 죽은 조상의 영혼을 위해 드리는 **진정한 제사**란, 대다수의 사람들이 죄를 지은 채 죽기 때문에 하느님 앞에서 자기 죄에 대한 심판으로서 보상을 치러야 할 때에, 그 영혼의 죄의 보상을 위해서 우리가 대신 **하느님께 기도를 바치는 것**(위령 미사와 연도)을 말합니다.

Q 36 **가톨릭교회에서 가르치는 성모님에 관한 교리는 무엇인가요?**

A 가톨릭교회는 2,000년 동안 성모 마리아를 천주의 성모, 우리의 어머니, 교회의 어머니시라고 공경해 왔으며, 공경하는 또 다른 이유는 그분께서 신앙에서, 하느님의 뜻을 따르는 순명에서, 하느님께 향하는 사랑에서, 하느님께 바치는 봉헌에서, 우리의 모범이 되시기 때문이며, 성모 마리아께서 받으신 영광은 장차 우리도 받게 될 영광을 미리 보여 주는 것이므로, **우리 희망의 표지**이십니다. 가톨릭교회 안에서 가르치는 성모님에 관한 교리는 네 가지로 요약할 수 있습니다.
1. **하느님의 어머니이시고,**
2. **평생 동정이시며,**
3. **원죄 없이 잉태되어 나시고,**
4. **하늘에 올림을 받으신 분입니다.**
이것은 가톨릭교회 신자들이 믿어야 할 교리입니다.

Q 37 **인류 역사 안에 오신 예수 그리스도께서는 어떤 분이신가요?**

A 1. 그리스도교 신앙의 핵심은 지금부터 약 이천 년 전, 팔레스티나에 사셨던 예수 그리스도께서 **온 인류를 구원하신 유일하신 구세주**, 곧 그리스도이심을 믿고 고백하는 것입니다. 예수 그리스도께서는 참 하느님이시지만, 죄만 빼고는 모든 점에서 **우리와 같은 참 인간**으로 이 세상에 오셨습니다. 그분께서는 당시 로마의 지배를 받고 있던 **유다 베들레헴**의 한 외양간에서 가난하고 보잘것없는 모습으로 태어나셨고, 부모를 모시고 **고향 나자렛**에서 당신 일생의 많은 기간을 다른 사람들과 같이 **일상적인 육체노동**을 하며

생활하셨고, **하느님의 율법**에 순명하는 **유다인의 종교 생활**을 하셨습니다.
2. 예수 그리스도의 공생활은 **요르단 강**에서 요한에게 세례를 받으심으로써 시작됩니다. 예수 그리스도께서는 아무런 죄도 없으셨지만, 죄를 용서받는 길을 찾는 모든 인간의 조건을 그대로 따르신 것입니다. 그리고 예수 그리스도께서는 광야로 가셔서 40일 동안 **단식과 기도**를 하시고 유혹을 물리치신 다음, 갈릴래아 지방에서부터 본격적으로 "하느님 나라가 가까이 왔다."하고 **기쁜 소식을 선포하기 시작**하셨습니다.
3. 예수 그리스도께서는 하느님 나라의 **기쁜 소식**을 전해 주시고, **권위 있는 가르침과 놀라운 행적**으로 많은 사람을 구원의 길로 이끄셨습니다. 그러나 기득권자들에게 미움을 받아, 십자가에 못 박혀 돌아가시고 묻히신 예수 그리스도께서는, **사흘 만에 부활**하셨습니다. 예수 그리스도의 수난과 죽음은 바로 **우리의 구원을 위한 사랑**에서 비롯되었으며, 예수 그리스도의 부활이야말로 세상의 악과 죽음에 대한 **하느님의 승리**이고, 장차 우리도 **예수 그리스도처럼 부활**하리라는 커다란 **희망**을 갖게 하는 사건입니다. 그래서 우리는 예수 그리스도를 **하느님의 아드님이시며 우리의 주님**으로 그리고 **구세주로 고백하는 것**입니다.
4. 신약 성경은 예수 그리스도를 다양한 칭호로 부르고 있는데, 그 까닭은 그 하나하나의 칭호가 예수 그리스도 안에 계시된 신비를 표현하고 있지만, 단 하나의 칭호로 그분을 완전히 표현할 수 없기 때문입니다.

① **예수** : 하느님께서 구원하신다는 뜻으로, 예수 그리스도께서는 당신 백성을 죄에서 구원하시는 분이십니다.

② **그리스도** : 기름부음 받은 이를 뜻하며, 예언자이시고, 대사제이시며, 임금이신 예수 그리스도께서 참 구세주이심을 드러냅니다.

③ **주님** : 하느님의 주권을 뜻하며, 예수 그리스도를 주님이라고 고백하거나 그렇게 부르는 것은, 그분의 신성에 대한 믿음의 표현입니다.

④ **하느님의 어린 양** : 예수 그리스도께서 십자가에서 희생 제물이 되시어 돌아가심으로써, 우리를 구원하셨음을 드러냅니다.

⑤ **하느님의 아들** : 하느님과 당신의 유일하고 영원한 관계를 이렇게 계시하셨으며, 그분은 하느님 아버지를 사랑하시고 아버지께 순종하시는 분이

십니다.

　⑥ **사람의 아들** : 참 하느님이시면서 동시에 참 사람이심을 드러내며, 종말에 나타나 만민을 심판할 천상 주권자를 뜻합니다.

　⑦ **사람이 되신 말씀** : 예수 그리스도께서는 하느님과 일치하시며, 그분을 가장 잘 드러내시는 말씀이십니다.

Q 38 예수 그리스도에 관한 상징적인 표시들과 용어를 설명해보세요.

A 예수 그리스도에 관한 상징적인 표시와 용어는 다음과 같습니다.

1. **A Ω (알파와 오메가)**

그리스어 첫 글자인 알파(A)와 끝 글자인 오메가(Ω)는 **시작과 끝**을 나타내는데, 예수 그리스도를 알파와 오메가라고 하는 것은 **세상 창조 때부터 마지막 날까지 모든 것을 다스리시는 분**임을 고백하는 것입니다.(묵시 22,13 참조)

2. **I. N. R. I (십자가 명패)**

로마 총독 본시오 빌라도가 예수 그리스도를 십자가에 못 박아 죽이면서 십자가 위에 써 붙인 명패로서, '**유대인들의 임금, 나자렛 사람 예수**'(Iesus Nazarenus Rex Iudaeorum)라는 라틴어의 첫 글자만 딴 것입니다.

3. **ΙΧΘΥΣ (익튀스) : 물고기**

로마 박해시대에 신자들이 서로 알아보던 암호로서, '**예수 그리스도 하느님의 아들 구세주**'(Ιησους Χριστος Θεου Υιος Σωτηρ)라는 그리스어의 첫 글자만 모으면 **물고기**(익튀스: ΙΧΘΥΣ)라는 말이 됩니다.

4. **I H S (예수)**

첫째로 '예수'의 그리스말 IHΣOYΣ(IHSOUS)에서 앞 세 글자를 로마자로 형상화한 것으로 '**예수**'를 나타내며, 둘째로 Iesus Hominum Salvator 라는 라틴어의 약자로 이는 '**인류의 구원자 예수**'라는 뜻입니다.

5. **XP (키로) : 그리스도**

예수 그리스도의 또 다른 상징으로 'XP(키로)'가 있는데 'XP(키로)'는 그리스도교의 오래된 상징 가운데 하나로서, 형태는 예수 그리스도를 뜻하는 그리스어 '크리스토스'(ΧΡΙΣΤΟΣ, Χριστός)의 첫 두 글자인 X와 P를 포개어 놓은 모양입니다. 오늘날 우리가 가장 널리 사용하고 있는 예수 그리스도의 상징으로 제대나 제구 및 제의 등에 쓰이고 있으며 한 가지 주의할 점은 'XP(키로)'를 pax(팍스)나 px(피엑스)로 읽지 말고 '**그리스도**'라고 읽어야 합니다.

6. **메시아 (Messias)**

히브리 말 메시아(Messias)는 그리스말로 '**그리스도**'라고 하며, 기름 부음을 받은 자라는 뜻이고, 우리 말로는 '**구세주**'입니다.

7. **알렐루야 (Alleluia)**

알렐루야의 어원은 '찬양하다'라는 의미의 히브리말 '할렐'의 명령형 '할렐루'와 하느님을 의미하는 '야훼'의 약자 '야'의 합성어입니다. 따라서 히브리 말로 '알렐루야'는 '**야훼 하느님을 찬양하라**'는 뜻으로 사제가 복음을 읽기 전에 공동체가 바치는 복음 환호송입니다.

8. **호산나 (Hosannah)**

'**구원을 베푸소서**' '**번영을 베푸소서**'(시 118, 25 참조)라는 뜻이며, 예수 그리스도께서 예루살렘에 입성하실 때에 길가에 섰던 군중들이 종려나무 가지를 들고 기뻐하며 부르짖는 환호의 소리였으며, 이는 메시아의 구원을 간구하는 동시에 그 구원의 은혜를 찬양하고 감격하는 의미를 담고 있습니다.(마태 21,9 참조)

Q 39 천사는 무엇인가요?

A
1. 성경에서 보통으로 천사라고 부르는 육체를 가지지 않은 **영적인 것들의 존재**는 **신앙의 진리**입니다. 순수한 영적 피조물인 천사들은 **지성과 의지**를 가지고 있으며, 그들은 **인격적인 피조물들로서 죽지 않는 피조물**들입니다. 그들은 보이는 모든 피조물보다 훨씬 더 **완전**하며, 그들 **영광의 광채**가 이를 증명합니다.(다니 10,9-12 참조) (가톨릭교회 교리서 328항; 330항 참조)

2. 예수 그리스도께서는 **천사 세계의 중심**이십니다. 그들은 예수 그리스도를 통하여 예수 그리스도를 위하여 창조되었기 때문에 예수 그리스도께 속합니다. 예수 그리스도께서는 천사들을 당신의 **구원 계획**을 알리는 **전령**으로 삼으셨기 때문에 그들은 더욱 그분께 속한 존재들입니다. "사람의 아들이 영광을 떨치며 모든 천사들을 거느리고 올 것이다."(마태 25,31 참조)

3. 천사는 그 존재 전체가 **하느님의 심부름꾼이며 전령**입니다. 그들은 "하늘에 계신 내 아버지의 얼굴을 늘 보고 있기"(마태 18,10 참조) 때문에, 하느님 말씀을 순히 들어 그 영을 시행하는 능한 자들입니다. 하느님의 심부름꾼인 천사들은 "창조 때부터 구원 역사의 흐름을 따라, 줄곧 이 구원을 멀리서나 가까이에서 알리고, 이 구원 계획의 실현을 위하여 봉사하고 있습니다."(가톨릭교회 교리서 329항; 331항-332항 참조)

4. 천사들은 **영적인 존재**로서, 하느님의 뜻을 전하고 보호하고 **인간을 위해 하느님께 기도**합니다. 바로 이러한 이유에서 교회는 천사들을 전례력 안에서 기억합니다. 즉, 성경에 명시된 **성 미카엘, 성 가브리엘, 성 라파엘 대천사 축일(9월 29일)**과 **수호천사 기념일(10월 2일)**에 천사들을 공경하는 것입니다.

Q 40. 우리 인간은 하늘에 있는 천사들과 어떤 관계를 맺을 수 있나요?

A 우리 인간은 천사들에게 도움을 청하고, 하느님 앞에서 우리 인간을 대변해 달라고 부탁할 수 있고, 사람마다 하느님으로부터 **수호천사**를 얻습니다. 자신과 다른 사람들을 위하여 수호천사에게 기도하는 것은 유익하고 의미 있는 일이며, 천사들은 **소식 전달자나 도움을 주는 동반자**로서, 그리스도인의 삶에 영향을 끼칠 수도 있으며, 그리스도교 신앙에서의 천사는 뉴에이지 영성이나 그 밖의 여러 형태의 비밀스러운 종교에서 이야기하는 천사와는 아무런 관련이 없습니다.(가톨릭교회 교리서 334항-336항, 352항 참조)

Q 41. 악마는 무엇인가요?

A 1. 성경과 교회의 성전은 악마 또는 사탄과 마귀라고 불리는 타락한 천사에 대해서 가르치는데 그가 본래 하느님께서 창조하신 선한 천사였으나 그들 스스로 악하게 되었습니다. 그들은 하느님의 계획과 예수 그리스도를 통하여 이룩된 하느님의 구원 사업을 가로막고 봉사하기를 거부하면서, 우리 인간을 자신들의 반역에 끌어 들이고자 애쓰는 타락한 천사들입니다.(가톨릭교회 교리서 391항; 414항; 2851항 참조)

2. 이 타락한 천사들은 하느님과 하느님의 나라를 철저하게 거부한 영적 피조

물들로서, 하느님을 거슬러 예수 그리스도 안의 하느님 나라를 증오하면서 세상에서 활동하는데, 인간과 사회에 영적이나 물질적으로 피해를 끼칠 수 있다하더라도 이는 하느님의 섭리가 허락하신 것으로 이 허락은 하나의 커다란 신비이지만, "하느님을 사랑하는 사람들에게는 모든 일이 서로 작용하여 좋은 결과를 이룬다는 것을 우리는 안다"(로마 8,28 참조)고 성경에 기록하고 있습니다.(가톨릭교회 교리서 392항; 395항; 414항 참조)

3. 예수 그리스도께서 "처음부터 살인자"(요한 8,44 참조)라고 부르셨던 자, 하느님 아버지께 받은 사명을 포기하도록 예수 그리스도까지도 유혹한 악마의 해로운 영향을 성경에서는 증언하고 있으며(마태 4,1-11 참조), 그러나 성경에서는 "악마가 저질러 놓은 일을 파멸시키려고 하느님의 아들이 나타나셨던 것이다."(1요한 3,8 참조)라고 기록되어 있습니다.(가톨릭교회 교리서 394항 참조)

4. 악마가 저지른 일 중에 가장 중대한 것은 바로 인간을 하느님께 불순종하도록 거짓말로 유혹한 것으로서, 이와 같은 죄를 용서받을 수 없는 것은 하느님의 무한한 자비에 결함이 있어서가 아니라 그들의 선택으로 인한 결과이며, 사람이 죽은 뒤에는 참회가 없는 것처럼, 그들도 타락한 뒤에는 참회가 없기 때문입니다.(가톨릭교회 교리서 393-394항 참조)

Q 42 우리의 신앙 고백을 끝맺는 '아멘'은 무슨 뜻인가요?

A 히브리어 '아멘'은 '**믿다**'라는 말과 같은 어원에서 나왔으며, 그 어원은 견고함, 신뢰성, 성실함을 의미합니다. 우리에 대한 **하느님의 성실하심**과 **하느님에 대한 우리의 신뢰**를 나타내는 말로서, 구약에서는 아멘이신 하느님(이사 65,16 참조)을, 신약에서는 아멘이신 예수님(묵시 3, 14 참조)을 말하며, 사도 신경 끝의 아멘은, 첫머리의 '나는 믿나이다.'라는 말마디를 되풀이하고 확인하는 것으로, 주 그리스도께 우리 자신을 온전히 내맡기면서 신앙으로 고백한 바를, 완전한 신뢰로써 '예'하고 응답하는 것입니다.(가톨릭교회 교리서 1064항 참조)

PART 2

하느님과 인간

한 마리의 잃은 양을 더 소중히 여기시는 예수 그리스도

"내가 너희에게 말한다. 이와 같이 하늘에서는, 회개할 필요가 없는 의인 아흔아홉보다 회개하는 죄인 한 사람 때문에 더 기뻐할 것이다."(루카 15,7)

Q 43 하느님은 어떤 분이신가요?

A 1. 먼저 하느님이라는 말의 어원은, 절대적인 존재를 지칭하는 **순우리말**이며, **하늘**이란 말에 **님**이 붙어 이루어진 말로서, **하늘님**이 될 것이지만, '끝소리가 ㄹ인 말과 딴 말이 어울릴 적에는 ㄹ소리가 나지 않는 것은 안 적는다.'라는 **한글 맞춤법(제 28항)**에 따라서 **하느님**이라고 하는 것입니다. 가톨릭에서는 우리 민족이 **전통적**으로 사용해 온 **하느님**을 그대로 쓰고 있으나, 일부 **개신교 신자들**은 하느님께서는 **한 분이시라는 의미**로 **하나님**으로 쓰고 있습니다.

2. 우리는 우주 만물과 인간을 창조하신 **하느님**께서는 **유일하시고, 전능하시며, 사랑과 자비가 넘치시는 아버지**이심을 믿고 **고백**합니다.
① **하느님께서는 오직 한 분이십니다.** "이스라엘아, 들어라! 주 우리 하느님은 한 분이신 주님이시다. 너희는 마음을 다하고 목숨을 다하고 힘을 다하여 주 너희 하느님을 사랑해야 한다."(신명 6,4-5 참조)
② **하느님께서는 전능하십니다.** 하늘과 땅을 만드신 분은 바로 하느님이시므로 그분께서는 하늘과 땅에서 전능을 떨치시는 분이십니다. 그러므로 그분께는 **불가능한 것**이 없고, **그분**께서 만드신 것은 **그분의 처분**에 맡겨져 있습니다.
③ **하느님께서는 온 우주와 역사의 주인이십니다.** 하느님께서는 당신의 전능을 **무한한 사랑과 자비**로 보여 주시는 아버지이십니다.

3. 하느님은 **제일 원인**이시고, 모든 인간에게 **상과 벌**을 판가름할 마지막 **최고의 윤리 심판관**이시며, **장소의 제한**을 받지 않고 **모든 곳**에 계시는 **완전하고 전능하신** 분이십니다.

Q 44 구약 성경 창세기에 기록된 하느님의 천지 창조에 관한 내용은, 어떤 의미가 있나요?

A 1. 구약 성경 창세기에는 태초의 이야기가 기록되어 있는데, **세상과 인류의 기원**에 관한 내용으로, 하느님의 **백성으로 선택된 이스라엘 민족**의 역사적, 종교적 체험을 바탕으로 이루어져 있으며, 이 이스라엘 백성은 **자기들과 하느님의 관계**가 온 **인류와 하느님의 관계**를 반영하고 있습니다.

2. 조상대대로 전해 오던 태초의 이야기는 단순히 **민족의 기원**을 설명하는 **설화나 전설**이 아니라 **세상과 인간의 존재에 대한 근본적인 물음**에 해답을 주는 **진리**임을 믿게 되었습니다.
3. 창세기에는 천지 창조에 관한 두 가지 이야기 실려 있는데, 이와 같은 창조 이야기는 **세상과 인간의 창조**가 언제, 어떻게 이루어 졌는지를 **과학적으로 규명하려는 기록**이 아니라, **인간에 대한 하느님의 사랑**과 **인간의 삶 속에서 하느님의 사랑이 어떻게 드러나고 있는지**에 대한 **신앙의 진리**를 가르치려는 기록입니다.

Q 45 구약 성경 창세기에 기록된 하느님의 첫 번째 창조 이야기를 통해, 우리 인간에게 어떤 내용을 가르치고 계시나요?

A
1. 창세기의 첫 번째 창조 이야기의 핵심은, 하느님께서 **우주 만물과 인간을 지어 내신 유일하신 창조주이시라는** 믿음입니다. 아무것도 없는 무(無)의 상태에서 만물을 창조하신 하느님께서는, **지혜와 사랑으로 만물의 질서**를 세우셨고,(지혜 11,20 참조) 그 질서를 바탕으로 **온갖 천체와 동식물을 제자리에 채우심으로써 조화**를 이루셨습니다.
2. 이 모든 것은 하느님께서 당신의 피조물 가운데 **가장 으뜸인 인간**이 장차 살아갈 **삶의 터전**을 마련하신 것입니다. 인간은 '**하느님의 모습**'으로 창조되었습니다. 그러므로 우주 만물 가운데 인간만이 **하느님과 대화할 수 있는 존재**이며, **세상의 관리자**로서 **하느님의 창조 사업**에 협조할 수 있습니다.
3. 하느님께서는 창조하신 모든 것을 보시고 "참 좋았다."라고 말씀하심으로써 **당신 사랑**에서 나오는 것은 모두 '**선한 것**'이고, 당신 사랑으로 만드시는 것은 모두 '**좋은 것**'이라는 **하느님 사랑의 진리**를 가르치셨습니다.

Q 46 구약 성경 창세기에 기록된 하느님의 두 번째 창조 이야기를 통해, 우리 인간에게 어떤 내용을 알려주고 계시나요?

A
1. 창세기의 두 번째 창조 이야기는, 창조주 하느님 안에서 누리는 **인간의 행복**에 관한 내용으로 **설화적인 서술 방법**을 사용하여, 하느님께서 인간을 "흙의 먼지로 사람을 빚으시고, 그 코에 생명의 숨을 불어넣어"(창세 2,7 참조)

창조하셨다고 기록하고 있습니다. 이것은 인간 창조에 쓰인 **재료나 방법을 설명**하려는 것이 아니라, **인간의 기원은 하느님께 있고**, 인간은 본질적으로 다시 흙으로 돌아갈 유한한 존재이며, 동시에 **하느님의 거룩한 숨결로 생명을 부여받은 고귀한 존재**임을 가르치는 것입니다. 따라서 **인간의 생명**은 전적으로 **하느님께서 주신 선물**이며, **인간 생명의 주권은 하느님께만 있음**을 알 수 있습니다.

2. 에덴 동산 이야기는 **하느님과 사람의 친근함**을 말해 주고 있습니다. 사람은 그곳에서 "일구고 돌보며"(창세 2,15 참조) 사는데, 그 노동은 **고통스러운 것**이 아니었으며, **남자와 완전히 동등한 존재로서 삶의 동반자가 될 여자**를 만드시고, 서로 짝을 이루게 하셨다고 말하고 있습니다. 이 이야기를 통해서 우리는 **생명과 사랑**을 베풀어 주신 **하느님과 올바른 관계를 유지**하고, 다른 사람을 **존중**하고 **사랑**하며, **창조주 하느님의 뜻**에 따라 **자연과 조화**를 이루며 살 때, **참된 평화와 행복**을 누릴 수 있다는 것을 알 수 있습니다.

Q 47 하느님께서 전능하시다는 것은 무슨 뜻인가요?

A
1. 하느님께서는 당신을 "**힘세고 용맹하신 주님**"(시편 24,8 참조)으로서 무엇이든 "**불가능한 일이 없는**"(루카 1,37 참조)분으로 계시하셨고, 하느님의 전능은 우주적이며 신비롭게 세상을 무(無)에서 지으시고, 인간을 사랑으로 창조하신 사실에서 드러나지만 특히 성자의 강생과 부활에서 인간을 당신 자녀로 삼아 주시며, 죄를 용서하시는 자비에서 드러납니다. 이 때문에 교회는 '**전능하시고 영원하신 하느님께**' 기도를 드립니다.

2. 우리는 사도 신경에서 '**전능하신 천주 성부**'라고 고백합니다. 물론 하느님은 당연히 '전능하신 분'이시지만, 우리가 믿는 하느님의 전능은 우리를 사랑하시는 데서 드러나는 전능, 곧 **사랑으로 충만한 전능**입니다.

Q 48 하느님께서 우주를 창조하신 목적은 무엇인가요?

A 하느님께서 우주를 창조하신 목적은,
1. **하느님의 영광**을 드러내기 위해서이고,
2. 우주를 지배하는 **인간에게 영원한 행복**을 주기 위해서입니다.

하느님의 영광을 드러낸다는 것은, 그분이 창조하신 우주 만물을 보고 **하느님의 전능과 그분의 위대하심**을 알아볼 수 있다는 뜻입니다. 우주에 있는 모든 아름다움과 선함은 하느님으로부터 나온 것으로서, 우리는 이 **우주의 아름다움**을 통해서 **하느님의 아름다움**을 알아볼 수 있습니다.

Q 49 최초에 하느님께서 창조하신 아담과 하와는 누구인가요?

A
1. 성경에 "사람이 혼자 있는 것이 좋지 않으니, 그에게 알맞은 협력자를 만들어 주겠다."고 하시면서 주 하느님께서 사람에게서 **빼내신 갈빗대**로 여자를 지으시고, 그를 사람에게 데려오시자, 그 사람은 **감탄의 외침과 사랑과 일치의 탄성**을 지릅니다.(창세 2,18 참조)(가톨릭 교회 교리서 371항 참조)

2. "이야말로 내 뼈에서 나온 뼈요 내 살에서 나온 살이로구나! 남자에게서 나왔으니 여자라 불리리라."고 하였는데 남자는 여자가 자신과 **동등한 인간성**을 지닌 또 다른 나임을 발견합니다. 따라서 남자와 여자를 함께 창조하신 하느님께서는 이 둘이 **서로를 위한 존재**가 되기를 원하셨습니다.(창세 2,23 참조)(가톨릭교회 교리서 371항 참조)

3. 교회는 성경과 성전에 비추어 성경의 상징적 표현을 권위 있게 해석함으로써, 우리의 첫 조상 **아담과 하와**는 **원초적인 거룩함과 의로움의 상태**, 즉 **하느님의 생명에 참여하는 것**으로 해석하고 가르칩니다.(교회헌장, 2항 참조) (가톨릭교회 교리서 375항 참조)

Q 50 인간이 하느님의 모상으로 창조되었다는 말은 무슨 뜻인가요?

A
1. 하느님께서 "우리와 비슷하게 우리 모습으로 사람을 만들자."(창세 1,26 참조)고 말씀하셨으며, 생명이 없는 사물이나 식물, 동물과는 달리 인간은 **정신을 갖고 태어난 인격체**로서, 이러한 특성 때문에 다른 피조물들보다는 하느님과 더 가깝게 만드셨습니다.(가톨릭교회 교리서 355-항-357항, 380항 참조)

2. 사람은 보이지 않는 **영혼**이 있고, 하느님과 함께 영원한 행복을 누릴 수 있는 **은총**을 받았기에, 우리 사람은 육신 때문에 하느님의 모상이 아니라, 그 **영혼**이 하느님과 비슷하고, 세상 만물 중에 사람만이 **지능과 자유 의지**를 가지고 있어서 사람을 하느님의 모상이라고 하며, 하느님의 모상인 인간은

하느님과의 **우정** 속에 살게 되어 있습니다.(요한 15,15 참조)

Q 51 원죄(原罪)란 무엇인가요?

A
1. 원죄(原罪)란 우선 원조들이 지은 죄, 즉 불순종을 말합니다. 하느님께서 **의롭게 창조하신 인간**은, **악의 유혹**에 넘어가 역사의 시초부터 제 자유를 **남용**하여, 하느님께 **반항**하고, 하느님을 **떠나서 제 목적을 달성**하려 하였고(사목헌장 13항 참조), 하느님의 계획에 따르는 대신 **스스로 하느님 없이 하느님을 따르지 않고서**, "**하느님처럼**"(창세 3,5 참조) 되려고 하였습니다.
2. 인간은 **헛된 욕망**과 하느님의 자리를 차지하려는 **교만한 마음**으로, **하느님의 명령**을 어김으로써, **하느님의 창조질서**를 깨뜨리고, **무질서와 혼란, 온갖 불행과 고통스러운 죽음**을 스스로 불러들였습니다. 이와 같이 인간들이 하느님과 맺은 **올바른 관계**를 단절하고 **하느님의 뜻을 거스름**으로써, 하느님께 받았던 복을 저주로 만들어 버린 **근원적인 잘못**을 우리는 **원죄(原罪)**라고 말합니다.
3. 그렇지만 모든 사람에게 해당되는 원죄(原罪)는, 원조의 죄로 인하여 하느님의 **원초적인 의로움과 거룩함을 상실한 상태**로 태어나지만, 그러나 **인간 본성**이 온전히 **타락**한 것은 아니어서, 모든 사람에게 하느님의 **구원 은총**이 필요하다는 사실을 가르칩니다.
4. 원죄(原罪)는 범한 죄가 아니라 **짊어진 죄**이며, 행위가 아니라 **상태**이고, 모방이 아닌 **번식**으로, **인간 본성과 함께 인류**에게 전해집니다. 따라서 이와 같은 전달은 우리가 완전히 이해할 수 없는 **하나의 신비**입니다.(가톨릭교회 교리서 396-409항 참조)

Q 52 원죄로 인하여 하느님을 떠난 인간의 처지는 어떠했나요?

A
1. 하느님께서는 인간에게 ① 올바른 인간의 길을 알 수 있는 이성적인 **판단력** ② 양심에 따라 선과 악을 분별하여 행동할 수 있는 **의지력** ③ 당신의 뜻을 따르거나 거부할 수 있는 **완전한 자유**까지도 부여하셨습니다.
2. 또한 하느님께서는 어떤 길이 생명의 길이고, 어떤 길이 멸망의 길인지를 제시해 주셨고, 그 결과까지도 가르쳐 주셨으므로, **궁극적인 선택**은 인간

에 달려 있고 인간은 **자신의 선택**에 대하여 **책임**을 져야 하는 것입니다.

3. 이와 같은 우리 인간이 하느님을 뜻을 거역하는 범죄를 저질러, 정의로우신 **하느님의 심판**을 자초하여, **생명과 사랑이신 하느님과 결별**하게 되었고, 하느님과 결별한 우리 인간은, 하느님과 함께 살던 시절의 **기쁨과 평화 대신**에, **힘들고 고달픈 삶**을 살아가게 되었는데, 이것이 바로 하느님을 떠난 인간의 **비참한 삶의 현실**입니다.

Q 53 하느님께서 인간에게 구원에 대한 약속과 희망을 주셨는데, 그 의미는 무엇인가요?

A
1. 창세기 나오는 인간의 범죄 이야기는 우리에게 암담한 좌절을 안겨 줄 수 있었으나, 하느님께서는 "뱀과 여자가 원수 사이가 되고 서로 투쟁하게 되겠지만, 결국 여자의 후손이 승리하리라."는 말씀으로 **인간에게 구원에 대한 약속과 희망**을 주셨습니다. 이것을 우리는 **원복음**(原福音)(창세 3,15 참조)이라고 말합니다. 이와 같이 원복음을 통한 구원에 대한 약속과 희망이 **구세주 메시아**에 대한 **첫 예고**로서, **타락을 복된 탓**이라고 불리기까지 하는데, 이것은 **위대한 구세주**를 얻게 되었기 때문입니다.(부활 성야의 부활찬송)

2. 이 구원에 대한 약속과 희망을 **예수 그리스도**께서 마침내 성취하셨는데 이를 두고 바오로 사도는 "한 사람의 불순종으로 많은 이가 죄인이 되었듯이, 한 사람의 순종으로 많은 이가 의로운 사람이 될 것입니다. …. 죄가 많아진 그곳에 은총이 충만이 내렸습니다."(로마 5,19-20 참조)라고 말하였습니다.

Q 54 하느님께서 하신 세상과 인류 구원 계획은 누구를 통하여 성취하셨나요?

A
1. 하느님께서는 친히 약속하신 대로 인류를 구원하시려고 **우리 역사** 안에 들어오시어, **아브라함**을 선택하시고 그와 그 후손들을 당신의 백성으로 삼으셨습니다. 하느님께서는 이집트에서 종살이하던 그들을 **모세**를 통하여 구원하시고, 그들과 계약을 맺으시고서 당신의 율법을 내리셨습니다.(탈출 19-20장 참조) 그리고 당신 아드님을 통하여 이루실 구원을 받아들이도록 **예언자**들을 통하여 그들을 준비시키셨습니다.

2. 마침내 때가 이르자, 당신 아드님 **예수 그리스도**를 구세주로 이 세상에 보

내시어 **인류 구원 계획**을 성취하셨습니다.(히브 1,1-2 참조) 예수 그리스도께서는 모든 인간의 죄를 대신하여 당신 목숨을 바치시어 인간을 죄악에서 건져 내시고(마르 10,45 참조) **하느님과 친밀한 관계를 회복시키는 은총**을 베풀어 주셨습니다. 그러므로 하느님께서 이루시는 인류 구원의 역사는 **예수 그리스도를 통하여 드러내신 당신 사랑의 역사**입니다.

Q 55 인간은 무엇을 위해 사나요?

A
1. 당신은 무엇을 위해 삽니까? 라는 질문에 우리는 각자 다르게 대답할 것입니다. 인간은 스스로 존재하는 것이 아니라 **하느님께서 창조**하셨고, **하느님 안에서 그리고 하느님을 위해 존재**합니다. 인간의 최종 목적이 **하느님을 알아 섬기고 자기 영혼을 구원하는 것**이므로 우리는 끊임없이 하느님께 나아가야 합니다.

2. 예수 그리스도께서는 "목숨을 부지하려고 무엇을 먹을까, 무엇을 마실까, 또 몸을 보호하려고 무엇을 입을까 걱정하지 마라. 목숨이 음식보다 소중하고 몸이 옷보다 소중하지 않으냐? 너희는 먼저 하느님의 나라와 그분의 의로움을 찾아라. 그러면 이 모든 것도 곁들여 받게 될 것이다."(마태 6,25.33 참조)라고 말씀하시면서 우리 인간이 무엇을 먼저 해야 하는지를 가르쳐 주셨습니다.

3. 세상에 있는 모든 것은 목적을 가지고 있는데, 하느님께서 창조하신 **인간이 가지고 있는 분명한 목적은 바로 하느님을 알아 공경하고, 자기와 모든 이의 구원을 위하여 노력하며 사는 것**입니다.

Q 56 왜 하느님은 죄 짓는 인간을 창조하셨나요?

A 하느님께서 죄짓는 인간을 창조하신 이유는,
1. 인간은 동물과는 달리 **이성과 자유 의지**가 있어서 생각하고 판단해서 행동합니다. 동물은 악도 선도 자유 의지도 없기 때문에 죄를 짓지도 않고, 선행을 하지도 않습니다. 그러나 인간에게 동물처럼 죄를 지을 수 없게 만들었다면, 선행도 할 수 없을 것입니다.

2. 인간은 자유 의지가 있어 **선**을 행할 수도 있고, **악**을 행할 수도 있습니다.

이처럼 **선과 악을 선택할 수 있는 권리**가 우리에게 주어졌으므로, 우리는 천사처럼 **영원한 행복**을 얻을 수 있는 존재인 동시에, 동물보다 **더 불행할 수 있는 존재**입니다.
3. 하느님께서 인간의 자유 의지를 막아서 쓰지 못하게 했다면, 인간은 도리어 죽음이 아니면 자유 의지를 달라고 했을 것입니다. 하느님께서 인간을 존중해서 자유 의지를 주시면서 **죄**를 짓는 경우도 있지만, 자유 의지를 잘 써서 **영원한 행복**을 얻을 수 있는 기회를 주셨습니다.

Q 57 하느님의 전능하심과 인간의 고통과 악에 대해 설명해보세요.

A 가톨릭교회의 신앙 안에서,
1. 우리는 하느님께서 한 분이시고 창조주이시며 전능하신 아버지이심을 고백하고 있지만, 인간은 자기의 탓 없이 갑자기 닥치는 불행과 고통 앞에서 절규합니다. "왜 하필 내게 이런 고통을…?", "내가 뭘 잘못했다고…?" 인간의 이런 불행과 고통 앞에서 하느님은 왜 침묵하시는지, 이에 대한 답은 하느님을 믿고 신앙을 고백하는 우리의 과제입니다.
2. 그렇다면 고통과 악에 대한 그리스도교 신앙의 대답은 가톨릭교회 교리서에서는 "절박하고도 피할 수 없으며, 고통스럽고도 신비한 이 질문에, 그 어떤 성급한 대답도 충분하지는 못할 것이며, 그리스도교 신앙 전체가 이 질문에 대한 답"이라고 말합니다.(가톨릭교회 교리서 309항 참조)
3. 고통과 악이 존재하는 것은 **인간이 불완전하기 때문**인데, 하느님께서 처음부터 세상과 인간을 완전하게 창조하지 않으신 것은, 불완전한 피조물로서 완성을 향해 나아가야만 하는 세상과 인간에게 **자유 의지**를 주시기를 원하셨고, 이 자유 의지가 있어야만(인간은 죄와 악에 물들게도 되지만) 하느님을 더 사랑할 수 있는 인간이 되어 참된 사랑의 존재, 책임성 있는 주체가 되어, **하느님을 닮은 하느님의 모상**이 될 수 있기 때문입니다.
4. 고통과 악은 이 자유 의지 행사가 가져오는 결과로서, 고통과 악은 결코 하느님이 그 원인일 수 없고, 피조물이 지닌 **자유 의지**의 선택에 그 원인과 책임이 있기 때문에, 오늘날 세계 도처에서 발생하는 수많은 고통과 악의 원인들은 인간의 탐욕 때문에 날로 심각한 문제가 되고 있습니다. "그러나 하

느님께서는 이 고통과 악에서 당신의 풍성한 은총으로, 그리스도의 영광과 우리의 구원이라는 가장 큰 선을 이끌어 내시는 분이십니다."(가톨릭교회 교리서 312항 참조).

5. 이와 같은 문제의 그 최종적인 답을 우리는 **예수 그리스도의 십자가**에서 찾을 수 있는데, 예수 그리스도의 십자가를 통해서 하느님의 무능이 완전히 드러났지만, 바로 여기에 하느님의 전능하심이 또한 남김없이 계시됨으로써, 악을 악으로 갚지 않으시고, 악을 선으로 베푸시는, **자비의 하느님**이심을 드러내셨습니다. 우리가 다 헤아릴 수 없는 이 신비 안에서, 하느님께서는 오늘도 인간들의 모든 고통과 악에 함께하고 계십니다.

6. 신앙은 자신의 삶 안에서, 유일무이하신 하느님을 믿고, 그러면서도 다 풀리지 않는 의문을 품은 채 인내하며 사는 것이며, 이때 바로 **신앙의 용기**가 필요합니다.

Q 58. 하느님께서 우리 인간을 창조하신 이유와 우리 인간이 하느님을 찾는 이유는 무엇인가요?

A
1. 하느님께서 우리 인간을 창조하신 것은 '**모든 이들에 내한 사랑**'과 '**차고 넘치는 사랑**'으로, 사랑하는 사람의 마음에 사랑이 가득차게 하여, 자신의 기쁨을 서로 나누도록 하기 위함이요 또한 하느님 당신의 끝없는 기쁨을 당신 사랑의 피조물인 우리 인간과 서로 나누시고자 우리를 창조하셨습니다.

2. 우리 인간이 하느님을 찾는 이유는 아주 자연스러운 일로서, 하느님께서는 우리 마음에 **당신을 찾고 발견하고자 하는 열망**을 심어 놓으셨는데, 우리는 이와 같은 열망을 **종교**라고 합니다. 이러한 종교를 가진 우리 인간이 하느님을 통해서 **진리와 행복**을 얻으려고 모든 노력을 기울입니다.

3. 그리고 그 노력은 우리 인간을 전적으로 책임지고 만족시키며, 하느님께서는 당신 모상대로 창조하신 우리 인간을 하느님 당신의 사업에 쓰시고자 하시며, 인간에게는 하느님의 존재를 찾아 나서고자하는 열망을 심어주시어, 우리 인간은 결국 **하느님을 발견**하고 나서야 비로소 **참된 자기 자신**이 될 수가 있습니다.(가톨릭교회 교리서 1항-3항; 27항-30항 참조)

Q 59 우리 인류에 대한 하느님의 계획은 무엇인가요?

A
1. 인류에 대한 하느님의 계획을 '**구원 계획**'이라고 하는데, 말 그대로 인류의 구원을 위한 계획이기 때문입니다. 이 '구원 계획'은 이미 하느님께서 창조 이전에 세워 놓으신 것으로, 인간을 당신 생명과 사랑에 참여하도록 창조하셨으며, 이를 위해 **인류의 역사**를 이끌어 가십니다.
2. 스스로 한없이 완전하신 하느님께서는 순수한 호의로 계획을 세우시고, 자유로이 인간을 창조하시어 당신의 복된 생명에 참여하도록 하셨으며, 때가 찼을 때 하느님 아버지께서는 죄에 떨어진 사람들을 불러 모으시고, 성령 안에서 당신의 자녀로 받아들이시며, 당신의 **영원한 상속자**가 되게 하셨습니다.
3. 하느님 아버지께서는 인류 구원을 위해 성자와 성령을 우리에게 보내셨으며, 성령께서는 성자께서 세우신 교회 안에서 교회를 통해 우리 구원을 이루십니다. 인간의 창조와 구원은 하느님의 가장 위대한 업적으로 "하느님의 영광은 바로 살아 있는 인간이며, 인간의 생명은 하느님을 뵙는 것입니다."(성 이레네오)

Q 60 하느님께서는 우리 인간에게 어떤 방법으로 당신을 충만하게 드러내 보이시나요?

A
1. 하느님께서는 **구약 시대**부터 많은 사람을 부르시어 **당신과 백성 사이의 중개자**로 삼으셨지만, **예수 그리스도**께서는 구약의 중재자와는 **전혀 다른 방법**으로 **하느님과 인간을 일치**시키셨는데, 인간이 되신 예수 그리스도께서는 **하느님의 아들**로서, **하느님 아버지**를 드러내 보이실 수 있기 때문입니다.
2. 예수 그리스도께서는 인간 가운데 계시는 하느님이시기에, 인간이 **하느님을 만나는 유일하고 완전한 길**입니다. "나는 길이요 진리요 생명이다. 나를 통하지 않고는 아무도 아버지께 갈 수 없다. 너희가 나를 알게 되었으니 내 아버지도 알게 될 것이다. 이제부터 너희는 그분을 아는 것이고, 또 그분을 이미 뵌 것이다."(요한 14,6-7 참조)라고 말씀하셨으므로 이와 같은 하느님의 계시는 성부께서 시작하시고, 사람이 되신 예수 그리스도께서 결정적으로 실현

하셨으며, 성령께서 지속시켜 주시기에 **성삼위께서 함께하시는 활동**입니다.

Q 61 우리 인간이 하느님께 기도하고 청해야 하는 이유는 무엇인가요?

A 1. 우리 인간이 기도하는 이유는, 인간은 끝없는 열망으로 가득 차 있으며, 하느님이 당신을 지향하도록 인간을 만드셨기 때문입니다. 우리는 종종 하느님을 잊고 그분에게서 도망치며 자신을 숨기고 부인한다고 하더라도, 하느님은 언제나 우리를 도우려 하십니다.

2. 우리는 자신의 **양심과 대화**할 때, 이야기할 사람이 없어 **외로울 때**, 어떤 **위험에 빠졌을 때**에 하느님께서 우리의 **청원을 들어 주시는 경험**을 합니다. 하느님께 기도하는 것은 숨 쉬고 밥 먹고 사랑하는 것과 같이 인간의 욕구에 상응하는 일이며, 우리를 정화시키고, 유혹에 맞설 수 있게 하며, 기운을 북돋아 주고, 두려움을 없애주며, 힘을 배가하고 끈기 있게 해주기 때문에 우리는 하느님께 기도합니다.

3. 우리를 다 알고 계시는 하느님은 우리가 필요로 하는 것이 무엇인지 알고 계십니다. 그럼에도 불구하고 하느님은 우리가 곤경에 빠져 힘들어 할 때나, 위급한 상황에서 먼저 하느님께 의탁하고 청하기를 바라십니다 이처럼 청원 기도는 인간의 자유를 존중하시는 **하느님과 올바른 관계**로 인간을 이끌어 줍니다.(가톨릭교회 교리서 2629항-2633항 참조)

Q 62 우리 인간이 하느님을 믿는다는 것은 무엇을 뜻하나요?

A 1. 인간은 **태어나는 순간**부터 누군가 나를 받아주고, 나도 누군가를 받아들이며 사는 존재로서 혼자 살수는 없습니다. 우리 인간은 하루에도 수십 번씩 **믿음의 행동**을 하며 사는데, 보이는 것만 믿는 것이 아니라, 보이지 않는 **영적인 것과 초월적인 세계**도 믿습니다. 인간은 이 같은 **초월적인 존재의 힘**을 얻어 **충만한 삶을 실현**하고자 합니다.

2. 인간 존재의 **근본 뿌리**가 **하느님**께 있기에, 인간은 하느님을 찾고 그분을 **받아들이며** 그분께 **의지**하고 **자신**을 내맡깁니다. 이와 같은 **하느님과의 인격적인 만남인 그리스도교의 믿음**은, 인간이 되신 **하느님의 아드님, 예수 그리스도**와 그분에서 **계시하신 진리를 이성과 의지**로 받아들이는 것입니

다. 따라서 신앙이란 우리 인간의 근본인 하느님께 **귀의**(歸依)하는 것이며, 하느님과 그분께서 계시하신 **진리에 동의하는 것**으로서, 자신을 **하느님께 온전히 내 맡기는 것**입니다.

PART 3

예수 그리스도와 신앙

사마리아 여인과 이야기하시다

"그러나 내가 주는 물을 마시는 사람은 영원히 목마르지 않을 것이다. 내가 주는 물은 그 사람 안에서 물이 솟는 샘이 되어 영원한 생명을 누리게 할 것이다."(요한 4,14)

Q 63 예수 그리스도란 무엇을 뜻하나요?

A 예수라는 이름은 '**하느님께서 구원하신다.**', 즉 '**구세주**'라는 뜻이고, 예수님께서는 당신 백성을 죄에서 구원하시는 분입니다. 그리스도란 히브리말인 '메시아'를 그리스말로 번역한 것으로 '**기름부음을 받은 이**', 즉 '**예언자이시고 대사제이시며 임금**'이란 뜻입니다.

Q 64 12월 25일은 무슨 날인가요?

A 1. 예수 성탄 대축일은 인류에 대한 사랑으로 **하느님께서 사람이 되시어 우리 가운데 오심을 기념하는 날**입니다. 예수 그리스도 탄생일에 관한 정확한 기록이 없어 사실 확인을 할 수는 없지만, 오랜 전통에 따라 교회는 12월 25일을 예수 그리스도께서 탄생하신 날로 기념합니다.

2. 예수 성탄 대축일의 유래는 고대 율리우스력에 따르면 12월 25일은 밤의 길이가 가장 긴 동지였고, 이 날은 로마 제국에서 태양신 탄생을 기념하는 축제일로 지냈으며, 황제 아우렐리우스가 274년 시리아에서 행하던 태양신 공경을 받아들여, 로마 제국의 국가적 축제일로 시내노독한 데 따른 것입니다. 그리스도교에서 12월 25일을 예수 그리스도 탄생 축일로 지내는 것은 여기에서 유래했다고 합니다. 예수 그리스도야말로 참빛이십니다.

3. 예수 성탄 대축일인 12월 25일을 크리스마스(Christmas, X-mas)라고 하며, 교회력으로는 예수 성탄 대축일이고, 국경일로는 성탄절(聖誕節)이라 부릅니다.

크리스마스는 그리스도의 미사(the Mass of Christ)라는 의미를 지닌 단어로 이 말의 기원은 6세기경까지 거슬러 올라갑니다. 6세기의 로마 미사 전례서에 성탄 전야에 로마의 성모 마리아 대성당에서 봉헌하는 미사가 추가됐는데, 추가된 밤 미사를 독일어권에서는 크리스트 메세(Christmesse)라 불렀고, 이 말이 1038년 영어권에서는 크리스테스 매세(Cristes Maesse)라는 말의 유래가 되었습니다. 크리스테스 매세(Cristes Maesse)는 오늘날 우리가 사용하는 크리스마스의 직접적인 어원입니다. 오늘 날 크리스마스를 X-mas라고 줄여 쓰는데, X-mas

는 교회 문헌의 도표에 사용하기 위한 약어로, 여기서 X는 엑스가 아니라 그리스어로 그리스도(ΧΡΙΣΤΟΣ)의 첫 글자로 Christ를 줄여 쓴 것입니다. 따라서 읽을 때는 동일하게 크리스마스로 읽습니다.

Q 65 예수 그리스도께서는 언제 어디서 탄생하셨나요?

A 예수 그리스도께서는 **2천 년 전 이스라엘의 예루살렘 남쪽 베들레헴**이란 작은 고을 마구간에서 탄생하셨습니다. 예수 그리스도께서 이 세상에 오심으로써 인류 역사는 새롭게 시작되었고, 그분의 탄생이 **새로운 서력기원**을 만들었습니다.

Q 66 예수 그리스도의 탄생은 우리 신앙에서 어떤 의미를 가지나요?

A 1. 온 인류를 구원하시려는 하느님의 사랑은, 당신 외아드님이신 **예수 그리스도**를 이 세상에 보내심으로써 그 절정에 이르렀고, 모세와 그 후계자들 그리고 예언자들을 통하여 이끌어 오신 **인류 구원의 역사**는, 하느님께서 **인류 역사 안에 실제로 들어오심으로써** 결정적인 단계에 이르렀습니다.
2. 곧 하느님 아버지께서는 당신의 인류 구원 계획을 완전한 방식으로 실현하시려고, 당신과 본질이 같으신 **성자(聖子)** 예수 그리스도를 우리의 구세주로 이 세상에 파견하심으로써, 모든 인간에게 **영원한 생명의 길**을 열어 주셨습니다.(요한 3,16 참조)

Q 67 예수 그리스도께서 탄생하셨을 때 그분을 찾아 온 사람들은 누구인가요?

A 예수 그리스도께서 탄생하시자 먼저 그 근방의 **양을 치던 목동**들이 아기 예수 그리스도를 찾아와 인사하였습니다. 얼마 후에는 동방의 세 박사가 하늘에서 빛나는 이상한 별을 보고, 예수 그리스도께서 탄생하신 줄 알고 탄생하신 곳을 찾아와, 예수 그리스도께 세 가지 선물, 즉 **황금, 유향, 몰약**을 바쳤습니다.

Q 68 예수 그리스도의 어머니는 누구신가요?

A 하느님은 당신의 특별한 권능으로 당신의 아들 예수 그리스도를, **마리아**라는

죄에 물듦이 없이 깨끗한 처녀에게서 태어나게 하셨습니다. 이분을 우리는 **성모 마리아**라고 부릅니다.

Q 69 요셉은 예수 그리스도와 어떤 관계가 있는 분인가요?

A 그 당시 사람들은 예수 그리스도께서 이 세상의 죄를 씻고, 인류를 구하러 오신 하느님의 아들이라는 것을 알지 못했고, 마리아는 **예수 그리스도를 길러 줄 양아버지**로 요셉이라는 의인(義人)을 모셨는데, 요셉은 천사의 지시대로 마리아를 아내로 맞아들이고, 예수 그리스도를 길러 준 양부로서의 자기 직무를 **묵묵히 실행한 의인(義人)**이었습니다.

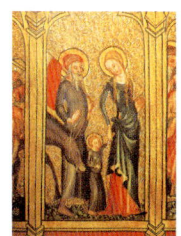

Q 70 헤로데의 흉계를 모면하기 위해 예수 그리스도께서는 어디로 피신하셨나요?

A 그 당시 유다를 다스리던 헤로데 임금이, 장차 그 아이가 자라서 자기의 왕권을 노릴까 봐 예수 그리스도를 없애버리려고, 베들레헴 지방에 있는 두 살 아래 모든 남자아이를 죽이라고 명령하였습니다. 그러자 아기 예수 그리스도는 부모와 함께 하느님의 천사가 양아버지 요셉의 꿈에 나타나 알려주신 대로 **이집트**로 피신하게 됩니다.

Q 71 예수 그리스도께서는 세상에서 몇 년이나 사셨나요?

A 예수 그리스도께서는 이집트에 피신하셨다가, 헤로데가 죽었다는 소식을 듣고, 마리아의 고향이던 이스라엘 북쪽에 있는 **나자렛이라는 시골에서 30년**을 지내셨는데, 이 기간을 **예수 그리스도의 사생활**이라 합니다. 그 후 요르단 강에서 요한의 세례를 받으신 후 **3년 동안** 그분이 맡은 사명을 다하기 위해 **공생활**을 하셨으므로, 합쳐서 **대략 33년**을 사셨습니다.

Q 72 예수 그리스도께서 행하신 기적을 몇 가지 말해보세요.

A 예수 그리스도께서는 구원의 진리를 설교했고, 인간의 참된 길을 가르치시면서 많은 기적을 행하셨습니다. 예를 들면, **나병 환자**를 그 자리에서 고쳐주셨

고, **죽은 사람**을 살리시는 기적을 행하셨으며 또한 물을 술로 만드시어 **혼인 잔치**를 풍요롭게 하셨지만, 가장 큰 기적은 **십자가에서 돌아가신 후 3일 만에 다시 살아나셨다는 사실**입니다.

Q 73 예수 그리스도의 최후의 만찬에서는 어떤 일이 있었나요?

A
1. 예수 그리스도께서는 **돌아가시기 전날 저녁**에 **성체성사와 새 계약의 사제직**을 세우셨습니다.
2. 예수 그리스도는 모든 일이 성취될 때까지 당신 사랑을 보여 주시면서 성체성사를 세우셨는데,
   ① 제자들의 발을 씻어 주심으로써 섬기는 사람으로 당신이 우리 가운데 계심을 알려 주셨고,(루카 22,27; 요한 13,12 참조)
   ② 제물로 쓰인 빵과 포도주를 두고 "**이는 너희를 위하여 내어주는 내 몸이다. 너희는 나를 기억하여 이를 행하여라.**" 또 "**이 잔은 너희를 위하여 흘리는 내 피로 맺는 새 계약이다**"(루카 22,19-20 참조) 라고 말씀하심으로써 당신이 겪으실 수난의 구원적 성격을 암시하셨습니다.
3. 예수 그리스도께서 사도들에게 "**너희는 나를 기억하여 이를 행하여라.**"(1코린 11,24 참조) 라고 당부하심으로써, 그들을 새 계약의 사제들로 삼으셨습니다.

Q 74 예수 그리스도께서는 무슨 이유로, 어떻게 돌아가셨나요?

A 예수 그리스도께서는 당신이 **하느님의 아들**이요, 세상 사람들에게 **구원을 주러 오신 분**이란 것을 알려 주시기 위해 많은 **기적**을 행하셨고, 인간의 **참된 길**을 가르치셨습니다. 그때 구세주를 기다리던 유다인들은, 예수 그리스도를 구세주로 알아보지 못하고, 도리어 **사회를 혼란케 하고 백성들을 선동하는 사람**이라 생각하였습니다. 더구나 예수 그리스도께서, 자칭 하느님의 아들이라 하여 그들의 하느님을 욕되게 한다고 생각해서, 그분을 미워한 끝에, 유다인들은 예수 그리스도를 잡아서 사형시켰습니다. 예수 그리스도께서는 **아무런 죄 없이** 십자가에서 돌아가셨습니다.

Q 75 예수 그리스도의 죽음은 우리 신앙에서 어떤 의미를 가지나요?

A
1. 예수 그리스도께서는 **하느님 아버지의 아들**로서, 아버지께서 하시고가 하시는 일을 그대로 실행하시려고 **아버지의 뜻에 철저히 순종**하셨고, 예수 그리스도의 순종은 아버지께 받은 모든 것을 **하느님의 영광과 인간의 구원**을 위하여 되돌려 드리는 것입니다.
2. 예수 그리스도께서는 "하느님의 모습을 지니셨지만 하느님과 같음을 당연한 것으로 여기지 않으시고 오히려 당신 자신을 비우셨습니다."(필리 2,6-7 참조) 그래서 예수 그리스도께서는 착한 목자로서 목숨을 **바칠 권리**도 있고, 다시 **얻을 권리**도 있으셨지만, **당신 스스로** 목숨을 바치신 것입니다.
3. 예수 그리스도께서는 **당신 아버지를 위한 사랑**으로 또 아버지께서 구원하시기를 바라시는 **인간에 대한 사랑**으로 수난과 죽음을 택하시어, 우리 인간의 **고통**과 **죄**를 대신 짊어지시고 십자가 위에서 목숨을 내놓으심으로써, 우리에게 **하느님과 화해**하는 길을 열어 주시고 **구원받을 자격**을 되돌려 주셨습니다.

Q 76 예수 그리스도께서 돌아가신 후 3일 만에 무슨 일이 있었나요?

A 예수 그리스도께서는 돌아가시기 전에, 당신 제자들인 유다인들에게 잡혀 돌아가실 것과, 3일 만에 다시 살아나실 것을 미리 말씀하셨습니다. 그리고 그분은 자신의 예언대로 죽으신 후 땅에 묻히신 지 **3일 만에** 하느님께서 다시 살리셨습니다. 이것을 '**예수 부활(復活)**'이라고 합니다.

Q 77 예수 그리스도의 부활은 우리 신앙에서 어떤 의미를 가지나요?

A
1. 예수 그리스도께서는 당신께서 **예고**하신 대로 돌아가시고 묻히신 지 **사흘 만**에 부활하시어 제자들에게 나타나셨습니다. 부활하신 예수 그리스도의 몸은 죽으면 썩는 인간 육체의 제약에서 온전히 벗어난 **영광과 불멸의 몸**, 곧 "**영적인 몸**"(1코린 15,44 참조)이 된 것입니다.
2. 예수 그리스도께서는 당신의 죽음으로 우리를 **죄와 죽음**에서 구원하여 주시고, 당신의 부활로써 우리에게 **새 생명**을 얻게 하여 주셨습니다. "그리스도께서 아버지의 영광을 통하여 죽은 이들 가운데서 되살아나신 것처럼, 우리도 새로운 삶을 살아가게"(로마 6,4 참조)된 것입니다.

3. 또한 예수 그리스도의 부활은 장차 우리가 맞이하게 될 **부활의 원천**이 되어(1코린 15,20-22 참조) 우리도 **영원한 생명**을 누릴 수 있다는 **희망**을 갖게 해 주셨습니다. 이와 같이 **예수 그리스도의 부활**은 그리스도교 신앙의 **토대이며 핵심**입니다.

Q 78 예수 그리스도의 승천(昇天)이란 무엇인가요?

A
1. 예수 그리스도께서는 부활하신 다음 승천하셨습니다.(사도 1,3-11 참조) 예수 그리스도의 승천은 당신께서 이 세상에 오시어 ① 사명을 완성하셨다는 것 ② 하느님의 사랑받는 아드님으로서 '아버지의 완전한 영광' 안으로 들어가셨다는 것 ③ 그리고 세상 만물을 다스리고 인간을 구원하는 모든 주권이 아버지에게서 당신께도 주어졌다는 것을 의미합니다.
2. 예수 그리스도께서는 승천하신 후 우리에게 성령을 보내 주시고, 성령과 함께 세상 끝날까지 우리와 함께 계시겠다고 약속하셨습니다. 그래서 모든 그리스도인은 예수님께서 그리스도이시며 하느님의 아드님이심을 믿고 또 그렇게 믿어서 주님의 이름으로 생명을 얻습니다.(요한 20,30-31 참조)

Q 79 예수 그리스도께서 가르치신 하느님 나라는 무엇인가요?

A
1. 인류를 구원하시고자 이 세상에 오신 예수 그리스도께서는 공생활을 시작하시면서 사람들에게 "때가 차서 하느님의 나라가 가까이 왔다. 회개하고 복음을 믿어라."(마르 1,15 참조)라고 가르치셨습니다. 예수 그리스도께서 가르치신 하느님 나라는 구약에 약속된 바와 같이, '**주님께서 세상을 다스리러 오시어 온 세상을 정의로 다스리시고, 만백성을 올바르게 다스리시는 것**'(시편 98,9 참조)을 말합니다.
2. 하느님 나라는 우리가 흔히 생각하듯이, '착한 사람이 죽은 다음에 가는 **천국**'만을 말하는 것이 아니라, 이 **지상 생활**에서부터 **하느님의 다스림**이 이루어지고, **하느님의 정의와 평화, 사랑과 자비가 실현되는 것**으로, 예수 그리스도께서는 이러한 하느님 나라가 **당신 자신**으로 말미암아 이미 이 세상에 왔다는 것을 가르치셨고, 사람들이 **삶의 자세**를 근본적으로 바꾸도록 이끄셨습니다.

3. 그러므로 예수 그리스도께서는 당신을 믿고 따르는 사람들이 하느님 나라를 실현하는 일에 **동참**하기를 바라셨고, 그 사명을 수행하기 위하여 모든 그리스도인은 **세상의 빛과 소금**이 되어야 한다고 가르치셨습니다.(마태 5,13-16 참조)

Q 80 예수 그리스도의 십자가는 우리에게 어떤 교훈을 주나요?

A 인간이 저지른 죄악을 보상하기 위해서는 예수 그리스도의 **십자가의 죽음**이 필요했습니다. 하느님께서는 이를 통해서 인간에 대한 사랑을 드러내셨습니다. 즉, 이 교훈은 인간이 범한 죄가 얼마나 무서운 것인가를 알려줍니다. 또한 결국 **우리의 죄가 예수 그리스도를 죽게 하였고**, 죄악으로 잃어버린 **생명의 은총**이 얼마나 귀중한 것인지를 알려줍니다. 한편, 예수 그리스도께서는 우리도 우리 죄를 위해 모든 **고통을 잘 참아야 한다는 산 교훈**을 주시기 위해 십자가에서 돌아가셨습니다.

Q 81 예수 그리스도께서는 왜 우리에게 자기 십자가를 지고 따르라고 하시나요?

A 1. 예수 그리스도께서는 제자들에게 **제 십자가**를 지고 **당신을 따라야 한다**고 가르치심으로써, 속량을 위한 **당신 희생 제사의 첫 수혜자들인 제자들**에게 **희생 제사에 참여**하기를 원하십니다.

2. 단 한 번에 완전하고 결정적인 속죄 제사를 바치신 예수 그리스도께서는 우리도 당신의 희생 제사에 참여하기를 바라시므로, 우리의 삶은 예수 그리스도의 희생처럼 참으로 속죄의 의미를 지닙니다. 이렇게 우리는 예수 그리스도의 속량적 고난의 신비에 참여합니다. "**날마다 제 십자가를 지고 나를 따라야 한다.**"(루카 9,23 참조)

Q 82 예수 그리스도께서 십자가 위에서 하신 말씀은 무엇인가요?

A 1. 예수 그리스도께서는 십자가 위에서 일곱 마디 말씀을 남기셨는데, 이를 **가상 칠언(架上七言)**이라고 합니다.
그 내용은 다음과 같습니다.

① "아버지, 저들을 용서해 주십시오. 저들은 자기들이 무슨 일을 하는지 모릅니다."(루카 23,34 참조)
② "내가 진실로 너에게 말한다. 너는 오늘 나와 함께 낙원에 있을 것이다."(루카 23,43 참조)
③ "여인이시여, 이 사람이 어머니의 아들입니다. […] 이분이 네 어머니시다."(요한 19,26-27 참조)
④ "저의 하느님, 저의 하느님, 어찌하여 저를 버리셨습니까?"(마태 27,46 참조)
⑤ "목마르다."(요한 19,28 참조)
⑥ "다 이루어졌다."(요한 19,30 참조)
⑦ "아버지, '제 영을 아버지 손에 맡깁니다.'"(루카 23,46 참조).

2. 예수 그리스도의 죽음은 아버지의 뜻을 완수하는 것이었으므로, 당신의 목숨을 바치는 순간에 올리는 이 기도야말로 '가장 완전한 기도'로서, 예수 그리스도께서 십자가에서 말씀하신 '가상 칠언'은 입술을 통하여 나왔지만 가슴에서, 심장에서, 영혼의 저 깊은 곳에서 올라온 그분의 말씀이었기에, 거기에는 그분의 존재가 송두리째 담겨 있습니다.

Q 83 예수 그리스도의 사랑에 대해 말해보세요.

A 사랑은 다른 두 인격체가 결합하는 것입니다.
1. 자기 자신의 이익을 위한 이기적인 사랑을 **에로스(Eros)**라고 하는데, **남녀 간의 사랑**, **육체적이고 정열적인 사랑**으로, 이성적이고 합리적인 사고를 으뜸으로 치고 순간적인 감정과 느낌을 강조합니다.
2. **동료적인 사랑**, **우정적인 사랑**(친구, 전우 등)을 나타내는 **필리아(philia)**는, 가장 완전한 사랑에 가깝다는 평가를 받는 동반자적인 사랑을 말합니다.
3. 육체적인 사랑이 아닌 **정신적인 순수한 사랑**으로, 이상주의적이면서 관념론적인 사랑으로 **플라토닉(platonic)** 사랑이 있습니다.
4. 자신을 바치는 **헌신적인 사랑**을 **아가페(Agape)**라고 합니다. 예수 그리스도께서는 전 인류를 사랑하셨기 때문에 당신 자신을 아끼지 않으시고 십자가에서 희생하셨는데, 이것이 바로 **예수 그리스도의 사랑**입니다. 그리스도인들은 하느님께 순명하면서, 예수 그리스도께서 희생적이고 조건 없이

베푸신 사랑과 일치하려면, 자기 십자가를 지고 예수 그리스도를 따라야 합니다. 이것이 바로 **아가페(Agape)적인 사랑**입니다.

Q 84. 예수 그리스도께서 바라시는 그리스도인의 소명은 무엇인가요?

A
1. 예수 그리스도께서 가르쳐 주신 하느님 나라는 **내세**만을 말하는 것이 아닙니다. 왜냐하면 하느님 나라는 이미 **이 세상에서부터 실현**되고 있기 때문입니다. 그러나 하느님 나라는 예수 그리스도께서 이 세상에 오심으로써 시작되었지만, 아직 완성된 것은 아닙니다. 예수 그리스도께서는 당신을 믿고 따르는 사람들이 **하느님 나라를 실현하는 일에 동참**하기를 바라셨고, 그 사명을 수행하기 위하여 **모든 그리스도인은 세상의 빛과 소금**이 되어야 한다고 가르치셨습니다.(마태 5,13-16 참조)
2. 그러므로 우리는 이 세상이 악에 물들어 썩지 않도록 **소금의 역할**을 하여야 하고, 세상 사람들에게 **믿음과 희망과 사랑**을 드러냄으로써, 어둠을 밝혀 주는 **빛의 역할**을 하여야 합니다. 우리가 하느님의 정의를 실천하면서, 하느님 나라의 참 행복을 느끼며 살아가는 **좋은 모습**을 보여 줄 때, 세상 사람들도 하느님을 알고 **하느님 나라의 정의와 평화를 실현하는데 동참**하게 될 것입니다.

Q 85. 예수 그리스도께서 이루신 구원이란 말의 뜻은 무엇인가요?

A 예수 그리스께서 이루신 구원이란 말은 **우리 인간이 죄와 죽음에서 벗어나 영원한 생명을 누리는 것**을 말합니다.
1. 예수 그리스도께서는 몸값을 치르시고 종의 신분에서 우리 인류를 **해방**시키셨는데, 이로써 원죄로 말미암아 잃어버렸던 **천국 행복**을 얻을 수 있는 **생명의 은총**을 **예수 그리스도**께서 다시 찾아 주신 것입니다.
2. 예수 그리스도를 통해 다시 생명의 은총을 얻은 우리 인간이, **영원한 생명의 길인 구원의 길**에 이르는 일은 **사람의 능력과 힘**만으로 되는 것이 아니고 **하느님의 은총**을 통해서만이 **구원의 길**에 이를 수 있는 것입니다.

Q 86 예수 그리스도께서는 왜 하필이면 십자가를 통해서 우리를 구원하셨나요?

A
1. 예수 그리스도께서 죄 없이 처참하게 처형되셨던 십자가는 **가장 극심한 굴욕과 고립의 도구**였으며, 우리 구세주 예수 그리스도께서 세상의 죄를 짊어지고 세상의 고통을 겪기 위해 **십자가**를 선택하셨습니다. 이처럼 그분은 당신의 **완전한 사랑**을 통해 세상을 다시 **하느님께** 데려오셨습니다.
2. 하느님이 우리를 위해 십자가에 못 박히셨던 것보다 더 극명하게 **당신의 사랑**을 우리에게 보여 주셨던 적은 없습니다. 십자가형은 고대의 가장 치욕적이고 잔인한 처형 방법이었는데, 로마 시민은 아무리 큰 죄를 지었다 하더라도 십자가형만은 피할 수가 있었습니다. 그러나 십자가를 통해 예수 그리스도께서는 가장 극심한 고통을 몸소 겪으시면서 **인류를 구원**하셨습니다.

Q 87 죄로 잃은 은총을 다시 찾아 주시기 위해 예수 그리스도는 어떤 대가를 치르셨나요?

A 우리 인간이 저지른 원죄로 말미암아, **천국 행복**을 얻을 수 있는 생명의 은총을 잃으면서, 인간은 비참과 고통으로 허덕이게 되었습니다. 예수 그리스도께서는 인간에게 바로 이 생명의 은총을 되찾아 주시기 위해, 하느님께 **당신 피**를 그 대가로 바치셨습니다. 다시 말해 하느님이신 예수 그리스도가 피를 흘려 **당신 생명**을 바치셨습니다. 전 인류의 죄를 한 몸에 지시고 우리를 대신해 십자가에서 희생되심으로써, 우리 죄의 대가를 치르신 것입니다.

Q 88 유다인들이 생각하는 구세주는 어떤 구세주인가요?

A 유다인들은 자신들이 생각하는 구세주가 오면 유다 민족에게 행복을 주고, 구세주가 대왕이 되어 세상 만민을 다스릴 줄로 생각하고 있었습니다. 그러나 자칭 하느님의 아들이라고 하는 예수 그리스도께서 나타나 비천하고 무식한 사람, 죄인들을 상대로 설교하는 것을 보고, 자기들이 기다리는 **구세주를 모욕한다고 생각**해서 예수 그리스도를 십자가에 못 박아 죽였습니다.

Q 89 예수 그리스도의 가장 중요한 가르침은 무엇인가요?

A 1. 예수 그리스도의 가장 중요한 가르침은 '**사랑**'입니다. 예수 그리스도께서는 제자들에게 "내가 너희에게 새 계명을 준다. 서로 사랑하여라. 내가 너희를 사랑한 것처럼 너희도 서로 사랑하여라."(요한 13,34 참조)라고 가르치셨습니다.

2. 예수 그리스도의 새 계명은 구약 성경의 율법을 폐기하고 새로 만든 법이 아니며, 예수 그리스도의 가르침은, 하느님께서 내려 주신 율법은 인간이 반드시 지켜야 할 도리이지만, 그것을 형식적으로 지키는 것만으로는 부족하며 그 근본정신, 곧 사랑의 정신을 실천해야 한다는 것입니다.

3. 그래서 예수 그리스도께서는 율법의 근본정신은 "남이 너희에게 해 주기를 바라는 그대로 너희도 남에게 해 주는 것"(마태 7,12 참조)이라고 말씀하셨고, "네 마음을 다하고 네 목숨을 다하고 네 정신을 다하여 주 너희 하느님을 사랑해야 한다." "네 이웃을 너 자신처럼 사랑해야 한다."……"온 율법과 예언서의 정신이 이 두 계명에 달려 있다"(마태 22,37-40 참조)고 말씀하셨으며, 장차 하느님 나라가 완성될 때 그 나라에 받아들여질 수 있는 심판의 잣대는, 바로 **사랑의 실천**이라고 가르치셨습니다.

Q 90 예수 그리스도의 복음 선포는 어떤 의미가 있나요?

A 1. 예수 그리스도께서는 구약에서 약속된 **구세주(메시아), 그리스도의 사명**을 띠고 **이 세상**에 오셨으며, 당신께서 **하느님의 인간 구원 사업을 완성하실 것**임을 **말씀과 행적**으로 가르치셨습니다. 예수 그리스도의 **복음 선포**는 단순히 **설교**에서 그치는 것이 아니라, 실제로 슬픔이 있는 사람들에게는 **기쁨**을, 온갖 유혹과 욕망에 묶인 이들에게는 **자유와 해방**을, 가난한 이들에게는 **복된 소식**을 가져다주는 것이었습니다.

2. 예수 그리스도께서 복음을 선포하시면서 마귀 들린 사람을 고쳐 주시고, 병자들을 낫게 해 주시는 기적을 베푸신 것도 인간 구원의 절대 조건인 **참된 해방과 자유를 선포하시려는 것**이었고, 당신께서 바로 이 세상을 구원하시는 **구세주이심을 드러내시는 것**이었습니다.

3. 예수 그리스도께서는 **모든 사람**을 사랑하셨는데, 백성들에게서 과다한 세

금을 거두어들이던 세관장, 간음하다 잡혀 온 여인, 유다인들이 절대로 상종 하지 않았던 사마리아의 여인, 눈먼 이로 태어난 사람들까지도 **아무런 차별 없이 사랑**하셨습니다.

4. 그리고 이러한 행동을 비난하는 유다교 지도자들에게 "건강한 이들에게는 의사가 필요하지 않으나 병든 이들에게는 필요하다. 나는 의인이 아니라 죄인을 불러 회개시키러 왔다."(루카 5.31-32 참조)고 말씀하셨습니다.

Q 91 돌아가신 예수 그리스도께서 저승에 가신 이유는 무엇인가요?

A 1. 돌아가신 예수 그리스도께서 내려가신 죽은 자들의 거처를 성경은 **저승**이나 **셔올(지옥)**이라고 하는데, 이곳에 있는 이들이 **하느님을 볼 수 없기 때문**입니다. 사실 악인이건 의인이건 구세주를 기다리는 죽은 모든 이의 경우가 그렇듯이, 예수 그리스도께서 "아브라함의 품"에 안긴 불쌍한 라자로의 비유에서 보여 주셨듯이, 그들의 운명이 모두 같다고는 할 수 없으며, "예수 그리스도께서 저승에 가시어 구해 내신 것은 아브라함의 품에서 자신들의 해방자를 기다리던 **거룩한 영혼**들이었고, 예수 그리스도께서는 지옥에 떨어진 이들을 구하거나, 저주받은 지옥을 파괴하기 위해서가 아니라, 당신보다 먼저 간 **의인들을 해방시키고자 저승에 가신 것입니다.**"(가톨릭교회 교리서 633-635항 참조)

2. 이를 다시 요약하면, 저승은 옛날 예수 그리스도께서 오시기 이전, **구약 시대의 성자(聖者)**들이 예수 그리스도께서 오실 때까지 **기다리던 장소**입니다. 예수 그리스도께서는 모든 인간과 마찬가지로 죽음을 겪으셨고, 그 영혼은 죽은 이들의 거처에서 그들과 함께 계셨으나, 예수 그리스도께서는 그곳에 묶여 있는 영혼들에게 **복음을 선포하는 구원자**로서 그곳에 내려가신 것입니다. 그들은 예수 그리스도께서 오시기 전에는 천국에 들어갈 수 없었는데, 그 이유는 **원죄로 인해 천국으로 가는 다리가 끊어져 버렸기 때문**입니다. 그래서 예수 그리스도께서 **인류를 구원**하시기 위해 오신 것입니다.(가톨릭교회 교리서 632항 참조)

Q 92 예수 그리스도의 제자 중에 한 사람인 유다는 왜 예수 그리스도를 배반하였나요?

A
1. 루카 복음사가는 예수 그리스도의 지상 생애의 마지막 국면을 "파스카라고 한 무교절이 다가왔다. 수석 사제들과 율법학자들은 백성이 두려워 예수님을 어떻게 제거해야 할지 그 방법을 찾고 있었다."(루카 22,1-2 참조)는 말로 시작하면서, 예수 그리스도의 제자 중에 한 사람인 유다는 왜 예수 그리스도를 배반했는가? 라는 구체적인 이유를 제시하지는 않습니다.

2. 그러나 확실한 것은 **사탄이 적극적으로 유다**에게 들어갔는데, 이 사탄은 예수 그리스도께서 공생활을 시작하시며 광야에서 지내셨을 때, 예수 그리스도를 줄곧 유혹했던 그 유혹자입니다. "그때 사탄은 여러 가지로 예수 그리스도를 유혹하다가 다음 기회를 노리며 물러갔는데"(루카 4,1-13 참조) 이제 유다를 통해 그 기회를 잡은 것입니다.

3. "사탄이 열두 제자 가운데 하나인 이스카리옷이라고도 하는 유다에게 들어갔다. 그리하여 그는 수석 사제들과 성전 경비대장들을 찾아가 그들에게 예수님을 넘길 방도를 의논하였다."(루카 22,3-4 참조)고 되어 있는데, 이때 **'넘길'**은 예수 그리스도께서 당신의 수난과 죽음을 예고하시면서 "사람의 아들은……넘겨질"것이라고 말씀하셨을 때(루카 9, 44; 18,32 참조)의 **'넘겨질'**과 같은 단어입니다.

4. 성경학자들은 이와 같은 '넘길'과 '넘겨질'은 같은 뜻으로 해석하면서, 결국 예수 그리스도의 수난과 죽음은 **하느님께서 하시는 일** 또는 **하느님께서 허락하신 일**이었으므로 다만, 그 일이 이제 유다에 의해서 구체적으로 이루어지려고 한 것이며, 유다는 결과적으로 은화 서른 닢에 스승을 팔아넘기는 배반자가 되고 만 것입니다.

5. 열두 제자들 중에 예수 그리스도를 세 번씩이나 배반한 베드로는(마태 26,69-75; 마르14, 66-72; 루카 22,56-62; 요한 18,15-18,25-27 참조) **하느님의 무한하신 자비와 사랑을 믿고 회개하여** 훌륭한 제자가 되었으나, 예수 그리스도를 배반하여 팔아넘긴 유다는 **하느님의 자비와 사랑을 믿지 못하고** 자살로 생을 마감하는 안타까운 결과를 가져왔습니다.(마태 27,3-10; 사도 1,16-20 참조)

Q 93 삼위일체 신비에 대한 가톨릭교회의 교리를 설명해보세요.

A
1. 우리는 우리의 신앙 안에서 지금까지 세상을 창조하신 하느님과, 세상을 구원하신 예수 그리스도와, 우리를 거룩하게 하시는 성령을 믿는다고 신앙 고백을 합니다. 그렇다고 우리는 세 분의 하느님을 믿는 것이 아니고 오직 한 분이신 하느님, 즉 **성부(聖父), 성자(聖子), 성령(聖靈)**을 믿습니다. 하느님께서는 우리에게 당신을 성부와 성자와 성령으로 알려주셨는데, 성부와 성자와 성령께서는 한 분 하느님이십니다. 이것이 바로 삼위일체 신비에 대한 교리입니다. 이와 같은 삼위일체 교리는 인간의 논리를 뛰어 넘는 신비입니다.
2. 계시된 삼위일체 신비는 초기 교회 때부터 신앙의 근원이었고, 처음부터 교회는 성부와 성자와 성령의 이름으로 세례를 베풀어 왔고, 설교나 교리 교육, 교회의 기도 안에 삼위 일체 신앙을 담아 왔습니다. 교회는 '실체', '위격' 등 다소 어려운 철학적 개념을 사용하여, 삼위일체 신비를 교리로 확정하였습니다.
3. 이와 같은 교회의 삼위일체 신앙은 "**하느님께서는 세 분이 아니라 세 위격이신 한 분 하느님이시다. 하느님의 세 위격은 서로 실제적으로 구분되지만 오직 하나의 본성, 하나의 실체이시다. 성부의 위격이 다르고, 성자의 위격이 다르고, 성령의 위격이 다르다. 그러나 성부와 성자와 성령의 천주성은 하나이고, 그 영광은 동일하고, 그 위엄은 다 같이 영원하다.**"는 것입니다.
4. 우리가 참여하는 전례 안에 표현된 삼위일체 신앙에 대해서 살펴보면 다음과 같습니다.
    ① 세례 : "나는 성부와 성자와 성령의 이름으로 OOO에게 세례를 줍니다."
    ② 십자 성호 : "성부와 성자와 성령의 이름으로. 아멘."
    ③ 미사 시작 때 : "우리 주 예수 그리스도의 은총과 하느님의 사랑과 성령의 친교가 여러분 모두와 함께."
    ④ 영광송 : "영광이 성부와 성자와 성령께, 처음과 같이, 이제와 항상 영원히. 아멘."(이 영광송을 바칠 때는 삼위일체이신 하느님을 흠숭하는 표시로 머리를 깊이 숙입니다.)
    ⑤ 사도 신경 : ㉠ 우리가 믿는 바를 요약해 놓은 사도 신경은 삼위일체이신 하느님에 대한 신앙을 고백하는 내용입니다. 곧 '전능하신 천주 성부 천

지의 창조주, 그 외아들 우리 주 예수 그리스도님, 성령'에 대한 믿음을 고백하는 것입니다. ⓒ 미사 전례 안에서 신앙 고백 때 사도 신경 대신 니케아-콘스탄티노폴리스 신경을 바칠 수 있는데, 이 신경은 성자와 성령에 대한 믿음의 내용을 풍요롭게 전하고 있습니다.

Q 94 인류 구원 역사에서 드러난 삼위일체에 대해 설명해보세요.

A
1. 영원하신 성삼위께서는 당신의 신비를 **인류를 구원하시는 모든 행위**로 보여 주셨는데, 성부께서는 사랑으로 **세상을 창조**하셨고**(창조사업)**, 성자께서는 성부에게서 파견되시어 우리의 죄를 대신해서 십자가의 희생 제물이 되심으로써 **우리를 구원**하시고, 하느님께서 어떤 분이신지를 우리에게 밝혀 주셨으며**(구원사업)**, 성령께서는 우리가 하느님을 온전히 **알고 깨닫게** 해 주시고, 삼위께서 이루시는 친교로 우리를 이끌어 주십니다.**(성화사업)**
2. 교회는 "한 분 하느님 성부에게서 만물이 비롯되었고, 한 분 주 예수 그리스도로 말미암아 만물이 존재하며, 한 분 성령 안에 만물이 존재한다."라고 고백하고 있습니다. 이렇게 삼위께서는 인간 구원 역사에 **개별적으로 활동**하셨지만, 동시에 하느님의 계획 전체는 **삼위의 공동 활동**입니다.
3. 하느님의 모든 계획은 **세 위격의 공동 사업**이며, 동일한 작용으로 완성되는 것으로서, 성부와 성자와 성령께서는 피조물의 세 근원이 아니라 **하나의 근원**이시며, 각 위격은 자신의 개별적 특성에 따라 **공동의 구원 사업**을 수행하시는 것입니다.
4. 곧 하느님의 구원 계획 전체를 **성부, 성자, 성령의 공동 사명**이면서 동시에 **개별 사업**으로 우리는 이해해야 합니다. 우리를 중심으로 다시 설명한다면, 성부께 영광을 드리는 사람은 **성자를 통하여 성령 안에서 하는 것**이며, 그리스도를 따르는 사람은 **성부**께서 그를 이끌어 주시기 때문에 그렇게 하는 것이며(요한 6,44 참조), **성령**께서 그를 움직여 주시기 때문에 가능한 것입니다.(로마 8,14 참조)

Q 95 성경이 전해주는 삼위일체는 어떤 내용이 있나요?

A
1. 신·구약 성경 전체에서 삼위일체라는 말이 직접 언급되는 적은 없습니다.

구약 성경은 유일하신 하느님에 대한 신앙이 강조되고 있는데, 하느님께 구별되는 위격들이 있다는 것을 암시하거나 그 계시를 준비하는 구절이 있습니다. 예를 들면 **말씀, 영, 지혜**라는 말로 하느님을 가리키고 있습니다.

2. 그러나 신약 성경에서는 삼위일체 신비에 대해 실제로 계시됩니다. **예수 그리스도의 탄생이 예고될 때** "성령께서 너에게 내려오시고 지극히 높으신 분의 힘이 너를 덮을 것이다. 그러므로 태어날 아기는 거룩하신 분, 하느님의 아드님이라고 불릴 것이다."(루카 1,35 참조) 하고 **삼위의 신비**가 잘 표현되어 있습니다.

3. 그리고 **예수 그리스도께서 세례를 받으실 때**에도 "성령께서 비둘기 같은 형체로 그분 위에 내리시고, 하늘에서 소리가 들려왔다. 너는 내가 사랑하는 아들, 내 마음에 드는 아들이다."(루카 3,22 참조)라고 **삼위께서 동시에 현존하시는 모습**이 묘사되어 있습니다.

4. 또 **예수 그리스도께서 제자들에게 복음 선포의 사명을 주실 때**, "아버지와 아들과 성령의 이름으로 세례를 주어라."(마태 28,19 참조)하심으로써 세 위격을 분명히 언급하셨고, 특히 예수 그리스도께서 수난이 임박하셨을 때 제자들에게 하신 말씀들과(요한 14:15, 26-27:16, 5-15 참조) 제자들을 위하여 바치신 기도(요한 17 참조)에서 **아버지와 예수 그리스도와 성령의 관계**가 잘 드러나 있습니다.

Q 96 삼위께서 이루시는 사랑의 친교란 무엇인가요?

A
1. 삼위께서는 실제적으로 **구분**되지만, 하나의 **동일한 본성**을 지니시고 **한 본체**를 이루시는 분으로서, **긴밀한 사랑의 친교**를 이루시며, 사람들을 그 사랑의 친교에 **초대**하십니다. 예수 그리스도께서는 "아버지께서 나를 사랑하신 것처럼 나도 너희를 사랑하였다. 너희는 내 사랑 안에 머물러라."(요한 15,9 참조) 하시며 우리를 성삼위께서 이루시는 **완전한 사랑의 일치**에 늘 초대하십니다.

2. 그리스도인 신앙생활의 궁극적인 목표는, 삼위일체이신 하느님을 알고 사랑함으로써, 성삼위께서 이루시는 **친교와 일치에 참여**하는 것입니다. 삼위일체 신비가 알아듣기 힘들지라도 **기도에 정진**하고, **하느님 사랑과 이웃**

사랑을 익혀 가면, 영원하신 **성부**와, 그분의 아드님 성자 **예수 그리스도**와, 우리 안에 계시는 **성령**에 대한 **지식과 깨달음**이 커져 갈 것이고, 삼위께서 이루시는 **친교와 일치**에 우리도 더 깊이 참여하게 될 것입니다.

Q 97. 삼위일체 신앙에 대한 교회의 신앙 고백과 그 의미는 무엇인가요?

A 1. 삼위일체 신앙은, 우리 각자의 삶에서 인간을 향한 끊임없는 사랑을 보여 주시는 **삼위일체 하느님의 구원 계획**에 대해, **열린 마음**으로 받아들이는 것을 의미합니다. 즉,
① 세상을 창조하시고 우리에게 생명을 주셨으며, 지금도 우리 삶 안에서 활동하시는 **성부(聖父) 하느님의 사랑을 체험**하면서,
② 우리 죄를 대신하여 십자가에 못 박혀 돌아가시고, 3일 만에 부활하신 **성자(聖子) 하느님의 사랑**에 응답하면서, 각자의 삶에서 **자신의 십자가**를 지고 가야 하는 것이며,
③ 또한 교회를 끊임없이 거룩하게 하시도록 파견되신 **성령(聖靈) 하느님**을 우리 각자의 마음 안에 머무르시게 하여, 성령께서 이끄시는 대로 **친교와 봉사의 삶**을 살아가야 합니다.
2. 삼위일체의 개념 정리는 교회 역사의 산물이라 할 수 있지만, 삼위일체 하느님에 대한 언급은 성경에 분명히 나타나고 있으며,(마태 28,19; 2코린 13,13 참조) **교회 신앙공동체가 체험한 삼위일체 하느님의 사랑에 대한 고백**으로서 **신앙의 신비**라고 보아야 합니다.

Q 98. 신경(信經)이란 무엇이며, 가장 중요한 신경들은 어떤 것인가요?

A 1. 신경(信經) 이란 신앙 조문을 하나로 체계 있게 묶은 것으로서 '**신앙 고백**' 또는 '**크레도(credo-저는 믿나이다)**'라고 하는데, 교회는 처음부터 모든 신앙인에게 규범적이고, 공통의 언어인 조문들을 통하여, 자신의 신앙을 요약해서 표현하고 전달해 왔습니다. 신경이란, 말 그대로 **신앙 고백**을 말하는데, 세례 때나 전례 중에 신경으로 같은 신앙을 한마음 한뜻으로 고백합니다.
2. 가장 오래된 신경은 **세례 때의 신앙 고백**입니다. 세례는 "아버지와 아들과

성령의 이름으로"(마태 28,19 참조) 베풀어지므로, 세례 때 고백하는 신앙의 진리들은 삼위일체의 세 위격을 중심으로 연결되어 있습니다. 특히 부활 성야에는 세례 때 고백한 신앙을 갱신합니다.(세례 서약 갱신)

3. 가장 중요한 신경들은 로마 교회의 세례를 위한 옛 신경인 **사도 신경**과 오늘날에도 동방 교회와 서방 교회에서 공히 간직하고 있는 초기의 두 공의회(니케아 공의회 325년, 콘스탄티노폴리스 공의회 381년)의 결실인 **니케아-콘스탄티노폴리스 신경**이 있습니다. [참고로 동방 교회와 서방 교회는 1054년 교회의 대분열 때 로마를 중심으로 한 서방 교회(로마 가톨릭교회)와 동방 교회가 갈라졌고, 동방 교회 가운데는 교황의 수위권(首位權)을 인정하는 동방 가톨릭교회가 있으나, 대부분은 이른바 정교회로서 서방 교회와 일치를 이루지 못함]

4. 오늘날 한국 가톨릭교회에서는 신앙 고백을 **주일**과 **대축일**에 사제와 교우들이 함께 신경을 노래하거나 낭송합니다. 또 성대하게 지내는 **특별한 미사** 때에도 바칠 수 있으며 니케아-콘스탄티노폴리스 신경 대신에 특히 이른바 사도 신경, 곧 로마 교회의 세례 신경을 바칠 수 있습니다.

5. 신경의 원문은 다음과 같습니다.

　① **니케아-콘스탄티노폴리스 신경**

　　한 분이신 하느님을 저는 믿나이다.
　　전능하신 아버지,
　　하늘과 땅과 유형무형한 만물의 창조주를 믿나이다.
　　또한 한 분이신 주 예수 그리스도, 하느님의 외아들
　　영원으로부터 성부에게서 나신 분을 믿나이다.
　　하느님에게서 나신 하느님, 빛에서 나신 빛
　　참하느님에게서 나신 참하느님으로서,
　　창조되지 않고 나시어
　　성부와 한 본체로서 만물을 창조하셨음을 믿나이다.
　　성자께서는 저희 인간을 위하여, 저희 구원을 위하여
　　하늘에서 내려오셨음을 믿나이다.

　　〈밑줄 부분에서 모두 깊은 절을 한다.〉

**또한 성령으로 인하여 동정 마리아에게서
육신을 취하시어 사람이 되셨음을 믿나이다.**

본시오 빌라도 통치 아래서 저희를 위하여

십자가에 못 박혀 수난하고 묻히셨으며

성서 말씀대로 사흗날에 부활하시어

하늘에 올라 성부 오른 편에 앉아 계심을 믿나이다.

그분께서는 산 이와 죽은 이를 심판하러

영광 속에 다시 오시리니

그분의 나라는 끝이 없으리이다.

또한 주님이시며 생명을 주시는 성령을 믿나이다.

성령께서는 성부와 성자에게서 발하시고

성부와 성자와 더불어 영광과 흠숭을 받으시며

예언자들을 통하여 말씀하셨나이다.

하나이고 거룩하고 보편되며

사도로부터 이어 오는 교회를 믿나이다.

죄를 씻는 유일한 세례를 믿으며

죽은 이들의 부활과 내세의 삶을 기다리나이다. 아멘.

② **사도 신경**

전능하신 천주 성부

천지의 창조주를 저는 믿나이다.

그 외아들 우리 주 예수 그리스도님

〈밑줄 부분에서 모두 깊은 절을 한다.〉

성령으로 인하여 동정 마리아께 잉태되어 나시고

본시오 빌라도 통치 아래서 고난을 받으시고

십자가에 못 박혀 돌아가시고 묻히셨으며

저승에 가시어 사흗날에 죽은 이들 가운데서 부활하시고

하늘에 올라 전능하신 천주 성부 오른 편에 앉으시며

그리로부터 산 이와 죽은 이를 심판하러 오시리라 믿나이다.

성령을 믿으며

거룩하고 보편된 교회와 모든 성인의 통공을 믿으며
죄의 용서와 육신의 부활을 믿으며
영원한 삶을 믿나이다. 아멘.

Q 99 사도전승(使徒傳承)이란 무엇인가요?

A 1. 사도전승(使徒傳承)은 그리스도교가 탄생한 순간부터 **설교, 증거, 관습, 예배**를 통한 그리고 성경 안에 표현되어 있는 완성된 **예수 그리스도 메시지의 전달**이며, 사도들은 예수 그리스도에게서 받아 **성령에 힘입어 알게 된 내용**들을 그들의 후계자들인 주교들을 통하여 세상 종말까지 모든 세대에 전달합니다.

2. 주님의 **계시 진리**를 온 세상에 전하라고 파견된 사도들은 그 사명을 수행하였고, 자신들을 이어 그 사명을 세상 끝날까지 계속할 후임자들을 뽑았으니, 이들이 사도들의 후계자인 **주교**들입니다. 사도들이 전한 것은 **성경** 말고도 **설교, 증언, 관습, 전례** 안에 바르게 보존되어 있습니다.

Q 100 파스카(Pascha)란 말은 무슨 뜻인가요?

A 파스카(Pascha)라는 말의 뜻은 '**지나가다**', '**건너가다**'인데, 파스카(Pascha)는 이스라엘 민족이 이집트 탈출(Exodus)이라는 결코 잊을 수 없는 역사적 사건을 기념하려고, '해방절' 또는 '파스카'라는 축제를 지냈습니다.

1. 이와 같은 **구약의 파스카**는, 이스라엘 백성이 모세의 인도로 이집트를 탈출할 때, 어린 양을 잡아 그 피를 문설주에 발라 이스라엘 백성의 집임을 표시하여 **죽음의 재앙을 '지나가게 하고', 홍해를 기적적으로 '건넘으로써', 죽음에서 생명으로 '넘어감'(과월절)**을 기념하는 것입니다.

2. 한편 **신약의 파스카**는, 예수 그리스도께서 모든 인간을 구원하려고, 십자가에서 피를 흘림으로써 하느님과 새로운 계약을 맺으셨고, 십자가에 못박혀 돌아가신지 3일 만에 부활하셨는데, 예수 그리스도께서 죽음에서 부활로 건너가신 것처럼, **우리도 죽음에서 생명으로 건너가면서, 죄의 종살이에서 해방되어 하느님의 백성, 하느님 나라의 상속자가 된 것**이 바로 신약의 파스카입니다.

PART 4

가톨릭교회와 일곱 성사

명동 성당 (서울대교구 주교좌 성당)

우리나라 최초의 성당이자 한국 가톨릭교회의 상징이며 심장인 성당이다. 성당이 설정된 것은 1888년경으로 알려지고 있지만 이곳에 신앙 공동체가 형성된 것은 그보다 104년 전인 1784년의 일이다. 그해 가을부터 수표교의 이벽(李蘗)의 집에서 영세식이 있었고, 다음 해에는 명례방(明禮坊: 현 명동 부근) 소재 중국어 역관(譯官) 김범우 토마스의 집에서 이승훈(李承薰 베드로), 정약전(丁若銓)의 3형제, 권일신(權日身)형제 등이 이벽을 지도자로 삼아 종교 집회를 가짐으로써 조선에 교회를 창설하였던 것이다.

Q 101 교회의 창립일은 언제인가요?

A
1. 예수 그리스도께서는 복음 선포 활동을 하시면서, 당신을 믿고 따르는 사람들 가운데 열두 명을 선택하시어 사도로 삼으셨고, 그들에게 당신의 사명을 함께 수행하게 하셨습니다.
2. 예수 그리스도께서는 베드로 사도에게 **"너는 베드로이다. 내가 이 반석 위에 내 교회를 세울 터인즉, 저승의 세력도 그것을 이기지 못할 것이다."**(마태 16,18 참조) 라고 말씀하시며 교회 창립을 예고하셨습니다.
3. 부활하시어 베드로 사도에게 나타나셔서, **"내 어린 양들을 돌보아라."**(요한 21,15-17 참조) 하고 당부하신 후 예수 그리스도께서 승천하신 다음, 사도들은 오순절에 성령을 가득히 받고 세상에 나아가, 자신들이 부여받은 사명을 당당하게 수행하게 되었는데, 교회가 이날 비로소 시작되었으니 이와 같은 **성령 강림 날**은 **교회의 창립일**이라고 할 수 있습니다.
4. 성령으로 충만한 초대 교회 공동체는, 한마음 한뜻이 되어 서로 가진 것을 나누며, 형제적 사랑으로 친교를 이루고 함께 하느님을 찬양하였습니다.(사도 2,44-47 참조)

Q 102 예수 그리스도께서 교회를 세우신 이유는 무엇인가요?

A 오늘날 그 옛날에 나타난 역사적인 인물인 예수 그리스도께서는 계시지 않지만, 예수 그리스도께서는 언제나 우리를 떠나지 않고 신비로운 방법으로, 우리와 함께 계시면서 당신 진리를 가르쳐 주십니다. 예수 그리스도의 죽음은 그 당시 사람들만을 위한 것이 아니고, 전 인류의 구원을 위한 것입니다. 만일 예수 그리스도께서 승천하신 것으로 끝났다면, 오늘 우리에게는 예수 그리스도의 구원 사업이 아무런 의미가 없을 것입니다. 그래서 예수 그리스도께서는 **세상 마칠 때까지 당신 구원 사업이 계속되도록** 이 세상에 교회를 세우셨습니다.

Q 103 예수 그리스도의 신비체란 무엇인가요? 성경 구절과 함께 설명해보세요.

A
1. 교회를 크게 세상에서 하느님 나라를 향하여 나아가는 **순례 중인 교회**와, 연옥에서 **정화 중인 교회**, 그리고 천국에서 영원한 복락을 누리는 **영광 중**

인 교회로 나눕니다.
2. 이 세 교회는 밀접한 관계를 맺고 있으며, 예수 그리스도를 머리로 한 지체들로서, 하나의 유기체와 같이 떨어질 수 없는 **신비한 결합**을 이루고 있습니다. 이를 예수 그리스도의 신비체라 합니다.
3. 성경에도 "여러분은 이제 더 이상 외국인도 아니고 이방인도 아닙니다. 성도들과 함께 한 시민이며 하느님의 한 가족입니다."(에페 2,19 참조)라고 되어 있으며, 은총 중에 있는 영혼을 하느님의 한 가족이라 하시면서, 교회가 예수 그리스도의 몸이고, 신자들은 예수 그리스도를 머리로해서 모든 은혜를 받는다고 했습니다.(에페 1,22-23 참조)

Q 104 교회의 사명(使命)은 무엇인가요?

A
1. 교회의 사명은 바로 예수 그리스도와 성령의 사명과 같은 것으로서 "교회는 하느님과 그리스도의 나라를 선포하고, 모든 민족 가운데서 이 나라를 세울 사명을 받았으며, 지상에서 이 나라의 싹과 시작이 된 것이다."라고 명시하고 있습니다.(가톨릭교회 교리서 738항; 교회 헌장 5항 참조)
2. "하느님 나라는 **진리**와 **생명**의 나라요, **거룩함**과 **은총**의 나라요, **정의**와 **사랑과 평화**의 나라이다."(사목 헌장 39항 참조) 그러므로 **교회의 존재 목적은** 바로 이런 **하느님 나라를 건설**하는데 있으며, 하느님의 나라는 '**하느님의 주권**'이 인정되는 나라로, 이미 **예수 그리스도의 말씀**과 함께 이 세상에 왔으나, 아직 완성된 것은 아니고 **완성을 향해 나아가고 있는 것**입니다.

Q 105 선교(宣敎)는 교회의 본질적인 사명인가요?

A
1. 선교(宣敎)는 교회의 본질적인 사명입니다. 하느님의 백성이고 예수 그리스도의 몸이며 성령의 성전인 교회는, 이 세상에 예수 그리스도의 복음을 전파하고 실천해 보임으로써, 온 인류가 **하느님의 영원한 생명에 참여하도록 인도할 사명**을 지니고 있는데, 이것이 **교회의 선교 사명**입니다.
2. 하느님 아버지께서는 인류를 구원하시려고 당신 아드님이신 예수 그리스도를 이 세상에 파견하셨고, 예수 그리스도께서는 이 세상에 **하느님 나라의 기쁜 소식을 선포**하시면서 **구원의 진리**를 드러내셨으며**(예언자직)** 또한

기도와 거룩한 생활을 통하여 하느님의 은총을 받는 길을 보여주시면서, 모든 인류를 대신하여 **하느님께 가장 완전한 제사**를 봉헌하셨고**(사제직)** 그리고 당신의 도움을 필요로 하는 모든 사람에게 **겸손하게 봉사**를 하셨습니다.**(왕직)**

3. 예수 그리스도께서는 당신의 이러한 사명에 제자들도 **동참**하도록 분부하셨고, 직접 그들을 세상에 **파견**하셨습니다.(마태 10,5-14; 루카 10 1-11 참조) 이와 같은 선교는 예수 그리스도의 몸인 **교회의 본질적인 사명**이기에, 교회는 미사가 끝날 때마다 '**가서 복음을 전합시다.**' 하면서 모든 신자를 **삶의 현장**으로 파견하는 것입니다.

4. 선교의 목적은 단순히 신자수를 늘이는 데만 있는 것이 아니라, 세상 모든 사람을 하느님께서 이루시는 **친교에 참여**하게 하여 **사랑의 공동체**를 이루는 것입니다. 따라서 교회 공동체는 **형제적 사랑**과 **나눔**으로 **일치**를 이루어, 우리가 **예수 그리스도의 제자**임을 다른 사람들에게 보여주어야 합니다.

5. 또한 세상에 복음을 전하려면, **성경**에 대한 깊은 이해와 **교리**에 대한 정확한 지식이 필요한데, 이와 같은 **자질과 역량을 갖춘 평신도들은 교리 교육** (교회법 제 774조, 제 776조, 제 780조 참조), **거룩한 학문 교육**(교회법 제 229조 참조), **사회 홍보 매체**(교회법 제822조 3항 참조)에 협력할 수도 있습니다. (가톨릭 교회 교리서 906항 참조)

6. 선교하는 데에는 여러 가지 방법이 있습니다.
   ① **직접 대면**해서 교리를 가르칠 수 있고,
   ② **본당 교리반**에 인도할 수 있으며,
   ③ **서적**을 통해서 선교할 수 있고,
   ④ 그 사람의 회심(回心)을 위해 **희생과 기도**를 바칠 수 있습니다.

7. 무엇보다도 우리가 사랑하는 부모와 자녀들, 형제와 친구들, 직장 동료와 가까운 이웃 가운데 아직 신앙을 갖지 않은 이들에게 **예수 그리스도의 믿음과 희망과 사랑**을 전해야 합니다. 그러므로 우리가 사랑하는 사람들이 우리와 함께 **예수 그리스도**를 믿고, **영원한 생명**에 대한 희망을 가지며, **하느님 사랑** 안에서 기쁨을 누리도록 이끌어 주는 일이야말로 **가장 보람 있는 일**입니다.

Q 106 교회를 하느님의 백성이라고 부르는 이유는 무엇인가요?

A 1. 교회는 하느님께서 **세상과 인간의 구원**을 위하여 불러 모으신 공동체, 곧 **하느님의 백성**입니다. 하느님께서는 "흩어져 있는 하느님의 자녀들을 하나로 모으시려고"(요한 11,52 참조) 먼저 아브라함을 선택하시어 계약을 맺으셨으며, 그의 후손인 **이스라엘 민족**을 이집트의 종살이에서 구출하시어 계약을 맺으셨고, "이제 너희가 내 말을 듣고 내 계약을 지키면, 너희는 모든 민족들 가운데에서 나의 소유가 될 것이다."(탈출 19,5 참조)하시면서 그들을 **당신 백성**으로 삼으셨습니다.

2. 또한 하느님께서는 "보라, 그날이 온다. 주님의 말씀이다. 그때에 나는 이스라엘 집안과 유다 집안과 새 계약을 맺겠다. …… 그들의 가슴에 내 법을 넣어 주고, 그들의 마음에 그 법을 새겨 주겠다. 그리하여 나는 그들의 하느님이 되고, 그들은 나의 백성이 될 것이다."(예레 31,31-33 참조)라고 하심으로써, 장차 **온 세계의 모든 민족**들과 **새로운 계약**을 맺으시어 **당신 백성**으로 삼으시겠다고 약속하셨습니다. 그리고 마침내 **예수 그리스도**께서는 **하느님 아버지의 뜻**을 따라 이 세상에 오시어 **당신의 피로써 온 인류의 구원을 위한 새로운 계약**을 맺으셨습니다.

Q 107 교회를 그리스도의 몸이며, 성령께서 머물러 계시는 성전이라고 하는데 그 의미는 무엇인가요?

A 1. 교회는 **그리스도의 몸**입니다. 온전히 일치하는 모습을 한 몸이라고 표현하듯이, **그리스도와 온전히 일치된 모습**을 두고 "교회는 그리스도의 몸으로서, 모든 면에서 만물을 충만케 하시는 그리스도로 충만해 있습니다."(에페 1,23 참조)라고 말합니다.

2. 사람의 몸이 여러 지체로 이루어졌듯이, 세례를 받은 그리스도인들은 머리이신 **그리스도의 지체가 되어 한 몸**을 이룹니다. 예수 그리스도께서는 이 관계를 포도나무와 그 가지(요한 15,5 참조)로 설명하셨습니다. 그러므로 모든 그리스도인들은 **예수 그리스도와 일치**함으로써만 **성장**할 수 있고, **영원한 생명**으로 나아갈 수 있으며, **서로 사랑의 일치**를 이루어 **세상 모든 사람들을 사랑**함으로써 예수 그리스도를 드러내야 합니다.

3. 교회는 온 대륙에 흩어져 있기에 **풍부한 다양성**을 지니고 있으면서도, "모두 한 성령 안에서 세례를 받아 한 몸이 되었습니다. 또 모두 한 성령을 받아 마셨기"(1코린 12,13 참조) 때문에 **언제나 같은 신앙 고백**을 하고, **같은 예배와 성사**를 거행합니다.

4. 또한 교회는 그리스도의 지상 대리자이며 베드로 사도의 후계자인, **교황**과 **성령**께서 맺어 주시는 **평화의 끈**으로 일치를 이루고(에페 4,3 참조) 있습니다. 성령께서는 온전히 교회의 머리에 들어 계시며, 온전히 그 몸에 들어 계시고, 또 온전히 각 지체에 들어 계시어 교회를 "살아 계신 하느님의 성전"(2코린 6,16 참조)으로 만드십니다.

Q 108. 하나의 일치된 교회를 이루기 위해서 우리는 어떻게 해야 하나요?

A 1. 교회는 **하느님의 나라가 완성될 때** 비로소 **완전하고 거룩한 하느님의 백성**이 됩니다. 그리스도의 몸을 성장시켜야 할 사명을 안고 살아가는 그리스도인들은 **지상의 순례자들**이므로, 그들로 구성된 이 **지상의 교회**는 순례하는 **하느님의 백성**입니다.

2. 따라서 교회는 그 지체들의 **허물**과 **인간적인 나약함**도 함께 껴안고 있으며, 인류 역사의 기복에 따라 때로는 **영광의 교회**로, 때로는 **시련의 교회**가 되기도 합니다. 그러므로 하느님의 자녀가 된 그리스도인들은 또 하느님의 백성인 교회는 **끊임없이 회개**함으로써 **정화되고 쇄신**되어야 합니다.

3. 모든 신자가 예수 그리스도 안에서 한 몸을 이루기 때문에 우리는 '**모든 성인의 통공**' 교리를 믿고 있습니다. 따라서 **천국의 성인들과 일치하고 그들을 기억하며, 축일을 지내고 그들의 모범**을 따릅니다. 천국에 있는 성인들도 우리와 함께 **하느님을 찬미**하며, 우리를 위해서도 **하느님께 기도**합니다. 또한 우리와 천국의 성인들은 **천국에 들지 못한 죽은 이들**을 위해서도 함께 기도합니다.

4. 이처럼 우리는 모든 그리스도 신자, 곧 **지상에서 순례자로 있는 사람들**, 정화 과정을 거치고 있는 죽은 이들, 천국에 있는 성인들이 모두 일치하여 오직 하나의 교회를 이룬다고 믿습니다. 따라서 교회의 구성원들은 하나의 일치된 교회를 이루기 위해서 **예수 그리스도께 부여받은 고유한 직무**를

수행할 사명을 지니고 있고 또 예수 그리스도 안에서 **한 몸을 이루는 지체**들이므로 서로 **존경**하고 **사랑**하며, **기쁨**과 즐거움은 물론 슬픔과 고통도 함께 나누어야 하는 **형제 자매들**임을 늘 기억해야 합니다.

Q 109 가톨릭교회와 유다 민족은 어떤 관계인가요?

A
1. 가톨릭교회와 유다교(구약의 이스라엘 백성, 현재 이스라엘 민족, 유다인) 사이에는 **하느님과 맺은 계약**이라는 유대가 있습니다. 그 계약은 취소된 바가 없습니다. "하느님의 은사와 소명은 철회될 수 없는 것이기 때문입니다."(로마 9, 4-5 참조)
2. 유다 민족은 **옛 계약의 하느님 백성**이고, 가톨릭교회는 그들을 잇는 **새 계약의 하느님 백성**입니다. 다만, 유다 민족은 예수 그리스도 안에서 메시아 약속과 나아가 그 위대한 계약이 실현되었음을 인정하지 않고 **또 다른 구세주가 오실 것이라는 희망**을 여전히 갖고 있습니다.
3. 그러나 비그리스도교와는 달리 유다교는 이미 옛 계약 안에서 이루어진 하느님 계시에 대한 응답으로서 "신앙은 하느님께서 계시하신 구원의 진리를 받아들이는 것이고, 하느님의 계시는 특히 계약 안에서 이루어집니다."라는 것이 가톨릭교회의 입장으로 한 분이신 하느님 안에서 **형제적 사랑**을 나누어야 하는 대상입니다.(가톨릭교회 교리서 70-73항, 142항 참조)

Q 110 루터의 소위 종교 개혁은 정당했나요?

A 루터의 종교 개혁에 대해 살펴보면,
1. 인간 루터가 예수 그리스도께서 세운 교회를 개혁한다는 것은 말도 되지 않고, 정확히 말하면 **종교 분열**입니다. 개신교 측에서는 당시 가톨릭이 부패해서 종교 개혁이 필요했다고 하지만, 몇몇 성직자들이 부패한 것이지 **교리 자체, 성사 자체**가 부패했던 것은 아닙니다.
2. 루터가 가톨릭에서 나가서 세운 개신교가 참된 종교라면, 루터는 예수 그리스도보다 더 위대한 자라고 할 수밖에 없고 또 루터가 나오기 이전부터 무려 1,500년 동안 가톨릭을 신봉했던 사람들은, 모두 그릇된 교리를 믿은

셈이니, 이것을 만든 예수 그리스도께서는 결국 허수아비 노릇을 한 것 밖에는 안 됩니다. 그러므로 루터의 종교 개혁은 정당하지 못한 것입니다. 그러나 제2차 바티칸 공의회(1962-1965년) 이후, 우리는 그들을 **갈라진 형제**라고 부르고 있습니다.

3. 루터가 가톨릭교회를 거부한 동기는, 새로운 교단을 세우고자 하는 의지가 아니라, 예수 그리스도를 통해 거저 주어지는 하느님 은총에 대한 확신 때문이었습니다. 그러므로 종교 개혁 500주년을 맞는 시점에서 가톨릭 신자들은, 루터에 대한 정당한 평가와 더불어, 믿는 모든 이가 하나가 되기를 바라시는 예수 그리스도의 원의(요한 17,21 참조)를 채우려 더욱 노력해야 할 것입니다.

4. "과거의 갈등보다는 우리 사이의 일치라는 하느님의 은총이 협력을 이룰 것이며, 우리의 연대를 강화할 것입니다. 우리가 그리스도에 대한 신앙에서, 서로 가까워지고 함께 기도하며, 서로를 경청하고, 그리스도의 사랑을 실천하면서, 우리는 삼위일체 하느님의 권능에 우리의 마음을 엽니다. 그리스도 안에 뿌리를 내리고 그분을 증언하면서, 우리는 인류 전체에 대한 하느님의 무한하신 사랑의 충실한 전달자가 되고자 하는 결심을 새로이 합니다."(2016.10.31 프란치스코 교황과 루터교 수장의 공동선언문)

Q 111 우리에게 생명을 주시는 성령(聖靈)은 어떤 분이신가요?

A 1. 성령께서는 성부와 성자와 함께 **활동하시는 하느님**이시며, 예수 그리스도를 구세주로 **고백할 수 있도록 이끄시는 분**이시고, 그리스도인으로서 봉사할 수 있는 **은총을 베푸시는 분**이십니다.

2. 성령께서는 우리를 거룩하게 하시고 우리에게 **신앙의 활력**을 주시어, 우리가 **다른 이들의 구원**을 위하여 열정적으로 헌신할 수 있게 해 주시므로, 우리는 성령의 도움으로 **참된 그리스도인**이 될 수 있고, **참된 자유와 해방의 삶**을 살아 갈 수 있으며, 세상에 나아가 **그리스도의 복음을 전파하고 실천**해 보일 수 있는 **힘과 용기와 지혜**를 얻습니다.

3. 성령을 충만히 받은 사람들은 언제나 **기쁘고 감사하는 마음**으로 살아가면서 **교회의 가르침**을 잘 따를 뿐만 아니라, 공동체 안에서 **친교를 나누고**

이웃에게 **봉사하는데 적극적**입니다. 따라서 우리도 성령을 충만히 받아 **변화된 삶**을 살아가야 합니다.

Q 112 성령 강림이란 무엇인가요?

A
1. 예수 그리스도께서는 수난과 부활로 하느님의 구원 사업을 완성하시고 승천하시면서, 당신 제자들에게 **"보호자 성령"**(요한 14, 16 참조)을 보내주시겠다고 약속하셨습니다. 그리고 열흘 뒤, 신자들이 모여 있을 때 성령께서 각 사람 위에 내려오셨습니다. 성령을 받은 제자들은 그때야 비로소 예수 그리스도께서 명령하신 대로 땅 끝에 이르기까지 **주님의 죽음과 부활을 선포**하기 시작하였습니다.
2. 우리도 예수 그리스도께서 보내시는 성령을 받음으로써, 참으로 **예수 그리스도를 알아 모시게 되고, 그리스도인으로서 참된 삶**을 살아 갈수 있습니다. 이러한 일은 일찍이 예수 그리스도를 따르던 제자들도 체험하였던 것이고 오늘을 살고 있는 **우리도** 예외가 아닙니다.
3. 그래서 바오로 사도는 "하느님의 영에 힘입어 말하는 사람은 아무도 '예수는 저주를 받아라.' 할 수 없고, 성령에 힘입지 않고서는 아무도 '예수님은 주님이시다.' 할 수 없습니다."(1코린 12,3 참조)라고 말하였습니다.

Q 113 성령의 은혜란 무엇인가요?

A
1. 우리는 그리스도인으로서 이 세상의 **온갖 유혹을 극복**하며, 예수 그리스도를 따르고 세상 사람들에게 **예수 그리스도를 알리려면**, 성령의 도움을 받아야 합니다. 참된 그리스도인은 **자유와 해방**을 누리는 사람입니다. 그리스도인이 누리는 이 모든 자유는 바로 성령께서 주시는 **선물**입니다.
2. 성령께서는 하느님과 이루는 **친교를 회복**시켜 주시고, 하느님의 **진리와 사랑**을 그리스도인들의 **마음에 심어** 주시어 **참 삶의 길**을 열어 주십니다. 성령께서는 각 사람에게 각각 다른 은총의 선물을 주시는데, 그것은 **공동선**을 위한 것입니다.
3. 그리스도인의 도덕적인 삶은 **성령의 선물**로 지탱되는데, 이 선물은 성령의 이끄심에 기꺼이 따르는 **항구한 마음**을 갖는 것으로서, 성령께서 우리에게

주시는 **일곱 가지 은혜**입니다.(이사 11,2-3 참조)

① **지혜(슬기)** : 다른 모든 은혜를 포괄하며 성령의 선물 가운데 가장 완전한 선물로, 하느님의 부르심에 망설이지 않고 응답할 각오와 준비가 되어 있는 마음의 상태를 유지하게 해주는 은혜.

② **통달(깨달음)** : 하느님이 보여 주시는 진리가 이치에 어긋나지 않는다는 사실을 깨닫게 해주고, 주님의 가르침을 잘 알아듣고 이해하게 해주는 은혜.

③ **식견(깨우침)** : 우리 영혼에게 초자연적인 현명함을 주며 특히 어려운 상황에서 중요한 것이 무엇이고, 어떤 일이 옳고 그른 일인지 또 우리가 마땅히 해야 할 일은 무엇인지를 더욱 분명히 깨닫게 해주는 은혜.

④ **용기(굳셈)** : 용감하게 결단을 내리고 유혹에 저항하게 해주며 끝까지 책임을 다하게 하는 은혜.

⑤ **지식(앎)** : 영혼이 피조물의 올바른 가치를 하느님과 연관시켜 헤아릴 줄 알게 하고, 영원한 생명을 얻기 위해서 믿어야 할 것과 믿어서는 안될 것을 알게 해주며, 인생의 참된 의미를 깨닫게 해주는 은혜.

⑥ **공경(받듦)** : 하느님을 아버지로 모시고 사랑하여 신뢰하게 해주고, 하느님께 바쳐진 사람들을 공경하며, 세상 사람들을 사랑하도록 이끌어 주고, 세상 사물에게 관심을 쏟게 해주는 은혜.

⑦ **경외(두려워함)** : 하느님께 지극한 흠숭과 마땅한 사랑을 드리게 하며, 죄로 하느님의 마음을 상하게 하는 것보다 더 두려워할 것이 없음을 깨닫게 하는 은혜.

Q 114 성부 하느님과 성자 예수 그리스도와 함께 활동하시는 성령(聖靈)을 우리는 어떻게 알 수 있나요?

A 1. 창조 때부터 성자와 성령께서는 **하느님의 구원 계획**이 펼쳐진 **이스라엘 백성의 역사 안에서** 성부 하느님과 함께 활동하셨지만 완전히 드러나지는 않으셨습니다. 구약 시대에는 **예언자**들을 통하여 성령께서 우리에게 성부의 말씀을 들려주시나, 우리는 그분의 목소리를 듣지 못하고 우리에게 **말씀을 계시**하시고, 신앙으로 **말씀을 받아들이게** 하시는 **성령의 활동**만으로 성령을 알 수가 있습니다. 구약 성경에서는 인간 사회와 자연계에서 **하느님**

의 **현존**, 곧 하느님의 영을 **숨**, **얼**, **바람**으로 표현하고 있습니다.(시편 336,6; 에제 37,5 참조) "하느님의 영이 아니고서는 아무도 하느님의 생각을 깨닫지 못합니다."(1코린 2,11 참조)

2. 하느님을 계시해 주시는 성령께서는 하느님의 살아 계신 **말씀이신 그리스도**를 우리에게 알려 주시지만, **성령인 자신**에 대해서는 말씀하시지 않으십니다. 예수 그리스도께서는 언제나 성령과 함께 하셨는데, ① **성령의 힘**으로 예수 그리스도께서는 마리아께 잉태되셨고(마태 1,20; 루카 1,35 참조) ② 세례자 요한에게 세례를 받으실 때 **하느님의 영**이 비둘기 모양으로 내려와 그분 위에 머무르셨으며(마태 3,16; 마르 1,10 참조) ③ **성령의 인도**로 광야로 나가셨습니다.

3. 예수 그리스도께서는 고향 나자렛의 회당에서, "주님께서 나에게 기름을 부어 주시니 주님의 영이 내 위에 내리셨다. 주님께서 나를 보내시어 가난한 이들에게 기쁜 소식을 전하고… 하셨다." "오늘 이 성경 말씀이 너희가 듣는 가운데에서 이루어졌다."고 하심으로써 당신이 성령으로 기름부음 받은 이, 곧 **메시아(그리스도)**이심을 밝히시고, **당신과 성령의 관계**를 명확하게 선언하셨습니다.(루카 4, 16-21 참조)

Q 115 은총(恩寵)이란 무엇이며, 은총을 통해 우리는 어떤 일을 할 수 있나요?

A 1. 은총은 우리에 대한 하느님의 **자유롭고 사랑이 넘치는 관심**이자 우리를 도우려는 **호의**이며, 그분에게서 나오는 **생명력**입니다. 하느님께서는 **십자가와 부활**을 통해 우리에게 전적으로 관심을 기울이시며, 은총 속에 있는 우리에게 **당신의 속마음**을 털어놓으십니다. 우리는 그 중 가장 **작은 것 하나도** 얻을 자격이 없는데도, 하느님께서 **우리에게 선물하시는 모든 것**이 바로 은총입니다.(가톨릭교회 교리서 1996항-1998항, 2005항, 2021항 참조)

2. 은총은 사람이 영생을 얻기 위해 하느님께로부터 거저 받는 '**초자연적 은혜**'를 말합니다. 이것은 인간이 하느님의 은총을 통해서만이 **영원한 생명**을 얻을 수 있는 초자연적인 은혜로서, 이와 같은 은총은 하느님께서 주시는데 우리의 인격이나 자격을 보고 주시는 것이 아니고, 온전히 '**하느님의 자비**'로서 거저 주시는 것입니다.

3. 하느님의 은총은 삼위일체 하느님의 내적인 삶 안에, 곧 **성부(聖父)와 성자(聖子)와 성령(聖靈)**이 나누시는 사랑 안에 우리가 머물도록 해주며, 우리가 하느님의 사랑 안에 살면서 **그분의 사랑을 행동할 수 있게** 해줍니다.
4. 이와 같은 은총을 통해서 우리는 어떤 일을 할 수 있는지를 알아보면,
    ① 무엇보다 세례를 통해 우리를 하느님의 자녀이자 하늘나라의 상속자가 되게 하고,**(성화 은총 또는 신화 은총)**
    ② 우리에게 지속적으로 선을 지향하는 마음을 선물하며,**(상존 은총)**
    ③ 선과 하느님에게로 또한 하늘나라로 우리를 이끄는 모든 것을 우리가 인식하고 원하며 행하도록 돕고,**(조력 은총)**
    ④ 하느님과 만나는 특별한 방법인 각 성사에서 우리 구세주의 뜻에 따라 특별한 방식으로 받기도 하며,**(성사 은총)**
    ⑤ 그리스도교 신자 개인에게 선사되는 특별한 은총이 있고,**(은사)**
    ⑥ 교회 안에서 직무를 수행하는 데 따르는 직분의 은총, 예를 들면 혼인 직분과 수도 직분, 성직 직분에 약속된 특별한 능력**(직분 은총)**을 가지고 우리는 하느님의 일을 할 수가 있습니다.(가톨릭교회 교리서 1999항-2000항, 2003항-2004항, 2023항-2024항 참조)

Q 116 상존 은총(常存恩寵·gratia habitualis·생명의 은총)은 무엇인가요?

A
1. **상존 은총(常存恩寵·gratia habitualis·생명의 은총)**이란 다른 말로 생명의 은총이라고도 하는데, 우리 영혼에 항상 머물러 있는 은총을 말합니다. 이것을 받은 영혼은 **하느님의 자녀**가 되고, **하느님과 비슷**하게 되며 따라서 **그 영혼은 거룩**하게 됩니다. 상존 은총으로 하느님의 자녀가 된 이에게는 **천국을 얻을 수 있는 자격**이 생깁니다.
2. 말하자면 생명의 은총으로 하느님의 자녀가 되어 천국 시민권을 얻게 되는 것입니다. 생명의 은총을 받기 전에는 죄악의 상태에서 악마의 친구였지만, 이제 생명의 은총으로 하느님 나라의 한 시민이 된 것입니다.

Q 117 조력 은총(助力恩寵·gratia actualis·도움의 은총)은 무엇인가요?

A
1. **조력 은총(助力恩寵·gratia actualis·도움의 은총)**은 우리 영혼의 힘을 도

와주는 은혜를 말합니다. 이 은혜를 통해 본성이 약한 우리 인간이 악행을 피하고, 선행을 해서 공을 세우고 죽을 때까지, 신앙생활을 충실히 하여 **영원한 생명**을 얻게 됩니다. 영원한 생명을 얻기 위해서 필요한 선행을 행하거나 강한 유혹을 이겨내는 것은, 이러한 조력 은총이 없이는 불가능합니다.
2. 상존 은총, 즉 생명의 은총을 받은 다음에도 대죄를 범하지 않고 이것을 끝까지 보존하기 위해서는 조력 은총이 필요합니다. 우리가 혹 잘못하여 상존 은총을 잃은 경우, 이것을 다시 회복할 때라든지, 우리에게 은총이 필요할 때 하느님이 주십니다.

Q 118 우리는 어떻게 우리에게 잘못한 이를 용서할 수가 있나요?

A
1. 우리가 우리의 원수까지 용서할 수 있어야 하느님의 자비가 우리 마음속으로 스며들 수가 있는 바, 인간에게 이 같은 요구를 충족시키기가 불가능한 것처럼 보일지라도 성령께 자기 마음을 바치는 사람은, 예수 그리스도처럼 지극한 애덕으로 사랑할 수 있고, 모욕을 동정으로 바꾸며, 상심을 전구로 변화시킬 수가 있으므로, 용서는 하느님의 자비에 참여하는 것이고, 그리스도인이 바치는 기도의 정점입니다.
2. 용서는 하느님만이 하실 수가 있는 일이고(마르 2,7 참조), 우리가 우리에게 잘못한 이를 용서하는 것은 하느님의 이 위대한 일에 참여하는 것이며, 하느님의 자녀다운 행위입니다. 성자께서는 우리 죄를 용서하셨고(에페 1,7 참조), 우리가 서로 용서하도록 성령을 주셨으므로(요한 20,22-23 참조), 우리는 성령의 힘으로 예수 그리스도처럼 원수까지도 용서하는 사랑을 실현할 수가 있는 것입니다.
3. 용서는 **용서하려는 의지**만으로 되는 것이 아니고, **용서하는 마음**이 있어야 가능하므로, **성령께 자신의 마음을 바쳐 자신의 마음을 움직이고 변화시켜 주시기를 청해야** 합니다. 성령께서는 예수 그리스도께서 지니신 자비의 마음을 우리도 지니도록 하시면서, "하느님께서 그리스도 안에서 여러분을 용서하신 것처럼 여러분도 서로 용서하십시오."(에페 4,32 참조)라고 성경에서 말씀하십니다.

Q 119 성사(聖事)란 무엇인가요?

A
1. 성사(聖事)는 **예수 그리스도**께서 세우시고 **교회**에 맡기신 **은총의 효과적인 표징**들로서, 이 표징들을 통하여 **하느님의 생명**이 우리에게 베풀어집니다. 가톨릭은 우리에게 신앙을 심어 주고, 신앙의 성숙을 돕고, 하느님의 은총을 전해 주고자 우리 생활과 밀접한 표현과 사물들로 구성된 **여러 가지 특별한 표징**을 갖고 있습니다.
2. 우리는 이러한 표징들을 통하여 하느님께서 **우리의 삶**에 깊숙이 들어오심을 체험하게 되고, 참된 그리스도인으로 **살아갈 수 있는 힘**을 얻게 됩니다. 곧 성사는 **눈으로 볼 수 없는 하느님을 체험**하게 하고 **하느님의 은총을 전해주는 눈에 보이는 표징**입니다.
3. 성사(聖事)는 "그리스도께서 세우시고 교회에 맡기신 은총의 유효한 표징들로서, 이 표징들을 통하여 하느님의 생명이 우리에게 베풀어집니다. 성사 거행의 가시적인 표징들은 각 성사에 고유한 은총을 나타내며 이를 실현한다. 성사는 합당한 마음가짐으로 받는 사람에게서 열매를 맺는다."는 것입니다.(가톨릭교회 교리서 1131항 참조)
4. 예수 그리스도께서는 하느님의 은총을 받을 수 있도록 교회 안에 **일곱 가지 성사(세례, 견진, 성체, 고해, 병자, 성품, 혼인)**를 제정하셨는데, 우리는 이와 같은 성사를 통하여 받는 하느님의 은총으로 **새롭게 변화된 삶, 하느님과 일치되는 삶**을 살아갈 수 있는 힘을 얻습니다.
5. 성사는 신앙을 전제로 하고, 삼위일체이신 하느님께 대한 신앙을 고백하는 **그리스도인**에게만 의미를 가지므로, 가톨릭교회에서 갈라진 형제들 중 **동방 정교회**는 일곱 성사를 모두 받아들여 세례를 인정하고 있고, 한국 가톨릭교회는 개신교 중에서 **성공회**의 세례를 인정하고 있으며, 개신교에서 받은 세례 가운데 사이비 개신교가 아니면 그 세례는 유효합니다. 세례는 '성부와 성자와 성령 이름으로' 물이라는 성사적 표징을 사용하여 행하면 신자 아닌 사람의 행위 조차 유효합니다.(한국 천주교 사목 지침서 제55조, 제59조 참조)

Q 120 예수 그리스도께서 하느님의 성사(聖事)라고 하는 이유는 무엇인가요?

A
1. 인간은 하느님을 직접 볼 수 없습니다. 하느님께서는 **우주 만물, 인간의 양**

심, 그리고 직접적으로 **이스라엘 민족**을 통하여 당신을 드러내 보이셨지만, 인간은 **하느님과 그분의 사랑**을 쉽게 깨닫지 못하였습니다.
2. 그래서 하느님께서는 당신의 아드님 예수 그리스도를 세상에 보내셨는데, 우리가 보고 만지고 느낄 수 있는 **완전한 인간**으로 이 세상에 오시어 **인류 구원 사업을 성취**하심으로써, **하느님의 사랑**을 우리가 **체험**할 수 있게 하셨습니다.
3. 이와 같이 우리는 예수 그리스도를 만남으로써 **하느님과 그분의 은총**을 직접 **체험**할 수 있게 되었으므로, 이런 의미에서 **예수 그리스도**께서는 '**하느님의 성사(聖事)**'라고 말할 수 있습니다.

Q 121 **교회를 그리스도의 성사(聖事)라고 하는 의미는 무엇인가요?**

A 1. 예수 그리스도께서는 부활하시고 승천하셨기에, 우리는 이 세상에서 감각적으로 하느님을 느낄 수 있는 **유일한 중재자이신 예수 그리스도**를 만날 수 없게 되었습니다. 물론 예수 그리스도께서는 **시간과 공간을 초월**하시어 늘 우리와 함께 계시지만, 현실 세계의 우리는 **예수 그리스도와 그분의 은총을 체험**하는 데에 **감각적인 표징**이 필요합니다.
2. 그래서 예수 그리스도께서는 **교회**를 세우시어 당신께서 **우리와 함께 계심**을 알게 하시며, **당신의 사랑과 은총**을 드러내시는 것입니다. 이제 우리는 **볼 수 있는 교회**에서 **볼 수 없는 예수 그리스도**를 만날 수 있게 되었습니다. 이런 뜻에서 교회는 '**그리스도의 성사**'라고 하며 교회에서 예수 그리스도의 이름으로 행하는 모든 것은 **성사적**이라고 말할 수 있습니다.

Q 122 **교회의 일곱 성사의 이름과 성사의 효과에 대해 설명해보세요.**

A 1. 일곱 가지 성사는 그리스도교 입문 성사인 ① **세례(洗禮)**, ② **견진(堅振)**, ③ **성체(聖體)성사**가 있고, 치유의 성사인 ④ **고해(告解)**, ⑤ **병자(病者)성사**가 있으며, 친교에 봉사하는 성사로서는 ⑥ **성품(聖品)**, ⑦ **혼인(婚姻)성사**가 있습니다.
2. 이와 같은 성사가 성립되기 위해서는, 성사의 원 집행자는 예수 그리스도이시므로, 예수 그리스도의 뜻대로 **집전자**가 교회의 **적법한 절차**에 따라 행하

면 성사는 성립되는데, 이를 **성사의 사효성(事效性)**이라고 하며, 성사에 참여하는 사제와 신자들의 마음가짐에 미흡한 점이 있더라도, 예수 그리스도의 성사이기에 성사 그 자체로 **구원의 은총**을 우리에게 전해 줄 수 있습니다.

3. 이와는 반대로 하느님께서 성사 안에 넣어 주신 은혜와 더불어 자신의 노력에 따른 추가적인 은혜도 받게 되는데, 이것을 **성사의 인효성(人效性)**이라고 합니다. **사람의 노력**에 따라 효과가 달라질 수 있다는 뜻으로, "성사가 교회의 의향에 따라 거행되면, 집전자의 개인적인 성덕과 관계없이, 예수 그리스도와 그분 성령의 힘이 성사 안에서 성사를 통하여 작용한다. 그렇지만, 성사가 맺는 결실은 그것을 받는 사람의 마음가짐에도 달려 있다."는 것입니다.(가톨릭교회 교리서 1128항 참조)

4. "성사들은 언제나 살아 계시며 생명을 주시는 그리스도의 몸에서 '**나오는 힘**'이요, 예수 그리스도의 신비체인 교회 안에서 일하시는 '**성령의 행위**'이다"(가톨릭교회 교리서 1116항 참조)

Q 123 예수 그리스도께서 일곱 성사를 세우신 이유는 무엇인가요?

A
1. 일곱 가지 성사가 우리에게 꼭 필요하기 때문입니다. 우리 육신 생활과 비교하여 설명하면, 우리가 사람이 되려면 먼저 육신으로 세상에 태어나야 하듯이, 우리 영혼도 **세례성사**로 하느님의 자녀로 태어납니다.
2. 그리고 금방 태어난 아기는 성장해서 어른이 되듯, 우리 영혼도 **견진성사**로써 견고하게 됩니다.
3. 육신이 먹어야 살듯이, 영혼도 **성체성사**로써 성장해 나갑니다.
4. 살다 보면 때로는 몸에 병이 납니다. 그럼 의사를 찾고 약을 먹어야 하듯이, 영혼도 죄악으로 인해 병이 날 경우 **고해성사**로써 치료를 받아야 합니다.
5. 그리고 우리가 잘 죽어서 영생의 문으로 들어가도록 하느님은 **병자성사**를 주셨습니다.
6. 또한 이 모든 영혼들을 지도하기 위해서는 지도자가 필요했기에 **성품성사**를 만드셨습니다.
7. 우리가 자식을 낳고 키우기 위해서는 결혼을 해야 하는데, 예수 그리스도께서는 우리에게 **혼인성사**로써 이 은혜로움을 더욱 풍성하게 해주셨습니다.

Q 124 세례성사의 의미와 그 효과에 대해 설명해보세요.

A 1. 우리가 정해진 **준비 과정**을 마치고 가톨릭에 **정식으로 입문하게 될 때** 받는 예식이 '**세례성사**'입니다. 우리는 세례성사를 받음으로써 **죄를 용서받고**, 하느님의 **참된 자녀**로 다시 태어나 **하느님의 새로운 백성인 교회의 일원**이 됩니다. 그리고 교회에서 베푸는 다른 **성사들을 받을 수 있는 자격**을 얻게 되며, 그리스도인으로서 **주어진 사명을 수행**하게 됩니다.
2. 그리스도교 세례(洗禮)는 본디 물에 잠기었다가 나오는 예식이었지만, 점차 물로 이마를 씻는 예식으로 간소화하였으며, 물에 잠기는 것은 **죽음**을 상징하고, 물에서 나오는 것은 **부활**을 상징합니다.
3. 세례는 새로 태어나는 것이고, 새로 태어나려면 먼저 죽어야 하기 때문에 물에 잠기는 예식을 하였던 것입니다. 또한 물로 씻는 것은 몸의 더러움을 닦아 내는 것이지만, 그러한 눈에 보이는 예식 행위로써 **영혼을 정화시킨 다는 것**을 상징하고 또 내적으로 그것을 이루기 때문에 **우리의 죄를 깨끗이 씻어 용서한다는 것**을 의미합니다.
4. 따라서 세례성사 예식은 죄악에 물든 **과거의 우리 자신**은 죽게 하고, 동시에 예수 그리스도의 부활에 동참하여 우리도 **하느님의 새 생명**을 얻게 합니다. 이렇게 하여 세례성사를 받게 되면 우리가 물려받은 '**원죄**'와 지금까지 우리가 저지른 죄인 '**본죄**'를 모두 용서받아 깨끗한 영혼으로 **하느님의 영원한 생명**에 들게 됩니다.

Q 125 세례성사의 집전자는 누구이며, 세례성사를 받기 위한 준비는 무엇이 필요한가요?

A 1. 세례성사는 **주교와 사제와 부제**가 주는 것이 **원칙**이지만, 부득이한 경우에는 **누구나, 세례를 받지 않은 사람**까지도 줄 수 있습니다. 이때에도 교회의 **지향과 양식**을 따라야 하는데, 교회가 정한 양식은 세례 받을 사람의 이마에 물(자연수)을 부으며 '**나는 성부와 성자와 성령의 이름으로 OOO에게 세례를 줍니다.**' 하는 것입니다.
2. 세례성사는 우리의 완전한 자유의사에 따라 주어지는 성사이므로 몇 가지

준비가 필요합니다.

① 세례성사를 받고자 하는 **열망**이 있어야 하고,
② 하느님에 대한 확고한 **믿음**이 있어야 하며,
③ 신앙생활을 할 수 있는 최소한의 **교리 지식**을 갖추어야 하고,
④ 지금까지 지은 죄를 뉘우치고 **회개하는 마음**이 있어야 합니다.

Q 126 세례 때 물을 쓰는 이유는 무엇인가요?

A 물은 사람이 사는 곳에는 어디든지 있는 물질이므로, 누구라도 쉽게 세례를 받을 수 있게 하기 위해서입니다. 또 물은 더러운 것을 씻는 것이므로, 물로써 이마를 씻는 것은, **원죄와 자기가 범한 모든 죄를 씻는 좋은 상징**이 됩니다. 나아가 성경에서 물은 생명과 죽음을 상징합니다(노아의 홍수, 홍해 바다에서 이집트 병사들의 죽음과 이스라엘의 구원). 예수 그리스도께서도 물이 세례의 성사적 재료임을 확인하셨습니다.(요한 3,15 참조)

Q 127 우리가 세례 때 세례명을 정하는 이유는 무엇인가요?

A
1. 세례 때에 새로 받는 이름을 세례명이라고 하는데, 보통 가톨릭교회에서 공적으로 인정한 **성인(聖人)·성녀(聖女)**들을 특별히 **수호자**로 정하여, 그를 **모범**으로 모시고, 그의 **보호**를 받자는 뜻으로 세례명을 정합니다. 그리고 덕목을 의미하는 단어, 혹은 천사들의 이름으로 짓기도 합니다. 예를 들면, 사랑을 뜻하는 **카리타스**, 지혜를 의미하는 **소피아**, 진리를 뜻하는 **베리타스** 등 그 의미대로 덕행을 실천하며 살기 위함입니다.
2. 이와 같은 세례명은 수호성인들의 전구와 사랑의 모범을 통해 **하느님의 자녀**가 되었음을 드러내는 **표지**이며, **하느님의 부르심**에 충실히 응답하겠다는 **약속의 표징**이므로, 단순히 필요성의 여부를 떠나 하느님께서 주시는 소중한 선물입니다.
3. 한국 가톨릭교회에서는 2015년 주교회의 봄 정기총회 결정에 따라 사목적 혼란을 피하고자 세례명의 변경을 원칙적으로 허용하지 않고 있으며, 따라서 견진성사를 받을 때에 세례명을 바꿀 수가 없습니다.
4. 참고로 세례 때에 세례명을 정하는 것은 대부·대모와 상의해서 정하는

것도 좋지만 본인이 가지고 싶고 따르고 싶은 성인·성녀들에 대한 정보는 한국 천주교 서울대교구에서 운영하는 가톨릭 인터넷 전문 사이트인 **「가톨릭굿뉴스」** 가톨릭 정보란을 이용하는 것이 바람직합니다.

Q 128 세례 받을 때에 대부·대모란 무엇이며, 왜 대부·대모를 세우나요?

A
1. 세례 받을 때에 대부·대모를 정하게 되는데 대부·대모란 **자기 영혼을 지도하고 인도해 주는 영혼의 부모란** 뜻입니다.
2. 대부·대모가 되기 위해서는,
   ① 대부모의 임무를 수행할 적성과 의향을 가진 사람.
   ② 만 14세 이상으로 견진성사를 받은 사람.
   ③ 신앙생활을 올바르게 하고 맡은 임무에 맞갖은 생활을 하는 사람이어야 합니다.
3. 세례성사 때와 마찬가지로 견진성사 때도 대부·대모를 정해야 하는데, 세례성사와 견진성사의 **단일성**을 드러내고자 세례 때 대부·대모와 **동일한 사람**으로 하는 것이 바람직합니다.(가톨릭교회 교리서 1311항 참조)

Q 129 개신교에서 세례를 받았는데 가톨릭교회에서 세례를 또 다시 받아야 하나요?

A
1. 비가톨릭교회에서 세례를 받은 사람이 가톨릭교회에 입교를 원할 경우, 이전에 받은 세례에 **중대한 결함이 발견되어**, 그 **유효성**에 의심이 가는 경우를 제외하고는 세례를 다시 베풀지 않습니다. 그러나 우리나라 개신교의 경우, 세분된 교파에서 주는 세례성사의 유효성이 의심되기에, **몇 가지 확인 절차**를 거쳐 세례성사 여부를 결정합니다. 교회의 뜻에 따라 규정된 대로 행하고자 하는 의향을 가지고, 물로 씻는 예식이든, 침례식이든 **"성부와 성자와 성령의 이름으로"** 세례를 받았는지 확인이 되어야 합니다.
2. 세례성사는 예수 그리스도께 속해 있음을 나타내는 지워지지 않는 영적 표지(인호)를 새겨주기에, 이 성사는 일생에 단 한 번만 받을 수가 있습니다.
3. 이렇게 유효한 절차에 따라 세례를 받았다 하더라도, 개신교와 가톨릭의 교리에 차이가 있으므로, **예비 신자 교리**를 배울 필요가 있고, 개신교에 없

는 **예절들**이 있으므로 '**보충 예식**'을 해야 합니다. 그러나 유효하게 세례 받은 비가톨릭 신자인 경우에는 다시 세례를 받을 필요가 없고, 「어른 입교 예식」에 규정된 '**일치 예식**'만 하면 됩니다.(교회법 제 869조 2항; 한국 천주교 사목 지침서 제 59-62조 참조)

Q 130 가톨릭 신자 가정에서 자녀가 태어나면 어떻게 해야 하나요?

A
1. 가톨릭교회는 전통적으로 유아에게 세례를 베풀어 왔는데, 아이가 태어나면 **빠른 시일** 안에 세례를 주도록 권장합니다. 예수 그리스도께서 하신 "**누구든지 물과 성령으로 태어나지 않으면, 하느님 나라에 들어갈 수 없다.**"(요한 3,5 참조)는 말씀을 통해, 세례를 받지 않은 사람은 누구나 세례를 받아야 할 필요가 있음을 확인할 수 있습니다.
2. 따라서 유아 세례는 부모와 대부모와 신자들이 고백하는 교회의 신앙으로, **하느님의 은총이 무상으로 주어지는 것**으로서, 자녀가 태어나면 가능하면 빠른 시일 내에(**가급적 100일**을 넘기지 말 것), 유아 세례를 받도록 권유하고 있고, 부모가 참례하면 더욱 좋습니다.
3. 특히 죽을 위험에 있는 아기라면, 부모가 바라지 않을지라도 또 비신자 부모의 아이일지라도 세례를 줄 수 있으며, 유아 세례 후 어린이 나이가 **10세 전후**가 되었을 때, **영성체를 하도록 배려**해야 한다고 규정하고 있습니다.(교회법 제 867조 2항; 한국 천주교 사목지침서 제 47조, 제 82조 참조)

Q 131 우리가 세례를 받은 후 시련이 닥치면 어떻게 해야 하나요?

A 세례성사로 모든 죄를 용서 받고 세속의 자녀가 아닌 하느님의 자녀로 새롭게 태어나는 그 기쁨은 말할 수 없습니다. 참된 평화란 죄가 없는 데서 나오는 것이기에 평생 처음으로 진정한 **마음의 평화와 기쁨**을 느끼게 됩니다. 세상의 것, 즉 **돈**이나 **권력**, **지위** 등은 인간을 진정 행복하게 만들지 못합니다. 살다보면 신앙생활의 건조기가 올 수 있는데, 이때는 혼자 판단하거나 고통 중에서 괴로워하지 말고 반드시 **대부모**나 **지도 사제**를 찾아가 **기도**와 **조언**을 구해야 합니다.

Q 132 임종 대세란 무엇이며, 이에 필요한 기본 교리를 말해보세요.

A 죽을 위험에 있는 비신자에게 누구든지 베풀 수 있는 **비상 세례**를 말합니다. 아래와 같은 **네 가지 기본 교리**를 믿고, 자기가 일생 동안 범한 죄를 뉘우치고, 세례를 받을 의사가 있으면, 임종 대세를 받을 수 있습니다. 만일 임종 대세를 받은 이가 다시 **건강을 회복**하였다면, **교리 교육**을 받은 다음에 물로 씻는 예식만 빼고 **나머지 예절을 보충**해야 **다른 성사**를 받을 수 있습니다.
1. **천주 존재** : 우주를 창조하시고 다스리시는 하느님이 계심을 믿어야 하고,
2. **상선 벌악** : 하느님께서 착한 사람에게는 상을 주시고, 악한 사람에게는 벌을 주심을 믿어야 하며,
3. **삼위 일체** : 하느님은 한 분이시나, 세 위격 성부, 성자, 성령이 있다는 것을 믿어야 하고,
4. **강생 구속** : 사람이 죄로 인하여 하느님을 잃게 된 것을 성자께서 이 세상에 오시어, 우리 죄를 씻기 위해 십자가에서 돌아가심으로써, 누구든지 세례를 받으면 그 공로로 천국 영광을 얻을 수 있다는 것을 믿어야 합니다.

Q 133 견진성사의 의미와 그 효과에 대해 설명해보세요.

A 1. 세례성사를 받은 신자에게 **신앙을 견고**하게 하고, 더욱 **성숙한 신앙인**이 되도록 **성령의 은총을 베푸는 예식**이 '견진성사'입니다. 견진성사는 **주교의 안수(按手)와 기름 바름**으로 이루어집니다.
2. 사도들은 **그리스도의 뜻**을 따라 새 신자들에게 안수하여 세례의 은총을 완성시키는 **성령의 특별한 은총**을 베풀어 주었습니다.(사도 8,15-17; 19,5-6 참조) 기름 바름은 성령과 동의어(1요한 2,20.27 참조)로서 견진성사를 받는 사람은 이 기름 바름으로 **성령의 인호**를 받습니다.
3. 이와 같이 **안수와 도유**는 우리에게 **하느님의 성령과 그 은혜**를 주는 **상징적 행위**이며, 우리가 **하느님에게서 사명을 부여받았다는 것**을 의미합니다. 우리는 견진성사로 **하느님의 은총**을 더욱 **풍성**하게 받아 그리스도에 대한 신앙을 **전파**하고 몸소 **실천**하며, 교회 공동체에 **충실히 봉사**하는 **그리스도의 사도**가 됩니다.

Q 134 견진성사의 예식에 대해 말해보세요.

A 견진성사의 질료는 집전자인 주교가 이마에 십자 모양으로 **성유**를 바르는 행동이고, 견진성사의 형상은 **"성령 특은의 날인을 받으십시오!"**라고 말하는 것입니다.(가톨릭교회 교리서 1300항 참조)

Q 135 견진성사를 받을 자와 집전자는 누구이며, 견진성사의 은혜는 무엇이 있나요?

A 1. 견진성사는 세례성사를 받은 신자로서, 일반적으로 **만 12세**가 넘고 **교리 교육**을 충분히 받아 교회의 일에 **적극적으로** 참여할 자세를 갖춘 사람이 받게 됩니다. 견진성사를 받은 사람은 **세례성사 때의 대부모**를 견진성사의 대부모로 정하는 것이 바람직합니다. 견진성사는 세례성사의 완성이기 때문입니다.

2. 견진성사는 **주교**가 직접 거행하지만, 특별한 경우에는 주교의 위임을 받아 **사제**도 줄 수 있습니다. 주교가 견진성사를 직접 집전하는 것은 견진 받는 신자들을 **교회와 더욱 결합**시키고, 교회가 **사도로부터 이어 온다는 것**과 **예수 그리스도를 증언해야 할 사명**을 잘 드러내 줍니다.

3. 견진성사는 우리에게 **성령과 성령의 특별한 은총**(恩寵)을 베풀어 주는 '**성령의 성사**'입니다. 예수 그리스도께서는 **부활하신 다음 승천하시기 전에**, 제자들에게 성령을 보내주시겠다고 약속하시고, "성령께서 너희에게 내리시면 너희는 힘 받아, …… 땅 끝에 이르기까지 나의 증인이 될 것이다."(사도 1,8 참조)라고 말씀하셨습니다.

4. 성령께서 우리에게 베푸시는 풍부하고 다양한 선물들에 대하여 성경은 여러 곳에서 말하고 있습니다.(로마 8,26-27; 1코린 12장; 2코린 13,13; 콜로 1,8 참조) 견진성사를 통하여 성령께서 내려주시는 은혜는 **"지혜(슬기), 통달(깨달음), 식견(깨우침), 용기(굳셈), 지식(앎), 공경(받듦), 경외(두려워함)"** (이사 11,2-3 참조) 등 일곱 가지이며, 바오로 사도는 이러한 성령의 선물로써 더욱 풍부하고 충만하게 맺는 그 성령의 열매를 **"사랑, 기쁨, 평화, 인내, 호의, 선의, 성실, 온유, 절제"**(갈라 5,22-23 참조)의 아홉 가지로 열거하고 있습니다.

Q 136 견진성사를 '도유 성사'라고도 하는데 그 이유는 무엇인가요?

A
1. 교회는 견진성사를 집전하면서 **안수와 함께 향유를 바르는 예식**을 일찍이 거행했고, 이 예식은 오늘날까지 계속되고 있으며, 동방 교회에서는 이 성사를 **'도유 성사'** 또는 **'축성 성유 도유'**라고 부릅니다.(가톨릭교회 교리서 1289항 참조)

2. 견진성사 예식 때 집전자인 주교가 전체 견진자들 위에 두 손을 펴는데, 사도 시대부터 이 안수는 성령을 준다는 표징입니다. 교회는 성령의 부여를 더 잘 드러내고자 안수에 **축성 성유를 바르는 예식을 추가**했으며, 주교는 안수한 후 견진자의 이마에 축성 성유를 바르면서 **"성령 특은의 날인을 받으십시오!"**라는 말로써 견진성사를 수여합니다.(가톨릭교회 교리서 1300항 참조)

3. 기름은 고대부터 풍요와 기쁨의 표징, 정화와 치유, 아름다움과 건강 등의 상징이었으며, 견진성사의 도유는 이러한 차원을 넘어서 견진자들을 **'기름 부음 받은 이'**, 곧 **'예수 그리스도'의 삶**에 참여시킵니다. 그래서 도유는 견진자들이 **성령의 은총** 안에서 **예수 그리스도의 사명**에 깊이 참여하고, 모든 생활에서 **예수 그리스도의 향기**를 풍기는 사람이 되어야 함을 나타냅니다.

Q 137 성사의 인호(印號)란 무엇인가요?

A
1. 성사의 인호(印號)란 글자 그대로 우리 영혼에 인을 찍어주는 것입니다. 세례성사, 견진성사, 성품성사를 받으면 **하느님의 사람이란 표시**로서 인호가 박히게 되는데, 이것은 지옥에 가든 천국에 가든 영원히 없어지지 않습니다.
① 인호는 하느님의 것이라는 표시이고, 하느님의 보호에 대한 약속과 보증이며,(가톨릭교회 교리서 1121항 참조)
② 인호는 성령의 활동으로서 우리 구원을 위한 표시입니다.(가톨릭교회 교리서 1274항 참조)

2. 이와 같은 인호를 통하여 그리스도인은 예수 그리스도와 **하나 되고**, 여러 가지 모양으로 예수 그리스도의 **사제직에 참여**하며, 각기 다른 신분과 역할에 따라 **교회의 지체**를 이룹니다.

3. 그리하여 그리스도인은 하느님께 대한 예배와 교회 봉사에 헌신하게 되는데, 이 인호는 결코 소멸될 수 없으므로 그것을 새겨주는 성사들은 **평생에 한 번만** 받을 수 있습니다.

Q 138 성체성사의 의미와 그 효과에 대해 설명해보세요.

A 1. 성체성사는 예수 그리스도께서 인류 구원을 위하여 받아들이신 **십자가 희생 제사를 기념하고 재현하는 것**입니다. 이 성체성사로 예수 그리스도께서는 당신의 몸(聖體)을 **빵과 포도주의 형상**으로 우리에게 내어 주십니다.

2. 예수 그리스도께서는 당신의 몸을 빵과 포도주의 형상으로 우리에게 주심으로써, 음식이 나타내는 효과를 우리 안에 실제로 이루십니다. 곧 세례성사로 받게 된 **'성령 안의 생명'**을 유지시켜 줍니다. 주님을 모시는 영성체로 **주님에 대한 일치가 증대**되며, **소죄를 용서** 받고, **대죄에서 보호**받습니다. 또한 영성체는 그리스도의 신비체인 **교회의 일치도 확고**하게 해 줍니다.

3. 성체성사는 교회의 공적 예배이며, 예수 그리스도와 우리를 **하나가 되게 하는 가장 큰 은총의 성사**이기 때문에, 모든 성사의 **중심이고 정점**입니다. 우리는 세례성사를 받은 다음 미사에 참여할 때마다 성체를 받아 모심으로써 **구원의 은총**을 새롭게 하며, **신앙생활에 활력**을 얻게 됩니다.

Q 139 성체성사에 관한 성경 말씀의 예고는 어떤 내용이 있나요?

A 1. 성체성사는 이미 **구약 시대**부터 예고되어 온 것으로 구약 성경에 이를 잘 나타내고 있습니다. 하느님의 도우심으로 이집트 노예 생활에서 해방된 이스라엘 백성은 홍해를 건너 약속의 땅인 가나안에 이르기까지 40년이라는 긴 세월을 광야에서 지내야 했습니다. 하느님께서는 굶주리는 그들에게 날마다 먹을 양식으로 **'만나'**를 내려 주셨습니다.

2. 만나는 이스라엘 백성이 현세적 생명을 유지하며 하느님 백성으로 살도록 내려 주신 양식이었지만, 이 만나로써 하느님께서는 장차 **당신의 새로운 백성이 될 모든 이에게 영원한 생명의 양식**을 주실 **성체성사를 예고하신 것**입니다.

3. **예수 그리스도**께서는 복음 선포 활동을 하실 때, 빵을 많게 하셔서 **많은 군중을 배불리 먹이신 기적**(요한 6,1-15; 마태 14,13-21 참조)을 하시면서 **성체성사의 의미**를 미리 설명해 주셨습니다.

4. 예수 그리스도께서는 "나는 하늘에서 내려온 살아 있는 빵이다. 누구든지 이 빵을 먹으면 영원히 살 것이다. 내가 줄 빵은 세상에 생명을 주는 나의 살이다."(요한 6,51 참조) 하셨으며, "내 살을 먹고 내 피를 마시는 사람은 내 안에 머무르고, 나도 그 사람 안에 머무른다."(요한 6,56 참조) 하고 말씀하셨습니다. 그리고 예수 그리스도께서는 **최후의 만찬 자리**에서 성체성사를 제정하심으로써 이러한 예고를 완성하시고 실현하셨습니다.

Q 140 성체성사에 대한 예수 그리스도의 말씀을 말해보세요.

A 예수 그리스도께서 **십자가에서 돌아가시기 전날 목요일**에, 마지막으로 제자들과 함께 **최후의 만찬**을 하실 때, 성체성사를 세우셨습니다. 성경에는 다음과 같이 기록되어 있습니다.

"그들이 음식을 먹고 있을 때에 예수님께서 빵을 들고 찬미를 드리신 다음, 그것을 떼어 제자들에게 주시며 말씀하셨다. '받아 먹어라. 이는 내 몸이다.' 또 잔을 들어 감사를 드리신 다음 제자들에게 주시며 말씀하셨다. '모두 이 잔을 마셔라. 이는 죄를 용서해 주려고 많은 사람을 위하여 흘리는 내 계약의 피다.'"(마태 26,26-28 참조)

Q 141 예수 그리스도께서 "이는 내 몸이다", "이는 내 피다"하신 말씀은 무슨 뜻인가요?

A 성경에 "예수님께서는 또 빵을 들고 감사를 드리신 다음, 그것을 떼어 사도들에게 주시며 말씀하셨다. '이는 너희를 위하여 내어 주는 내 몸이다. 너희는 나를 기억하여 이를 행하여라.' 또 만찬을 드신 뒤에 같은 방식으로 잔을 들어 말씀하셨다. '이 잔은 너희를 위하여 흘리는 내 피로 맺는 새 계약이다.'"(루카 22,19-20 참조)라고 말씀하신 것을 근거로, 사제는 미사 중에 빵을 들고 "이는 내 몸이다.", 포도주를 들고 "이는 내 피다."하게 되면, 그 순간 빵과 포도주의 모양만 남아 있고 그 빵과 포도주의 실체는 즉시 **예수 그리스도**

의 **몸과 피**로 변합니다. 이는 인간에 대한 **사랑의 극치**로서 예수 그리스도께서 언제나 우리와 같이 계시기 위한 것입니다.

Q 142 **예수 그리스도께서 "나를 기억하여 이를 행하여라."하신 말씀은 무엇을 뜻하나요?**

A 이것은 예수 그리스도께서 하셨듯이, 제자들이 빵과 포도주를 가지고 축성하여 신자들에게 나누어 줄 **성체성사 제정**을 의미합니다. 그래서 오늘날 가톨릭교회에서는 예수 그리스도의 말씀대로 제자들의 후계자인 주교와 사제들이 미사성제를 드리면서, 성체를 축성해서 신자들에게 나누어 줍니다.

Q 143 **거양 성체란 무엇인가요?**

A 미사 중 가장 **거룩한 순간**으로 빵과 포도주를 축성하고, 이를 드러내기 위해 축성된 성체와 성혈을 사제가 높이 들어 올려 신자들에게 보여주는 것을 말합니다.

Q 144 **미사의 네 가지 목적은 무엇인가요?**

A 미사의 네 가지 목적은,
1. 예수 그리스도의 **죽음과 부활**을 기억(기념)하고,
2. 하느님께 **최고의 희생 제사**를 바치는 것이며,
3. 예수 그리스도와 **한 몸**을 이루는 것이고,
4. 하느님께 **찬미와 감사**를 드리는 것입니다.

Q 145 **미사의 은혜를 세 가지로 나누어 설명해보세요.**

A 미사의 은혜는,
1. 미사에 참여하는 **일반 신자**들이 받는 은혜이고,
2. 미사를 드리는 **사제**가 받는 은혜이며,
3. 미사를 **청한 이**들이 받는 은혜입니다.

Q 146 미사 예물이란 무엇인가요?

A 옛날에는 미사를 드리기 위해서 **빵**과 **포도주**의 제물을 가지고 가서 제단에 바쳤습니다. 요즘엔 제물 대신 **예물**을 봉투에 넣고, 누구를 위한 미사임을 밝히고 사제에게 드리면, 사제는 그 지향대로 그날 미사를 드립니다. 미사 예물은 돈의 액수에 따라 은혜가 달라지는 것이 아니며, 그 금액은 일정하지 않습니다.

Q 147 미사 중에 바치는 주님의 기도 후에는 왜 '아멘'을 하지 않나요?

A 1. 아멘(Amen)은 히브리어로 '**진실로**', '**꼭 그렇게 되기를 바랍니다.**', '**정말로 그렇게 될 것을 믿습니다.**'라는 의미가 있습니다. 미사 중에 바치는 '아멘'은 크게 세 가지로 분류할 수 있습니다.
① **본기도와 예물 기도 그리고 영성체 후 기도 끝에** 교우들은 '아멘'이라고 응답합니다. 이는 교우들이 사제가 바치는 기도에 전적으로 동감하며 그 내용대로 이루어지기를 바란다는 의미이고,
② **감사 기도의 끝부분**에서 "그리스도를 통하여, 그리스도와 함께 그리스도 안에서…" 하면서 마침 영광송을 사제가 바친 후에는 신자들이 '아멘'이라고 응답합니다. 이는 하느님께 영광을 드리는 사제의 영광송과 감사 기도 전체에 온전히 마음으로 응답하며 동의하는 것을 드러내는 것이며,
③ **성체를 모시기 전**에 사제가 "그리스도의 몸"이라고 하면 교우들은 '아멘'이라고 응답을 합니다. 성체의 모습으로 현존하시는 예수 그리스도께 대한 신앙을 고백하는 것입니다.
2. 한마디로 '아멘'은 기도를 마감하는 응답이며, 주님의 뜻이 꼭 그대로 이루어지기를 동의하는 신앙 고백입니다. 우리가 미사 중에 바치는 '**주님의 기도**' 끝에 바로 아멘을 붙이지 않는 이유는 **아직 기도가 끝나지 않았기 때문**입니다. 주님의 기도는 성찬례 예식 중 영성체 예식의 시작으로 사제는 '하느님의 자녀 되어 구세주의 분부대로…' 하고 교우들에게 주님의 기도를 바치자고 권고합니다. 그러면 교우들은 '하늘에 계신 우리 아버지…'로 시작되는 '주님의 기도'를 바칩니다. 그런 다음 사제는 혼자 부속 기도(附續祈禱 : 주님, 저희를 모든 악에서 구하시고 한평생 평화롭게 하소

서…)를 바칩니다.

부속 기도가 끝나면 모든 교우가 "주님께 나라와 권능과 영광이 영원히 있나이다." 하고 찬미의 기도로 끝맺음을 합니다.

3. 즉, 주님의 기도 그 자체로 기도가 끝나지 않고 **사제의 기도**와 이어지는 '**영광송**'이 '아멘'의 역할을 대신하는 것입니다. 그래서 미사 중에 바치는 '주님의 기도' 끝에는 '아멘'을 붙이지 않습니다.

"**에즈라가 위대하신 주 하느님을 찬양하자, 온 백성은 손을 쳐들고 '아멘, 아멘!' 하고 응답하였다.**"(느헤 8,6 참조)

Q 148. 미사 전례 예식 중에 사제가 입는 제의 색깔은 무슨 의미를 담고 있나요?

A 미사 때 사제의 제의 색이 달라지는 이유는 전례 시기나 미사의 특성 때문이며, 다양한 색의 제의는 전례의 특성이나 전례 시기별 지향과 목적을 효과적으로 드러내기 위한 것입니다.

1. 빛이신 예수 그리스도의 색이라 할 수 있는 **흰색**은, '거룩하게 변모하신 예수 그리스도'나 '부활하신 예수 그리스도'를 상징합니다. 그래서 성탄과 부활 대축일, 성체 성혈 대축일, 그리스도 왕 대축일, 예수 그리스도의 부활의 영광에 참여하는 성인 축일 등 거의 모든 주님의 대축일에 영광, 순결, 기쁨을 뜻하는 흰색 제의를 입습니다.

2. **붉은색**은 주님의 열정적 사랑과 피를 상징하기에, 주님 수난 성지 주일과 성 금요일, 그 밖의 주님 수난과 관련된 미사에 입습니다. 붉은색은 성령의 색이자 신앙을 증거한 순교자들의 색이기도 하여, 성령 강림 대축일과 순교자 축일에도 붉은색 제의를 입습니다.

3. 일 년 중 가장 많이 보게 되는 **녹색**은 생명의 희열과 희망의 색입니다. 녹색은 전례력에서 '일상'을 의미하므로, 특별한 기념일, 축일, 대축일이 아닌 연중 시기에, 사제는 희망과 깨어 있음을 뜻하는 녹색 제의를 입습니다.

4. 참회와 보속을 상징하는 **보라색**은 준비 또는 다른 차원으로 건너감을 뜻하기에, 주로 대림 시기와 사순 시기에 입습니다. 성탄이나 부활 대축일을 잘 맞이하기 위해 정성껏 준비하자는 의미입니다. 장례 예식 때 보라색 제의를 입는 경우가 있는데, 부활의 삶을 위해서는 죽음 또한 건너가야 할

순간임을 생각하게 합니다.
5. **검은색**은 죽음을 상징하므로 장례 미사, 위령 미사 때 입었으나 요즘은 대개 검은색 대신 흰색 제의를 입는데, 위에 언급한 대로 그리스도인에게 죽음이란 영원한 생명으로 나아가는 과정이기 때문입니다.
6. **장미색** 제의는 대림 3주일과 사순 4주일에 입습니다. 이제 곧 기쁜 때가 온다는 희망을 전해 주기 위해서입니다.
7. 마지막으로 **금색** 제의는 미사를 성대하게 거행할 때 입는데, 흰색, 붉은색, 녹색을 입는 전례 시기 중 대축일에 입을 수 있습니다.

Q 149 가톨릭 미사 전례 중에 사용하는 노래와 음악의 합당한 기준은 무엇인가요?

A
1. 가톨릭 미사 전례 중에 사용하는 노래와 음악은 **전례 행위와 밀접한 관계**를 가지고 있으므로, 다음 기준을 존중해야 합니다.
   ① 가사는 **가톨릭 교리에 부합**해야 하고, 주로 **성경 말씀**이나 **전례문**에서 뽑는 것이 바람직하며,
   ② 기도는 **경건하고 아름답게 표현**되어야 하고, 음악이 **품위**가 있어야 하며,
   ③ 모든 신자가 동참하는 가운데 하느님 백성의 풍부한 감성으로 표현되어 **거룩하고 장엄**해야 합니다.
2. 음악은 정서적인 것으로 감정 또는 정서가 전례에 매우 중요한 것이므로, 전례에 참석하는 사람들의 **마음을 드높여, 하느님께 들어 올리는 것**이어야지 전례를 방해하는 것이어서는 안 됩니다.

Q 150 우리가 성당에 들어갈 때 성수(聖水)를 찍어 십자 성호를 긋는 이유는 무엇인가요?

A
1. 성수(聖水)는 말 그대로 거룩한 물이며, 가톨릭교회에서 종교적 목적에 사용하고자 사제가 축성한 '**물**'로서, 성스러움을 방해하는 **악의 세력** 등을 쫓음으로써 **더러운 것을 말끔히 씻는다는 의미**를 가집니다. 따라서 신자들은 성당에 들어갈 때 성수를 손끝에 묻혀 성호를 그으면서 '**주님, 이 성수로 저의 죄를 씻어 주시고 마귀를 몰아내시며 악의 유혹을 물리쳐 주소서. 아멘.**'이라고 기도합니다. 이는 자신의 몸과 마음이 깨끗해지기를 기

원하는 것입니다. 거룩한 물을 통해서 하느님께 속하지 않는 모든 것, 탐욕과 근심, 미움, 분노 등을 모두 씻어낼 것을 다짐하기에 준성사가 됩니다.(준성사는 교회가 신자들에게 특별한 은총을 베풀기 위해 정한 예식을 말합니다.)

2. 우리는 중요한 사람을 만날 때 몸을 깨끗이 단장합니다. 그것은 좋은 인상을 주고 싶은 마음이며, 동시에 상대방에 대한 예의이기 때문입니다. 하물며 거룩한 주님의 집에 들어가 하느님을 만나기 위해서는 마땅히 먼저 몸과 마음을 깨끗이 해야 합니다.

3. 모세가 불타는 떨기나무 앞에서 신을 벗었듯이, 성수로 성호를 그음으로써 우리를 정결케 하고 하느님이 계신 곳으로 들어왔음을 자각하며, 마음을 준비해야 합니다.

"네가 서 있는 곳은 거룩한 땅이니, 네 발에서 신을 벗어라."(탈출 3,5 참조)

Q 151 전례(典禮)란 무슨 뜻이며, 제2차 바티칸 공의회 이후 미사 전례가 어떻게 바뀌었나요?

A 전례(典禮)는,

1. 쉽게 말해, 교회 안에서 이뤄지는 종교적 의식이나 예식을 뜻하지만, 엄밀한 의미에서 전례는 **'교회의 공적 예배'**를 가리킵니다. 교회 안에서 이루어지는 예식이, 교회의 공적 예배인 전례가 되기 위해서는 몇 가지 기준을 채워야 하는데,

    ① 교회 공동체의 공적인 예배여야 하고,

    ② 예수 그리스도의 이름으로 또는 교회의 이름으로 하느님께 바치는 예배여야 하며,

    ③ 교회가 합법적으로 위임한 집전자가,

    ④ 교회가 정한 예식서에 따라 바치는 예배를 **전례(典禮)**라고 합니다. 이 조건을 충족하지 못했을 때는, 전례가 아니라 **신심 행사**라고 부릅니다.

2. 이 기준에 따른 대표적인 전례로는 미사를 포함한 일곱 성사가 있으며, 성직자와 수도자들이 바치는 성무일도, 즉 시간경도 전례입니다. 이 밖에 성전 봉헌식, 수도자 축성식 같은 축복 예식도 전례에 해당하지만 신자들이

즐겨 바치는 십자가의 길 기도, 묵주 기도, 성모의 밤, 성령 기도회 등은 엄밀한 의미에서는 전례가 아니라 신심 행사에 해당합니다.
3. 제2차 바티칸 공의회 이후 교회 생활에서 보통 신자들이 피부로 느끼는 가장 큰 변화는 전례, 특별히 미사 전례입니다. 대표적인 몇 가지 예를 들자면,

① 제2차 바티칸 공의회 이전에는 지금처럼 제단에서 신자들을 마주보고 미사를 드리지 않았고, 제대는 성당 제단 앞 벽에 붙어 있었고, 사제는 신자들을 등진 채 성찬례를 거행했으며,

② 불가타 라틴어 성경을 자국어 성경으로 바꾸었고, 미사도 자국어로 드릴 수 있게 된 것은 제2차 바티칸 공의회 이후였고, 그전에는 모두 라틴어로만 미사를 드렸으며,

③ 영성체 때 손으로 성체를 모시는 것 역시 제2차 바티칸 공의회 이후의 변화입니다.

4. 거룩한 전례에 관한 헌장은, 제2차 바티칸 공의회의 전체 문헌 16편 가운데 제일 먼저 반포된 문헌으로서, 정식 명칭은 거룩한 전례에 관한 헌장 「거룩한 공의회(Sacrosanctum Concilium)」로서 보통 **'전례 헌장'**이라고 합니다.(제2차 바티칸 공의회 문헌 참조)

Q 152 가톨릭교회의 전례주년에 대하여 설명해보세요.

A 전례주년이란,

1. 예수 그리스도의 강생부터 수난과 죽음, 성령 강림, 나아가 주님의 오심을 기다리는 대림 시기까지, 예수 그리스도의 신비 전체를 한 해를 주기로 하여 기념하는 것을 말합니다.

① **대림 시기** : 대림 시기는 두 가지 성격을 지니는데, 한편으로는 예수 그리스도께서 세상에 오셨음을 기념하는 주님 성탄 대축일을 준비하며 기다리는 때이고, 다른 한편으로는 두 번째 곧 세상 마지막에 오실 예수 그리스도를 기다리며 준비하는 때입니다. 그래서 대림 시기는 "열심히 그리고 기쁘게 기다리는 때"(전례 헌장 39항 참조)로서, 특별히 "12월 17일부터 24일까지의 평일은 예수 성탄을 직접 준비하는 때"(전례 헌장 42항 참조)입니다. 대림

시기는 11월 30일 주일이나 이날과 가장 가까운 주일의 제 1저녁 기도로부터 시작하여, 예수 성탄 제 1저녁 기도 직전에 끝납니다.

② **성탄 시기** : 성탄 시기는 주님 성탄 대축일 제 1저녁 기도 (12월 24일 저녁)부터 시작하며, 주님 공현(1월 6일, 한국에서는 1월 2-8일 사이의 주일) 다음 주일(주님 세례 축일)까지 계속됩니다. 부활 8일 축제와 마찬가지로, 성탄 때도 성탄 대축일부터 8일 축제를 지내는데, 다음과 같이 지냅니다.

 ㉠ 8일 축제 중에 주일이 오면 그날에, 주일이 없으면 12월 30일에 예수 마리아 요셉의 성가정 축일을 지내고,

 ㉡ 12월 26일에는 첫 순교자 성 스테파노 순교자 축일을,

 ㉢ 27일에는 성 요한 사도 복음사가 축일을,

 ㉣ 성탄 8일 마지막 날인 1월 1일은 천주의 성모 마리아 대축일을 지냅니다.

③ **사순 시기** : 사순 시기는 파스카 축제를 준비하는 시기로, 재의 수요일부터 주님 만찬 미사 직전까지 계속되며, 사순 시기를 시작하는 재의 수요일에는 금식과 금육을 합니다. 이날부터 파스카 성야까지는 알렐루야를 노래하지 않고, 사순 제 6주일을 주님 수난 성지 주일이라고 부르며, 예수 그리스도의 예루살렘 입성을 기념합니다. 이 주님 수난 성지 주일부터 주님의 수난까지를 기억하는 한 주간을 성주간이라고 하며, 성주간 목요일 아침에는 교구장 주교가 교구 사제단과 함께 미사를 집전하면서, 전례 때에 1년간 사용하는 기름을 축성하고 축성 성유를 만듭니다.

④ **파스카 성삼일** : 전례주년에서 가장 중요한 시기는 파스카 성삼일인데, 인류 구원을 위한 예수 그리스도의 수난과 죽음과 부활을 기념하는 파스카 성삼일은, 마치 주일이 한 주간의 절정이듯 전례주년의 절정을 이룹니다. 파스카 성삼일은, 성주간 목요일 주님 만찬 저녁 미사부터 시작하여 파스카 성야에 절정을 이루며, 부활 주일의 저녁 기도로 끝납니다. 특히 주님께서 부활하신 밤인 파스카 성야는, 아우구스티노 성인이 "모든 밤샘 전례의 어머니"라고 불렀을 정도로, 전례에서 탁월한 자리를 차지하고 있습니다. 교회는 이 밤에 예수 그리스도의 부활을 깨어 기다리면서, 성사들(세례성사와 성체성사)로 그분 부활을 경축합니다. 파스카 성야의 모든 전례는, 밤

이 된 다음에(밤 8시 이후) 시작해야 하고, 날이 밝기 전에 마쳐야 합니다.

⑤ **부활 시기** : 부활 주일부터 성령 강림 주일까지 50일을 부활 시기라고 부르는데, 이 "50일 동안은 마치 하루의 축일처럼, 나아가 하나의 '위대한 주일'로서 기뻐하고 용약하며 경축"(전례 헌장 22항 참조)합니다. 특별히 알렐루야를 노래하는 시기도 이때이며, 부활 주일부터 부활 제 2주일까지의 8일은 부활 팔일 축제를 이루며, 주님의 대축일로 지냅니다. 부활 주일 다음 40일째 되는 날에는, 주님의 승천을 경축하는 주님 승천 대축일로 지내고, 이날은 원래 의무 축일이지만, 의무 축일로 지내지 않는 선교 지역(한국 포함)에서는 부활 제 7주일에 주님 승천 대축일을 옮겨 지냅니다.

⑥ **연중 시기** : 이런 고유한 특성을 지니는 시기를 제외하면, 한 해의 주기에서 33주 혹은 34주가 남는데, 주님 세례 축일 다음 월요일에 시작해서, 사순 시기 전 화요일까지 계속되며(전기) 또 성령 강림 주일 다음 월요일에 시작해서, 대림 제 1주일 제 1저녁 기도 직전에 끝납니다(후기).

2. 위와 같은 전례주년을 시기, 달, 날짜순으로 종합하여 달력을 표시한 것을 **전례력**이라고 하는데, 이 전례력은 가톨릭교회에서만 사용하기 때문에 흔히 **교회력** 또는 **교회 달력**이라도 부릅니다.

Q 153 가톨릭교회 안에서의 시간 전례란 무엇인가요?

A
1. **시간 전례**(時間典禮·라: Liturgia Horarum) 또는 **성무일도**(聖務日禱·라: Officium Divinum)는 가톨릭의 **성직자, 수도자, 평신도** 등이 매일 정해진 시간에, **하느님을 찬미하는 공적이고 공동체적인 일련의 기도**를 말합니다. 미사와 마찬가지로, 시간 전례의 내용은 **교회에서 공인받은 생활 기도**로 구성되어 있는데, 주로 시편과 다양한 성경 구절 그리고 교부들과 영성가들의 글로 구성되어 있습니다. 모든 성직자에게는 시간 전례를 바쳐야 할 의무가 있으며, 수도자들은 수도회 회헌 규정에 따라 시간 전례를 바칩니다. 특히 시간 전례는 가톨릭 수도 생활에 있어서, **기도의 근간**이라고 할 수 있으며, **평신도들**에게도 가급적 시간 전례를 바칠 것을 **권유**하고 있습니다.

2. 교회의 공적이며 통상적 기도인 시간 전례(성무일도)는 예수 그리스도께서

당신의 몸인 교회와 함께 바치는 기도로서, 우리가 성찬례에서 거행하는 예수 그리스도의 신비는 시간 전례를 통하여 매일의 시간을 거룩하게 변화시킵니다.

3. 교회는 하루를 거룩하게 지내기 위해 시간 전례를 마련하였으며, 이는 "끊임 없이 기도하라"하신 예수 그리스도와(루카 18,1이하 참조) 사도의(1테살 5,17 참조) 권고에 따른 것이며, 정해진 시간마다 기도하는 이스라엘 전통을 이어받은 것으로 초대송, 독서기도, 아침 기도, 낮 기도(삼시경·육시경·구시경), 저녁 기도, 끝 기도로 되어 있습니다.

Q 154 영성체(領聖體·Communion)는 무엇이며, 어떻게 성체를 받아 모셔야 하나요?

A
1. 영성체(領聖體·Communion)는 축성된 성체를 받아 먹음으로써 **살아 계신 예수 그리스도를 마음에 모시는 것**입니다. 우리는 영성체를 통해서 **예수 그리스도와 친교(Communion)**를 이루게 됩니다. 사랑이 두 인격의 결합이라면, 영성체는 예수 그리스도와 자신과의 가장 깊은 관계를 말한다고 할 수 있습니다. 우리는 영성체하기 전에, 예수 그리스도께서 우리 마음에 오실 것을 간절히 원하면서 마음으로 준비해야 하고, 반드시 큰 소리로 똑똑하게 '**아멘**'이라고 대답해야 하며, 영성체 후에는 마음에 오신 예수 그리스도께 **흠숭**과 **감사**를 드리고, **특별히 은혜**를 구할 것이 있으면 **영성체 후**에 구하는 것이 좋습니다.

2. 이와 같은 성체를 받아 모시는 방법에 대해서는 **초대 교회** 신자들은 지금과 같이 **손으로** 받아 모셔오다가, **9세기 경**에는 손 영성체가 사라지고 **입**으로만 영하게 되었고, **제2차 바티칸 공의회** 직후부터 독일, 네덜란드 등 일부 지역에서는 손 영성체 요구가 강해지자, 교황청 경신성은 1969년에 훈령을 내려 이 문제는 지역 주교회의가 결정하고, 사도좌의 인준을 받는 조건으로 **손 영성체를 부분적으로 허용**하였습니다. 이 훈령에 따라 프랑스와 독일 및 네덜란드 교회가 즉시 손 영성체를 실시하였고, 그리고 불과 몇 년 사이에 대부분의 서방 교회도 유럽 교회를 따랐습니다.

3. 이에 따라 우리 한국 천주교주교회의에서도 **손으로 영할 것**을 규정하였습

니다. 그러나 손으로 영할 수 없는 **특별한 상황**(손이 없다든지, 손이 더러운 경우, 손을 쓸 수 없는 경우 등)에서는 **입으로도** 영할 수가 있습니다.

4. 영성체 횟수에 대해 살펴보면, 매일 미사가 없던 **초 세기**에는 영성체 횟수에 대한 규정이 없었고, 일부 신자들이 성체를 집에 모셔가 다른 날에도 영했기 때문에, 미사 횟수보다 영성체 횟수가 오히려 많기도 하였습니다. 그러던 것이 **4세기 초** 예수 그리스도의 신성을 거부하는 아리아니즘(아리우스주의)에 대항하고자, 예수 그리스도의 신성을 강조하면서부터 영성체 횟수가 급격히 줄어들었고, 이에 라테란 공의회에서는 적어도 1년에 한 번 이상 성체를 영할 것을 규정하게 되었습니다. 결국 **20세기**에 이르러 미사 중의 영성체를 정상화시켰지만, 하루에 한 번 이상 영성체를 하지 않는 것은 교회의 오랜 관습법이 되었습니다.

5. 오늘날에는 영성체를 한 신자라도 같은 날 자기가 참여하는 미사에서 한 번 이상 더 영성체할 수 있습니다. 즉, 두 번까지는 영성체할 수가 있습니다. 그러나 특별한 경우(노자 성체 등)가 아니면 하루에 한 번 영성체하는 것이 정상입니다.(한국 천주교 사목지침서 제 79조 참조)

6. 성체에 대한 공경은 영성체 외에도 성체 현시, 성체 조배, 성체 강복, 성체 거동, 성체 대회 그리고 성시간 등의 유형으로 미사 밖에서도 성체께 공경을 드릴 수 있습니다.

Q 155 성경에 성체를 받아 먹으라는 말이 있나요?

A 영성체는 **예수 그리스도의 명령**입니다. 성경에 "내가 진실로 진실로 너희에게 말한다. 너희가 사람의 아들의 살을 먹지 않고 그의 피를 마시지 않으면, 너희는 생명을 얻지 못한다."(요한 6,53 참조)라고 예수 그리스도께서 말씀하셨으며, 성체성사를 제정하실 때에 이미 '받아 먹어라' '받아 마셔라'라고 하셨습니다.

Q 156 영성체를 하기 위해서는 어떻게 준비해야 하나요?

A 성체를 모시는 우리는 영혼과 육신의 결합체이기 때문에 **영혼**의 준비와 **육신**의 준비가 필요합니다.

1. **영혼의 준비**는 대죄가 없어야 하고, 소죄는 영성체를 하는 데에 지장이 없

으며,

2. **육신의 준비**는 영성체를 하기 한 시간 전부터 '공복재'를 지키는 것입니다.

Q 157 가톨릭교회에서 거행되는 미사 중에 사용되는 성찬례의 재료는 무엇인가요?

A
1. 성찬례 재료로 사용되는 빵과 포도주에 대해 살펴보면 예수 그리스도 시대에 지중해 문화권에서 주로 빵을 주식으로 사용되어 왔고 또 이스라엘 관습에 따라 예수 그리스도께서 제자들과 나눴던 최후 만찬에서 "이는 내 몸이다. 이는 내 계약의 피다"(마르 14,22-26 참조)라고 하시며 빵과 포도주를 나누셨습니다. 이처럼 식탁위에서 세우신 성체성사는 사도 시대부터 오늘날까지 행해져 왔고 교회 생활의 중심이 되고 있습니다.

2. 성찬례의 재료인 빵에 대해 교회법 제 926조는 '사제는 성찬 거행 때에 어디서 봉헌하든지 라틴 교회의 옛 전통에 따라 누룩 없는 빵을 사용해야 한다.'고 밝히고 있고, 교회법 제 924조 2항에서는 '빵은 순수한 밀가루로 빚고 새로 구워 부패의 위험이 전혀 없어야 한다.'고 명시하고 있습니다. 성체로 축성되는 빵을 제병(祭餠, Host)이라하는데, 이 말은 희생, 즉 우리의 희생 제사이신 그리스도를 뜻하는 라틴어 Hostia에서 유래하며, 현재와 같은 제병은 12세기부터 나타났고 한국 천주교회는 누룩이나 다른 첨가물을 섞지 않은 순수한 밀로 만든 제병을 사용합니다. 대부분 가르멜 수녀원에서 우리 밀로 구워 공급합니다.

3. 성찬례의 재료인 포도주는 일반적인 포도주와는 다른 방법으로 숙성시키고 오직 미사에만 사용하기에 미사주라고 부릅니다. 일반적으로 포도는 그리스도인들이 믿고 따르는 참된 포도나무이신 예수 그리스도와의 일치를 상징합니다.(요한 15,1-6 참조) 성찬 전례에서의 포도주 역시 의미가 큰데, 성체성사를 통해 새로운 계약을 맺기 위해 흘리시는 그리스도의 피에 대한 성사적 표시이면서, 그리스도의 사랑에 참여하고 그분 안에 머무르게 하는 요소로 작용합니다. 로마 미사 경본 총지침 322항에 성찬례 거행에 쓰일 포도주는 포도나무 열매로 빚은 것으로, 다른 물질이 섞이지 않은 순수한 천연 포도주이어야 한다고 되어 있으며, 아울러 포도주는 완전한 상태로 보존하도록 세심한 주의를 기울여 포도주가 시어지지 않도록 해야 한다

고 로마 미사 경본 총지침 323항에 명시되어 있습니다.

한국천주교회의 경우 미사주는 주교회의 전례위원회 감독아래 현재 국내 주류업체가 단독생산하며 순 국산 포도만 사용해 만들며 마주앙 상표에 한국천주교회가 인정한 미사주가 표시되어 있습니다.

Q 158 양형 영성체(兩形領聖體)란 무엇인가요?

A 양형 영성체(兩形領聖體)란,
1. **빵**과 **포도주**로 축성된 **예수 그리스도의 몸과 피를 함께 영하는 것**을 말합니다. 오늘날 사제는 **성체와 성혈**을 다 영하지만, 일반 신자들은 **성체**만 영합니다. 5세기 전까지만 해도 일반 신자들도 성체와 성혈을 다 영하는 관습이 있었지만, 이것이 폐지되었는데 그 이유는,
① 예수 그리스도께서 성체와 성혈의 두 가지 형상 안에 각각 성사적으로 현존하시기 때문에, 빵의 형상만으로 하는 영성체로도 성체성사 은총의 모든 열매를 받을 수 있으며,(가톨릭교회 교리서 1390항 참조)
② 시대가 흐름에 따라 신자 수가 급증하며, 성혈도 함께 영해 준다는 것이 무리였고,
③ 더구나 노인이나 아이들이 성혈을 잘못 영하여, 도리어 성혈을 욕되게 하는 경우가 많이 있었습니다.
2. 따라서 교회에서는 **일반 신자들은 성체만 영하도록 정했으며**, 몸과 피는 서로 떨어질 수 없기 때문에, 성체만 영해도 예수 그리스도의 몸과 피를 다 영하는 것입니다. 그러나 **특별한 미사**가 있을 때에는 (혼인성사, 세례성사, 병자성사 등) 사제의 판단에 따라서 성체와 성혈을 함께 영할 수가 있습니다.

Q 159 공복재(空腹齋 · Eucharistic fast)는 무엇인가요?

A 1. 공복재는 예수 그리스도의 몸인 성체를 합당히 받아 모시려면 **은총의 상태**에 있어야 하며, 죄 중에 있으면 물론 고해성사를 받아야 합니다. 이는 내적 준비이며, 외적 준비로는 예수 그리스도께서 우리에게 오시는 그 순간에, 그분께 **합당한 흠숭**과 **정성과 기쁨**을 나타내고자, 성체를 받아 모시

기 **한 시간 전**부터 **물과 약**을 제외한 어떤 음식이나 음료도 먹거나 마시지 말아야 합니다. 그러나 **노령이나 질병을 앓고 있는 사람**과 그들을 **간호하는 사람**들은 영성체 전 한 시간 이내에 음식을 섭취했다 하더라도 영성체를 할 수 있습니다.(교회법 제 919조 1.3 항 참조)

2. **병자와 고령자**는 **15분만**으로도 충분하다는 완화규정도 제시되어 있습니다. 즉, ① 일반 교우들은 한 시간의 공복재를 지켜야 하고, ② 노자 성체를 위해서는 공복재를 지키지 않아도 되며, ③ 병자는 비알콜 음료와 약을 아무런 시간의 제한 없이 복용할 수가 있으며, ④ 다음과 같은 병자와 고령자는 15분 정도의 공복재만 지켜도 영성체를 할 수가 있는데, ㉠ 비록 누워 있지 않더라도 병원이나 집에서 요양 중인 병자들, ㉡ 집이나 요양원에 있는 노인 신자들, ㉢ 누워 있지는 않지만 병중이거나 연로한 사제들이 미사를 드리거나 영성체를 하려고 할 때, ㉣ 병자나 노인을 돌보는 이들과 그들의 친척들이 그들과 영성체를 하려고 하는데 한 시간의 공복재를 지키기가 어렵거나 지킬 수 없을 때입니다.(교황청 훈령 무한한 사랑 3항 참조)

Q 160. 신령성체(神領聖體)와 모령성체(冒領聖體)는 무엇인가요?

A 1. 신령성체(神領聖體)란, 신자가 영성체를 할 수 없는 경우에 성체에 대한 **믿음과 사랑**을 지니고 성체를 모시고자 원한다면, **성체성사의 효과**를 얻을 수 있는 것을 말하며, 지극한 성체 신심의 또다른 표현으로서 성체를 모시지 않고 **마음으로 성체를 모셔도 같은 효과가 있다는 믿음**입니다.
신령성체(神領聖體)를 할 수 있는 경우는,
① 사제가 없어서 미사를 거행하지 못하고 말씀 전례만 거행할 경우,
② 병고나 다른 여러 가지 이유에서 미사에 참여하지 못하는 경우,
③ 미사 중에 축성된 빵(성체)이 모자라서 영성체를 하지 못하는 경우,
④ 아직 세례를 받지 않은 예비 신자인 경우입니다.

2. 모령성체(冒領聖體)란, 은총의 지위에 있지 않은 신자가 스스로 중죄 중에 있음을 의식하면서 영성체를 하는 경우를 말하는데, 이는 성체에 대한 불경한 태도이며 중죄에 해당하므로, 은총의 지위에 있지 않은 신자는 영성체하기 전에 **하느님께 죄의 용서**를 받고 **교회와 화해**를 해야 합니다.

Q 161 **성체 조배(聖體朝拜)는 무엇인가요?**

A 교회는 언제나 감실에 성체를 모셔두고 성체등을 켜둡니다. 성체 앞에서 개인적으로 또는 공동으로 **특별한 흠숭과 존경을 바치는 예배**로 성체 안에 살아 계신 예수 그리스도를 찾아 열렬한 **존경심**과 **애정**을 가지고 기도하며, 주님과 **대화**하는 것을 성체 조배(聖體朝拜)라고 합니다.

Q 162 **십자가 제사와 미사성제의 의미는 무엇인가요?**

A 1. 두 가지 제사의 의미는 본질적으로 같습니다. 왜냐하면 십자가 제사와 미사 성제 모두 **제단과 제물**이 같기 때문입니다. 다만, 십자가 제사는 **피 흘림의 제사**였고, 미사성제는 **피 흘림이 없는 빵과 포도주의 제헌**이라는 것과, 십자가에서는 직접 **예수 그리스도께서 제헌**하셨지만, 미사성제는 예수 그리스도의 대리자인 **사제의 손**으로 봉헌된다는 것입니다.
2. 2,000년 전에 **예수 그리스도**께서 십자가에서 **속제 제물**로 바쳐 우리 인류를 구원하셨던 그 십자가 사건, 곧 **십자가 제사**는 오늘날 이 시점에서도 **사제의 손**으로 봉헌되는 **미사성제**를 통해서 예수 그리스도께서 우리에게 주시고자 하는 **구원의 은혜**가 **재현되고 있는 것**입니다.

Q 163 **노자 성체(路資聖體)와 병자 영성체(病者領聖體·봉성체)는 무엇인가요?**

A 1. 죽음의 위험에 놓인 신자에게 **마지막으로 모시게 해 주는 성체**를 노자 성체(路資聖體)라고 합니다. 병자의 가족은 병자가 완전히 의식을 잃기 전에 노자 성체를 모실 수 있도록 준비해야 합니다. 노자 성체의 경우에는 **공복재**를 지키지 않아도 되고 여러 번 받아 모실 수 있습니다.
2. 어디서든지 언제라도 본당 사제에게 고해성사와 병자성사를 청할 수 있고 또 영성체를 청할 수 있습니다. 그러면 사제는 성체를 모시고 가서 마지막으로 환자에게 성체를 영해줍니다. 사제는 환자에게 임종 전대사를 줍니다.
(병자성사 예식 26항 참조)
3. 병자 영성체(病者領聖體·봉성체)는 미사에 참례하여 성체를 모실 수 없는

병자나 노인 신자들에게, **사제**가 직접 방문하여 성체를 모시게 하는 것으로서, 각 본당에서는 매달 한 번 이상 병자 영성체(病者領聖體·봉성체)를 실시하여, 성체를 모시도록 **사목적 배려**를 하고 있습니다.

Q 164 첫영성체란 무엇인가요?

A 첫영성체는 일반적으로 **유아세례를 받은 어린이들**이 처음으로 **성체를 받아 모시는 것**을 말합니다. 이 어린이들은 첫영성체를 하기 전에 **성체성사**가 무엇인지를 알아야 합니다. 그래서 보통 **초등학교 3-6학년 때 양심성찰**과 **고해성사, 성체성사 교리**를 배운 다음 첫영성체를 할 수 있도록 준비합니다.

Q 165 고해성사의 의미와 그 효과에 대해 설명해보세요.

A
1. 우리는 흔히 도둑질이나 거짓말 등 법을 어긴 행위를 죄라고 말하는데, 근본적으로 죄는 **하느님과 맺는 친교를 잃는 것**입니다. 곧 죄는 우리가 하느님의 자녀임을 잊은 채 삶의 기준을 **하느님의 뜻과 영원한 생명**에 두지 않고, **자신의 생각과 눈앞의 이익**에 두는 데에서 비롯되는 **하느님과 단절된 상태**를 말합니다.
2. 한 사람이 짓는 죄는 그 사람에게만 불행을 가져오는 것이 아니라, 이웃에게 피해를 끼치게 되고, 나아가 사회 전체를 어지럽게 만듭니다. 이와 같은 죄는 우리가 하느님의 뜻을 거스름으로써 **하느님, 이웃, 자기 자신과 이루는 관계에 상처를 입히거나 파괴한 것**입니다.
3. 고해성사는 우리가 지은 죄를 **진심으로 뉘우치면서**, 하느님께 **죄를 고백하고 용서의 은총을 받는 예식**입니다. 세례성사를 받을 때 죄를 짓지 않겠다고 결심하지만, **불완전한 우리**는 살아가면서 **여러 가지 유혹**에 빠지고 **죄**를 지을 수가 있습니다.
4. 하느님께서는 이런 우리가 **회개하고 당신께 돌아오기를 바라시며** 기회를 주십니다. 우리는 고해성사를 통하여 한없이 **자비로우신 하느님과 화해하고, 이웃과 화해함으로써, 기쁨과 평화의 삶**을 살아갈 수 있습니다. 또한 고해성사는 죄 때문에 받을 **벌을 면제**하여 주고, **죄의 유혹과 싸워 이길 힘**을 키워 줍니다.

Q 166 예수 그리스도께서 교회에 사죄권(赦罪權)을 주신 것에 대해 말해보세요.

A 1. 우리를 죄에서 구원하시려고 이 세상에 오신 하느님의 아드님 **예수 그리스도**께서는 우리 죄를 대신하여 **목숨을 바치심**으로써, 우리가 하느님께 죄를 용서받고 화해를 이룰 수 있는 은총의 길을 열어 주셨습니다.
2. 그리고 예수 그리스도께서는 베드로에게, "나는 너에게 하늘나라의 열쇠를 주겠다. 그러나 네가 무엇이든지 땅에서 매면 하늘에서도 매일 것이고, 네가 무엇이든지 땅에서 풀면 하늘에서도 풀릴 것이다."(마태 16,19 참조)라고 하셨으며, 부활하신 다음에 사도들에게 "너희가 누구의 죄든지 용서해 주면 그가 용서를 받을 것이고, 그대로 두면 그대로 남아 있을 것이다."(요한 20,23참조)라고 하시며 **죄를 용서할 수 있는 권한(赦罪權)을 위임**하셨습니다.
3. 따라서 우리가 고해성사 때 그리스도의 대리자인 사제에게 죄를 고백하는 것은 곧 **하느님께 죄를 고백하는 것**이며, 죄의 용서 역시 **하느님께서 직접 베풀어 주시는 것**입니다.

Q 167 고해성사를 받기 위한 합당한 준비는 무엇인가요?

A 1. 고해성사는 고백자의 **세 가지 행위와 사제의 사죄**로 이루어집니다. 고백자의 행위는 **통회, 고백, 보속**입니다. 여기서 가장 중요한 행위인 **통회**는 ① 지은 죄를 하느님의 계명에 비추어 **철저히 성찰하는 것**과 ② 우리가 죄를 지음으로써 자신을 더럽히고, 이웃에게 피해를 끼쳤음을 **아프게 뉘우치는 것** ③ 그리고 다시는 이러한 죄를 되풀이하지 않겠다고 **굳게 결심하는 것**입니다.
2. 통회는 하느님을 모든 것 위에 사랑하는 마음에서 나오는 '**완전한 통회**'와 벌이 두려워 뉘우치는 '**불완전한 통회**'가 있습니다. **완전한 통회**는 소죄를 용서해 주며, 되도록 속히 고해성사를 받겠다는 굳은 결심이 포함된 경우에는 **대죄도 용서받을 수 있습니다. 불완전한 통회**는 그 자체로서는 소죄의 용서가 가능하지만 대죄의 용서를 얻지 못하며, **고해성사**로 용서받도록 준비시켜 줍니다.(가톨릭교회 교리서 1452-1453항 참조)
3. 고해성사를 받을 때는 사제에게 자신이 지은 죄를 **구체적으로 고백**해야 합니다. 고해성사로 죄를 용서받은 다음에는 **사제가 정해 주는 보속**을 해야

합니다. 보속은 죄로 말미암아 **하느님과 이웃과 자신에게 끼친 손해**를 갚고, 그리스도의 제자로서 **합당한 생활 태도를 다시 갖추려는 것**이므로 **성실히 이행**해야 합니다.

4. 일상생활에서 빚어지는 작은 죄(소죄)는 **양심 성찰과 참회의 기도**로써 하느님의 용서를 받을 수 있으나, 십계명을 거스르는 것과 같은 **대죄**를 지었을 때나, 작은 죄일지라도 **습관적이며 의식적**으로 지었을 경우에는 고해성사를 받아야 합니다.

5. 대죄는 **십계명에 나와 있는 중대한 계명을 완전히 의식하면서 고의로 어긴 모든 죄**입니다. 자기가 지은 죄를 자신의 입으로 고백하는 것은 누구에게나 어려운 일입니다. 그렇지만 **하느님의 자비를 온전히 신뢰**하고 자신의 죄를 **솔직하게 고백**할 때, 하느님의 **용서와 함께 자유와 화해의 기쁨**을 누리는 **하느님의 자녀**로 거듭날 수 있습니다.

Q 168 세례 받은 이들은 회개할 필요가 있나요?

A
1. 회개하라는 예수 그리스도의 호소는 그리스도인들의 삶 안에서도 계속 들려오고 있으며, 죄인들을 안고 있는 교회가 끊임없이 추구해야 할 임무입니다. 꼭 하느님과의 친교를 잃고 하느님이 주신 생명을 잃었을 때만 회개해야하는 것이 아니고 주님의 뜻을 저버리거나 멀리하였음을 알게 되었을 때는 언제나 회개하고 주님께 돌아가야 하는 것입니다.

2. 여기서 회개라는 것은 매우 인격적인 변화를 가리키는 것으로 태도의 변화만이 아니라, 마음의 변화까지 포함하는 것으로서, 죄에서 돌아서서 하느님의 사랑으로 복귀하는 것을 의미하며 그러므로 교회는 끊임없이 회개의 삶을 살아 죄인들을 위해 투신하는 것입니다.

Q 169 세례를 받은 뒤에 고해성사가 왜 필요한가요?

A
1. 우리가 죄를 지으면 ① 하느님의 영예와 그분의 사랑을 손상하며, ② 하느님의 자녀로 부름 받은 자신의 인간적 품위와, ③ 그리스도인이 그 살아 있는 돌이 되어야 하는 교회의 영적 선익에 손해를 입히게 됩니다.

2. 세례 때 은총 안에서 받게 된 새 생명이 인간 본성의 나약함을 없애거나

죄로 기우는 경향(탐욕)을 없앤 것이 아니므로 세례 후에도 순간순간 나약함으로 죄를 짓게 됩니다. 예수 그리스도께서는 죄를 지어 당신에게서 멀어져 간 세례 받은 이들의 회개를 위하여 또한 우리가 세례 후에도 죄를 지어 하느님과 단절되는 현실을 우리는 잘 알고 있으며, 이럴 경우 하느님과 화해하고 다시 하느님 생명을 회복해야 할 필요가 있어 고해성사를 제정하셨습니다.

Q 170 왜 소죄도 고해성사 고백의 대상이 될 수 있나요?

A
1. 소죄의 고백은 반드시 해야 하는 것은 아니지만 교회가 이를 적극 권장합니다. 고해성사에서 소죄를 고백하는 것은 우리 신앙생활에서 매우 유익한 것으로서, 우리가 ① 올바른 양심을 기르고, ② 나쁜 성향과 싸우며, ③ 그리스도를 통하여 치유 받고, ④ 성령의 생명 안에서 성장하도록 도와주기 때문입니다. 자비로우신 성부의 은총을 더욱 자주 받으면 성부와 같이 자비로워질 힘을 얻게 됩니다. "너희 아버지께서 자비하신 것처럼 너희도 자비로운 사람이 되어라."(루카 6,36 참조)

2. 여기서 ① 올바른 양심을 기른다는 것은 인간의 마음에는 하느님의 법이 새겨져 있는데, 인간 내면의 소리인 양심에 따라 인간은 선을 행하고 악을 피하며 올바른 양심은 저절로 이루어지는 게 아니라 양성되고 계발되며,(가톨릭교회 교리서 1783-1785항 참조) ② 나쁜 성향과 싸우는 것은 무질서한 탐욕을 거슬러 싸우는 것을 말하며, ③ 성령의 생명 안에서 성장하는 것은 성령 안에서 사는 삶, 곧 영성 생활의 진보를 말합니다.

Q 171 고백을 듣는 고해사제는 고해의 비밀을 누설할 수 있나요?

A 고해소에서의 비밀은 **절대로 보장**이 됩니다. 고백을 듣는 고해사제는 그렇게 많은 사람들의 죄를 기억하려 해도 다 할 수 없을 뿐만 아니라, 고해의 비밀을 지키는 일은 고백을 듣는 **고해사제의 의무**입니다. 교회에서 이를 **엄격히 규정**하고 있습니다. 고해사제가 고해의 비밀을 누설하는 것은 파문받을 대죄이므로, 고해사제는 **절대로 고해의 비밀을 누설**할 수 없습니다.

Q 172 고해소에 들어가서 하는 절차를 말해보세요.

A 1. 먼저 고해성사를 받을 뜻을 갖고 성당에 들어가 조용히 얼마 동안 그동안의 생활을 **성찰**하면서, 범한 죄를 하나하나 살핀 후에, 범한 죄에 대해서 진심으로 뉘우치는 **통회**가 있어야 합니다. 그리고 앞으로는 그런 죄를 짓지 않기로 굳게 **결심**하고, 고해소에 들어가기 전에, **고백 기도**와 **통회 기도**를 바쳐야 합니다.

2. 이렇게 준비를 마친 후에, 고해소에 들어가 무릎을 꿇고 십자 성호를 그은 후, 고해사제가 "하느님께서 우리 마음을 비추어 주시니 하느님의 자비를 굳게 믿으며 그동안 지은 죄를 사실대로 고백하십시오."라고 하면 세례를 받은 후 첫 고해라든지, 혹은 고해성사를 받은 지 얼마 되었다는 것을 밝혀야 합니다.

3. 그리고 혹시 지난 고해성사 때 **빠트린 죄를 먼저 고백**하고 보속을 다 못했으면 다 못했다는 것을 밝히고, 반성한 죄를 대죄부터 시작해서 **하나하나 똑똑히 고백**합니다. 생각해 낸 죄를 다 고백한 다음에는 "이 밖에 알아내지 못한 죄도 모두 용서하여 주십시오."라고 해야 합니다.

4. 그러면 고백을 듣는 고해사제는, 고백을 듣고 고해자에게 적절한 훈계를 하고, 그 죄에 해당하는 **보속**을 줍니다. 고해자는 그 보속을 잘 기억했다가, 고해소에서 나온 다음 그것을 실행해야 합니다.

5. 보속을 정해준 다음, 고해 사제는 "인자하신 천주 성부께서는 성자의 죽음과 부활로 세상을 당신과 화해시키시고 죄를 용서하시려고 성령을 보내 주셨으니, 교회의 직무를 통하여 몸소 이 교우에게 용서와 평화를 주소서. 나도 성부와 ✚성자와 성령의 이름으로 이 교우의 죄를 용서합니다."하고, 하느님의 이름으로 **사죄경**을 외우면, 고해자는 십자 성호를 그은 후 **"아멘"**이라고 응답한 후 **"감사합니다."**하고 고해소를 나오면 됩니다.

Q 173 어떤 경우에 일괄 고백과 집단 사죄의 고해성사가 거행될 수 있나요?

A 1. **일괄 고백**이란 개인적으로 고백하는 대신 **집단적** 또는 **공동체적**으로 죄를 고백하는 형태의 **고해성사 집전**을 말하며, **집단 사죄**란 이때 죄의 용서도 개인적으로 이루어지는 대신 **집단적으로 이루어지는** 화해의 공동 거행을

말합니다.

2. 중대한 필요가 있을 때에 교회는 규정에 따라 일괄적으로 고백하고 일괄적으로 죄를 용서해 주는 고해성사의 공동 거행이 가능합니다. 중대한 필요란, 죽음의 위험이 임박하여 한 사제나 여러 사제가 고백자 한 사람 한 사람의 고백을 들을 만한 충분한 시간이 없을 경우를 말합니다. 또한 고백자들의 수로 보아 적절한 시간 안에 각자의 개별 고백을 듣기에는 고해사제의 수가 부족하여서, 고백자들이 자기들의 탓 없이 오랫동안 성사의 은총을 받지 못하거나 영성체를 하지 못하게 되는 경우도 말합니다. 일괄 사죄에 요구되는 조건의 여부는 교구장이 판단하며 큰 축일이나 순례를 위해 많은 신자가 모이는 것은 이 중대한 필요성의 경우에 해당되지 않습니다.(가톨릭교회 교리서 1483항; 교회법 제961조 1항, 2 참조)

3. 죄는 매우 개인적인 것이어서 고백 또한 개인적으로 이루어지는 것이 자연스럽고, 죄 사함도 마찬가지로 개인적으로 이루어지는 것이 자연스럽습니다. 그러나 교회는 아주 중대한 사유가 있어 일괄 고백과 집단 사죄가 불가피한 경우, 예를 들어 **전쟁터에서 죽음의 위험이 임박하여 군종 사제가 많은 병사들에게 고해성사를 주어야 할 때**에는, 그 같은 예외 규정이 적용됩니다.

4. 일괄 고백과 집단 사죄가 이루어졌어도, 고해자는 가능하면 빠른 시일 내에, 개별적으로 고해성사를 보겠다는 의향을 가져야 하고, 적절한 때에 대죄를 개별적으로 고백해야 합니다.

Q 174 보속(補贖)은 무엇인가요?

A
1. **고해성사 때 고해사제**는 신자에게 알맞은 보속을 부과하는데 가톨릭교회 윤리상 보속은 고해성사의 본질적 요건의 하나로서, 이미 지은 죄를 **징계하는 벌이요, 영혼의 허약함을 치료해 다시 죄를 짓지 않도록 하는 약**입니다.

2. 보속은 죄에 해당하는 벌이며, 죄 사함을 받는 것과 벌은 전혀 다르기 때문에, 대죄를 지었으면 그는 지옥 벌을 받게 되었으나, 고해성사를 통해서 대죄의 사함을 받았을지라도, 그것으로부터 따라오는 벌은 아직 남아 있습니다. 죄를 보상하거나 대가를 치르는 일, 즉 이를 보상하는 행위를 **보속(補贖)**이라고 합니다.

Q 175 남에게 끼친 손해를 보상하지 않고도 고해성사를 받을 수 있나요?

A 나의 잘못으로 남의 마음을 상하게 하거나 남에게 끼친 손해가 있으면, 고백을 하기 전에 마음을 상하게 한 일을 먼저 풀거나 남에게 끼친 손해를 갚아야 하는 것이 원칙입니다. 그러나 사정상 그러지 못했다면, 앞으로 가능할 때는 **즉시 실행하겠다는 진실한 결심**만 있으면, 고해성사를 받을 수 있습니다.

Q 176 보속(補贖)하는 방법에 대해 말해보세요.

A 앞에서 설명한 대로 정신적이거나 물질적인 피해를 끼쳤을 경우에는, 고백 전에 풀거나 갚은 다음에 고해성사를 보아야 하고, 이에 대한 보속을 받으면 마땅히 이를 실천해야 합니다. 그러나 우리는 우리도 모르는 많은 죄를 범하기 때문에, 스스로 보속을 더 해야 합니다. **희생과 선행**을 통해서 보속하는 방법도 있지만, 가장 쉬운 방법은 **대사(大赦)**를 자주 받아 부족한 보속을 충당하는 방법이 있습니다.

Q 177 대사(大赦)란 무엇인가요?

A 1. 대사(大赦)는 이미 고해성사를 통해서 죄는 용서받았지만 하느님 앞에서 받아야 할 일시적인 벌, 곧 잠벌(暫罰)을 부분적으로 면제해 주거나(부분대사), 전적으로 면제해 주는 것(전대사)을 말합니다.
2. 선한 뜻을 지닌 신자가 기도, 선행 등 일정한 조건을 충족시켰을 때 얻을 수 있습니다. 어느 신자든지 자기 자신을 위하여 얻을 수 있고 또는 죽은 이들을 위하여 얻어 줄 수도 있습니다. 너그럽게 용서한다는 대사를 면죄부라고 하는 것은 잘못된 번역입니다.
3. "이미 그 죄과에 대해서는 용서받았지만, 그 죄 때문에 받아야 할 **잠시적 벌(暫罰)**을 하느님 앞에서 **면제**해 주는 것인데, 선한 지향을 가진 신자가 일정한 조건을 충족시켰을 때, 교회의 행위를 통해 얻는다. 교회는 구원의 분배자로서 그리스도와 성인들의 보속의 보물을 자신의 권한으로 나누어 주고 활용한다."(가톨릭교회 교리서 1471항 참조)

Q 178 대사(大赦)는 누가 주나요?

A 대사(大赦)는 **교황**이나 **주교**들이 줍니다. 교황이 교회의 으뜸으로서, 예수 그리스도께서 전 인류를 위해서 쌓아놓은 공로와, 성모님과 기타 성인 성녀들의 남은 공로를 우리에게 전달해 주는 것이 대사(大赦)입니다.

Q 179 대사(大赦)에는 몇 가지 종류가 있나요?

A 대사는 **전대사(全大赦)**와 **한대사(限大赦)**의 두 가지가 있습니다. 대사를 받기 위해서는 세례를 받은 교우로서,
1. 은총 지위에 있어야 하고,
2. 대사를 얻겠다는 뜻을 두어야 하며,
3. 정해진 기도를 바쳐야 합니다.

Q 180 전대사(全大赦)란 무엇인가요?

A 전대사(全大赦)란, 죄 때문에 받게 될 **잠시적 벌**을 전부 없애 주는 대사로서, 어느 신자든지 전대사든 한대사든 **자기 자신**을 위해 받을 수도 있고, 죽은 이를 위해 **대리 기도의 방식**으로 양도할 수도 있습니다.(교회법 제 994조 참조)

Q 181 전대사(全大赦)를 받기 위한 조건이란 무엇인가요?

A 전대사를 받기 위한 조건이란,
1. 고해성사를 받아야 하고,
2. 영성체를 해야 하며,
3. 지정된 성당을 참배해야 하고,
4. 교황의 뜻이 이루어지도록 기도해야 합니다.

Q 182 한대사(限大赦)란 무엇인가요?

A 한대사(限大赦)란 우리가 해야 할 보속의 일부를 없애 주는 것입니다. 죄에 따른 잠시적 벌에서 **일부만 풀리는 대사**라 하여, **부분 대사(部分大赦)**라고도 합니다.

Q 183 **대사(大赦)는 누구에게 양도할 수 있나요?**

A 교회는 살아있는 사람에게는 양도하지 못하게 하고, 이미 **세상을 떠난 영혼**에게만 양도하라고 합니다. 왜냐하면 살아 있는 사람은 자기가 노력해서 보속할 수 있지만, 죽은 자는 자기 힘으로 도저히 보속할 수 없어 살아 있는 세상 사람의 도움을 받아야 하기 때문입니다.

Q 184 **성교회의 보고(寶庫)란 무엇인가요?**

A 우리의 구원은 예수 그리스도께서 십자가의 수난을 통해 쌓으신 공로를 통해서 이루어집니다. 교회는 **예수 그리스도의 무한한 공로와, 옛 성인·성녀들의 남은 공로**를 간직하고 있습니다. 이것을 **성교회의 보고(寶庫)**라고 하는데, 이것을 교회가 **각 영혼**에게 나누어 주는 것이 대사입니다. 따라서 대사를 받으면, 우리 죄에 따르는 **보속이 면제**됩니다. 말하자면 연옥에서 치러야 할 보속을 세상에서 미리 하는 것입니다.

Q 185 **모든 성인의 통공(通功)이란 무엇인가요?**

A 모든 성인의 통공(通功)이란 다음과 같이 서로 밀접하게 연결된 두 가지, 즉 **거룩한 것들(sancta)의 공유(共有)**와 **거룩한 사람들(sancti)의 친교(親交)**의 공로가 서로 오가며 통한다는 뜻입니다.

1. 거룩한 것들(sancta)의 공유(共有)
   ① **신앙의 공유** : 현대인들은 개인주의적인 성향이 강해서 '내 믿음은 내가 결정해서 받아들인 것이고, 내가 성경 많이 읽고 기도 열심히 해서 키워나가는 것'이라고 생각합니다. 그러나 우리 자신의 믿음은 사도들로부터 전해 받은 교회의 신앙이며, 다른 신자들과 함께 나눔으로써 풍부해지는 공동의 믿음입니다.
   ② **성사의 공유** : 하느님의 은혜는 7성사를 통해서 우리에게 전달됩니다. 혼자 기도하고, 혼자 성경 읽어도 하느님의 은혜를 받을 수는 있지만, 신자 공동체가 함께 성사에 참여하는 것과는 차원이 다릅니다.
   ③ **은사의 공유** : 신자들은 예수 그리스도의 사명을 수행하기 위한 특별 은혜(=은사)도 받게 됩니다. 성직자, 수도자, 특별한 평신도들만 은사를

받는다고 생각하기 쉽지만, 신자 공동체 모두가 은사를 받는 것이고, 각자가 받은 은사는 자기만을 위해서 사용하는 것이 아니라 공동체를 위해서 사용하는 것입니다.

④ **공동 소유** : "신자들의 공동체는 모든 것을 공동으로 소유하였다."(사도 4,32 참조) 신자들은 영적 자산만 공유하는 것이 아니라, 현세적인 재화까지도 공유합니다. 참 그리스도인은 자신이 가진 모든 것을 모든 사람의 공동 소유로 여겨야 하며, 가난한 이와 이웃의 불행을 도와줄 준비와 열의를 가지고 있어야 합니다.

⑤ **사랑의 공유** : "한 지체가 고통을 겪으면 모든 지체가 함께 고통을 겪습니다. 한 지체가 영광을 받으면 모든 지체가 함께 기뻐합니다. 여러분은 그리스도의 몸이고 한 사람 한 사람이 그 지체입니다."(1코린 12,26-27 참조) 하느님은 삼위일체의 친교이시며, 사랑이십니다. 그처럼 교회도 사랑을 통하여 친교의 공동체로 완성됩니다.

2. 거룩한 사람들(sancti)의 친교(親交)

성인들의 통공에 있어서 성인들은 하느님 곁에 있는 성인 성녀들만을 뜻하는 것이 아니라, 천상, 지상, 연옥의 모든 신자들을 의미하는 것입니다. 그러므로 성인들의 통공은 이 세 가지 형태의 교회가 신비로운 방식으로 서로 결합되어 있고, 서로를 위해 사랑의 통교를 하고 있음을 뜻합니다. 가톨릭 교리는 세 가지 형태, 즉 ㉠ 승리 교회 : 하느님을 뵈옵는 영광을 누리고 있는 성인 성녀들의 교회 ㉡ 순례 교회 : 지상에서 나그넷길을 걷고 있는 우리 신자들의 교회 ㉢ 정화 교회 : 이 삶을 마치고 정화를 받고 있는 연옥 영혼들의 교회가 있다고 말합니다.

① **성인들의 전구** : 성인 성녀들은 예수 그리스도 신자로서 완성된 모습에 이르렀습니다. 그분들은 더 이상 바랄 것이 없을 것입니다. 그렇지만 그분들은 지상의 교회, 연옥의 교회와 결합되어 있기에, 우리를 위해 끊임없이 하느님 아버지께 전구하십니다. 따라서 그분들의 형제적 배려로 우리의 연약함이 많은 도움을 받습니다.

② **죽은 이들과 이루는 친교** : 교회는 죽은 이들(연옥 영혼들)에 대한 기억을 소중하게 간직하여 왔으며, 그들을 위해서 정성껏 기도를 바칩니다. 죽

은 이들을 위하여 그들이 죄에서 벗어나도록 기도한다는 것은 거룩하고 유익한 것이기 때문입니다.(2마카 12,45 참조)
3. 우리는 모든 예수 그리스도 신자의 친교를 믿습니다. 곧 지상에서 순례자로 있는 사람들, 남은 정화 과정을 거치고 있는 죽은 이들, 하늘에 있는 복된 분들이 모두 오직 하나의 교회를 이룬다고 믿습니다. 그리고 이 친교 안에서 자비로우시고 사랑이 많으신 하느님과 그분의 성인들이 우리의 기도에 항상 귀를 기울이고 있다는 것을 믿습니다.(가톨릭교회 교리서 962항 참조)

Q 186 성년(聖年·Holy Year)이란 무엇인가요?

A
1. 성년(聖年)은 1300년에 교황 보니파시오 8세부터 시작하여 1475년부터 교황 바오로 2세가 지금과 같이 25년마다 경축년(慶祝年)으로 지낼 것을 규정하였고, 경축년(慶祝年)은 거룩하게 지내야 되고 또 거룩한 효과를 많이 낸다하여 **성년(聖年)** 또는 **희년(禧年)**이라고 합니다. 희년의 기원은 구약 시대까지 거슬러 올라가는데(레위 25 참조) 이 희년에는 땅도 원주인에게 돌려주고, 종도 해방됩니다.
2. 신자들이 하느님 사랑을 깨닫고, 자신의 잘못을 뉘우치며, 하느님께 돌아가겠다는 결단을 내릴 수 있도록 마련된 해로서, 이 기간 동안 교황이 제시한 일정한 조건을 지키면 **대사(大赦)**를 받을 수 있습니다.
3. 성년(聖年)은 **25년마다** 교황에 의해 선포되는 '**정기 성년**'과 **여러 가지 이유**에서 발표되는 '**특별 성년**'으로 구분합니다.(한국 가톨릭대사전 제 7권 4535-4536면 참조)

Q 187 병자성사의 의미와 그 효과에 대해 설명해보세요.

A
1. 병자성사는 중병이나 노쇠 상태의 어려움을 겪고 있는 **그리스도인에게 위로와 용기를 주며**, 주님께서 바라실 경우 **치유의 은혜도 주는 성사**입니다.
2. 질병과 노쇠는 우리 몸과 정신을 약하게 하고 고통을 줍니다. 동시에 병자는 일상생활에서 격리되어 외롭고 쓸쓸한 상태가 되며, 죽음에 대한 공포와 불안에 시달리게 됩니다. 우리는 이럴 때 병자성사를 받음으로써 **그리스도의 수난과 죽음과 부활에 동참**하여 그리스도인답게 **병고를 이겨**

내고, 위로와 용기를 얻으며, 치유의 은혜를 간구합니다. 또한 영원한 생명으로 나아갈 수 있다는 더 큰 희망으로 마음의 평화를 누리게 됩니다.

Q 188 **병자성사 예식에 대해 설명해보세요.**

A 1. 병자성사는 **사제**가 집전합니다. 병자성사의 주요 예식은, 병자의 **이마와 양손**에 **성유**를 바르고 병자에게 **필요한 은혜를 청하는 기도를 바치는 것**입니다. 예수 그리스도께서는 복음을 선포하시면서 많은 병자들을 직접 고쳐 주셨습니다. 그리고 사도들은 **예수 그리스도의 능력**을 받고 파견되어 "많은 병자에게 기름을 부어 병을 고쳐 주었으며"(마르 6,13 참조), **교회의 원로(사제)**들에게 이 직무를 계속해서 수행하게 하였습니다.
2. 병자성사를 합당하게 받으려면 먼저 **고해성사**를 받아야 하고, 병자 도유 뒤에 **성체**를 받아 모시게 됩니다. 병자성사는 병에 걸렸을 경우 **몇 번**이고 받을 수 있으며, 노환으로 기력이 쇠진해진 노인은 병세의 위험성이 **눈앞에 나타나지 않더라도 받을 수** 있습니다.
3. "여러분 가운데에 앓는 사람이 있습니까? 그런 사람은 교회의 원로를 부르십시오. 원로들은 그를 위하여 기도하고, 주님의 이름으로 그에게 기름을 바르십시오. 그러면 믿음의 기도가 그 아픈 사람을 구원하고, 주님께서는 그를 일으켜 주실 것입니다. 또 그가 죄를 지었으면 용서를 받을 것입니다." (야고 5,14-15 참조)

Q 189 **성품성사의 의미와 그 효과에 대해를 설명해보세요.**

A 1. 성품성사는 **하느님과 세상**을 위하여 봉사하도록 **특별히 선발된 사람들**을 **서품(敍品)**하고 그들에게 **직무를 수여하는 예식**입니다. 세례성사를 받은 **모든 신자**는 일반적으로 **그리스도의 사제직**(신자들의 보편 사제직)**에** 참여합니다. 이 보편 사제직을 바탕으로, 특별한 직무를 수행하면서 **하느님의 백성에게 봉사하도록 서품된 사람들**은 고유한 직무로서 **그리스도의 사제직**(직무 사제직)**을 수행**합니다.
2. 성품성사 예식은 **주교의 안수와 장엄 축복 기도**로 거행되는데, 이는 서품된 사람들에게 그 직무에 필요한 **성령의 은총**을 내려 주시도록 **하느님께**

청하는 것입니다. 성품성사를 받은 사제에게는 영적 표시인 인호가 새겨지기 때문에 평생에 단 한 번만 받을 수 있습니다.

Q 190 **성품성사를 통해 받은 사제들의 직무 사제직에 대해 설명해보세요.**

A 1. 사제들이 교회와 세상 안에서 사제직을 수행하는 것은 **예수 그리스도의 이름으로 예수 그리스도를 대신하여 봉사하는 것**입니다. 사실 우리의 유일한 대사제는 **예수 그리스도**이십니다. 예수 그리스도께서는 하느님 나라의 **복음을 선포**하시면서 하느님의 **백성을 가르치시고 지도**하셨으며, 하느님께 당신 자신을 희생 제물로 하여 **제사를 바치심**으로써, 하느님과 우리 사이의 **완전한 중재자**가 되셨기 때문입니다.
2. 예수 그리스도께서는 당신의 사명이 계승되도록 하느님께 **제사를 거행하고**(사제직), 하느님의 **백성을 돌보며**(왕직), 복음을 선포하고 **사람들을 가르치는**(예언자직) 직무를 사도들에게 맡기셨습니다. 사도들 역시 예수 그리스도께 부여받은 이 직무들이 교회 안에서 계속해서 이어지도록 자신들의 **후계자**(주교)와 그 **협력자**(사제), 주교를 도와 줄 **봉사자**(부제)를 선발하여 기도와 안수로 직무를 수여했습니다.(사도 6,3-6 참조) 이러한 직무는 대대로 이어져 오늘에 이르고 있습니다.

Q 191 **성품성사의 세 품계(品階)에 대해 설명해보세요.**

A 1. 직무 사제직은 예로부터 **주교, 사제, 부제**의 세 품계로 수여되었습니다. 주교는 충만한 성품성사를 받음으로써 **주교단**에 들게 되고, 그에게 맡겨진 **개별교회**(교구)의 볼 수 있는 으뜸이 됩니다. 주교는 **사도들의 후계자**이며 **주교단의 일원**으로서 베드로 사도의 후계자인 교황의 권위 아래, **사도적 책임과 교회 전체의 사명에 참여**합니다.
2. 사제는 **사제적 품위**에서는 주교와 같지만, **사목직 수행**에서는 **주교들에게** 속해 있습니다. 사제는 **주교의 협력자**로서 주교를 중심으로 **사제단을 형성**합니다.
3. 부제는 **교회 봉사 임무**를 위하여 서품되는 성직자로서, **말씀의 봉사와 하느님 예배, 사목적인 지도, 자선 사업**의 중요한 임무를 받습니다.

4. **하느님과 사람들**에게 기꺼이 **봉사하려는** 마음으로 **자유로이 독신 생활**을 할 준비가 갖추어져 있고, 그 뜻을 공적으로 표명하는 **세례 받은 남자**에게만 주교가 **성품성사**를 줍니다.

Q 192 **사제가 되려면 어떤 조건과 과정을 갖추어야 하나요?**

A
1. 일반 신자들은 세상에 살면서 세속 직업에 종사하며 혼인을 통해 가정을 이루고, 자신이 몸담고 있는 삶의 현장에서 복음을 전할 소명이 있습니다. 그러나 사제와 수도자는 오직 주님의 일을 위해 혼인을 포기하고, 하느님의 백성인 교회와 세상의 복음화를 위하여 부르심을 받은 사람들입니다. 하지만 본인이 원한다고 될 수 있는 것은 아니고 하느님의 특별한 부르심, 곧 성소(聖召)가 있어야 합니다.
2. 지원 자격으로는 가톨릭교회에서 세례성사를 받은 지 3년 이상이 된 신앙심이 깊고 인성과 덕성을 겸비한 혼인하지 않은 심신이 건강한 청년으로 고등학교 졸업 또는 그와 동등한 학력과 본당 사제의 추천이 있어야 합니다.
3. 교구 성소국에서 진행되는 '예비 신학생' 모임이 있는데, 성소국에서는 사제로서 주님의 일에 헌신할 수 있는 성소를 식별하기 위하여 시간을 두고 지속적인 만남을 갖습니다. 사제직에 뜻을 둔 중고생을 위한 모임과 대학생과 일반 청년을 대상으로 하는 '예비 신학생' 모임을 통하여 사제 성소의 식별이 되면 입학 시험과 절차를 거쳐 신학교에 입학하게 됩니다.
4. 신학교의 생활은 학부 과정 4년과 대학원 2년을 포함한 6년에서 7년을 공부합니다. 신학생들은 학교 기숙사에서 공동생활을 하며, 신앙과 인성의 성숙을 위하여 지성과 덕성에 필요한 교육을 받게 됩니다. 하느님의 사랑을 삶으로 증거하기 위하며 신학교에서의 생활과 방학 기간의 본당 생활 전반에 걸쳐 교육과 체험을 학습하며, 체계적이고 엄격한 과정을 거치게 됩니다.
5. 각 교구 신학교마다 약간의 차이는 있지만 학부 과정 4학년이 되면 수단(성직자들이 입는 통으로 된 긴 옷)을 입게 되며 독서직을 받습니다. 그리고 5학년(대학원 과정)이 되면 시종직을 받게 되고, 미사 중에 성체를 분배할 수 있는 권한을 얻습니다. 대학원 과정까지 면학을 마치고 부제품을 받는데, 이때부터 성직자로서 직무를 수행하며 정한 때에 사제품을 받고 일생동안 사제직에 헌신하게 됩니다.

Q 193 가톨릭 사제가 독신 생활을 하는 이유는 무엇인가요?

A

1. 사제는 예수 그리스도의 인격과 행동에 참여하여 하느님의 말씀과 은총으로 성품성사를 받음으로써 많은 신자들 중에서 예수 그리스도의 이름으로 선정되어 그의 사제직 사명에 참여하게 됩니다. 사제들은 성품성사를 받음으로서 새로이 하느님께 축성되고, 그로써 영원한 사제이신 그리스도의 산 연장이 되어 천상 효력으로써 온 인류 사회를 재건하신 예수 그리스도의 놀라운 사업을 세기를 통하여 계속할 수 있게 됩니다.(사제 직무 제12항)

2. 또한 사제들은 성령의 도유(塗油)로써 특별한 영적인호(靈的印號)가 새겨지고 이로써 머리이신 그리스도의 대리자로 행동할 수 있도록 사제이신 그리스도의 모습을 닮게 됩니다.(사제직무 제2항) 사제들은 복음적 사람, 곧 하느님의 사람으로서 복음의 선포, 공동체의 구성과 지도, 죄의 용서, 병자의 도유, 성체성사의 거행, 인류를 구원하여 하느님을 찬미하는 예수 그리스도의 사업 등 하느님의 백성을 거룩하게 하고 다스리고 가르치는 임무와 기능에 참여합니다.

3. 이와 같은 사제직을 수행하는 가톨릭 사제가 독신 생활을 하는 이유는, 독신제도 자체가 사제직의 본질은 아니지만 여러모로 사제직에 적합하며 또 예수 그리스도와 더욱 더 일치하여 하느님과 이웃에게 한마음으로 봉사하며 자신을 하느님께 완전한 제물로 봉헌하는 데 있습니다.

Q 194 사제(司祭)는 사제 고유의 직무를 어떤 권위로, 어떻게 수행하나요?

A

1. 사제(司祭)는 보편적 사명을 위하여 성품을 받았으므로 '**사제단**'의 일원이 되며, 교구장 주교와 일치하고 그에게 예속되어 개별 교회의 책임을 맡은 동료 사제들과 같은 성품성사를 받은 형제로서, 서로 사랑하는 성사적 형제애로 결합되어 개별 교회 안에서 사명을 수행하고,

2. '사제단'을 이루고 있는 그 수장은 교구장 주교이며, 사제는 교구장 주교의 협력자로서, 교구장 주교가 주는 권한을 가지고 맡은 구역이나 일터에서 그 직무를 이행하며,

3. 이와 같은 성품성사를 받은 사제들의 직무 수행은 자기 권위나 공동체의 명령 또는 위임으로 말하고 행동하는 것이 아니라, 머리이신 예수 그리스도를 대신하여 그리고 교회의 이름으로 직무를 수행합니다.

4. 따라서 직무 사제직은 정도만이 아니라 본질적으로도 신자들의 **보편 사제직**과는 다르며, 이 보편 사제직에 대한 봉사를 위하여 예수 그리스도께서 **직무 사제직**을 제정하셨습니다.(가톨릭교회 교리서 1548항, 1552-1553항 참조)

Q 195 부제 서품(副祭敍品)의 효과는 무엇인가요?

A
1. 부제(副祭)는 봉사자(라: diaconus)로서, 모든 이의 종이 되신(마르 10,45 참조) 예수 그리스도를 본받아 교회에 봉사하는 성품으로서 사제 아래 품계지만 전적으로 교구장 주교의 권위 아래 있습니다.
2. 제2차 바티칸 공의회 이후 라틴 교회(로마 가톨릭교회)는 교계의 고유하고 영구적인 품계로서 부제직을 부활시켰으며, **부제(副祭)들의 임무**는 하느님 신비의 거행 특히 성찬례 거행 때에 교구장 주교와 사제를 보좌하고, 성체를 분배하며, 혼인성사를 주례하여 축복해 주고, 복음을 선포하며, 강론을 하고, 장례 예식을 거행하며, 여러 가지 자선사업에 헌신하는 것입니다.(가톨릭교회 교리서 1570-1571항 참조)

Q 196 서원(誓願)은 무엇인가요?

A 서원(誓願)이란, 그리스도교적 완덕을 쌓고자 선하고 훌륭하게 살겠다고 하느님께 드리는 약속으로서, 서원은 심사숙고한 다음 자유 의지에 따라 해야 하며, 서원을 한 사람은 그에 합당한 의무를 지켜야 합니다. 수도회에 들어가 수도자로서 몇 년간의 수련기를 마치고, 자기 삶을 오롯이 **예수 그리스도의 가르침**을 따르며, **청빈, 정결, 순명**의 복음적 권고를 지킬 것을 약속하는 것이 수도 서원입니다.

Q 197 혼인성사의 의미와 그 효과에 대해 설명해보세요.

A
1. 혼인에 대한 가르침은 **성경**에서 찾아 볼 수 있는데, **창조주이신 하느님**께서는 남자와 여자가 짝을 이루어 한 몸을 이루게 하셨고, 그들에게 자녀를 낳아 번성하라고 복을 내려 주셨습니다.(창세 1,27-28 참조)
2. **예수 그리스도**께서는 혼인에 대한 하느님의 뜻이 한 남자와 한 여자의 혼인, 곧 **일부일처제**(혼인의 단일성)에 있으며, 하느님께서 맺어 주신 부부는

죽음 외에는 결코 **갈라놓을 수 없다는 것**(혼인의 불가해소성)을 가르치셨습니다.(마르 10,2-9 참조)

3. 그리고 **바오로 사도**는 예수 그리스도께서 교회를 사랑하시어 당신을 희생하셨듯이, 부부는 **자기 희생**을 바탕으로 서로 사랑하고 가정에 충실해야 한다고 강조합니다.(에페 5,21-6,4 참조)

4. 세례성사를 받은 한 남자와 한 여자가 이루는 혼인은 **성사**가 되므로, 이들의 혼인 생활은 **성사 생활**입니다. 그러나 두 신자의 혼인이 교회에서 인정하는 **유효하고 합법적인 성사**가 되려면, **성직자와 2명 이상의 증인들** 앞에서 자유로이 **혼인 합의를 표명**해야 합니다.

5. 혼인성사 생활을 시작한 부부는 혼인성사를 이루기 전과는 달리 더 이상 인간적인 사랑이 아니라 **성사적 은총을 가진 초자연적인 사랑**을 나눕니다. 이는 서로 상대방을 구원할 수 있는 지극히 **은혜로운 사랑**이 된다는 것을 의미합니다.

6. 혼인성사는 다른 성사와는 달리 **부부 스스로 성사**를 이루며, 이미 **세례를 받기 전에 혼인한 부부가 세례를 받으면 그들의 혼인 생활도 성사**가 됩니다. 이렇게 볼 때 혼인성사는 일회적으로 집전되는 다른 성사와는 달리 **시속적인 성사**입니다.

Q 198 혼인의 목적과 특성에 대해 설명해보세요.

A 1. 하느님께서 직접 제정하신 혼인의 목적은 **부부가 사랑으로 일치**하고, 그 사랑의 열매인 **자녀를 낳아 기르는 것**입니다. 혼인의 특성은 **단일성과 불가해소성**입니다.

2. 부부의 사랑은 **예수 그리스도와 교회의 단일한 사랑**에 참여하는 것으로 신랑이신 예수 그리스도께서 당신의 몸을 바치시어 신부인 교회를 사랑하시고, 교회는 자신의 신랑인 예수 그리스도를 끝까지 사랑하고 증언합니다. 예수 그리스도와 교회가 갈라질 수 없듯이, 혼인의 서약을 한 부부는 죽음이 아니면 갈라질 수 없으므로, 신랑 신부는 예수 그리스도와 교회의 사랑을 본받아 서로 사랑하고 자녀를 낳아 기름으로써 **혼인의 서약을 완성**해야 합니다.

Q 199 **혼인성사 예식에 대해 설명해보세요.**

A 혼인 당사자는 각각 증인 한 사람씩을 데리고 제단으로 가서, 사제 앞에서 부부의 혼약을 합니다. 주례 사제는 신랑 신부에게 다음과 같은 질문을 합니다.
1. 서로가 누구의 강박도 없이 완전한 자유 의사로, 서로 결혼하려는 것입니까?
2. 두 분은 결혼 생활을 통해서 일생 동안 서로 사랑하며, 서로 존경하겠습니까?
3. 두 분은 하느님께서 맡겨 주실 자녀들을 기꺼이 받아들이고, 예수 그리스도의 가르침과 교회의 법에 따라 그들을 올바로 교육하겠습니까?
4. 두 분은 서로를 남편과 아내로 맞아들여, 즐거울 때나 괴로울 때나 성하거나 병들거나 일생 그를 사랑하고 존경하며 신의를 지키겠습니까?

이러한 질문을 통해 서로의 자유 의사를 확인하고, 두 사람이 부부가 되었음을 선언한 후에, 결혼과 예물에 대한 강복과 예물 교환하는 것으로 결혼 예식이 끝나면, 사제는 신랑 신부를 위한 미사성제를 거행합니다.

Q 200 **혼인에 관해 명하는 것은 무엇인가요?**

A 교회법에서 규정한 **혼인**에 대한 법규는, **"혼인법을 철저히 지키라"**라는 것입니다. 가끔 가톨릭 신자들 중에는 관면도 없이 자기 마음대로 예식장에 가서 결혼하거나, 교우가 아닌 외교인(外敎人)과 함부로 결혼해서 교회법을 무시하는 경우가 있는데 그렇게 하면 안 됩니다.(교회법 제 1055-1165조 참조)

Q 201 **남자와 여자에 대한 하느님의 계획은 어떠한가요?**

A 1. 성경은 하느님을 닮은 남자와 여자의 창조로 시작하여(창세 1,26-27 참조), 어린 양의 혼인 잔치(묵시 19,9 참조)에 대한 환시로 끝맺는데, 성경은 처음부터 끝까지 혼인과 그 신비, 그 기원과 목적, 구원 역사에서 이루어진 혼인의 다양한 실현, 죄로 생긴 혼인의 어려움, 마침내 예수 그리스도와 교회의 새 계약을 통하여 주님 안에서 이루어진 혼인의 새로운 의미(에페 5,31-32 참조)에 대해 말하고 있습니다.
2. 사랑이시고 또 사랑으로 남자와 여자를 창조하신 하느님께서는 서로 사랑하라고 부르셨으며, 그들을 혼인 안에서 그들 상호의 생활과 사랑의 친밀

한 친교를 나누도록 부르시면서, 하느님께서는 **"따라서 그들은 이제 둘이 아니라 한 몸이다."**(마태 19,6 참조)라고 하셨고, 그들에게 복을 내리며 **"자식을 많이 낳고 번성하여라."**(창세 1,28 참조)라고 말씀하셨습니다. 교회는 자기 자녀들이 교회 안에서 혼인하기를 바라며, 하느님 앞에서 혼인 서약을 하고 하느님의 축복을 받게 하라는 것입니다.

3. 부부는 **생명과 사랑**을 서로 주고받는 가장 친밀한 사이이며, 하느님은 부부 사랑이 당신의 절대적이고 변함없는 사랑의 표상이 되게 하여, 부부 사랑은 **하느님 사랑**으로 드높여집니다.

Q 202 **혼인 공시는 무엇인가요?**

A 두 남녀가 혼인하기 전에 그들의 **성명**과 **주소**, **부모의 성명**을 기록한 '혼인 공시'를 **성당 게시판**에 붙이고, 누구든지 이들이 합법적으로 혼인할 수 없는 **혼인 장애(조당)**가 있음을 알면, 본당 사제에게 통보할 것을 알리는 것을 말합니다.

Q 203 **비신자와 혼인한 가톨릭 신자에게는 무슨 의무(義務)가 주어지나요?**

A 가톨릭 신자는 신자가 아닌 사람과는 원칙적으로 혼인을 하지 못합니다. 그러나 한국처럼 외교인(外敎人)이 많은 나라에서는 **두 가지 조건**만 있으면 할 수 있는데, 이를 **관면 혼인**이라고 하며 이와 같은 관면 혼인을 받고 난 후에 가톨릭 신자에게는 특별한 의무가 주어집니다.

1. 관면 혼인을 받기 위해서는 두 가지 조건이 있습니다.
   - ● 신자가 아닌 측에서는
   ① 신자 측의 신앙생활을 방해하지 않겠다는 것과,
   ② 자녀를 낳으면 교회법대로 세례를 받게 하겠다는 것을 서약해야 합니다.
   - ● 신자 측에서는
   ① 자기 신앙을 버리지 않겠다는 것과,
   ② 자녀를 낳으면 세례를 받게 하겠다는 것을 서약해야 합니다.

2. 관면 혼인을 받은 후에 가톨릭 신자에게는 **특별한 의무**가 있습니다.
   "신자 아닌 남편은 아내로 말미암아 거룩해졌고, 신자 아닌 아내는 그 남편으로 말미암아 거룩해졌기 때문입니다."(1코린 7, 14 참조)라는 성경 말씀처럼, 이 '**거룩하게 하는 힘**'이 배우자를 그리스도교 신앙으로 자유롭게 개종하게 한다면, 그것은 그리스도교 신자인 배우자와 교회에 큰 기쁨이 되며, 부부의 진실한 사랑, 가정적 덕행의 겸손하고 참을성 있는 실천 그리고 끊임없는 기도는 신자 아닌 배우자가 **회개의 은총**을 받아 들일 준비를 갖추게 합니다. 따라서 가톨릭 신자에게는 늘 이와 같은 것을 실천해야 하는 의무가 주어집니다.(가톨릭교회 교리서 1637항 참조)

Q 204 이혼 후 재혼한 가톨릭 신자들도 성사 생활을 할 수 있나요?

A 오늘날 세상 곳곳에서 많은 가톨릭 신자들이 민법에 따라 이혼하며, 가톨릭 교회 밖에서 새로이 혼인 관계를 맺고 있습니다. 가톨릭교회는 "누구든지 아내를 버리고 다른 여자와 혼인하면, 그 아내를 두고 간음하는 것이다. 또한 아내가 남편을 버리고 다른 남자와 혼인하여도 간음하는 것이다."(마르 10,11-12 참조)라는 예수 그리스도의 말씀에 충실하여, **만일 첫 혼인이 유효하면 새 혼인은 무효인 것**입니다. 이와 같은 상황에서 이혼 후 성사 생활을 할 수 있는 조건에 대해 가톨릭교회의 입장을 살펴보면,

1. 만일 이혼자가 민법에 따라 재혼을 한다면, 그들은 객관적으로 교회법에 어긋나는 처지에 있는 사람들로서, **성체**를 모실 수가 없으며, **일정한 교회의 직책**을 수행할 수가 없습니다. 따라서 이혼 후, 예수 그리스도께 대한 계약과 충실성의 표징을 거스른 것에 대해 뉘우치며, **완전히 독신**으로 살아가기로 약속한 사람만이 **고해성사**로 화해할 수가 있으며, 이와 같은 그리스도인들에 대해서 사제들과 교회 공동체는, 극진한 관심을 보여주어 자신들이 교회에서 떨어져 나갔다고 여기지 않게 해야 합니다.(가톨릭교회 교리서 1650-1651항 참조)

2. 만일 이혼자가 교회법에 따라 재혼하려는 가톨릭 신자들은, **첫 혼인이 무효라는 것**이 증명되어야 재혼을 할 수 있고, 이를 증명하기 위해서는 교회법에 따른 교구 법원에서 **혼인 무효 소송** 절차를 진행해야 합니다. 혼인 무효 소송 절차가 복잡해서 확정 판결을 받기까지 오랜 시간이 소요되기 때문에, 가톨릭 신자들에게 성사 생활과 새로운 혼인을 맺는 데에 여러 불편함이 있어, 이를 덜어주기 위해 프란치스코 교황은 혼인 무효 소송 절차를

간소화하는 등 혼인법 일부를 개정하는 내용을 담은 두 개의 자의교서 「관대한 재판관, 주 예수」와 「온유하고 자비로운 예수」를 발표하였습니다.

3. 교회법에 따라 이혼 후 재혼한 가톨릭 신자들이, 더욱 수월하게 정상적 교회 생활에 참여해서, 주님이 선사하는 구원의 은총을 누리도록 하기 위한 조치로서, 교구 법원 1심에서 전 혼인의 무효성을 인정받으면, 2심을 거치지 않고서도 고해성사와 성체성사에 참여하는 등 **정상적인 성사 생활**을 할 수 있도록 하였습니다.

Q 205 혼인 장애(조당)는 무엇이며, 바오로 특전이란 무엇인가요?

A 혼인성사와 혼인 당사자를 보호하기 위하여 교회는 경우에 따라 혼인을 금지합니다. 이를 무시하고 혼인을 했을 경우 혼인은 무효입니다. 그 혼인 장애(조당)와 바오로 특전에 대해 살펴보면 다음과 같습니다.

[혼인 장애(조당)]

1. 신정법(神定法)에 의한 장애 : 어떤 경우든 관면이 불가합니다.

    ① **성교 불능 장애** : 결혼하기 전에 발생한 성 불능이 상대적이든 절대적이든, 남자든 여자든, 성 기관의 불능이든 성 기능의 불능이든 간에 그 장애가 영구적일 경우 혼인은 무효입니다.(교회법 제 1084조, 자연법 참조)

    ② **혼인 유대 장애** : 당사자 중의 한 편이라도 신자이든 비신자이든 교회에서든 사회에서든 합법적으로 결혼을 했을 경우, 이 혼인 유대가 존속하는 한 다른 사람과 혼인할 수 없습니다.(교회법 제 1085조, 신정법 참조)

    ③ **혈족 장애** : 적출(嫡出)이건 서출(庶出)이건 피를 나눈 직계 또는 방계 2촌간 혼인은 무효입니다.(교회법 제 1078조, 제 1091조, 자연법 참조)

2. 관면이 사도좌에 유보된 장애 : 교황청에서만 관면합니다.

    ④ **성품 장애** : 거룩한 품을 받은 사람(주교, 사제, 부제)은 유효한 혼인을 할 수 없습니다.(교회법 제 1087조, 제 1078조 2항 참조)

    ⑤ **수도 종신 서원 장애** : 수도회에서 정결 종신 서원을 한 사람은 혼인할 수 없습니다.(교회법 제 1088조, 제 1078조 2항 참조)

    ⑥ **범죄 장애** : 혼인할 목적으로 상대방 배우자를 죽였거나, 자기 배우자를 죽였을 경우, 그 사람과는 혼인할 수 없고, 물리적으로든 심리적으로든

협력한 이들도 혼인할 수 없습니다.(교회법 제 1090조, 제 1078조 2항 참조)

3. 사목자가 관면할 수 있는 장애 : 인정법(人定法)으로 사목자가 관면할 수 있습니다.

⑦ **연령 장애** : "남자는 만 16세, 여자는 만 14세 이전의 혼인은 무효입니다."(교회법 제 1083조 참조) 우리나라 민법상의 혼인 적령은 남자와 여자 모두 만 18세이므로 한국 가톨릭교회에서는 민법을 따릅니다.

⑧ **미신자 장애** : 가톨릭교회에서 세례를 받은 사람이 비신자와 혼인을 하면 무효입니다.(교회법 제 1086조 참조)

⑨ **유괴 장애** : 혼인을 맺을 의도로 유괴한 남자와 유괴당하거나 적어도 잡혀 있는 여자 사이에는 혼인이 이루어질 수 없습니다. 다만, 여자가 자진하여 혼인을 택하면 그러하지 아니합니다.(교회법 제 1089조 참조)

⑩ **직계 인척 장애** : 직계의 인척은 몇 촌이라도 혼인을 무효로 합니다.(교회법 제 1092조 참조)

⑪ **직계 또는 방계 4촌 이내의 혈족 장애** : 부계든 모계든 4촌 까지는 서로 혼인할 수 없습니다.(교회법 제 1091조 참조) 한국 민법은 보다 엄격히 8촌 이내의 혼인을 무효로 합니다.(민법 제 815조 참조)

⑫ **내연 관계 장애** : 유효한 혼인은 아니지만 동거 생활을 한 사람 또는 축첩 관계를 맺은 사람은 상대방의 직계 혈족과 혼인할 수 없습니다.(교회법 제 1093조 참조)

⑬ **양자 관계 장애** : 양자 결연에 의해 법적으로 친족 관계가 성립되어 직계 또는 방계 2촌의 법정(法定) 친족으로 결연된 사이에는 혼인할 수 없습니다.(교회법 제 1094조 참조)

4. 한국 천주교 사목 지침서 제 108조에 의하면 위의 ⑦부터 ⑬까지의 장애는 합당한 이유가 있을 경우 사목자, 곧 본당 사제가 관면할 수 있으므로 상의하면 됩니다. 법은 항상 약자를 보호하여 그들의 불행을 예방하기 위한 것이므로 혼인 당사자가 미처 모르는 장애가 있다는 것을 알고 있을 때에는 누구든지 반드시 본당 사제에게 알릴 중대한 의무가 있습니다.

5. 교회법 제 109조는 이 밖에 동성동본 혈족 사이에서는 혼인하지 못한다는 조항 등을 담고 있지만, 이에 상응한 민법 조항들은 삭제되었습니다. 따라

서 동성동본 혈족 사이 혼인 금지는 민법상 8촌 이내 혼인 금지로 대체된 셈입니다.
6. 혼인 장애(조당) 유무가 의심스러울 경우는 물론 확실하다고 여겨질 경우에도, 신자들은 섣불리 판단하기보다는 해당 신자가 사제와 상담을 통해서 도움을 얻을 수 있도록 배려하는 것이 필요합니다. 특별히 본당에서 반장이나 구역장, 교리교사 등으로 봉사하는 교우들에게 각별한 지혜가 요청됩니다.

[바오로 특전]

7. 바오로 특전이란, 세례를 받지 않는 이들끼리 유효하고 합법적인 혼인(자연혼)을 한 후에, 어느 편이 세례를 받는 경우에 문제가 발생되는 특별한 경우에, 합법적이고 유효한 혼인을 맺은 두 사람의 혼인 유대가 '바오로 특전'에 의해서 해소되는 것을 말합니다. 바오로 특전의 혜택을 입으면 혼인 장애(조당)에 걸리지 않고 재혼할 수 있습니다.(교회법 제 1143-1144조 참조) 그러나 바오로 특전이 적용되려면 몇 가지 조건이 따릅니다.
   ① 혼인할 당시에는 두 배우자가 모두 세례를 받지 않은 상황이어야 합니다. 즉, 성사혼이나 관면혼이 아니라 자연혼 상태여야 하고,
   ② 이혼 후나 이혼 전에 두 배우자 중 한 편이 세례를 받은 상황이어야 합니다. 두 사람 모두 세례를 받으면 자연적으로 성사혼으로 승격되기 때문에 혼인 유대의 해소가 이루어질 수가 없으며,
   ③ 세례를 받지 않은 편이 실제로 동거 생활을 접고 떠나간 상황이어야 하며, 국법에 따라 이혼한 경우도 여기에 해당하고,
   ④ 실제적 별거 또는 이혼 사유가 세례 받은 편에 있지 않아야 합니다. 예컨대 세례 받은 편이 세례 받기 전이나 후에 간통 등으로 부부 생활을 더 지속할 수 없게 했다거나, 배우자나 자녀들을 신체적 정신적으로 학대해 견딜 수 없게 했거나, 그 밖의 여러 방법으로 부부 생활을 지탱할 수 없게 하는 빌미를 제공할 경우엔, 바오로 특전이 적용될 수 없습니다.
8. 위와 같은 조건에서 세례 받지 않은 배우자 편에서 헤어진 것이 합법적으로 확인되면 세례 받은 배우자는 바오로 특전의 적용을 받아 새로운 혼인을 맺을 수 있습니다. 그리고 새로운 혼인을 맺는 순간에 첫 번째 혼인의

유대가 해소됩니다.

9. 이와 같이 바오로 특전은 혼인 후에 세례를 받은 신자의 신앙을 보호하기 위한 특전을 부여하는 것입니다. 이를 바오로 특선이라고 부르는 것은, 이 특전이 바오로 사도가 코린토 신자들에게 보낸 첫째 서간에 바탕을 두고 있기 때문입니다.

10. 관련되는 성경 대목은 다음과 같습니다. "그 밖의 사람들에게는 주님이 아니라 내가 말합니다. 어떤 형제에게 신자 아닌 아내가 있는데, 그 아내가 계속 남편과 함께 살기를 원하면, 그 아내를 버려서는 안 됩니다. 또 어떤 부인에게 신자 아닌 남편이 있는데 그가 계속 아내와 함께 살기를 원하면, 그 남편을 버려서는 안 됩니다. 신자 아닌 남편은 아내로 말미암아 거룩해졌고, 신자 아닌 아내는 그 남편으로 말미암아 거룩해졌기 때문입니다. 그렇지 않으면 여러분의 자녀도 더러울 터이지만, 사실은 그들도 거룩합니다. 그러나 신자 아닌 쪽에서 헤어지겠다면 헤어지십시오. 그러한 경우에는 형제나 자매가 속박을 받지 않습니다. 하느님께서는 여러분을 평화롭게 살라고 부르셨습니다."(1코린 7,12-15 참조).

11. 위와 같은 바오로 특전의 적용을 받으려면, 세례를 받지 않은 당사자에게 두 가지 질문을 해야 합니다. 첫째는, 세례를 받지 않은 당사자 본인에게 세례를 받을 의향이 있는지를 묻는 것이고, 둘째는, 적어도 창조주께 대한 모독 없이 세례 받은 편 당사자와 평화롭게 동거하기를 원하는지를 묻는 것입니다.(교회법 제1144조 1항 참조)

12. 이 두 가지 질문에 대해 세례 받지 않은 편 당사자가 부정적으로 답변을 해야만, 세례를 받은 편은 바오로 특전을 통해 두 번째 혼인을 유효하게 맺을 수 있습니다. 이는 바오로 특전 자체가 세례 받은 신자의 신앙을 보호하는 데 기본 취지가 있기 때문입니다. 만일 첫 번째 혼인의 배우자가 세례 받은 신자의 신앙을 존중하고 평화롭게 살기를 원한다고 답한다면, 바오로 특전의 적용을 받을 수가 없습니다.

13. 한편으로 이 질문을 할 수 없는 경우가 있을 수 있습니다. 예를 들면, 첫 번째 혼인한 배우자를 찾을 수가 없는 경우 또는 부정적 답변이 나올 것이 너무나 명백해서 질문을 하나마나일 경우가 그러합니다. 바오로 특전을

적용받으려면 해당되는 신자는 관할 본당 사제와 상의한 후 소정 양식을 갖춘 서류를 준비해야 합니다.

Q 206 가톨릭교회는 부부의 별거 생활을 언제 허락하나요?

A 1. 가톨릭교회는 부부의 화해가 예측되더라도 그들의 동거 생활이 **중대한 이유들로 실천 불가능**할 때, 부부의 신체적 별거를 허락합니다. 그렇지만 그들은 배우자가 살아 있는 동안에 그들의 혼인이 무효화되지 않거나 또는 교회 관할권에 의하여 무효로 선언되지 않는 한 새로 혼인할 자유는 없습니다.
2. 부부가 도저히 함께 살 수 없을 때 별거가 허락되지만, 다른 사람과 재혼할 수는 없으며, 민법상 민간 법정에서 이혼한 사람들이라도 재혼은 불가하므로, 만일 이들이 교회의 성사 생활을 계속하려면, 재혼하지 않고 별거에 머물러야 합니다. 그러나 교회 관할권에 있는 교회 법원에서 당초 혼인이 무효임을 선언하면 그 혼인은 무효가 되며, 재혼하고 정상적인 성사 생활, 즉 신앙생활을 할 수가 있습니다.

Q 207 결혼 후 부부가 자녀가 없을 때 무엇을 할 수 있나요?

A 1. 부부는 의학적인 모든 정당한 수단을 동원하고서도 자녀의 선물이 그들에게 베풀어지지 않을 때, **입양하거나 타인에게 봉사함으로써**, 그들의 헌신을 드러 낼 수가 있으며, 난임의 고통을 영적 출산의 근원이라 할 수 있는 주님의 십자가와 결합하여 부부는 **값진 영적 출산**을 실현하는 것입니다.
2. 오늘날 의학은 난임을 극복하는 데 상당한 진전을 이루고 있기에, 가톨릭교회에서 제시하는 방법으로, 하느님을 전적으로 신뢰하고 기도하며 시도해 보기를 권합니다. 그러나 불임을 극복하려고 도덕률에 어긋나는 의학 기술(시험관 아기나 복제 인간 등)도 있는 바, 이 같은 의학 기술은 교회에선 허용하지 않습니다.

Q 208 준성사는 무엇인가요? 그 예를 들어보세요.

A 가톨릭교회는 몇 가지 봉사 직무와 생활 양식, 신앙생활의 여러 상황, 사람들

에게 유익한 물건 등을 성화하고자 준성사를 제정하였는데, 이와 같이 **하느님의 은총**을 전해 주려고 오랜 관습과 거룩한 전통에 따라, 성사들을 본으로 삼아 설정한 **상징이나 예절**을 준성사라고 합니다. 즉, 준성사는 가톨릭교회에서 신자들에게 특별한 은혜를 베풀어 주기 위해, 성사를 본보기로 만든 행동 또는 기도문을 말하는데 **축복, 축성(봉헌), 구마** 등이 있습니다.

Q 209 준성사는 성사와는 어떻게 다른가요?

A
1. 준성사는 교회가 재정한 거룩한 표징들로서, 이를 통하여 삶의 여러 상황이 성화되고 준성사에는 언제나 기도가 포함되며, 십자 성호와 다른 표징들이 따릅니다. 준성사는 "어느 정도 성사들을 모방하여, 특히 영적 효력을 교회의 간청으로 얻고 이를 표시하는 거룩한 표징들이다."(전례헌장 제 60항 참조) 이와 같은 준성사들 가운데 중요한 것은 하느님을 찬미하는 것이며, 하느님의 선물을 청하는 기도, 사람들의 축성, 하느님께 드리는 예배에 사용되는 도구에 대한 봉헌 등이 있으며 구체적으로 살펴보면 다음과 같습니다. ① 하느님께 드리는 찬미나 하느님의 은혜를 청하는 기도, ② 사람(수도자)이나 물건을 하느님께 봉헌하는 축성, ③ 여러 가지 축복, ④ 마귀를 쫓아내는 구마 등이 있습니다.
2. 성사(세례·견진·성체·고해·병자·성품·혼인성사)는 예수 그리스도께서 세우시고 교회에 맡기신 은총의 유효한 표징들로서, 이러한 가시적인 표징들을 통하여 하느님의 생명이 우리에게 베풀어집니다. 성사가 성립되기 위해서는 ① 성사행위 자체(예절) ② 성사집행자의 지향 ③ 성사를 받는 자의 마음가짐으로 구분할 수 있는데, 성사의 원 집행자는 예수 그리스도이시기 때문에 성사가 성립되기 위해서는 예수 그리스도의 뜻에 따라 집행자가 교회의 적법한 절차에 따라 행하면 성사는 성립되고 성사의 집행자의 성덕이나 능력, 지식 등이 문제가 되는 것이 아니라 성사를 받는 자의 마음가짐에 따라 은총의 양이 결정되는데 이를 성사의 사효성(事效性)이라고 합니다.
3. 준성사는 두 가지 점에서 성사와는 차이가 있습니다.
첫째, 성사는 예수 그리스도에 의해서 제정되었지만, 준성사는 교회가 신자들의 영적 이익을 위하여 제정한 것입니다. 준성사는 교회가 설정한 것이기 때문에 교황은 새로운 준성사를 설정하거나, 기존의 것을 고치고 폐지할 수 있습니다.(교회법 1167조 1항 참조)

둘째, 성사는 성사 자체의 힘으로, 곧 사효적(事效的)으로 은총을 전해주지만, 교회가 제정한 준성사는 자체적으로 효력을 내지 못하며, 교회가 중개자로 나서서 하느님의 축복을 기원하는 것입니다. 그러므로 준성사의 효력은 그것을 받는 사람의 정성에 달려있습니다. 예를 들어서 십자가를 축복하여서 집에 모셔둔다고 할 때, 축복 받은 십자가 자체가 무슨 효력을 낸다고 할 수 없습니다. 하지만 축복 받은 십자가를 바라보면서, 십자가 죽음으로써 인간을 구원하신 예수 그리스도를 기억하고 그분께 자신을 맡겨드리며 그분의 길을 따르고자 결심하며 기도한다면 분명 필요한 은혜를 받을 수 있습니다.

Q 210 준성사인 축복(祝福)과 축성(祝聖)과 구마(驅魔)는 무엇인가요?

A
1. 준성사의 일종으로 축복(祝福)과 축성(祝聖)과 구마(驅魔)가 있습니다. 예전에는 십자고상이나 묵주, 패아 메달 등을 축복할 때에 반사(放辭)라는 말을 사용했습니다. 이는 '은혜를 베풀다' 또는 '성물에 축복하는 말씀을 놓다'라는 의미가 있습니다. 즉 영신적인 유익을 위해서 성별된 물건임을 드러내는 것입니다. 그러나 이제는 '축복'(祝福)이라는 말로 사용되어야 합니다.

2. **축복이란** 베네딕시오(benedictio)라는 라틴어에 근거를 두고 있습니다. 즉 '좋은'(bene)과 '말'(dictio)의 합성어로 '좋은 말'을 의미합니다. 그리스도인에게 좋은 말은 하느님의 축복과 은총이 언제나 함께하기를 기원하는 말입니다. 강복은 생명을 주는 하느님의 행위이며, 그 생명의 원천은 성부이시며, 그분의 강복은 '말씀이요 선물'((bene-dictio)입니다. 사람 편에서 보면 축복이란(benedictio) 감사하는 마음으로 창조주께 드리는 '흠숭과 봉헌'을 의미합니다.(가톨릭 교회 교리서 1078항 참조) 축복의 대상에는 사람과 사물이 모두 포함됩니다. 즉 주님의 은총이 머물기 원하는 사람, 교우들의 다양한 세속 활동을 위한 건물, 즉 새집, 사무실, 공장, 가게, 학교, 병

원 등과 자동차나 전례에 사용되는 감실, 십자가, 공적으로 전시할 성화상 등에 축복합니다. 또한 교우들의 신심생활을 돕는 묵주, 스카풀라, 성모상, 성인상 등에 행합니다. "주님의 복이 집 안에 있는 것이든, 들에 있는 것이든 그의 모든 재산 위에 미쳤다."(창세 39, 5; 요한 17, 18-19; 천주교 용어자료집 "축복" 113면 - 2011년, 한국천주교 주교회의 매스컴위원회; 가톨릭교회 교리서 1671항-1672항; 서울대교구 주보 참조)

3. 반면에 **축성(祝聖)**은 콘세크라시오(consecratio)라는 라틴어에 근거를 두고 있습니다. '함께'(con)와 '거룩함'(secratio)이 결합되어 '거룩함이 함께 하는 것'을 의미합니다. 그래서 축성은 하느님께 봉헌되어 온전히 거룩하게 구별되는 사람이나 사물들에 사용됩니다. 예를 들면 미사 거행에서 봉헌된 빵과 포도주가 감사 기도를 통해서 그리스도의 몸과 피로 바뀐 것을 '축성되었다'고 합니다. '예수님께서 빵을 들고 찬미를 드리신 다음, 그것을 떼어 제자들에게 주시며 말씀하셨다. "받아 먹어라 이는 내 몸이다."'(마태 26,26 참조) 그리고 처음 성당을 지어 하느님께 봉헌할 때 교구장은 제대를 기름과 기도로 축성합니다. 사람의 경우에는 성직자에 오르는 서품이 바로 축성식입니다. 그래서 성직자들은 온전히 하느님에게 속한 사람이 되는 것입니다. 이렇게 축성은 하느님께 자신을 봉헌하는 사람이나 물건들이 축성을 통하여 영원히 하느님께 속하도록, 오직 하느님을 위해 쓰이도록 구별시키는 거룩한 행위입니다.(탈출 29, 37; 천주교 용어자료집 "축성" 113면 - 2011년, 한국 천주교 주교 회의 매스컴위원회; 서울대교구 주보 참조)

4. **구마(驅魔·exorcism)**란 교회가 어떤 사람이나 물건이 마귀의 세력으로부터 보호되고, 마귀의 지배력에서 벗어나도록 예수 그리스도의 이름으로 권위를 가지고 청하는 것을 구마라고 하는데, 마귀, 악마, 악귀, 악령을 쫓아낸다는 의미에서, 교회 안에서 세례를 거행할 때에 행합니다. 그리고 교구장 주교의 허락 하에 '장엄 구마'를 사제가 행합니다.(욥1,9-11;2,4-5; 마르1,24-26; 천주교 용어자료집 "구마" 24면- 2011년, 한국 천주교주교회의 매스컴위원회; 가톨릭교회 교리서 1673항 참조)

Q 211 신앙인은 기도하는 사람이라고 하는데, 그 의미는 무엇인가요?

A 1. 기도는 우리가 하느님과 나누는 **직접적인 대화**이고, 기도하는 것은 그리스

도인 **생활의 중심이 되는 활동**이며 **신자의 표시**입니다. 우리 신앙인은 기도로 하느님을 **흠숭**하고, 하느님께 **용서**를 청하고, 필요한 **은총**을 구하며, 하느님께 **감사와 찬미**를 드립니다.

2. 예수 그리스도께서는 언제 어디서나 하느님 아버지께 기도하시는 분이셨습니다. 일을 시작하시기 전 새벽에 외딴곳으로 가시어 기도하셨고(마르 1,35 참조), 산에 올라가 밤을 새우며(루카 6,12 참조) 기도하셨습니다. 예수 그리스도께서 잡히시기 전날 밤에나 십자가 위에서 아버지의 뜻을 물으셨고 순명하심으로써, **아버지와 완전한 일치**를 이루시는 예수 그리스도의 모습을 볼 때, 기도는 하느님께 무엇을 청하기에 앞서 **하느님의 뜻이 우리 안에서 이루어지기 바라는 것**임을 알 수 있습니다.

3. 기도 생활은 그리스도인의 **가장 훌륭한 활동이자 신앙의 표현**이므로 우리의 **일상생활 전체**가 하나의 **진정한 기도**가 되어야 합니다. 모든 그리스도 신앙인에게는 **세상의 구원**을 위하여 **함께 노력할 책임**이 있습니다. **우리 자신과 다른 사람의 구원**을 위하여 또한 **하느님의 뜻**대로 이 세상에 **사랑이 전파**되도록 **하느님께 도움**을 청해야 합니다.

4. 또한 우리 신앙인은 우리 자신이나 가족, 친척, 친구들뿐만 아니라 원수, 죄인들, 고통 받는 이웃, 병자, 연옥 영혼들, 교회의 성직자들, 나라의 위정자들, 세계 평화 등 **온 세상의 구원**을 위해 기도해야 합니다.

Q 212 신앙인의 올바른 기도의 자세는 어떠해야 하나요?

A
1. 기도는 하느님과 우리가 맺는 **사랑의 관계**를 발전시키는 **훌륭한 방법**입니다. 우리는 기도 안에서 우리를 사랑하시는 **하느님**과 만납니다. 이 만남에서 우리는 먼저 하느님을 흠숭하고 그리고 이미 받은 **은총에 감사**드리며 우리의 **소망을 말씀**드리는 것입니다.

2. 다시 말해서 기도는 ① 하느님을 향하여 **마음을 들어 높이는 것**이고 ② 하느님의 뜻에 따라 **은혜를 청하는 것**이며 ③ 인간을 만나러 오시는 **하느님의 선물**이고 ④ 무한히 선하신 성부와 성자 예수 그리스도와 성령과 맺는 **인격적 관계**입니다.

3. 이와 같은 기도를 통해서 하느님께 청하는 우리의 소망이 이루어지는지에

대한 유무를 따지는 것보다, **하느님의 뜻에 우리 자신을 온전히 내맡기는 자세**가 중요합니다. 따라서 우리의 기도는 하느님께 우리가 **필요한 것을 일방적으로 청원하는 것**이 아니라, **하느님과 일치하려는 사랑의 대화**라고 할 수 있습니다.

4. 그러므로 먼저 **하느님의 말씀을 잘 듣고 실천**하는 가운데 **기도를 준비**하고, **하느님의 뜻에 협력하려는 적극적인 자세**가 필요합니다. 올바른 기도의 자세는 그 자체로 이미 훌륭한 기도로서, 우리 마음속에 다른 사람에 대한 미움, 노여움, 거부, 경멸, 불신 등을 지니고는 올바른 기도를 할 수 없습니다. 이런 때에는 **예수 그리스도의 생애 또는 섬김이나 사랑에 대한 성경 말씀을 읽고 묵상**하면서, 하느님께서 우리에게 말씀하시도록 **마음의 문을 여는 자세**가 필요합니다.

Q 213 기도는 언제 해야 하나요?

A 예수 그리스도께서는 "낙심하지 말고 끊임없이 기도해야 한다."(루카 18,1 참조)고 말씀하시고 특히 유혹을 받을 때 기도하라고 하시면서, "유혹에 빠지지 않도록 깨어 기도하여라."(마르 14,38 참조)라고 말씀하셨습니다. 예수 그리스도께서는 **큰일을 하시기 전**과, **아버지의 뜻을 받들고자 할 땐** 언제나 기도를 하셨습니다. 그래서 우리 가톨릭교회에서는 항상 기도를 하되, 아침에 일어났을 때와 저녁에 잠들 때, 그리고 주일과 축일에, 특별히 육신과 영혼에 어려운 일이 있을 때 기도하라고 가르칩니다.

Q 214 기도의 형태는 몇 가지이며, 그 중에 소리(염경) 기도란 무엇인가요?

A 기도의 형태는 크게 **소리(염경) 기도**와 **묵상 기도**와 **관상 기도**로 나누어집니다.

1. 소리(염경) 기도는 예수 그리스도께서 제자들에게 가르쳐 주신 '주님의 기도'와 같이 **틀이 갖추어진 기도문**이나 **마음속으로 생각한 기도문을 소리 내어 바치는 기도**이며, 개인적으로 기도할 때는 물론 **공동체가 함께 기도할 때** 필요한 형태입니다.

2. 인간은 육체와 정신으로 이루어져 있기에 우리의 감정을 외적으로 표현할 필요가 있습니다. **소리 내어 기도할 때** 우리의 기도는 더욱 절실해질 수 있

습니다. 내적인 마음 기도를 중시하는 사람이라고 하여도 **소리 기도**를 **무시할 수는 없습니다.**

3. 이와 같은 소리(염경) 기도는 가톨릭교회에서 만들어준 기도문을 읽거나 외우면서 바치는 기도로서, 여러 가지 기도문이 있지만 삼위일체이신 하느님을 드러내는 **성호경**과 예수 그리스도께서 직접 가르쳐 주신 가장 완전한 기도이면서, 아버지의 영광과 아버지께 소망을 청원하는 **주님의 기도**와 성모님의 일생을 통해 모든 그리스도인의 모범이 되시고, 우리의 구원과 멸망이 결정되는 순간을 위한 기도인 **성모송**이 있는데, **성호경**과 **주님의 기도**와 **성모송**이 가장 기본이 되는 **중요한 소리(염경) 기도**입니다.

Q 215 묵상 기도와 관상 기도는 무엇인가요?

A 1. 묵상 기도는 하느님의 말씀과 하느님의 뜻을 자신의 삶에 비추어 생각하고, 침묵하는 가운데 **마음으로 하는 기도**로서 성경, 성화상, 전례문, 영성 교부들의 저서, 하느님에 관한 작품 등을 묵상 자료로 사용하여, 묵상 가운데 우리 마음을 움직이는 **거룩한 기쁨을 느낄 수 있는 기도**입니다.

2. 관상 기도는 우리를 사랑하시는 하느님과 자주 만남으로써 **친밀한 우정을 맺는 것** 또는 **하느님의 사랑 가운데 머무르는 초월적인 기도**이며 우리 마음이 "사랑하는 이"(아가 1,7 참조)를 찾는 것입니다.

Q 216 묵주 기도는 무엇인가요?

A 1. 로사리오(이:Rosario 영:Rosary 라:Rosarium)라고 하는 묵주 기도의 어원은 **장미(Rose)**라는 말에서 나왔으며, '장미 꽃다발'이라는 의미를 지니고 있습니다. 교회는 오래전부터 성모 마리아께 기도하는 것을 장미꽃을 봉헌하는 것으로 여겼으므로, 결국 묵주 기도란 '**장미 꽃다발 기도**'를 뜻하며, 묵주알 하나는 '장미꽃 한 송이'인 셈입니다.

2. 이와 같은 묵주 기도는 예수 그리스도의 강생과 공생활의 주요 부분, 수난과 부활, 즉 예수 그리스도의 전 생애를 성모님과 함께 **환희의 신비 · 빛의 신비 · 고통의 신비 · 영광의 신비**로 차례로 묵상하면서 바치는 기도입니다.

Q 217 삼종 기도는 무엇인가요?

A 1. **삼종 기도**란 가브리엘 천사가 마리아께 알려 준 **예수 그리스도의 잉태와 강생의 신비를 묵상하는 기도**입니다. 기도하는 때를 알리고자 아침·낮·저녁에 종을 쳤는데, 세 번의 종소리를 듣고 하는 기도라 하여 삼종 기도라고 합니다.

2. 삼종 기도의 기원은 성지를 회복하려고 십자군 운동이 일어났을 때에, 그레고리오 9세 교황이 십자군을 떠나보내며, 이들의 승리를 위해 성당 종을 치면 기도를 바치라고 한 데서 시작되었다고 하는데, 부활 시기에는 **부활 삼종 기도**를 바칩니다. 하루에 아침·낮·저녁에 세 번 바치는 기도로, 하느님의 아드님이 사람이 되신 신비, 곧 강생의 신비와 부활의 신비를 묵상하며 바치는 기도입니다.

Q 218 화살 기도는 무엇인가요?

A 일하든지 놀든지 어느 때라도 순간적으로 하느님을 생각하면서 하는 기도를 **화살 기도**라 합니다. 예컨대 **"주님, 저에게 자비를 베푸소서.", "주님, 당신을 사랑합니다."**와 같은 식으로, 순간적으로 바치는 것입니다. 화살처럼 직통으로 하느님께 간다고해서 화살 기도라 합니다.

Q 219 우리가 늘 주님께 바치는 '주님의 기도'의 기원과 내용은 무엇인가요?

A 1. 어느 날 기도하시는 스승 예수 그리스도를 보고 제자 하나가 "주님, 저희에게도 기도하는 것을 가르쳐 주십시오."(루카 11,1 참조)하고 간청하자 예수 그리스도께서는 그리스도교의 기본이며 완전한 기도의 모범인 **'주님의 기도'**를 가르쳐 주셨습니다. 교회의 전례 전통에서는 항상 **마태오 복음의 기도문**(6, 9-13 참조)을 사용하고 있습니다.

2. 주님의 기도는 **일곱 가지 청원**을 담고 있는데, 앞의 **세 가지 청원은 하느님의 영광을 드러내는 것**이고, 이어지는 **네 가지 청원은 우리의 바람을 하느님께 말씀 드리는 것**입니다. 예수 그리스도께서는 우리에게 하느님을 우리 아버지라고 친숙하게 부르게 하셨는데 이는 기도하는 우리가 하느님의 자녀들로서 함께 기도하는 공동체임을 드러냅니다.

3. 하느님의 영광을 드러내는 세 가지 청원 중 ① "아버지의 이름이 거룩히 빛나시며" 하고 청원함으로써, 하느님 이름의 거룩함이 우리를 통하여 모든 나라와 각 사람에게 나타나게 하시려는 하느님의 계획에 협력하는 것입니다. ② "아버지의 나라가 오시며" 하고 청원함으로써, 그리스도의 재림과 하느님 나라의 완성을 바라고, 우리가 살고 있는 오늘에서도 하느님 나라가 실현되기를 기도합니다. ③ "아버지의 뜻이 하늘에서와 같이 땅에서도 이루어지소서."하고 청원함으로써, 예수 그리스도께서 순명으로 이루신 하느님의 구원 계획이 현세에서 완성될 수 있도록 청원합니다.

4. 우리의 바람을 하느님께 말씀드리는 네 가지 청원 중 ① "오늘 저희에게 일용할 양식을 주시고" 함으로써, 모든 사람의 생존에 필요한 현세적 양식과 생명의 빵인 하느님의 말씀, 그리고 그리스도의 몸을 하늘에 계신 하느님 아버지께 신뢰심을 갖고 형제들과 함께 청원하는 것입니다. ② "저희에게 잘못한 이를 저희가 용서하오니 저희 죄를 용서하시고" 함으로써, 하느님께 우리의 잘못을 용서하여 주십사하고 간청합니다. 예수 그리스도께서는 이 기도로 우리가 먼저 이웃을 용서해야만 하느님의 자비가 우리에게 베풀어진다는 것을 가르치셨습니다. ③ "저희를 유혹에 빠지지 않게 하시고" 함으로써, 분별력과 용기를 주시는 성령을 청하고, 온갖 불신의 유혹을 물리쳐 신앙을 끝까지 지킬 수 있는 은총을 간청하는 것입니다. ④ "악에서 구하소서." 함으로써, 악의 세력이 주도하거나 선동하는 현재와 과거와 미래의 모든 악에서 해방시켜 주시기를 교회와 함께 청원합니다.

5. 주님의 기도가 끝날 때에는, 주님의 기도 안에 포함된 모든 것이 이루어지기를 바라며 '그대로 이루어지소서.' 라는 의미인 "아멘."으로 동의를 표합니다. 교회는 신자들에게, 예수 그리스도께서 직접 가르쳐 주시어 우리 신앙의 진수를 가장 잘 표현하는 이 기도를 자주 바치기를 권하고 있습니다.

Q 220 베드로는 어떤 사람인가요?

A 예수 그리스도의 열두 제자 중에 **으뜸 제자**입니다. 제자들은 베드로를 중심으로 이스라엘 지방을 두루 다니면서, 뭇사람들에게 그분의 **진리를 설교했고**, **인간의 참된 길**을 가르쳤습니다

다. 예수 그리스도께서 베드로(반석) 위에 교회를 세우시며, 베드로에게 **하늘 나라의 열쇠**를 주셨고, 열두 제자 중 으뜸 제자인 베드로는 **초대 교황**이 되었습니다.

Q 221 베드로의 수위권에 대한 예수 그리스도의 말씀은 무엇인가요?

A 1. 예수 그리스도께서 이 세상에서 공생활을 시작하실 때, 열두 제자를 모아서 그들에게 특별 교육을 하셨습니다. 그러나 열두 제자를 동등한 급에 두지 않으시고, 그 열두 제자 중에서 베드로를 **으뜸 제자**로 선정하여, 다른 제자들을 지도하게 하셨습니다. 그 당시 예수 그리스도께서 친히 임명하신 사도단의 으뜸인 베드로는, 바로 예수 그리스도께서 당신 교회를 맡기신 **초대 교황**이었습니다.

2. 베드로를 선정해서 교회의 모든 권리를 주신 말씀을 성경은 "너는 베드로이다. 내가 이 반석 위에 내 교회를 세울 터인즉, 저승의 세력도 그것을 이기지 못할 것이다. 또 나는 너에게 하늘 나라의 열쇠를 주겠다. 그러니 네가 무엇이든지 땅에서 매면 하늘에서도 매일 것이고, 네가 무엇이든지 땅에서 풀면 하늘에서도 풀릴 것이다."(마태 16,18-19 참조)라고 기록하고 있습니다.

Q 222 예수 그리스도께서 베드로에게 천국의 열쇠를 주셨다는 것은 무슨 뜻인가요?

A 예수 그리스도를 대리해서 **세상 교회를 다스리는 전권**을 베드로에게 부여했다는 것입니다. 그래서 우리는 베드로의 후계자로서 절대권을 가지고 있는 오늘의 교황을 **예수 그리스도의 지상 대리자**로 받들고 있습니다.

Q 223 교황은 어떤 분이시고, 어떻게 선출되나요?

A 1. 교황은 이 지상에서 **예수 그리스도의 지상 대리자**로서 막중한 임무를 맡고 있습니다. 예수 그리스도께서는 몸소 교회를 세우신 다음 열두 제자를 뽑으시고, 그 가운데 베드로를 사도들의 으뜸으로 삼아 교회를 다스리도록 위임하셨는데, **베드로의 후계**

자들이 곧 교황입니다. 교황은 추기경단의 비밀 투표로 선출하며, 새 교황은 착좌할 때 관습에 따라 새 이름을 스스로 선택합니다.

2. 2013년에 교황직에 오른 프란치스코는 **266대 교황**이며 **로마의 주교, 그리스도의 대리자, 베드로 사도의 후계자, 전 세계 가톨릭교회의 최고 지도자, 바티칸 시국의 원수** 등 여러 가지 직함을 가지고 있습니다. 교회는 해마다 성 베드로와 성 바오로 사도 대축일(6월 29일)에 가까운 주일을 **교황 주일**로 지내면서, 교황이 전 세계의 모든 신자들을 훌륭하게 이끌어 나갈 수 있도록 기도합니다.

3. 만일 현 교황이 돌아가시면 **전 세계 80세 미만 추기경들**은 전부 로마에 있는 **시스티나 성당**에 모여 교황 선거장에 들어가 교황 선거 회의를 합니다. 그 회의를 '**콘클라베**'라고 하는데 선거장에 들어간 추기경은 교황이 선출될 때 까지 선거장에서 나오지 못합니다. 추기경 수의 **3분의 2표**를 얻어야 교황에 당선됩니다.

4. 교황이 선출되지 않을 때에는 선거장 지붕에 있는 굴뚝에서 **검은 연기**를 내보내나, 당선 확정이 되면 **흰 연기**를 내보냅니다. 교황의 피선거권은 가톨릭 신자이면 누구나 있지만, 교황은 **주로 추기경 중에서 선출**됩니다.

Q 224 교황이 삼중관(三重冠·Tiara Papale)을 쓰는 이유는 무엇인가요?

A 1. 삼중관(三重冠·Tiara Papale)은 예수 그리스도의 지상 대리자로서, 전 교회의 우두머리로서 교황이 가지고 있는 권리를 뜻하는데, 삼중관(三重冠·Tiara Papale)이 상징하는 교황의 세 가지 직무는,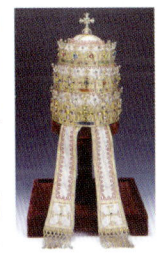
① **성품권(聖品權)**은 기도와 미사를 집전하고, 그것을 통해 영적으로 거룩하게 하는 권한을 말하고,
② **통치권(統治權)**은 교회를 다스리고 지도함에 있어서 필요한 입법, 사법, 행정의 세 가지 권한을 가지는 것을 뜻하며,
③ **교도권(敎導權)**은 복음의 진리를 모든 사람들에게 전파하고 가르쳐야 할 책무 특히, 교령이나 공의회들을 통해 신앙과 도덕에 관한 가르침을 발표하는 권한을 말합니다.

2. 그러나 20세기 이후의 교황은 10명이 재임하였는데 권위를 내려놓은 모습이 공통점으로 나타났으며, 그 한 예로 수백 년 동안 사용해 온 삼중관을 쓰지 않는 관행이 생겼습니다.

Q 225 **성품권(聖品權)을 설명해보세요.**

A 1. 예수 그리스도의 제자들이 **예수 그리스도로부터 받은 교회의 권리**로서, 예수 그리스도께서 하느님과 인간 사이를 연결시키는 제관으로서의 권리를 말합니다. 교회는 **예수 그리스도의 구원 사업**을 그대로 이어 받아 세상 마칠 때까지, **예수 그리스도의 역할**을 해야 하므로 성품권이 있어야 합니다. 예수 그리스도의 제자들이 종교 의식을 행함으로써 **신자들의 영혼을 거룩하게 하며, 예수 그리스도께 받은 사죄권(赦罪權)으로 사람들의 죄를 사하고, 하느님의 은총을 전달하는 권리**도 성품권 중의 하나입니다.

2. 성품권에 대한 예수 그리스도의 말씀을 보면 "이는 너희를 위하여 내어 주는 내 몸이다. 너희는 나를 기억하여 이를 행하여라."(루카 22,19 참조)하시면서 '성찬례 거행'을 명하셨고, "성령을 받아라. 너희가 누구의 죄든지 용서해주면 그가 용서를 받을 것이고, 그대로 두면 그대로 남아있을 것이다.(요한 20,23 참조) 하시면서 사제들이 행하는 **성품권을 통해 하느님의 은총이 주어진다는 점**을 가르치셨습니다.

Q 226 **통치권(統治權)을 설명해보세요.**

A 1. **교회를 다스리는 권리**로서, 교회의 행정이라고 할 수 있습니다. 행정을 하기 위해서는 법을 만들어야 하고 이것의 준수 여하에 따라 법의 제재가 있어야 하므로, 통치권(統治權)에는 **법을 세우고, 다스리고, 판단하는 세 가지 권리**가 포함됩니다. 즉 입법, 사법, 행정의 세 가지 권리를 말합니다.

2. 예수 그리스도께서 베드로에게 사랑의 다짐을 받고 "내 양들을 돌보아라."(요한 21,17 참조)하시면서 통치권을 주셨으며, "그가 그들의 말을 들으려고 하지 않거든 교회에 알려라. 교회의 말도 들으려고 하지 않거든 그를 다른 민족 사람이나 세리처럼 여겨라."(마태 18,17 참조)하신 말씀은 곧 **교회가 판단할 수 있는 권리**를 말합니다.

Q 227 교도권(敎導權)을 설명해보세요.

A
1. 교도권(敎導權)은 일반적인 의미로 '**가르치고 인도하는 권리**'이므로, 교회의 교도권은 '**그리스도인들이 올바른 신앙생활을 할 수 있도록 신앙의 길을 밝혀주고 도와주는 직무**'라 이해할 수 있습니다. "교도권은 하느님의 백성이 빗나가거나 쇠약해지지 않도록 보호해야 하며, 올바른 신앙을 오류 없이 고백할 수 있는 객관적 가능성을 보장해 주어야 한다. 이처럼 교도권의 사목적 임무는 자유를 주는 진리 안에 하느님의 백성이 머물도록 보살피는 임무이다."(가톨릭교회 교리서 890항 참조)

2. 예수 그리스도는 제자들에게 "그러므로 너희는 가서 모든 민족들을 제자로 삼아, 아버지와 아들과 성령의 이름으로 세례를 주고, 내가 명령한 모든 것을 가르쳐 지키게 하여라. 보라, 내가 세상 끝 날까지 언제나 너희와 함께 있겠다."(마태 28,19-20 참조) 라고 하시며 교도권을 주시고 가르칠 것을 명령하셨습니다.

3. 이러한 교회의 교도권(敎導權)은 누구에게 있는가? '로마 주교이며 베드로의 후계자인 교황과 일치를 이루는 **주교들**에게 맡겨져 있다'고 명시되어 있습니다. 따라서 주교들은 자기에게 맡겨진 백성에게 믿고 살아가야 할 **신앙을 선포**하고, 계시의 곳간에서 새 것과 옛 것을 꺼내어 **성령의 빛으로 밝혀 주며**, 그 신앙이 **열매를 맺게 하고**, 자기 양떼를 위협하는 **오류를 경계하여 막아야 하는 의무**를 지니는 것입니다.(가톨릭교회 교리서 85항: 교회 헌장 25항 참조)

Q 228 교황의 무류성(無謬性)이란 무엇인가요?

A
1. 교황은 오로지 장엄한 교회 의식을 통해 교의를 선포할 때에만, 다시 말해 **신앙과 도덕적 가르침**에 있어 구속력 있는 결정을 선포할 때에만 무류성을 지니는데, 공의회의 결정과 같이 주교단이 교황과 하나가 되어 내리는 **교도권적인 결정**들도 물론 무류성을 지닙니다.(가톨릭교회 교리서 888항-892항 참조)

2. 가톨릭은 성령의 보호를 받는 교회이기 때문에 우리 구원과 직접 관계되는 **신앙이나 도덕 문제**를 가르칠 때 그르칠 수 없다는 것이 **교황의 무류성(無謬性)**입니다.

3. 예수 그리스도께서 "너는 베드로이다. 내가 이 반석 위에 교회를 세울 터인즉, 저승의 세력도 그것을 이기지 못할 것이다."(마태 16,18)라고 하셨는데 죽음의 세력도 그것을 이기지 못한다는 말씀은, 곧 당신 교회 안에 **어떠한 그르침(誤謬)도 감히 침입할 수 없다는 것을 보장**하신 것입니다.

Q 229 **교황은 어디에 계시나요?**

A 　**바티칸시국(0.44km²)**은 인구가 불과 몇 천 명에 지나지 않는 세계에서 가장 작은 국가이지만, 이탈리아 정부와는 아무런 상관이 없는 국제법상 정식으로 인정된 독립 국가인데 이곳에 교황이 계십니다.

Q 230 **추기경은 어떤 분인가요?**

A 　추기경은 교황의 특별고문입니다. 교황청의 주요 직책을 맡기도 하고, 다른 많은 특권도 가지고 있지만, 가장 큰 특권은 **교황 선거권**이라 하겠습니다.

Q 231 **성직자들이 수단과 로만 칼라를 입는 이유는 무엇인가요?**

A 　1. 수단(라.talaria 영.cassock 프.soutane)은 가톨릭 성직자들의 **신분을 표시하는 의복**으로서, 제의 밑에 받쳐 입거나 평상시에 입습니다. 발목까지 길게 내려오며 전례복과 구별되고, 세속과 육신과 쾌락을 끊고 하느님과 교회에 봉사하려고, 세속에서는 죽었다는 뜻이 담겨 있습니다. 사제와 부제는 죽음을 의미하는 **검은색 수단**이나(동절기) **흰색 수단**을(하절기), 주교는 순교자의 피를 상징하는 **진홍색 수단**을, 추기경도 역시 순교자의 피를 상징하는 **붉은색 수단**을, 교황은 빛을 의미하는 **흰색 수단**을 입습니다.
　　2. 로만 칼라(Roman Collar)는 수단과 함께 가톨릭 사제의 상징으로서, 성직자 신분을 나타내는 평복인 수단의 목 부분에 두르는 것으로 독신으로 정결을 지킨다는 '**독신의 정결**'을 상징하며, 제 2차 바티칸 공의회(1962-1965년) 이후 변화 중 하나로서, 기존 성직자 옷과 사제복에서 양복과도 어울릴 수 있는 사제복을 제안하며 나타난 것이 흰 목대의 클러지 칼라를 개선한 '**로만 칼라**'입니다.

3. 95년 발표된 한국 천주교 사목 지침서는 "모든 사목 활동 때와 공적 회합 및 행사 때는 성직자 복장(수단 또는 로만 칼라)을 착용해야 한다."고 규정하고 있습니다.(제 15조 참조) 수단을 입는 경우가 아니라면 **양복 정장에 로만 칼라(Roman Collar)**를 하는 것이 한국 천주교 주교 회의의 입장입니다. 오늘날 한국 가톨릭교회에서는 교회가 세속화되는 상황에서, 이와 같은 성직자 복장을 통해 성직자들이 **정결**과 **헌신**과 **가난한 삶**을 일깨울 필요가 있다는 데 인식을 함께 하고 있습니다.

Q 232 공의회(公議會)는 무엇인가요?

A 공의회는 교황이 소집하는 **전 세계 가톨릭 주교들의 공식적 회의**입니다. 2천 년의 교회사에서 무려 21차례나 있었는데, 제2차 바티칸 공의회(1962-1965년 21차 공의회)는 로마 바티칸에서 열렸습니다. 공의회에서는 언제나 신앙이나 윤리 도덕의 문제를 다룹니다. 여기서 논의된 것은 반드시 교황이 **승인**하고 **공표**해야만 유효합니다.

Q 233 공의회(公議會)와 시노드(synod)는 어떻게 다른지 비교 설명해보세요.

A 공의회(公議會)와 시노드(synod)는 모두 교회 회의를 가리키는 용어들이나 차이가 있습니다.

1. **공의회(公議會)**는 교황이 소집하는 회의로 주교들이 의결권을 가지고, **시노드(synod)**는 주교들이 중대 사안을 논의하고 건의하는 것을 말하며, 공의회는 주교들의 회의이고, 시노드는 대의원 주교들의 회의이며 그래서 시노드를 주교 대의원회의라고 부르고 또 공의회는 의결권을 지니는 회의이나 시노드는 건의하는 권한만 지니는 회의입니다.

2. **공의회(公議會)**는 주교들의 회의이며, 통상적 회의가 아니라 의논하고 결정해야 할 중대한 사안이 있을 때에 하는 회의입니다.
공의회는 두 가지로 나누어집니다.
① **보편 공의회** 또는 **세계 공의회**입니다. 전 세계의 가톨릭 주교들이 모여 보편 교회의 주요 안건을 논의하고 결정하는 회의입니다. 보편 공의회

는 지금까지 모두 21차례나 열렸고, 가장 마지막에 열린 보편 공의회는 1962-1965년에 바티칸에서 열린 제2차 바티칸 공의회입니다.

② **개별 공의회** 또는 **지역 공의회**입니다. 전국 공의회는 주교회의가 있는 그 지역 모든 개별 교회(교구)를 위해 필요하다고 여길 때에 소집하는 회의이고 관구 공의회는 같은 관구에 있는 여러 개별 교회 교구장 주교들의 다수가 필요하다고 여길 때 소집할 수 있습니다.

3. **시노드(synod)**란 '함께 길을 간다.'는 뜻을 지닌 그리스어에서 유래하며 교회의 중요한 사안들을 논의하기 위해 대의원들이 함께 모여 의견을 나누고 필요하다고 결정한 사항들을 건의하는 회의입니다.

시노드(synod)는 두 가지로 나누어집니다.

① **주교 시노드**, 곧 주교 대의원회의입니다. 주교 대의원회는 교황이 보편 교회나 특정 지역 교회를 위해 필요하다고 판단할 때에 세계 각 지역 또는 해당 지역의 주교 대표들을 소집해서 하는 회의로 주교 시노드는 소집권자가 교황이고 대의원주교들이 참석합니다.

② **교구 시노드**, 곧 교구 대의원회의입니다. 교구 대의원회는 소집권자가 교구장이고 교구 성직자뿐 아니라 평신도 수도자 대표들이 참석합니다.

4. 지난 1990년대 이후로 한국 가톨릭교회에서는 대구 대교구와 서울 대교구, 수원 교구, 청주 교구, 대전 교구가 교구 시노드를 열었습니다.

Q 234 **교적이란 무엇인가요?**

A 교적이란 한국 가톨릭교회의 고유한 제도이며, 신자 각 개인의 **신앙생활 기록**과 **가족 관계**, **신상 명세** 등을 기록한 것으로, 가톨릭 신자임을 증명하는 표입니다. 세례성사로써 하느님의 자녀로 태어났고 또 그리스도 교회의 정식 신자가 되었으므로 교회의 기록부에 이름을 올리는 것입니다.

PART 5

하느님의 지킬 계명과 그리스도인의 삶

전능하신 예수 그리스도
A.D 1123년경 벽화 스페인 바르셀로나 카탈로니아 미술관 소장
CHRIST AS PANTOCRATOR CIRCA 1123 Museo del Catalonia, Spain Barcelona

Q 235 하느님 없는 윤리 도덕의 맹점은 무엇인가요?

A
1. 지금도 우리나라의 일상생활에서 깊이 뿌리박혀 있는 윤리 도덕인 삼강오륜(三綱五倫)은 원래 중국 전한(前漢) 때의 거유(巨儒) 동중서(董仲舒)가 공맹(孔孟)의 교리에 입각하여 삼강오상설(三綱五常說)을 논한 데서 유래되어 중국뿐만 아니라 한국에서도 과거 오랫동안 사회의 기본적 윤리로 존중되어 왔습니다.
2. 유교(儒敎)의 도덕 사상에서 기본이 되는 3가지의 강령(綱領), 즉 삼강(三綱)은 **군위신강(君爲臣綱)·부위자강(父爲子綱)·부위부강(夫爲婦綱)**을 말하며 이것은 글자 그대로 **임금과 신하, 어버이와 자식, 남편과 아내 사이에 마땅히 지켜야 할 도리**를 말합니다.
3. 5가지의 인륜(人倫), 즉 오륜(五倫)은 오상(五常) 또는 오전(五典)이라고도 하는데, 이는 《맹자(孟子)》에 나오는 **군신유의(君臣有義)·부자유친(父子有親)·부부유별(夫婦有別)·장유유서(長幼有序)·붕우유신(朋友有信)**의 5가지로, 임금과 신하의 도리는 **의리(義理)**에 있고, 아버지와 아들 사이의 도(道)는 **친애(親愛)**에 있으며, 부부 사이에는 서로 침범치 못할 인륜(人倫)의 **구별(區別)**이 있으며, 어른과 어림이 사이에는 **차례(次例)**와 **질서(秩序)**가 있어야 하며, 벗의 도리는 **믿음(信)**에 있음을 뜻합니다.
4. 이와 같은 윤리적 기준은 **인간과 인간 사이**에서 지켜야 할 **윤리 도덕 기준**이고 이 모든 윤리 도덕법을 주신 **윤리의 절대자**와 그것의 잘잘못을 판가름할 **윤리의 심판관(하느님)**을 모르기 때문에, 윤리 도덕이 지향하는 **참된 선의 목표가 명확하지 못한 맹점**이 있습니다. 그러나 우리 가톨릭은 윤리 도덕법을 주신 **윤리의 절대자이신 하느님**이 계시어, 우리의 **행동을 판결**하고 **상과 벌** 또는 **행복과 불행**을 내리십니다.

Q 236 우리 인간의 마음속에 존재하는 양심(良心)이란 무엇인가요?

A
1. 인간의 마음속에 존재하는 양심은 선을 행하고, 악을 피하라고 적절한 때에 인간에게 명령하는 **이성적 판단**입니다. 양심을 통하여 인간은 자기가 하려는 행위나, 이미 행한 행위의 도덕적 가치를 알 수 있는데, 그 양심이 인간에게 그에 대한 책임을 지도록 해 주기 때문입니다. 현명한 사람은 양심

에 귀 기울일 때에, 그에게 말씀하시는 **하느님의 소리**를 들을 수 있습니다.
2. 양심을 통해서 도덕적 원칙을 인지하는 일, 이성적 식별을 통해 도덕적 원칙을 실제 상황에 적응하는 일, 자기 행위에 판단을 내리는 일 등 이성적 판단(올바른 판단)을 합니다. 그리고 어떤 행위가 도덕적으로 옳은가, 옳지 않은가 하는 것을 양심을 통해서 알게 됩니다.
3. 양심은 인간 내면에 있는 내적 소리로, 무조건 선을 행하고 악을 피하도록 인간을 설득하고, 하느님은 양심을 통해 당신을 분명하게 느낄 수 있게 하시며 인간에게 말씀하십니다.(가톨릭교회 교리서 1776항-1779 참조)
4. "양심은 인간의 가장 은밀한 핵심이며 지성소이다. 거기에서 인간은 홀로 하느님과 함께 있고, 그 깊은 곳에서 하느님의 목소리를 듣는다."(사목 헌장 16항 참조) 남을 속일 수는 있어도 자신을 속일 수 없는 것이 양심입니다.

Q 237 십계명은 누가 어디서 누구에게서 받은 것인가요?

A
1. 구약의 이스라엘 지도자 **모세**는, 수십만 명의 군중을 거느리고 약속의 땅 가나안으로 돌아올 때에, **시나이 산**에서 십계명을 **하느님**에게서 받았습니다. 이와 같은 십계명은 **'하느님의 법'**으로서, 인간이 깨우쳐야 할 **보편적 진리**이므로, 시대를 초월하여 누구나 반드시 지켜야 할 의무입니다.
2. 십계명 중 앞 세 계명은 **하느님**께 대한 사랑과 도리를, 나머지 일곱 계명은 **인간**에 대한 사랑과 도리를 제시하였는데, 각각 다른 계명들과 그리고 십계명 전체와 밀접하게 연결되기 때문에, 한 계명을 어기는 것은 다른 계명 모두를 어기는 것이 됩니다.(가톨릭교회 교리서 2069항 참조)

Q 238 십계명은 무엇이며, 우리가 십계명을 지키며 살 수가 있나요?

A
1. 하느님께서는 모세를 통하여 이스라엘과 계약을 맺으시고 십계명을 주시기에 앞서, "나는 너를 이집트 땅, 종살이하던 집에서 이끌어 낸 주 너의 하느님이다."(탈출 20, 2 참조)라고 말씀하셨는데, 이 말씀으로 하느님께서는 우리 인간을 **얼마나 사랑하시고 돌보아 주시는지**를 일깨워 주셨습니다. 이 십계명은 인간의 **자유를 제한하고 구속하는 법**이 아니라, 인간이 **하느님의 사랑과 은혜**를 계속 받을 수 있게 해 주는, 곧 **인간에게 진정한 해방과 자**

유를 주는 법입니다.

2. 십계명은 이스라엘 백성이 **하느님의 백성으로서 지켜야 할 규범**으로서, 이집트 종살이에서 해방된 이스라엘 백성이 계속해서 **하느님의 보살핌과 사랑**을 받을 수 있게 해주는 **삶의 지표**가 되었습니다. 예수 그리스도께서 **당신의 성령과 은총**으로 우리가 십계명을 지킬 수 있게 해 주시는데, **하느님에 대한 우리의 의무**에 대해서는 "네 마음을 다하고 네 목숨을 다하고 네 정신을 다하여 주 너희 하느님을 사랑해야 한다."(마태 22,37 참조)고 말씀하셨습니다.

3. 하느님께서 명하시는 것은 당신 친히 은총으로 실천 가능하게 해 주시며, 우리가 십계명을 지키고 나아가 하느님의 자녀답게 살 수 있는 것은, 우리가 그리스도와 한 몸을 이루고 있기 때문입니다.(가톨릭교회 교리서 2082항 참조)

4. "나는 포도나무요 너희는 가지다. 내 안에 머무르고 나도 그 안에 머무르는 사람은 많은 열매를 맺는다. 너희는 나 없이 아무것도 하지 못한다."(요한 15,5 참조)

Q 239 십계명 중 보상의 의무가 따르는 계명은 무엇인가요?

A 십계명 중에 어떤 계명이든지 지키지 못했으면, 그 죄의 종류와 횟수를 고백하고 죄 사함을 받아야 합니다. 그런데 고백하고 죄 사함을 받은 후에는 보속을 해야 합니다. 십계명 중에 **다섯째 계명(사람을 죽이지 마라)**과 **여섯째 계명(간음하지 마라)**, 일곱째 계명(도둑질을 하지 마라) 그리고 **여덟째 계명(거짓 증언을 하지 마라)**은 우리에게 보상을 해야 할 의무가 따릅니다.

Q 240 첫째 계명이 명하는 것은 무엇인가요?

A 첫째 계명은 **"한 분이신 하느님을 흠숭하여라."**입니다.

1. 하느님만을 믿고, 바라고, 모든 것보다 **하느님을 먼저 사랑할 것**을 요구합니다. 이 세가지를 향주덕이라고 부르는데, 이 **믿음**으로 우리는 **의심과 불신**을 물리치고, **신앙을 성장**시키며 지킵니다. 우리는 하느님께서 약속하신 **영원한 생명**, 그 **구원의 약속**이 이루어지리라 **희망**하면서 **절망**하지 않고 **자만**하지 않습니다. 하느님께서 **우리를 얼마나 사랑하시는지**를 깨닫고, 그

사랑으로 **하느님과 이웃**을 사랑합니다. 따라서 이웃에 대한 **무관심과 미움**은 주님의 사랑을 저버리는 것입니다.

2. 하느님을 섬기는 일은 **흠숭과 예배**로 이어지는데, 하느님에 대한 **흠숭**은 그분을 **나의 창조주요 구세주로, 주님이며 모든 것의 주인으로, 사랑과 자비가 무한하신 분으로 인정**하는 것입니다. 흠숭의 표현은 예배로써 **기도, 희생 제사, 약속, 서원** 등으로 이루어지는데, 외적인 이 예배와 함께 **우리의 삶**으로 흠숭하게 됩니다.

3. 첫째 계명에 대해 이를 다시 요약해 보면 하느님을 **최대로 흠숭하고 사랑하라는 것**입니다. 하느님은 **행복의 원천**이요, **사랑의 원천**이며, 우리의 **최후의 목적**이기 때문에, 우리의 **모든 행동**이 **하느님께 대한 흠숭과 사랑**에서 나와야 한다는 것입니다.

Q 241. 첫째 계명에서 금하는 것은 무엇인가요?

A 하느님이 아닌 다른 것을 하느님처럼 흠숭하고 공경하는 것으로서,

1. **다신교와 우상 숭배** : 피조물, 권력, 돈, 심지어 마귀를 신격화하는 것.
2. **미신** : 다양한 신격화의 형태인 마술과 점, 정령 숭배(精靈崇拜) 등 참 하느님께 드리는 마땅한 예배를 거스르는 것.
3. **불경** : 말이나 행위로 하느님을 시험하는 것으로 거룩한 사람이나 사물 특히 성체를 모독하는 신성 모독과, 영적 재화를 사거나 팔려고 하는 성직 매매 행위.
4. **무신론** : 종종 인간의 자율성에 대한 그릇된 개념에 근거하여 하느님의 존재를 거부하는 것.
5. **불가지론** : 하느님에 대해서는 아무것도 알 수 없다고 주장하는 무관심주의와 실천적 무신론 등이 있습니다.(가톨릭교회 교리서 2011-2028항 참조)

Q 242. 둘째 계명의 내용은 무엇인가요?

A 둘째 계명은 **"하느님의 이름을 함부로 부르지 마라."** 입니다.

1. **구약 시대**에 하느님께서는 **모세**를 통하여 당신의 이름을 알려 주셨고(탈출

6,2-8 참조), **예언자들과 사제**들은 주 하느님의 이름으로 그 분의 뜻을 전하고 백성을 축복하였으며(신명 10, 8 참조), **신약 시대의 사도**들은 예수 그리스도의 이름으로 마귀를 쫓아내고 성부와 성자와 성령의 이름으로 세례를 주었습니다.

2. 하느님의 이름으로 행하는 일은 우리가 아닌 **하느님께서 하시는 일**이므로, 십계명의 둘째 계명은 **하느님의 이름을 존경할 것**을 명합니다. **하느님의 거룩한 이름**은 우리의 **청원**과 그분에 대한 **찬미와 영광**으로 존경받습니다. 그러나 하느님을 **나쁘게** 말하고, 그분에 대하여 **불경스러운 말**을 하며, 하느님의 이름을 **함부로 부르는 것**은 둘째 계명을 어기는 것입니다.

3. 그리스도인으로서 하느님의 이름으로 남에게 한 약속은 **하느님의 명예와 성실, 진실과 권위를 내세우는 것**이므로 하느님의 이름으로 맹세하고 약속한 것은 꼭 지켜야 합니다. 하느님의 이름으로 지킬 생각이 없는 약속을 하거나, 맹세를 하고 지키지 않는다면 **거짓 맹세하는 것**이므로, 진리 자체이신 하느님을 **거짓 증인**으로 내세우는 것이기 때문에 **진실하신 하느님을 거스르는 큰 잘못**입니다.

4. "주 너의 하느님의 이름을 부당하게 불러서는 안 된다."(탈출 20,7 참조) 라고 하신 성경 말씀에 따라, 하느님의 **거룩한 이름**은 **흠숭과 공경을 갖춰 불러야 하고, 하느님과 약속한 바를 지켜야 하는 계명**입니다.

Q 243 셋째 계명의 내용은 무엇인가요?

A 셋째 계명은 **"주일을 거룩히 지내라."**입니다.

1. "안식일을 기억하여 거룩하게 지켜라."(탈출 20,8 참조) 하신 성경 말씀에 따라, 주일을 거룩하게 지내야 하는 계명으로 **주일 미사뿐 아니라 주일 하루를 거룩하게 지낼 것**을 명합니다.

2. 안식일은 하느님의 **창조 업적**과 당신 백성을 위한 **구원 업적**을 찬미하고 기리는 거룩한 날, 곧 **주님의 날**입니다. 이날은 하느님께서 세상을 창조하실 때 이렛날 쉬셨듯이(탈출 31,17 참조), 사람들이 일상의 일을 멈추고 쉴 수 있도록 마련되었습니다.

3. 사도 시대부터 그리스도인들은 **주님의 성찬례(미사)**를 거행하며 주일을 경

축하였습니다. 이와 같은 주일은 **그리스도의 수난과 부활을 경축하는 날**이기에 교회는 **가장 중요한 의무 축일**로 지키면서, 주일 미사는 **교회 생활의 중심**이 되고, 우리는 **주일**마다 **미사**에 **성실히 참례**합니다.

4. 주일은 **휴식의 날**입니다. 우리의 삶이 **노동과 휴식**으로 이어지고 있듯이, 주일에는 **충분한 휴식과 여가**를 즐기되 **주일 미사, 자선의 실천, 적당한 휴식**에 방해되는 **일이나 활동**은 삼가야 합니다. 또한 주일은 **가족이나 친지**들과 함께하는 시간을 갖고 서로 보살펴야 하며, 주일에 일 때문에 충분한 여가가 없다면 **기도와 정성**으로 거룩하게 지내야 합니다.

Q 244   넷째 계명이 명하는 것은 무엇인가요?

A   넷째 계명은 "**부모에게 효도하여라.**"입니다.

1. 하느님께서는 사람을 **남자와 여자로 창조**하시어 가정을 세우셨고, **가정의 기본 구조**를 마련하셨습니다. 이와 같은 **가정**은 인간의 **모든 관계와 활동의 기초이며 시작**입니다. **가정의 본질**은 서로 사랑하는 남녀가 **한 몸**을 이루고, 그 사랑의 결실로 얻은 **자녀를 참 인간**으로 기르며, **일치와 나눔**으로써 **인간 완성을 추구하는 것**입니다. 따라서 가정은 **사랑과 용서, 정의와 질서**를 실천하는 자리이며 특히, **그리스도인의 가정**은 사랑의 근원이신 하느님을 그 중심으로 모시고 그렇게 되도록 노력하는 곳입니다.

2. 십계명의 넷째 계명은 하느님 다음으로 **부모를 공경**하라는 가르침입니다. 이 계명에서 **자녀의 도리**를 명백히 밝히는 것은 **부모와 자녀의 관계가 가장 보편적인 관계**이기 때문입니다. 그렇지만 **가정의 구성원인 가족은 동등한 존엄성**을 지니며, 각자가 가정 안에서 **책임과 권리와 의무**를 가집니다.

3. 부모와 자녀 관계 외에 넷째 계명이 명하는 것은 ① 고용주는 노동자를 채용하되 반드시 **정당한 보수**를 제때에 주어야 합니다. 만일 고용주가 노동자에게 지나치게 많은 일을 시키고, 아주 적은 보수를 준다면 죄가 됩니다. 고용주로서 여러 어려운 점이 많겠지만, 노동자를 고용했을 때는 반드시 **최소한의 생활 보장**을 해주어야 하며, ② 반대로 노동자는 고용주를 존경하고 그의 **정당한 지시**에 따라서 **정직하고 충실하게 일해야** 하고, ③ 부부 사이의 **윤리**를 지켜야 하며, ④ 스승과 제자 간의 **도리**를 지켜야 하고,

⑤ 국민은 국가에 세금을 바치고 **국법**을 준수해야 하며, ⑥ 신자들은 신자로서 **교회에 해야 하는 의무**를 지켜야 합니다.

Q 245 **다섯째 계명이 금하는 것은 무엇인가요?**

A 다섯째 계명은 **"사람을 죽이지 마라."**입니다.
1. 인간이 존엄한 이유는 바로 **하느님의 모습으로 창조**되었고, **하느님의 숨결로 생명을 부여**받았으며, 예수 그리스도께서 인간이 되시어 **인간의 품위**를 한층 올려 주셨기 때문입니다. **인간의 생명**은 온전히 **하느님께서 주신 선물**이므로, 인간에게는 이 생명을 **존중하고 보호하며 소중하게 이어 가야 할 사명**이 있습니다.
2. 십계명의 다섯째 계명은 모든 **인간의 생명**을 해치지 말라고 명합니다. **인간 생명을 해치는 것**은 하느님의 **창조 목적에 어긋나는 행위**이며, 생명의 근원이신 **하느님의 뜻을 거스르는 죄**입니다. 우리에게는 자기 자신이나 다른 사람의 생명을 해치거나 **손상할 권한**이 없으며, 오히려 최우선으로 **보호해야 할 의무**가 있습니다. "살인해서는 안 된다."(탈출 20,13 참조)라는 성경 말씀에 따라 우리 그리스도인들은 **인간의 생명을 보호해야** 합니다.

Q 246 **여섯째 계명이 금하는 것은 무엇인가요?**

A 여섯째 계명은 **"간음하지 마라."**입니다.
1. 부부생활은 **가정생활의 기초**이고 **사회생활의 원동력**입니다. 부부 사랑에서 **배우자 아닌 다른 사람**과 나누는 사랑은 있을 수 없으며, 이 사랑이 **제삼자**에게 **침해**되어서도 안 됩니다.
2. 십계명의 여섯째 계명은 인간 사회의 가장 기본적 가치인 **혼인과 가정**을 지키기 위한 것입니다. 부부 가운데 어느 한쪽의 부정(不貞)을 가리키는 **간음**은 하느님께서 제정하신 **혼인의 뜻을 정면으로 거스르는 죄**입니다. 간음은 **배우자의 권리**를 침해하고, 혼인의 기초가 되는 **계약의 신의**를 어김으로써 **혼인 제도**를 해치며 또한 **부모의 안정적인 보살핌**이 필요한 **자녀의 삶에 나쁜 영향**을 끼칩니다.
3. 이 계명은 성의 본래 목적에 부합하는 **정결한 생활**을 하도록 명합니다.

자위행위, 혼전 성행위, 포르노의 제작과 배포, 성매매, 동성애 등은 이 계명을 어기는 행위입니다. 사람들 가운데에는 선천적으로 **동성애 성향**을 지닌 이들이 있는데, 이러한 성향이 그들에게 **큰 시련**이 되고 있으므로 그러한 사람들을 **도외시할 것**이 아니라 **존중하고 동정하며 친절**하게 대해야 할 것입니다.

Q 247 일곱째 계명이 금하는 것은 무엇인가요?

A 일곱째 계명은 **"도둑질을 하지 마라."**입니다.
   1. 재산 소유권은 인간의 **기본적인 권리**입니다. 인간이 존엄성을 유지하며 자신과 자신이 책임지고 있는 이들에게 필요한 것을 마련하고자 재산을 소유하는 것은 지극히 당연한 일이며, 따라서 정당한 방법으로 얻은 **개인의 재산은 존중**되어야 합니다.
   2. 십계명의 일곱째 계명은 다른 사람의 재물을 **부당하게 빼앗거나 차지하지 말라**는 명입니다. 타인의 재물을 그 주인의 정당한 의사를 거슬러 **훔치거나 빼앗는 행위**는 이 계명을 어기는 죄입니다. 도둑질은 **임금을 정당하게 지불하지 않는 행위**나 자신의 이득을 위하여 속여서 **다른 사람에게 손해를 입히는 행위**와 **수표나 계산서를 위조하는 행위**를 포함합니다. 또한 **탈세**, 다른 사람이나 공공의 소유물에 대한 **고의적 훼손**, **공유 재산의 유용이나 낭비**, **부패와 업무 태만**이 이 계명에 어긋나는 행위입니다.
   3. 일곱째 계명을 어기는 행위를 다시 요약해 보면 ① 불의하게 남의 물건을 빼앗는 것을 금하고, ② 남에게 어떤 모양으로든지 손해를 끼치는 것을 금하며, ③ 남의 물건을 훔치거나 남에게 손해를 끼치는 일에 직·간접으로 협력하는 일을 금하고, ④ 자기 재산을 함부로 낭비하는 것을 금합니다.

Q 248 여덟째 계명이 금하는 것은 무엇인가요?

A 여덟째 계명은 **"거짓 증언을 하지 마라."**입니다.
   1. '세 치 혀가 사람 잡는다.' 라는 속담이 있는데, 세 치 밖에 안 되는 짧은 혀

라도 잘못 놀리면 한 사람, 더 나아가 가정, 단체, 국가를 파괴하고 나아가서는 **멸망**에까지 이르게 합니다.

2. 십계명의 여덟째 계명은 **다른 사람과 맺는 관계**에서 **진실을 왜곡하지 말라**는 명입니다. 재판에서 **거짓 증언, 거짓 맹세와 거짓말, 경솔한 판단, 악담과 비방, 중상과 모략, 지나친 아부나 아첨** 등은 이 계명을 어기는 행위입니다.

3. **진실을 거스르는 행위**로 다른 사람에게 손해를 입힌 사람은 그에 상응하는 보상을 해야 합니다. 대중 매체는 **도덕률과 인간의 정당한 권리와 존엄성을 존중**하면서 **올바른 정보를 정직하고 타당한 방식으로 전달**해야 합니다. 그리스도인은 하느님의 자녀로서 신앙과 "진리 안에서 살아가는 사람"(2요한. 1,4 참조)이므로 사람들 사이의 신뢰를 무너뜨리는 **말과 행동**을 삼가야 합니다.

4. 여덟째 계명을 어기는 행위를 다시 요약해 보면 거짓 증언을 우선적으로 금하며 **사법 정의를 거스르는 것**을 금하는 것으로서 ① 거짓말을 하는 것을 금하고, ② 말로써 남에게 해를 끼치는 것을 금하며, ③ 아부를 지나치게 하거나 과장하는 것을 금하고, ④ 남의 비행을 이유 없이 말하는 것을 금하며, ⑤ 이간질을 해서 싸움이 나게 하는 것을 금하고, ⑥ 이유 없이 함부로 남을 판단하는 것을 금하며, ⑦ 꼭 지켜야 할 비밀을 함부로 누설하는 것을 금합니다.

Q 249 **아홉째 계명이 금하는 것은 무엇인가요?**

A 아홉째 계명은 **"남의 아내를 탐내지 마라."**입니다.

1. 성(性)은 매우 고귀하고 **창조적인 힘**을 가지고 있습니다. 그러나 그 힘은 폭발적이어서 자칫 잘못 사용하면 자신과 이웃을 해치고 사회에 누를 끼칠 수도 있습니다.

2. 십계명의 아홉째 계명은 **육체의 무질서한 탐욕**을 경계하라고 명합니다. 현대를 특징짓는 현상 가운데 하나로 **성의 문란**을 들 수가 있는데, 특히 영화나 드라마, 소설이나 만화 등을 통하여 저속한 성 문화가 빠르고 넓게 퍼져 가고 있습니다. 성적 탐욕을 이겨 내려면 **마음의 정화와 절제의 실천**

이 필요한데, **마음과 몸의 정결과 신앙의 순수함**은 서로 연결되어 있으므로, 우리는 마음과 육체를 깨끗하게 간직해야 **하느님을 뵐 수 있을 것**입니다.(마태 5,8 참조)

3. 이 아홉째 계명을 다시 요약해 보면 마음으로 범하는 죄로서 ① 어떤 사람과 음행을 했으면 하는 생각을 금하고, ② 전에 범한 죄를 생각하면서 즐거워하는 것을 금하며, ③ 혼자서 음란한 생각을 하면서 즐기는 것을 금합니다.

4. 원죄로 타락한 **인간 본성** 탓에, 인간이 음란죄에서 완전히 벗어나 깨끗한 마음으로 살 수는 없습니다. 하지만 **한가한 시간**을 피하고, **나쁜 장소**와 **나쁜 사람**을 피하며, **나쁜 말**을 피하고, **나쁜 영화나 책** 같은 것을 피하면서 살아야 합니다. 마음으로 범하는 것도 죄라고 하는 것은, 마음에서 시작된 생각이 보통 행동으로 옮아가는 경우가 많기 때문인데, 이것이 **실제로 행하는 죄를 미리 막아주는 역할**을 합니다.

Q 250 열째 계명이 금하는 것은 무엇인가요?

A 열째 계명은 "**남의 재물을 탐내지 마라.**"입니다.

1. 재화 자체는 선하신 **하느님의 창조물**이므로 원칙적으로 선합니다. 따라서 재산을 소유하고 부를 누리는 것은 **축복이며 좋은 일**입니다. 그러나 '사촌이 땅을 사면 배가 아프다.'는 속담처럼, 탐욕에 따른 **시기와 질투**는 다른 사람의 재산을 자기 것으로 만들려는 **무절제한 욕망**을 부추깁니다.

2. 십계명의 열째 계명은 **탐욕**과 세상의 재물에 대한 지나친 **소유욕**을 갖지 말라고 명합니다. 지상 생활이 전부인 양 또 재물을 모으는 것이 인생의 목적인 양 온갖 물욕에 집착할 때 인간 사회는 **불안**해지고, 갖가지 **부정과 부패와 범죄**가 꼬리를 뭅니다.

3. 재화에는 **사회적 성격**도 가지고 있으며, 하느님께서는 땅과 그 안에 있는 모든 것을 창조하시면서 **모든 인간**이 함께 사용하도록 하셨습니다. 따라서 재화는 **사랑과 정의**에 따라 공정하게 나누어져야 하며, 합법적으로 소유한 재산이라도 **공익**을 위하여 사용될 수 있어야 합니다.

4. 이 열째 계명을 다시 요약해 보면 마음으로 물욕을 일으키는 죄를 말하는 것으로서 ① 남의 재산을 사기치거나 횡령하려는 마음을 금하고, ② 남에

게 손해를 끼쳐서 재산을 모으려는 생각을 금하는 것을 말합니다.

Q 251 **흠숭(欽崇)과 공경(恭敬)의 내용은 어떻게 다른가요?**

A 하느님에 대한 예의를 **흠숭(欽崇)**이라고 하고, 성모님과 천사와 성인들에 대한 것을 **공경(恭敬)**이라고 합니다.

Q 252 **가톨릭교회에서는 성모 마리아를 교회의 어머니로 공경(恭敬)하는 이유는 무엇인가요?**

A
1. 성모 마리아께서는 **예수 그리스도의 어머니**이십니다. 성모 마리아께서 성령으로 잉태하신 분, 성모 마리아의 참 아드님이 되신 분은 다름 아닌 성부의 영원하신 아드님 성자 **예수 그리스도**이십니다. 그래서 교회는 성모 마리아를 참으로 **천주의 성모**라고 고백합니다.

2. 우리는 세례성사로써 하느님의 생명을 받아 그분의 자녀가 되었고, "그리스도 안에서 한 몸"(로마 12,5 참조)을 이루었습니다. 따라서 예수 그리스도를 낳으신 어머니는 예수 그리스도와 결합된 **우리 모든 신자의 어머니**이십니다.

3. 특히 예수 그리스께서는 십자가 위에서 마지막 돌아가시기 바로 전에 "당신의 어머니와 그 곁에 선 사랑하시는 제자를 보시고, 어머니에게 말씀하셨다. '여인이시여, 이 사람이 어머니의 아들입니다.' 이어서 그 제자에게 '이 분이 네 어머니시다.' 하고 말씀하셨다. 그때부터 그 제자가 그분을 자기 집에 모셨다."(요한 19,26-27 참조)라고 성경에 기록되어 있습니다.

4. 그날부터 사도들은 마리아를 어머니로 공경하였고, 그 제자들은 물론 초대 교회부터 오늘에 이르기까지 가톨릭교회에서는, **예수 그리스도의 당부**에 따라 성모 마리아를 **교회의 어머니로 공경**하고 있습니다.

5. 구세주 예수 그리스도를 낳아 주신 어머니로서, 예수 그리스도께서 어머니를 극진히 모신 것같이, 자녀인 우리가 **성모 마리아를 공경하고, 그분을 본받으려고 하는 것은 당연**합니다. 그러나 오직 한 분이신 하느님께만 드리는 **흠숭**과는 달리, 성모 마리아께서는 천사와 성인들께는 **공경의 예**를 드립니다.

Q 253 성모 마리아나 성인들에게 바치는 기도와, 하느님께 바치는 기도의 차이는 무엇인가요?

A
1. 우리는 **성모 마리아나 성인들에게 우리를 위하여 빌어 달라고 기도**합니다. 우리가 성모 마리아나 성인들에게 기도하는 것은 하느님처럼 생각하고 기도를 드리는 것은 아니고, 우리도 그분들처럼 **굳은 신앙 속**에서 하느님을 언제나 **사랑하며 받들도록 도와주고**, 우리의 간절한 **기도**를 하느님께 **전해 줄 것을 청**하려는 것입니다. 우리는 이것을 **전구(轉求)**라고 합니다.
2. 하느님께 기도할 때는 직접 **저희에게 자비를 베푸소서**라고 합니다. 그러나 성모 마리아나 성인들에게는 **저희를 위하여 빌어 주소서**라고 합니다. 이것은 우리를 대신해서 하느님께 기도해 달라는 뜻입니다. 왜냐하면 성모 마리아나 성인들도 우리와 같은 사람이므로, **하느님처럼 절대적인 능력**이 없기 때문입니다.

Q 254 과연 성모 마리아께서는 예수 그리스도의 형제·누이들을 낳으셨나요?

A
1. 성모 마리아께서 예수 그리스도를 잉태하신 것은 성령의 힘으로 이루어진 것입니다. 가톨릭교회는 성모 마리아께서 동정의 몸으로 예수 그리스도를 잉태하셨고, 나아가 **평생 동정**이셨다는 것을 믿고 고백합니다.
2. 성경에서(마르 3, 31-35; 마태 13, 55-56 참조) 예수 그리스도의 형제자매에 대하여 가끔 언급하고 있다는 점을 들어 마리아의 평생 동정 사실을 반박하는 사람들이 있습니다.
3. 그러나 여기서 예수님의 형제들(마태 13, 55-56 참조)이라고 표현한 야고보와 요셉은 다른 마리아의 아들들입니다.(마태 28,1; 마태 27, 56 참조)
4. 성경에서 예수 그리스도의 형제자매라는 말은 성모 마리아의 다른 자녀들을 가리키는 것이 아니라 구약 성경의 표현 방식대로 예수 그리스도의 가까운 친척을 일컫는 말입니다.(가톨릭교회 교리서 500항 참조)
5. "예수님께서는 당신의 어머니와 그 곁에 선 사랑하시는 제자를 보시고, 어머니에게 말씀하셨다. '여인이시여, 이 사람이 어머니의 아들입니다.' 이어서 그 제자에게 '이 분이 네 어머니시다.'하고 말씀하셨다. 그때부터 그 제자가

그분을 자기 집에 모셨다."(요한 19,26-27 참조) 예수 그리스도께서 십자가 위에서 마지막으로 요한 제자에게 성모님을 부탁하신 것을 보면, 성모님은 평생 동정이시며 예수 그리스도께서는 다른 형제가 없었음을 의미합니다.

Q 255. 성모 마리아께서는 실제로 우리를 도우실 수 있나요?

A
1. 성모님께서는 **성부의 뜻**과 **성자의 구속 사업과 성령의 모든 활동에 전적으로 헌신**하심으로써, 교회를 위하여 **신앙과 사랑의 모범**이 되셨는데, 교회는 처음부터 성모님의 **도우심을 체험**하여 왔고, 수많은 예수 그리스도 신자들이 이를 **증언**하였으며, 예수 그리스도의 어머니이신 성모님은 **우리의 어머니**이기도 하시므로, 좋은 어머니는 늘 자녀의 편을 드는 것처럼, 우리 성모님이 바로 그런 분이십니다.
2. 성모님은 이미 이 세상에서 다른 이들을 대신해 예수 그리스도께 청하셨는데, **카나의 혼인 잔치**에서 신랑 신부를 도운 일이 그 한 예이며 또한 **예루살렘의 다락방**에서 제자들과 함께 기도하셨습니다.
3. 우리를 향한 성모님의 사랑은 멈추는 법이 없기에, 우리 인생에서 중요한 두 가지 순간에, 곧 **'이제와 저희 죽을 때에'** 성모님이 우리 편을 들어 주실 것을 우리는 확신합니다.(가톨릭교회 교리서 967항-970항 참조)

Q 256. 부모로서 지녀야 할 자녀들에 대한 참된 사랑은 무엇인가요?

A 부모는 자식을 진정으로 사랑해야 하며, 이 참된 사랑을 실천 하기 위해서는,
1. 가정에서 자녀 교육의 바탕은 **부모의 사랑**이며, 그 사랑은 부부 사이의 사랑에서 비롯된다는 것을 알아야 하고,
2. 부모의 가치관, 습관과 태도, 생활 방식이 자녀의 성장에 가장 큰 영향을 주기 때문에, 부모는 **자녀에게 생활의 모범**이 되어야 하며,
3. 부모는 자녀를 한 인격체로 존중하고, 그의 **개성과 능력**을 살려 나가도록 돌보아야 하고,
4. 부부가 바라는 행동이나 진로를 자녀에게 강요하기보다는, 그의 솔직한 생각을 듣고 이해하면서 **바른길을 제시**해야 하며,

5. 자녀의 인생에서 중요한 것은, 학업이나 취업만이 아니므로 인생의 목적, 진실한 생활, 진리에 대한 감각과 추구, 자신의 잘못에 대한 반성, 이웃과 사회에 대한 봉사 등 신앙생활을 통하여 중요한 것을 배울 수가 있기 때문에, 부모는 자녀에게 **예수 그리스도의 신앙**을 전해주고, 함께 **미사에 참례**하고, 자녀 **교리 교육**과 **성사 생활**에 적극적인 관심을 가져야 합니다.

Q 257 자녀가 부모에게 해야 할 의무는 무엇인가요?

A 자녀가 부모에게 해야 할 의무는,
1. 자녀는 자기를 낳고 길러 준 부모에게 **감사하고 효성을 다하는 마음**으로 그 은혜에 보답해야 하며 특히 연로한 부모를 정성껏 보살펴야 하고,
2. 부모에게 효도하는 길은 물질적인 배려만 있는 것이 아니고, **부모를 자주 만나고 대화하며**, 세대를 이어가는 사랑을 돈독히 하는 일이 가장 큰 효도이며,
3. 또한 부모와 조상의 기일을 기억하며 기도하고, 필요하면 제사를 지내기도 하며, 이와 같은 제사를 통해 **형제자매의 우애**를 두텁게 하고, **가정의 평화와 행복**을 이어줄 수 있습니다.

이를 다시 요약해 보면,
① 부모를 진정으로 사랑해야 하고,
② 부모를 진정으로 공경해야 하며,
③ 비록 부모가 나쁜 습관이 있더라도 부모를 미워해서는 안되며, 부모의 말씀에 순종해야 합니다. 특히 가정 화목에 관계되는 문제라면 언제나 부모의 뜻을 존중할 줄 알아야 합니다.

Q 258 주일학교는 무엇인가요?

A 주일학교는 신자 학생들을 위해 성당에서 운영하는 주말 신앙 교리 학교입니다. **부모들이 해야 하는 교리 교육**을 성당에서 교리교사를 두어 **학년별로 교리**를 가르칩니다.

Q 259 안식일(토요일) 대신 일요일이 주일이 된 이유는 무엇인가요?

A 안식일이란, 쉬는 날이란 뜻으로 하느님께서 우주를 창조하시고 쉬셨던 마지

막 날, 즉 토요일을 말합니다. 옛날 구약 시대에는 토요일을 안식일로 지냈지만, 신약 시대에 와서 일요일을 안식일 대신 지키게 되었습니다. 그 이유는 예수 그리스도께서 구원 사업의 승리를 거두신 날, 즉 부활하신 날이 일요일이었기 때문입니다. 그래서 가장 거룩하고 중요한 예수 그리스도의 부활을 기념하기 위해서, 초대 교회가 일요일을 주일로 정했습니다.

Q 260 주일 미사 참례를 못할 때는 어떻게 해야 하나요?

A 우리가 신앙생활을 하면서 부득이한 경우에 주일 미사 참례를 못할 때에는 대송을 드립니다. 대송은 주일이나 교회법이 정한 의무 축일에 미사에 참례할 수 없는 경우에 대신 드리는 기도로서, 1995년에 발표된 『한국 천주교 사목 지침서』에서는, 대송의 방법을 다음과 같이 말하고 있습니다. **"미사나 공소 예절에도 참례할 수 없는 부득이한 경우에는, 그 대신에 묵주 기도, 성경 봉독, 선행 등으로 그 의무를 대신할 수 있다."** 고 되어 있습니다.(한국 천주교 사목 지침서 제 74조 4항; 한국 가톨릭대사전 제 3권 1614면 참조)

Q 261 주일에 해야 하는 것과 하지 말아야 하는 것은 무엇인가요?

A 가톨릭교회에서 제정한 교회 법규가 있는데, 현행 가톨릭교회 공법은 1,752개조가 있습니다. 교회법에서 정한 법규는 **"주일과 의무 축일에는 미사에 참여하고, 육체노동을 삼가야 한다."** 라고 되어 있으며, **주일을 거룩하게 지내라**는 것입니다.

주일을 거룩하게 지내는 방법은,

1. 미사에 참례하는 것입니다. 신자는 미사를 참례할 수 없는 부득이한 경우를 제외하고, 반드시 미사 참례를 지켜야 합니다. 미사 참례 의무가 없는 경우는 공무상 시간이 나지 않을 경우, 집을 비워 둘 수 없는 경우, 중환자를 간호하는 경우, 자기 몸이 아픈 경우 또는 완전한 자유가 없는 가사도우미들이나 군인들의 경우입니다.
2. 육체적으로 힘든 노동을 해서는 안 됩니다. 주일과 의무 축일에 육체노동을 하지 않는 것을 파공(罷工)이라고 합니다. 육체 노동을 하면 주일을 거룩히 지내는데 방해가 되기 때문입니다.(교회법 제 1246-1248조 참조)

Q 262 주일 헌금과 교무금에 대해서 명하는 것은 무엇인가요?

A 교회법에서 정한 주일 헌금과 교무금에 대한 법규는, "그리스도교 신자들은 교회가 하느님 경배, 사도직과 애덕의 사업 및 교역자들의 합당한 생활비에 필요한 것을 구비하도록 교회의 필요를 지원할 의무가 있다."는 규정에 따라, 신자들이 저마다 **자신의 능력**에 따라 교회에 **물질적 필요를 지원하여야 할 의무**가 있다는 것입니다. 마치 국민이 국가에 세금을 바칠 의무가 있듯이, 신자는 교회 유지를 위해 일정한 금액을 바쳐야 합니다. 매주 봉헌하는 주일 헌금과는 따로 교무금을 납부하는 것은 신자의 의무입니다.(교회법 제 222조 참조) (『교회법전』 한국천주교중앙협의회; 『한국 천주교 예비 신자 교리서』 한국천주교중앙협의회; 『말씀으로 익히는 가톨릭 교회 교리문답』 정승현 신부, 한님성서연구소 참조)

Q 263 봉헌금에 대한 가톨릭 신자들의 의무와 십일조란 무엇인가요?

A 십일조란,

1. **구약 성경 모세 오경에 나오는 규정**의 하나로서, 그 유래는 다음과 같습니다. 이스라엘은 열두 지파로 된 민족이었는데, 모세를 통해 하느님과 계약을 맺은 이후, 그 가운데 한 지파인 **레위 지파**는 "만남의 천막"(민수 18.21 참조), 즉 성전에서 예배에 봉사하는 역할을 맡았는데, 생업을 할 수가 없었기에 그들의 생계는 나머지 열한 지파가 책임져야 했습니다.

2. 열한 지파가 그 수입의 십분의 일씩을 갹출하여 한 지파의 생활을 보장하는 합리적이고 공정한 제도로서, 이스라엘 백성은 그들이 살아가기 위해 필요했던 모든 규정을, 하느님께서 주신 것으로 생각하였기에, 십일조도 하느님의 법으로 신성하게 생각하였습니다.

3. 십일조는 **이스라엘 백성들의 법**으로서, 가난한 과부의 보잘 것 없는 헌금 (마르 12.41-44 ; 루카 21.1-4 참조)에 예수 그리스도께서는 부자와 가난한 과부가 헌금함에 예물을 넣는 모습을 보시고 이르셨습니다. "내가 참으로 말한다. 저 가난한 과부가 다른 모든 사람보다 더 많이 넣었다. 저들은 모두 풍족한 데에서 얼마씩을 넣었지만, 저 과부는 궁핍한 가운데에서 가지고 있던 생활비를 넣었다." 이 과부의 헌금에는 과부의 마음뿐 아니라 시간, 노력, 땀, 눈물이 담겨져 있었고 인색함으로나 억지로 하지 않고, 오직 하느

님께 기쁜 마음으로 드렸습니다. 결국 하느님께서 기쁘게 받으시는 우리들의 봉헌은 언제든지 **주님을 삶의 첫 번째 자리에 모실 수 있는 마음**에서 나오는 봉헌입니다.

4. 예수 그리스도께서는 "하늘에 보물을 쌓아라. 거기에서는 좀도 녹도 망가뜨리지 못하고, 도둑들이 뚫고 들어오지도 못하며 훔쳐가지도 못한다."고 말씀하셨습니다.(마태 6,20 참조) 참으로 감사하는 것은 하느님께서는 우리가 심은 대로만 거두게 하시지 않으시고, 때로는 하느님의 자비로 우리가 심은 것보다 수십 배, 수백 배 거두게도 해 주십니다. 그것이 **하느님의 자비**이고, **하느님의 사랑**이며 바로 **하느님 자비의 계산법**입니다. 하느님은 그 자비의 계산법으로 우리의 부족함을 채워주시는 분이십니다.

5. 초대 교회의 바오로 사도의 가르침에 따르면, 하느님께서는 "우리 안에서 활동하시는 힘으로, 우리가 청하거나 생각하는 모든 것보다 훨씬 풍성히 이루어 주실 수 있는 분"으로서(에페 3,20 참조) 우리는 그 하느님의 은혜에 감사하며 그 은혜를 기쁜 마음으로 나누어야 합니다. 주는 것은 주는 것이 아닌, 이미 주님께로부터 그것을 받은 것이고 그래서 주는 것은 이미 받은 것을 <u>나누는 것</u>입니다.

6. 그리고 바오로 사도는 예루살렘 교회를 위해 모금을 부탁하면서, 코린토 교회에 "저마다 마음에 작정한 대로 해야지, 마지못해 하거나 억지로 해서는 안 됩니다. 하느님께서는 기쁘게 주는 이를 사랑하십니다."(2코린 9,7 참조)라고 신자들의 자발적 기여를 부탁하면서, 그들의 마음에 호소하고 있습니다.

7. 교회의 법규 중 다섯째 법규에서는 "교회법에 따라서 가톨릭 신자들이 저마다 자기의 능력에 따라, 교회에 물질적 필요를 지원하여야 할 의무가 있다."고 되어 있으며(가톨릭교회 교리서 2043항; 교회법 제 222조 참조) 우리는 예수 그리스도의 사랑, 이웃 사랑을 받고만 살았다고 생각한다면, **최선을 다하여 벌어서 하느님께 풍성히 드려 보물을 하늘에 쌓으며, 어려운 이들을 위해 넉넉히 베풀고 나누는 하느님 자비의 계산법**으로 윤택하고 행복하게 살아가는 그리스도인의 삶의 참모습이어야 합니다.

Q 264 의무 축일은 무엇이며, 한국 가톨릭 신자가 지켜야 하는 의무 축일은 어느 것인가요?

A
1. 예수 그리스도를 주님이요 구세주로 믿어 고백하는 우리 가톨릭 신자들은, 주일 미사에 참여할 의무를 지니고 있으며, 이는 **"주일을 거룩히 지내라"** 라는 십계명의 세 번째 계명에 근거한 것이기도 하고, **"신자들은 주일과 그 밖의 의무 축일에 미사에 참여할 의무가 있다."** 라는 교회법의 규정(제1247조 참조)에 의한 것이기도 합니다.

2. 교회가 주일 미사에 참여해야 할 의무를 이처럼 분명하게 규정해 놓은 이유는, '주일'(主日)이 갖는 의미가 우리 가톨릭 신자들에게 그만큼 크고 소중하기 때문입니다. 한국 가톨릭교회에서는 주일이 아닌 평일에 미사에 참례해야 하는 의무 축일을 지정해 놓았는데, ① **천주의 성모 마리아 대축일 (1월 1일)** ② **성모 승천 대축일 (8월 15일)** ③ **주님 성탄 대축일(12월 25일)** 이며, 다른 대축일들은 주일에 속해 있습니다. 참고로 가톨릭교회의 4대 축일은 ① **주님 성탄 대축일** ② **주님 부활 대축일** ③ **성령 강림 대축일** ④ **성모 승천 대축일**입니다.

Q 265 의무 축일인 성모 승천 대축일이란 무슨 날인가요?

A
1. 성모 승천 대축일은 성모님이 돌아가신 후 **육체를 지니신 채 승천하신 것을 기념하는 날**입니다. 성모님은 원죄는 물론 스스로 범한 죄도 없으십니다. 따라서 죄의 대가로 치러야 할 죽음을 당하실 이유도 없습니다.

2. "원죄 없으신 하느님의 어머니시며 평생 동정이신 마리아께서는 지상 생애의 여정이 끝난 다음 그 영혼과 육신이 천상의 영광 안에 받아들여지셨다."
(교회 헌장 59항 참조)

3. 그러나 성모님은 당신 능력으로 승천하실 수 없었고, 다만 하느님의 능력으로 육체와 함께 승천하시는 은혜를 받으셨습니다.(1950.11.1 비오 12세 교황 신앙 교리로 선포)

Q 266 **재의 수요일이란 우리에게 어떤 의미를 주나요?**

A
1. 재의 수요일은 **부활을 준비하는 사순 시기의 출발점**으로 교회는 **마음을 찢는 속죄**로써 **하느님께 돌아가**라고 가르칩니다. 재의 예식을 통해 신자들의 **이마**에 얹는 **재**는 전통적인 **참회의 상징**이며, 사람의 출발이 **흙**이었음을 상기시키는데, 이날 사용되는 재는 '**주님 수난 성지 주일**'에 축복했던 **성지 가지**를 태운 것입니다.
2. 결국 **재**를 축복하고 **이마**에 얹는 예식은 **사람의 근본이 어디에서 왔는지**를 되새겨, 다시금 **하느님께로 향하도록 하는 상징적 의미**를 지닙니다. 마음을 다하여 **진정으로 회개**했을 때, 인간은 다시금 **하느님의 모습을 닮고자 노력**할 수 있기 때문입니다.
3. 이런 연유로 **참회는 자선과 희생**으로 나아갈 수 있는 **첫 걸음**입니다. 속죄를 통해 **하느님께 돌아가는 것**이야말로 사순 시기를 맞는 우리가 가장 먼저 해야 할 일이며, 그분께 **마음을 돌리는 결단이 필요한 시기**입니다.
4. 재의 수요일 미사 전례 시에 **사제의 제의 색깔** 역시 회개와 속죄의 상징인 **자색**으로 바뀌며, 전례에서 기쁨의 상징인 '**알렐루야**'와 '**대영광송**'은 생략됩니다. 한편, 이날의 미사 선례는 "**회개하고 복음을 믿어라**"(마르 1,15 참조) 혹은 "**사람아, 흙에서 왔으니, 흙으로 다시 돌아갈 것을 생각하여라.**"(창세 3,19 참조)라고 말하면서, 재를 축복하여 이마에 얹는 예식을 행함으로서 일반적인 **참회 예식**은 따로 하지 않습니다.

Q 267 **사순 시기란 어떤 시기인가요?**

A
1. 가톨릭교회 전례력에서 사순 시기는, 인류 구원의 가장 위대한 신비인 파스카(예수 그리스도의 죽음과 부활) 신비를, 잘 준비하도록 **회개하고 기도하는 사십일**을 말합니다. 가톨릭 신자들은 세례성사를 통해 하느님 자녀로 새롭게 태어남으로써, 예수 그리스도의 죽음과 부활에 함께 참여하는 이들입니다. 그런데 우리의 실제 생활은 이를 제대로 실천하지 못하고 있기에, 특별히 사순 시기에 더욱 참회하고, 기도에 전념하는 생활로 우리 자신을 새롭게 함으로써, 주님 부활을 잘 맞을 수 있도록 준비하는 시기입니다.

2. **재의 수요일에서 성 목요일 주님 만찬 미사 전까지 주일을 뺀 기간**을 말하며, 이 기간이 40일이라고 해서 사순(四旬) 시기라고 부르게 된 것이며, 이스라엘 백성의 광야 생활 40년, 모세의 40일 단식, 엘리야의 40일 단식, 그리고 예수 그리스도의 40일 광야 단식에서 보듯이, 40일이란 때가 찰 때까지의 정화 기간을 나타냅니다. 가톨릭교회는 사순 시기 참회가 **"오로지 내적이고 개인적인 것만이 아니라 외적이고 사회적인 참회가 되어야 한다."** 고 가르칩니다.(전례 헌장 110항 참조)

Q 268 고해성사와 영성체에 대해 명하는 것은 무엇인가요?

A 1. 교회법에서 정한 **고해성사**에 대한 법규는, **"최소한 일 년에 한 번은 자기의 죄를 고백해야 한다."** 고 되어 있으며, 회개와 용서라는 세례의 작용을 지속시키는 고해성사를 받음으로써, 성체를 모실 준비를 확실하게 하라는 것입니다.(교회법 제 989조 참조)

2. 교회법에서 정한 영성체에 대한 법규는, **"적어도 한 번 부활 시기에 성체를 받아 모셔야 한다."** 고 되어 있어, 그리스도교 전례의 기원이며 중심인 부활 축일과 연결하여, 주님의 몸과 피를 받아 모시는 최소한의 규정이라도 준수하라는 것입니다. 만약에 부활 시기에 못했으면, 다른 때라도 성체를 받아 모셔야 합니다.(교회법 제 920조 참조)

Q 269 금식재와 금육재는 누가 어떻게 지키는 것인가요?

A 금식재와 금육재에 대해 살펴보면,
1. 교회법에서 정한 **금식재**와 **금육재**에 대한 법규는, **"교회가 정한 날에 금식재와 금육재를 지켜야 한다."** 고 되어 있으며, 전례 축일에 알맞게 우리를 준비시키고, 본능의 자제와 마음의 자유를 얻도록 돕는 참회와 고행의 시기를 가지라는 것입니다.

2. 금식재는 하루 중 한 끼만 충분히 식사를 하고, 한 끼는 간단한 요기만 하며, 나머지 한 끼니는 완전히 굶는 것으로, **만 18세부터 60세**까지 지켜야 하는데, 임산부나 노약자, 병자, 중노동자, 특별한 행사나 축제 때문에 관면(허락)을 받은 사람은 지키지 않아도 됩니다. 교회는 사순 시기가 시작되는 첫

날인 재의 수요일과, 예수 그리스도께서 돌아가신 주님 수난 성 금요일을 금식재의 날로 정했습니다. 이날에는 언제나 금육재도 함께 지켜야 합니다.
3. 금육재란 금요일에 예수 그리스도께서 십자가에서 피 흘리고 돌아가신 날이므로, 이날을 기억하여 비록 예수 그리스도를 위해 죽지는 못하지만 작은 희생이라도 바쳐 주님의 사랑에 보답하기 위해 고기를 먹지 않는데, 이것을 금육재라 합니다. 대축일이 아닌 모든 금요일에 고기를 먹지 않는 것으로 **만 14세부터 죽을 때**까지 지켜야 합니다.
4. 한국 천주교회의 교회법 보완 규정(2002년 6월 25일 사도좌 승인)에 따르면, 연중 금요일에는 금육이나 금주, 금연, 선행, 자선, 희생, 가족 기도로 지킬 수 있으며, 금식과 금육을 지킴으로 절약한 몫은, **자선 사업**에 사용하도록 권장하고 있습니다.(교회법 제 1249-1251조; 한국 천주교 사목 지침서 제 136조 참조)

Q 270 판공성사란 무엇인가요?

A 모든 가톨릭 신자는 "사리를 분별할 나이에 이른 후에는 매년 적어도 한 번 자기의 중죄를 성실히 고백할 의무가 있다."는 교회법에 따라서, 최소한 일 년에 한 번은 자기 죄를 고백하는 고해성사를 보도록 하고 있고 또 적어도 한 번 부활 시기에 성체를 받아 모시도록 하고 있으나, 우리 한국 가톨릭교회에서는 **성탄 시기와 부활 시기**에 고해성사를 보고 영성체를 할 것을 규정하여 적극 권유하고 있는데 이를 판공성사라하며, 이는 가톨릭 신자들의 신앙생활에 유익하다고 판단하기 때문입니다.(교회법 제 920조, 제 989조 참조)

Q 271 죄란 무엇인가요?

A 죄란 이성과 진리와 올바른 양심을 거스르는 잘못으로, 어떤 것에 대한 **비뚤어진 애착** 때문에, 하느님과 이웃에 대한 **참다운 사랑**을 저버리는 것으로, 죄는 **하느님께 대한 모독**입니다.
1. 죄는 하느님의 사랑을 거슬러 맞서며, 우리 마음을 하느님에게서 다른 곳으로 돌리게 하고, 하느님께 순종하지 않고 반항하는 것이며, 교만하게 자신을 들어 높이는 것입니다. 그래서 죄는 하느님을 업신여기고, 자기를 사랑하는데, 이런 자기 사랑은 참다운 사랑이 아니고, 비뚤어진 애착으로

인간 본성에 상처를 입히고, 사람들 사이의 참다운 친교를 해칩니다.(가톨릭 교회 교리서 1849-1850항 참조)

2. 다시 말해서 죄란, 윤리 계명을 알면서도 온전히 자유 의지로 범하는 것을 말하며, 죄가 성립되기 위해서는 다음의 세 가지 조건이 필요합니다.
① 윤리 계명에 어긋나는 행위이고,
② 그것이 악인 줄 알아야 하며,
③ 그것에 온전한 자유 의지로 동의해야 합니다.

Q 272 우리 영혼의 원수는 무엇인가요?

A 우리 영혼이 하느님께로 가는 것을 방해하는 것들이 있는데, **마귀, 세속, 육신**입니다.

1. **마귀**는 인간이 천국에 가는 것을 시기·질투해서 지옥으로 끌고 가고자 갖은 수단으로 죄를 짓게 유혹합니다. 그러나 마귀는 우리의 지능이나 자유 의지에 대해 직접적으로 작용하지 못하고 상상, 감정, 욕정 등을 자극해서 죄를 범하게 하기 때문에, 어디까지나 범죄의 주체는 마귀가 아니라 인간입니다. 따라서 악마의 유혹을 받을 때, 그것에 동의하지 않고 물리치면 죄가 되지 않습니다. 그리고 마귀는, 하느님의 도우심으로 우리가 이겨낼 수 없을 만큼 큰 유혹을 할 수가 없습니다.

2. **세속**은 우리를 사회의 나쁜 풍속, 체면, 허영, 유행, 사상, 전통에 의해 죄를 짓게도 합니다. 공연히 마음이 들떠서 세속적인 것을 찾다 보면 죄를 범하게 되고 또 나쁜 친구 때문에 죄를 짓는 경우도 많습니다.

3. **육신**은 정욕으로 기울어지기 쉽습니다. 마귀, 세속은 떠날 수도 있지만, 육신은 언제나 자신과 붙어 다니므로, 세 원수 중에서 제일 강한 것입니다. 우리는 육신의 편의를 찾기 때문에 하느님의 계명을 무시하고 맙니다. 그러나 우리는 육신의 쾌락 때문에 하느님을 버리거나, 세속의 물욕 때문에 윤리 도덕을 버려서는 안 됩니다. 우리는 끊임없는 기도로써 이겨나가야 합니다.

4. 이 세상 싸움에서 승리해서 천국 월계관을 받든지, 아니면 마귀의 포로가 되든지 둘 중 하나입니다. 우리는 언제나 **마귀, 세속, 육신**과 싸워서 이기

도록 덕을 닦아야 합니다.

Q 273 대죄와 소죄는 어떻게 구별되나요?

A 1. **대죄**는 성경에서 영생을 얻지 못한다든지, 큰 벌을 받아야 마땅하다고 한 죄입니다.
2. 교회에서 대죄로 규정한 것으로서, 일반 사람들이 공통적으로 인정하는 극악한 죄 또는 하느님께나 인간에게 크게 잘못하는 죄를 대죄라고 합니다. "**우상 숭배, 마술, 적개심, 분쟁, 시기, 격분, 이기심, 분열, 분파**, … 이런 짓을 저지른 자들은 하느님의 나라를 차지하지 못할 것입니다."(갈라 5,20-21 참조) 이런 큰 죄를 의식하면서도 고의로 짓는 죄가 대죄입니다.
3. **소죄**는 사소한 계명을 알고도 범하는 것인데, 우리가 흔히 범하기 쉬운 것입니다. 소죄는 우리의 허물이고 나쁜 습관이므로, 우리의 **신앙생활을 방해할** 뿐 그것 자체가 영원한 벌을 받는 것은 아닙니다. 그러나 우리는 소죄라도 짓지 않을 각오가 있어야 합니다.

Q 274 칠죄종(七罪宗)에 대하여 설명해보세요.

A 1. 세상에 있는 죄는 전통적으로 크게 일곱 가지로 구분하며 이를 칠죄종(七罪宗)이라고 하는데, ① **교만(驕慢)** ② **인색(吝嗇)** ③ **음욕(淫慾)** ④ **탐욕(貪慾)** ⑤ **질투(嫉妬)** ⑥ **분노(憤怒)** ⑦ **나태(懶怠)** 등을 말하며,
2. 2008년 3월에 교황청 내사원은 세계화 시대의 새로운 칠죄종(七罪宗)을 발표했는데 ① **환경 파괴(環境破壞)** ② **인간의 존엄성을 해칠 수 있는 유전자 조작(遺傳子造作)** ③ **과도한 부축적(富蓄積)과 사회적 불공정(社會的不公正)** ④ **마약 거래(麻藥去來)와 복용(服用)** ⑤ **윤리적 논란을 낳는 과학 실험(科學實驗)** ⑥ **낙태(落胎)** ⑦ **소아 성애자(小兒性愛者)**등을 말합니다.

Q 275 미신 행위가 죄가 되는 이유는 무엇인가요?

A 1. 미신은 종교심과 종교심이 요구하는 실천에서 빗나가는 **이탈 행위**로서, 우리가 참 하느님께 드리는 경배의 형태로 잘못 치장될 수 있는데, 예를 들면 ① 정당하고 필요한 종교적 실천 행위에다가 일종의 **마술적 중요성**을 부여

한다든지, ② 기도나 성사들이 요구하는 마음가짐을 경시하면서 그 **외적인 요소들에만 효력을 부여하는 일** 등입니다.(가톨릭교회 교리서 2111항 참조)

2. 이것은 십계명 중 제 1계명인 '한 분이신 하느님을 흠숭하여라.'는 자신을 당신 백성에게 드러내신 **유일하신 주님** 외에 **다른 신들을 공경하는 미신 행위**를 금하고 있으며, 이와 같은 미신은 정도(正道)를 벗어난 경신(敬神)을 말하며 제 1계명에 어긋나는 행위로서 죄가 됩니다.(가톨릭교회 교리서 2110항 참조)

Q 276 덕이란 무엇인가요?

A 1. 그리스도인에게 덕이란 인간의 모든 능력을 **하느님과의 올바른 관계**를 지키며, **하느님의 사랑과 일치**하도록 준비시키는 것으로서, 마음을 다하고, 영혼을 다하고, 뜻을 다해서, 하느님을 사랑하는 것입니다.

2. 자기 자신과 타인 사이에 발생하는 윤리적인 관계 속에서도, 우리 그리스도인들은 창조주 하느님으로부터 받은 **자유**와 **양심**에 따라 자유를 올바르게 사용하여야 하며, 우리의 행동이 **자신과 이웃에게 선**이 되어야 합니다.

3. "덕은 선을 행하고자 하는 몸에 밴 확고한 마음가짐이다. 덕은 인간이 선한 일을 하게 할 뿐만 아니라 최선을 다하도록 하고, 덕이 있는 사람은 자신의 감각적, 영적인 모든 능력을 다해서 선을 향해 나아간다."(가톨릭교회 교리서 1803항 참조)

Q 277 향주 삼덕(向主三德)이란 무엇인가요?

A 1. 향주 삼덕(向主三德) 또는 향주덕(向主德)이란 주님을 향한 또는 주님께 대한 세 가지 덕이라는 뜻을 지닌 한자어로, 믿음과 희망과 사랑의 덕을 말합니다. 이 세 가지를 향주덕이라고 하는 이유는 그리스도인들에게 이 세 가지가 하느님과 직접 관련되기 때문입니다. 가톨릭교회 교리서는 '향주덕의 근원과 동기와 대상이 한 분이시고 세 위이신 하느님이시다' 라고 가르칩니다.(가톨릭교회 교리서 1812항 참조)

2. 이를 좀 더 구체적으로 살펴보면 아래와 같습니다.
   ① **믿음** : 믿음은 삼위일체이신 하느님께 대한 믿음을 말합니다. 믿음

이라는 향주덕을 통해 우리는 하느님께서 우리에게 말씀하시고 계시하신 것 또 교회가 우리에게 믿도록 제시하는 모든 것을 믿는 것입니다. 하느님과 관계에서 우리에게 무엇보다 필요한 덕이 바로 믿음의 덕입니다. 그렇지만 이 믿음은 또한 희망과 사랑을 통해서 표현돼야 합니다. 하느님을 믿는다고 하면서 하느님께 희망을 두지 않는다면, 또 하느님을 믿는다고 하면서 하느님께서 바라시는 사랑을 실천하지 않는다면, 그런 믿음은 야고보서의 말씀대로 "죽은 믿음"(야고 2,26 참조)이나 다름없습니다. 나아가 그리스도인이라면 "믿음을 간직하고 믿음으로 살아야 할 뿐 아니라, 이를 담대하게 고백하고 확신으로 증언하고 전파해야"(가톨릭교회 교리서 1816 항 참조) 합니다. 하느님께 대한 믿음을 행동으로 실천할 뿐 아니라 고백하고 증언하고 전파하는 삶을 살아야 참된 믿음이라 할 수 있습니다. 이런 믿음의 덕의 근원은 하느님이십니다. 하느님께 이런 믿음을 주십사 늘 깨어 기도하는 자세가 필요합니다.

② **희망** : 희망은 하느님께서 우리 마음에 불어넣어 주신, '행복을 갈망하는 덕'을 말합니다. 그리스도인의 희망은 말할 것도 없이 하느님 안에서 누리는 영원한 행복에 대한 희망입니다. 이 행복은 죽은 다음에만, 곧 내세에서만 얻을 수 있는 것이 아니라 이미 이 세상에서 시작된 것입니다. 물론 그리스도인들이 바라는 궁극적 행복은 종말에 가서야 완전히 누리게 됩니다. 그래서 그리스도인의 희망에는 특징이 있습니다. 첫째, 그리스도인의 희망은 현세적인 것에 국한되지 않는다는 것입니다. 이 세상을 무시하거나 소홀히 하지 않지만 이 세상을 넘어서는 영원한 것을 희망합니다. 둘째, 그리스도인은 사람들이 더는 희망할 수 없다는 상황에서도 희망하는 존재입니다. 아브라함이 그랬듯이 "희망이 없어도 희망하는"(로마 4,18 참조) 사람들입니다. 그래서 그리스도인은 환난과 시련 중에서도 희망의 끈을 놓지 않으며 마지막 죽음의 순간까지 희망하는 사람들입니다. 이런 희망의 향주덕을 주십사 열심히 기도해야 하며, 이 희망은 무엇보다도 기도 안에서 표현되며 또 지탱됩니다.(가톨릭교회 교리서 1821항 참조)

③ **사랑** : 사랑은 사랑 자체이신 하느님을 닮아 하느님을 사랑하고 이웃을 사랑하게 하는 덕을 말합니다. 우리가 하느님을 사랑할 수 있는 것은 하

느님께서 먼저 당신 사랑을 우리 마음에 부어주셨기 때문입니다. 그 사랑에 힘입어 우리는 사랑이신 하느님을 사랑하고 이웃을 사랑할 수 있는 것입니다. 이 사랑은 또한 예수 그리스도께서 우리에게 주시는 새로운 법, 새로운 계명입니다. "이것이 나의 계명이다. 내가 너희를 사랑한 것처럼 너희도 서로 사랑하여라."(요한 15,12참조) 사도 바오로는 저 유명한 사랑의 송가에서 "내가 인간의 여러 언어와 천사의 언어로 말한다 하여도 나에게 사랑이 없으면…나는 아무것도 아닙니다. 내가 모든 재산을 나누어주고 내 몸까지 자랑스레 넘겨준다 하여도 나에게 사랑이 없으면 나에게는 아무 소용이 없습니다."(1코린 13,1-3 참조) 라고 했습니다.

바오로 사도는 나아가 믿음과 희망, 사랑 가운데서 "으뜸은 사랑"(1코린 13,13 참조)이라며 사랑의 중요성을 강조합니다. 또 콜로새 신자들에게 보낸 서간에서는 "사랑은 완전하게 묶어주는 끈"이라며 "모든 것 위에 사랑을 입으십시오."(콜로 3,14 참조) 하고 당부하고 있습니다. 이처럼 사랑은 다른 모든 덕의 바탕이며 또한 완성입니다.

Q 278. 신덕(信德)은 무엇인가요?

A 1. 신덕은 믿는 덕입니다. 아는 것과 믿는 것은 다릅니다. 즉, **지식**과 **신앙**은 다른 것입니다. 교리 지식은 있지만 신앙이 없는 사람이 있고, 교리는 잘 모르지만 깊이 믿는 사람이 있습니다. 그가 신덕이 있는 사람입니다. 신덕도리는 '믿을 교리'를 말합니다.

2. 물론 교리 지식이 풍부하면 신앙생활에 도움이 되는 것은 사실이지만, 교리 지식이 많고 적음에 따라서 믿음이 커지거나 작아지는 것은 아닙니다. 신덕은 하느님께서 주신 덕입니다.

3. 우리가 믿어야 하는 내용은,
   ① 성경을 통해서 계시해 주신 **계시 진리**이고,
   ② 교회의 교도권에 의해서 그르침이 없이 가르쳐지는 **윤리와 신앙 진리**입니다.

4. 교회의 권위로 믿을 교리를 발표할 때, 이것을 **신덕도리(信德道理)**라고 합니다. 예를 들면 사도 신경의 내용은 말할 것도 없고, 성모님은 원죄 없이

잉태되셨다는 교리도 신덕도리(信德道理)입니다. 이것을 '성모님의 원죄 없으신 잉태'라고 하는데, 1854년 12월 8일에 비오 9세 교황이 신덕도리(信德道理)로 반포한 것입니다.

Q 279 망덕(望德)을 거스르는 죄는 어떤 것인가요?

A
1. 망덕(望德)은 하느님의 자비와 공로를 통해서, 우리 인간이 천국의 복락을 얻을 수 있는 가장 큰 희망을 말합니다. 말하자면, 세상의 모든 불행을 극복하고 용감히 살 수 있는 **유일한 희망**을 말합니다.
2. 망덕 역시 우리가 보지도 체험하지도 못한 것을 기대하는 것으로서 하느님께서 주신 덕입니다. 이것을 바라는 근거는 하느님의 진실성과 인자하심과 사랑, 그리고 예수 그리스도께서 십자가에서 세우신 공로에 있습니다.
3. 이와 같은 망덕을 거스르는 죄는,
   ① **절망**하는 것입니다. 흔히 사람들은 죄를 범하고는 자포자기하고, 이제는 영영 구원을 받을 수 없다고 생각합니다. 절망하는 것은 하느님의 사랑과 자비를 불신하는 것입니다. 용기를 얻지 못하고 끝까지 절망하면 그는 영영 살아날 길이 없습니다.
   ② **과망**하는 것입니다. 지나치게 불합리한 것을 신뢰하고 바라는 것으로서, 어떤 사람이 노력은 전혀 하지 않고, '하느님은 인자하시니까 무조건 나를 버리지 않고 구원해 주시겠지' 하고 바라는 것입니다. 이것은 결국 하느님의 정의를 무시하고, 자기중심으로 생각하는 그릇된 행동입니다.

Q 280 향주 삼덕 중 첫째가는 애덕(愛德)은 무엇이며, 그 이유는 무엇인가요?

A
1. 향주 삼덕 중에 첫째 가는 것은 **애덕(愛德)**입니다. 왜냐하면 신덕과 망덕은 세상에 사는 동안에만 있는 것이지만, 애덕은 천국까지 영원히 계속되기 때문입니다. 사랑이 예수 그리스도의 기본 정신이란 것은 누구나 다 알고 있습니다.
2. 애덕은 지극히 선하시고 아름다우신 하느님을 사랑하고 또한 하느님을 위해서 사람을 사랑하는 덕입니다. 애덕도 하느님께서 주신 덕입니다. 인간에 대한 사랑도 하느님과의 연결이 없으면 가치가 없습니다. 사랑은 주는

것이고 희생하는 것이므로, 우리는 하느님을 위해서 모든 기쁨과 슬픔을 바쳐야 합니다.
3. 예수 그리스도께서는 원수까지 사랑하라고 하셨습니다. 순수 인간적인 감정으로 볼 때는 불가능하지만, 예수 그리스도의 초자연적인 사랑의 정신으로는 얼마든지 가능합니다. 그리고 하느님께 대한 사랑과 사람에 대한 사랑은 하나로 연결되어야 합니다.

Q 281 사추덕(四樞德)이란 무엇인가요?

A 사람에게는 옳고 선한 것을 행하고자 하는 몸에 밴 습성 또는 마음 가짐이 있습니다. 이를 덕(德) 또는 덕성(德性)이라고 부르는데, 이를 통해서 인간의 윤리성을 판단하게 됩니다. 이런 인간적 또는 윤리적인 덕 가운데서 가장 핵심이 되는 네 가지 덕, 곧 **지덕(智德), 의덕(義德), 용덕(勇德), 절덕(節德)**을 **사추덕(四樞德)**이라고 합니다. 그러나 사추덕을 비롯한 다른 모든 인간적인 덕들의 뿌리가 되는 것은 믿음과 희망과 사랑의 향주덕 또는 향주 삼덕입니다. 그리스도인인 우리에게는 하느님께 대한 믿음과 희망과 사랑이 다른 모든 것의 바탕이 돼야 하기 때문입니다.

Q 282 복음 삼덕(福音三德)은 무엇인가요?

A 복음 삼덕은 예수 그리스도께서 복음서를 통해서 가르쳐주신 덕으로, **청빈, 정결, 순명**을 말합니다. 이것은 모든 신자들이 반드시 닦아야 하는 덕이 아니고, 예수 그리스도의 말씀대로 이것을 원하는 사람만 자유로이 닦는 덕이며, 수도자들이 서원을 하고 지키는 덕이기도 합니다.
1. **청빈**의 덕은 마음으로 가난하게 사는 것입니다. 이것을 서원한 수도자들은 세상 물질에 대한 애착을 끊고, 재물의 소유권마저 포기합니다. 그래서 수도자들은 사유 재산이 없이 청빈하게 삽니다.
2. **정결**은 육체의 모든 성적 쾌락을 끊고, 영혼과 육신을 주님께 오롯이 봉헌하여 일생을 독신으로 사는 것을 말합니다.
3. **순명**은 자기의 자유 의지까지 오롯이 하느님께 바치고, 윗사람 (장상)의 명령에 복종하는 덕을 말합니다.

Q 283 세례성사를 통해 하느님의 자녀가 된 우리 그리스도인들은 어떠한 삶을 살아야 하나요?

A
1. 세례성사를 받고 새롭게 하느님의 자녀가 되는 사람은, **자신의 새로운 신분**에 걸맞게 살아야 합니다. 예수 그리스도께서는 **하느님 나라에 대한 기쁜 소식**을 선포하시면서, **참 행복**을 누리고 살려면 먼저 **회개**해야 한다고 가르치셨습니다.(마태 4, 17 참조)
2. 그리스도인의 삶을 흔히 '**회개의 삶**'이라고 합니다. 회개의 삶이란 헛된 이 **세상의 우상들이 주는 일시적인 위안과 즐거움**을 추구하던 지난날의 삶을 떠나서, **하느님만을 믿고 모든 것을 그분께 내맡기며, 오직 그분의 가르침대로 사는 삶**입니다.
3. 이와 같은 회개의 삶은 하느님께서 **세례 때 우리에게 베풀어 주시는 은총**으로 가능합니다. 우리는 이 은총을 받음으로써, **하느님과 친밀한 관계**를 맺으며 살아가려는 마음을 갖게 되는데 이를 **향주덕(向主德)**, 곧 하느님을 향한 세 가지 덕인 **믿음과 희망과 사랑**입니다.
4. 향주 삼덕 중 ① **믿음**은 하느님께서 우리에게 말씀하시고 계시는 것, 거룩한 **교회**가 우리에게 **믿도록 제시하는 모든 것을 믿는 것**입니다. ② **희망**은 예수 그리스도의 약속을 신뢰하며, 우리의 행복인 **하늘나라와 영원한 생명을 갈망하는 것**입니다. ③ **사랑**은 하느님을 그 어떤 대상보다도 더 사랑하고, 하느님에 대한 이 사랑 때문에 **이웃을 사랑하는 것**입니다. 그러므로 그리스도인의 삶은 믿음을 **뿌리**로 하고 희망을 **줄기**로 하여 사랑의 **열매**를 맺어 가는 삶을 살아가야 합니다.

Q 284 우리 그리스도인들은 하느님의 법(=자연법)을 어떻게 알아서 지킬 수 있나요?

A
1. 그리스도인이 새로운 삶을 살아가는데 **반드시 지켜야 할 규범**이 있는데, 예수 그리스도께서도 "나에게 '주님, 주님!' 한다고 모두 하늘나라에 들어가는 것이 아니다. 하늘에 계신 내 아버지의 뜻을 실행하는 이라야 들어간다."(마태 7,21 참조)고 말씀하셨습니다.
2. 모든 그리스도인은 하느님께서 만들어 주신 **하느님의 법**을 지켜야 합니다.

인간은 하느님의 법을 **자신의 이성**으로 자연스럽게 알아 낼 수가 있는데, 인간에게는 스스로 **선과 악**이 무엇이며, **진리와 거짓**이 무엇인지를 식별할 수 있는 **타고난 양심**이 있습니다.

3. 이를테면 '사람을 죽이면 안 된다.'는 하느님의 법은 이성이 있는 사람이라면 누구나 알 수 있습니다. 이것을 **자연법**이라고 합니다. 이러한 자연법을 지켜야 한다는 것을 우리는 하느님께서 인간을 창조하시면서부터 그 **마음에 새겨 주신 양심**을 통하여 알 수가 있으므로, 그리스도인은 **양심의 소리에 귀를 기울여, 선은 행하고 악은 피하면서 살아야 합니다.**

Q 285 성경 말씀을 통해서 우리 그리스도인들에게 전달되는 삶의 규범과 윤리적 가르침은 무엇인가요?

A
1. 하느님의 법은 자연법 외에도 성경 말씀을 통해서도 우리에게 전달되는데, 성경에 나오는 **삶의 규범**들과 **직접적인 윤리 가르침** 등이 그것입니다. 구약 시대에는 **율법**이 하느님 백성의 삶을 인도하는 **규범 역할**을 하였습니다. 그 가운데에서도 가장 직접적이고 대표적인 삶의 규범은 **십계명**이었습니다. 이 십계명은 **이스라엘 백성이 하느님 백성으로서 지켜야 할 규범**입니다.

2. 예수 그리스도께서는 하느님의 새로운 백성이 지켜야 할 법으로 **신약의 법**을 주셨습니다. "내가 율법이나 예언서들을 폐지하러 온 줄로 생각하지 마라. 폐지하러 온 것이 아니라 오히려 완성하러 왔다."(마태 5,17 참조)고 하시면서 예수 그리스도께서 주신 새 법은, **하느님과 이웃을 사랑**하고, 당신께서 우리를 사랑하신 것처럼 우리도 **서로 사랑해야 한다는 계명**입니다.

3. 예수 그리스도께서는 제자들에게 사랑의 새 계명을 주셨는데, "내가 너희에게 새 계명을 준다. 서로 사랑하여라. 내가 너희를 사랑한 것처럼 너희도 서로 사랑하여라."(요한 13,34 참조) 이 말씀처럼 **새 계명의 기준은 예수 그리스도의 사랑**입니다.

4. 이와 같은 새 법의 정신은 **여덟 가지 '참 행복'**에 대한 예수 그리스도의 가르침에 잘 나타나 있는데(마태 5,3-12 참조), 참 행복은 모든 **인간적인 가치**를 뛰어 넘는 규범들로서, 우리가 하느님의 백성이 된 다음에는 행복과 불행, 기쁨과 슬픔, 성공과 실패의 동기를 세상의 기준과 다르게 가져야 하며, **모**

든 **삶의 기준**은 인간이 아니라 **하느님**이시며 **예수 그리스도**이시라는 윤리적 가르침을 줍니다.
5. 또한 **그리스도의 영이신 성령**께서는 우리 안에 머물러 계시며, 우리가 죄에서 벗어나 **예수 그리스도와 함께 사랑의 삶**을 살도록 이끌어 주시고 격려해 주십니다. 나약한 인간이 생활 안에서 그리스도의 법을 실천할 수 있는 것은 성령께서 **하느님의 사랑**을 우리 마음에 부어 주시기 때문입니다.(로마 5,5 참조)
6. 따라서 예수 그리스도의 법은 곧 **성령의 법**이기도 하며, 이와 같은 성령의 법은 그것을 수행할 수 있는 **의지와 능력**까지 더해주므로, 우리는 어떠한 행동을 할 때 우리 안에서 작용하시는 **예수 그리스도의 가르침과 성령의 인도**에 먼저 귀를 기울여야 합니다.

Q 286 우리 그리스도인들은 실정법과 교회법을 모두 지켜야 할 의무가 있나요?

A
1. 하느님의 법이 인간 삶의 규범으로서 온전히 가능하려면 **인간이 만든 법**, 곧 **실정법도 필요**합니다. 실정법은 **특정한 시대와 사회에서 실질적인 효력**을 가지는 규범입니다. 그런데 실정법이 **정당성을 인정받고 효력을 발휘**하려면 다음 세 가지 조건이 필요합니다.
   ① 하느님의 법에 위배되지 않으며 윤리적으로 정당해야 하고,
   ② 공동선에 이바지해야 하며,
   ③ 보통 사람이 지킬 수 있는 범위와 수준이어야 합니다.
   이렇게 만들어진 **국가법과 국제법**은 **누구나 지켜야 할 규범**이 됩니다.
2. 교회가 정한 교회법도 있습니다. 신앙 공동체인 교회는 하나의 조직체로서 **제도상의 권위와 법적 위계**를 갖추고 있습니다. 교회법은 그리스도인으로서 지켜야 할 **일반 규범들, 성사 생활과 교회 운영에 관한 규율**들을 정해 놓은 것입니다. 교회법은 하느님의 법인 **사랑의 계명**에 대한 **구체적인 실현 방향을 제시하는 것**이며, 따라서 모든 그리스도인은 존경과 사랑으로써 교회법을 지킬 의무가 있습니다.

Q 287 모든 그리스도인들의 일치를 이루기 위하여 우리는 어떻게 해야 하나요?

A 1. 모든 그리스도인의 일치를 이루려는 열망은 **예수 그리스도의 은총**이고 **성령의 부르심**이며, 일치 회복의 열의는 온 교회의 관심사로서, **마음의 회개와 기도, 형제적 상호 이해, 신학자들 사이의 대화**로 실현됩니다.(일치 교령 1항)
2. 모든 그리스도인의 일치를 이루려면 다음과 같은 노력이 필요합니다.
   ① **쇄신**(교회의 소명에 더욱더 충실하려는 끊임없는 쇄신이 필요함)
   ② **회개**(복음에 따라 더욱 순수한 생활을 하려는 회개가 요구됨)
   ③ **기도**(교회 일치를 위한 개인 기도나 공동 기도가 우선임)
   ④ **이해**(형제적인 상호 이해를 도모함)
   ⑤ **교육**(신자들과 사목자들에 대한 일치 교육이 꾸준히 이루어져야 함)
   ⑥ **대화**(신학자들 사이의 대화와 그리스도인들 사이의 만남이 요구됨)
   ⑦ **협력**(특히 인간을 위하여 여러 봉사 분야에서 힘을 합쳐 일하는 것은 사랑의 일치임)
3. 우리는 하느님의 백성이므로 예수 그리스도를 믿는 이들이 모인 공동체를 위한 **성부의 사랑**과, **예수 그리스도의 기도**와, **친교**를 이루시는 **성령의 능력**에 교회 일치의 희망을 둡니다.

Q 288 우리는 비가톨릭 그리스도인들을 어떻게 이해해야 하나요?

A 1. "가톨릭교회는 그들을 **형제적 존경과 사랑**으로 끌어안는다. 세례 때에 믿음으로 의화된 그들은 그리스도와 한 몸을 이루고, 마땅히 그리스도인이라는 이름을 가지며, 가톨릭교회의 자녀들은 그들을 당연히 주님 안의 형제로 인정한다."(일치 교령 3항 참조)
2. 가톨릭교회와 완전한 일치를 이루지 못하고 갈라져 나간 교회들과, 교회적 공동체들 안에도 **"성화와 진리의 많은 요소가 발견되지만,"** 이는 그리스도 교회의 고유한 선물로서 보편적 일치를 재촉합니다.(교회 헌장 8항 참조)
3. 여기서 갈라져 나갔지만 교회라고 불리는 이들은 **동방 교회**이고, 교회 공동체라고 불리는 이들은 **개신교**를 뜻하며, 성화와 진리의 많은 요소들은 **하느님 말씀, 은총의 생활, 신덕•망덕•애덕, 성령의 선물**을 뜻하며, 이는 가톨릭 교회를 포함한 모든 그리스도교에 공통된 선물이므로, 성령께서는

갈라져 나간 이들 안에서도 이같은 선물을 통해 그들을 구원합니다.

Q 289 오늘날 가톨릭 신자들이 가지는 기복적 신앙과 미신적 행위는 어떤 모습인가요?

A 1. 우리 신앙의 대상인 하느님을 흠숭하고 그분의 뜻을 따르는 것보다, 자신과 가족의 **무병장수**와 **입신양명**과 **자손 번영** 등의 복을 기원할 목적으로 현세의 것만을 충족하기 위해 신앙생활을 하는 것을 **기복적 신앙**이라고 합니다. 이와 같은 기복적 신앙은 기도도 미사도 오직 **현세적 복**을 비는 데에 그치고 미사 지향도 그릇된 신심으로 신청하게 됩니다. 그러나 사람의 삶과 죽음은 **하느님의 섭리**와 **신비** 안에 있으며, 우리 삶의 최종 목표는 **영원한 생명인 하느님 나라**에 이르는 것입니다. 오늘날 가톨릭 신자들이 가지는 기복적 신앙과 미신적 행위의 예를 들어보면,

① **위령 미사**와 관련해서 '**조상들과 관련시키는 가계치유**'라는 주장을 하는 이들이 있는데 이는 가톨릭 신앙과는 정면으로 배치되는 것으로써, 개인의 고통을 치유한다는 명분으로 무분별하고 바르지 못한 신심 행위를 조장하는 일이 없어야 합니다. 특히 고통 중에 있는 사람들에게 가계치유를 들어 조상들을 위한 위령 미사를 강조하면서 충분한 예물과 함께 그 횟수도 많아야 한다고 주장하나, 연옥영혼에 관한 가톨릭교회 교리는 하느님의 은총과 사랑 안에 죽었으나, 완전히 정화되지 않은 이들의 영혼이 정화되도록 그 영혼을 위해 기도하며 미사를 드리는 것입니다.

② 교회의 가르침과 권고를 따르지 않고, '**성모상에서 피눈물이 흘러나온다**, **성체가 피 묻은 살이 되었다**'는 등의 **그릇된 신심**으로 병의 치유나 기적의 현상에 쏠리게 해서 신앙 공동체를 혼란케 하는 경우가 있는데, 이에 대해 교구장 명의 공문과 교황청 신앙교리성 서신을 통해서 초자연적으로 증명되지 않았고, 그리스도교 신심과는 연관이 없음을 명백히 했음에도 불구하고 이에 따르지 않고 불순종으로 일관하여 신자들을 혼란에 빠지게 하는 경우입니다. 사적 계시는 신앙에 도움이 될 수 있지만, 그 자체로 절대적이지 않다고 2013년 11월 현 프란치스코 교황은 '성모 발현에 대한 무분별한 믿음은 혼란을 빚으며, 자칫 신자들을 복음에서 멀어지게 할 수도 있다'

고 경고한 바 있습니다.

③ 또한 우리는 **사제의 축복 안수**를 통해서 하느님께서 베푸시는 복을 받고, 하느님께 찬미 드리는 **감사의 마음**이어야 하는데, 일부 가톨릭 신자들이 특정한 사제의 축복 안수가 효험이 있다는 기복적인 신앙으로 집단적으로 줄을 서서 축복 안수를 청하는 모습을 볼 수가 있습니다.

④ "우리는 성령을 통해 **이상한 언어를 하는 은사와 치유의 은사**를 받는데, 은사를 받은 신자들은 그 역시 어디까지나 **공동선**을 위한 것이어야 하고, **이례적인 은총**을 함부로 간청하지 말아야 하며, 미리 그러한 은총에서 사도직 활동의 결실을 바라지도 말아야 한다."고 되어 있습니다.(교회헌장 12항 참조)

⑤ 우리가 참 하느님께 드려야 할 예배에서 벗어나는 미신적 행위는 종교심과 종교심이 요구하는 실천에서 빗나가는 **이탈 행위**로써 **우상 숭배**, **점**이나 **마술** 등 여러 형태에서 두드러지게 나타납니다.(가톨릭교회 교리서 2111항, 2138항 참조)

2. 위와 같은 기복적 신앙과 미신적 행위를 갖는 이유는, ① 오늘날 급변하는 사회 환경 속에서 **말 못할 어려움을 안고 사는 사람들**이 많고, ② 가정이나 사회에서 여러 가지 이유로 소외되어 극심한 **외로움**과 **무력감**으로 우울증에 시달리거나 삶의 의미를 잃고 사는 사람들도 너무나 많으며 ③ 또한 선천적으로 **타고난 병**으로 고통 받거나 후천적인 여러 원인으로 병고에 시달리는 사람들도 많습니다. 고통을 겪는 신자들은 대개 심리적으로 극심한 혼란을 겪기 마련인데, 이들은 제도화된 틀 안에서 해법을 찾기보다는 지푸라기라도 잡는 심정으로 고통에서 벗어나려고 합니다.

3. 한편 우리는 인간의 한계점인 ① **인간의 유한함** ② **불안** ③ **고독** ④ **나약함** ⑤ **권태로움** ⑥ **정치의 불안정성** ⑦ **경제 구조의 모순** ⑧ **사회의 부조리** ⑨ **문화의 혼돈** ⑩ **미래 사회의 불확실성** 따위가 합쳐져 우리의 신앙생활을 **자극적**이며, **기복적**이고, **개인적**이며, **이례적인 체험**을 하도록 부추기는 경향이 있습니다.

4. 이에 대해서 종교가 ① 기쁨과 희망보다는 슬픔과 고뇌에 직면한 현대인에게 **좁은 문에** 이르는 길을 여는 대신에 현실과 타협하여 **넓은 길**을 연 탓

이 크며 ② **고통스러운 진리**를 드러내는 대신에 **달콤한 거짓**에 침묵한 탓도 크고 ③ 영원한 생명을 위한 **고난의 십자가**를 짊어지는 대신에 수단 방법을 가리지 않고 **교세 확장**에만 중점을 둔 탓도 있으며 ④ **하느님을 외면**하고 **공동선을 실현하는 공동체**를 시선에서 놓친 탓이 제일 큽니다.

5. "그리스도께서 가난과 박해 속에서 구원 활동을 완수하셨듯이, 그렇게 교회도 똑같은 길을 걸어 구원의 열매를 사람들에게 나누어 주도록 부름 받고 있다."(교회 헌장 8항 참조)는 공의회의 가르침에 귀를 기울여야 하며, 이들을 위한 사목자들의 배려가 절실히 요구되는 것은 사실이지만 이들에게 당장의 위로보다는 더 큰 신앙의 틀 안에서, 위기를 신앙 성숙의 기회로 이끌어 주는 도움이 더 필요하며, 교회는 끊임없는 참회와 쇄신을 통해 또 우리는 이와 같은 기복적이고 개인적인 신앙생활을 넘어서 치열하게 사신 예수 그리스도처럼 공동선을 향하여 사는 참 신앙인이 되어야 합니다.

Q 290 오늘날 우리 인간 생명을 경시하는 심각한 현상은 무엇이 있나요?

A 하느님의 모습으로 창조된 모든 인간의 생명은, 임신되는 순간부터 죽을 때까지 존엄한 것인데, 인간의 목숨을 빼앗는 것은 우리에게 생명을 맡겨 주신 하느님의 뜻과 인간의 존엄성을 거스르는 중대한 범죄입니다. 오늘날 인간 생명을 경시하는 심각한 현상들에 대한 가톨릭 교회의 입장을 살펴보면,

1. **살인** : 인간 생명은 하느님께서 주신 선물이고, 인간에게는 이 생명을 존중하고 보호하며 소중하게 이어가야 할 사명이 있으므로, 모든 인간의 생명을 해치지 말라고 명합니다. 여기에는 직접적이고 고의적인 살인에 협력하는 것과, 간접적이라 하더라도 남을 죽이려고 하거나, 위험에 놓인 사람을 돕기를 거절하는 행위까지 포함됩니다.

2. **정당방위** : 생명을 해칠 목적으로 부당하게 공격하는 사람에게 저항할 권리가 있으며, 자신의 생명을 지키고자 공격자에게 치명적인 해를 입혔다면, 그것은 살인죄를 짓는 것은 아닙니다. 그러나 정당방위라는 명목으로 필요 이상의 무력을 사용해서는 결코 안 됩니다.

3. **사형 제도** : 기존의 사형제를 반대하되, 일부 예외성을 인정했던 가톨릭교회 교리가 사형제 **'절대 불가'**로 바뀌었는데, 이는 복음의 빛에 비춰 **인간의**

불가침성과 존엄성에 대한 공격이기 때문에 받아들일 수 없다고 오늘날 사형제 용납 불허에 대한 가톨릭교회의 입장을 분명히 하였습니다. 그 이유는,
① 매우 심각한 범죄를 저질렀다 하더라도, 범죄자의 **인간 존엄성이 상실**되는 것은 아니라는 인식이 증가하고 있고,
② 국가가 부과하는 **형사상 제재의 중요성**에 대한 새로운 이해가 생겨났으며,
③ 시민 안전을 보장하면서도, 범죄의 자기 구제 가능성을 박탈하지 않는 **효과적인 구금 체계**들이 개발되었기 때문입니다. 또한 합법적인 공권력이 적법한 절차에 따라 집행하는 사형은, 다섯째 계명(사람을 죽이지 마라)에 예외적인 형벌로서, 죄지은 사람을 교정하기 위한 것은 사형이 아닌 **다른 방법**이어야 하며, 현실에서 **무고한 사람**이 사형 판결을 받는 경우가 있기 때문에, 가톨릭교회에서는 **사형 제도를 반대**하고 있습니다. (2018.8.2. 교황청 신앙교리성 발표; 가톨릭교회 교리서 2267항 참조)

4. **낙태** : 인간의 생명은 임신되는 순간부터 시작되기 때문에, 태아도 여느 사람과 마찬가지로 완전하게 보호를 받아야 하며, 바라지 않는 성, 바라지 않은 임신이라는 이유로 인공 유산을 하는 것은 명백한 살인입니다. 또한 불임 수술이나 인공적 피임을 하는 것은, 하느님 창조 질서에 어긋나는 일로써, 교회는 자연적인 가족계획을 인정하며, 그리스도인 부부가 자연적인 가족계획법(자연주기법, 점액 관찰법 등)을 활용하도록 권고합니다.

5. **안락사** : 사고 능력이 없고 치유 가능성이 없이 심한 고통에 시달리는 경우에, 고통에서 벗어나게 해 준다는 명분으로 환자를 죽음에 이르게 하는 모든 행위는 정당하지 않습니다. 환자의 동의 여부에 관계없이 모든 형태의 안락사는 불법이며, 살인 행위입니다. 다만 자연적인 생명이 마지막 단계에 이르렀을 때, 연명 치료를 하지 않는 것은 정당합니다.

6. **자살** : 스스로 자기 생명을 끊는 것인데, 우리에게는 생명을 끊을 권리가 없고, 우리 생명의 주인은 하느님이시기 때문에, 하느님의 허락 없이 생명을 끊는 것은 주인에 대한 큰 모독이요, 큰 죄가 됩니다. 사람은 저마다 자기에게 생명을 주신 하느님께 감사드리고, 하느님의 영광과 자신의 구원을 위하여 생명을 보존해야 합니다. 이 임무를 위반하는 것은, 먼저 하느님 사

랑을 거스르는 행위입니다.

7. **생명 과학** : 생명을 위한 여러 형태의 과학적 연구와 실험은, 병의 치료나 보건 향상에 도움이 될 수도 있지만, 시험관 아기나 복제 인간 등은 인간의 존엄성과 도덕률에 어긋나는 연구와 실험이기에, 그 자체로 정당한 행위가 아닙니다. 장기 이식은 제공자나 그 보호자의 동의를 얻었을 때, 도덕적으로 받아들여지나, 제공자를 죽음에 이르게하는 장기 이식은 용납되지 않으며, 사후에 장기 기증은 훌륭한 행위로서 기증자의 죽음이 확인되어야 가능합니다.

8. **악한 표양** : 다른 사람이 악을 저지르도록 이끄는 행위를 말하는데, 이웃을 악으로 이끄는 유혹자가 되어 그를 영적 죽음으로 끌어들이거나, 악을 행하도록 부추기거나, 방관하는 것도 죄가 됩니다.

9. **폭력 행위** : 사람을 마구 위협하고 상처를 입히며 심지어 생명까지 앗아가는 온갖 종류의 폭력 행위(테러)는 정의와 사랑을 거스르는 죄입니다. 사람을 납치하거나 자백, 처벌, 위협, 복수 등을 위하여, 육체적 정신적 폭력을 사용하는 고문은 생명 존중과 인간의 존엄성을 파괴하는 죄입니다.

Q 291 동성애자(同姓愛者)에 대한 가톨릭교회의 입장은 무엇인가요?

A 동성애자에 대한 가톨릭교회의 입장은 언제나 분명합니다.

1. "**동성애는 자연법에 어긋난다. 동성애는 성행위를 생명 전달로부터 격리한다. 동성의 성행위는 어떤 경우에도 인정될 수 없다**"고 천명하고 있습니다. 하지만 동성애자를 단죄한다거나, 동성애자는 하느님의 사랑을 받을 수 없다는 인식은, 교회의 가르침과 거리가 있으며, 성 소수자의 인권과 차별을 개선하기 위한 목소리가 날로 커지고 있는 것이 현실입니다.(가톨릭교회 교리서 2357항-2359항 참조)

2. 이와 같은 상황에서, 가톨릭교회는 간과할 수 없을 정도로 상당한 수의 남녀가 동성애적 성향을 타고난 것을 인지하고 있고, "그들의 경우 스스로 동성연애자의 처지를 선택한 것이 아니다. 그러므로 그들을 존중하고 동정하며 친절하게 대하여 받아들여야 한다. 그들에게 어떤 부당한 차별의 기미라도 보여서는 안 된다. 그들은 자신들의 생활에서 하느님의 뜻을 실현하

라는 부르심을 받고 있으며, 그들이 그리스도인이라면 자신들의 처지에서 겪을 수 있는 어려움을, 주님의 십자가 희생과 결합하라는 요청을 받고 있다."고 말합니다.(가톨릭교회 교리서 2357항-2359항 참조)

3. 교회는 밖으로 내쳤던 이들을 **'율법이 아닌 복음'**의 잣대로 불러오기 위한 노력을 계속하고 있으며, 성 요한 바오로 2세 교황은 1994년 삼종 기도에서 "우리는 동성애의 성향을 지닌 사람들을 보호해야 할 뿐만 아니라, 그들에 대한 부단한 차별을 배격해야 한다."며 **간음한 여인을 용서한 예수 그리스도의 사랑을 강조하였으며**, 2013년 브라질 세계 청년 대회에서 현 프란치스코 교황은 "우리는 모두 하느님께 사랑받는 피조물이므로 동성애자인 사람들이 고해성사를 보러 오는 것, 주님 가까이 머무는 것, 함께 기도할 수 있는 것이 좋다."는 뜻을 말씀하셨으며 또한 2015년 세계 주교 시노드에서 "동성애적 성향을 지닌 사람들과 함께 사는 가정에 특별한 관심을 기울여야 한다."며 단죄와 비난이 아닌 따뜻한 관심과 격려를 강조하고 있습니다.

Q 292 사람은 동물을 어떻게 대해야 하나요?

A

1. 하느님께서 사람을 창조하시면서 **"그래서 그가 바다의 물고기와 하늘의 새와 집짐승과 온갖 들짐승과 땅을 기어 다니는 온갖 것을 다스리게 하자."**(창세 1,26 참조)라고 하셨고 또 사람에게 복을 내리시며 **"그리고 바다의 물고기와 하늘의 새와 땅을 기어 다니는 온갖 생물을 다스려라."**(창세 1,28 참조) 하고 말씀하셨습니다.

2. 동물은 하느님께서 창조하신 피조물로서, 하느님께서 섭리로 돌보시므로 사람도 동물을 잘 보살펴야 합니다. 동물들은 사람들에게 음식과 의복을 제공하며, 심지어 사람을 위한 의학적, 과학적 실험의 대상이 되기도 합니다. 그러므로 **동물을 학대하는 것도 또 사람을 사랑하는 것 이상으로 지나치게 동물을 사랑하는 것도** 하느님의 뜻에 맞지 않습니다.

3. 사람은 동물에게 지나친 애정을 쏟거나, 동물을 무분별하게 이용하지 않아야 하며 특히 정당한 한계를 벗어나 동물을 불필요하게 괴롭히고 학대하며, 비도덕적인 과학 실험으로 이용하는 행위를 삼가면서, 하느님의 피조

물인 동물을 호의로 대해야 합니다.

Q 293. 우리 그리스도인들에게 가난한 이들은 어떤 의미인가요?

A 1. 가난한 이들에 대한 사랑은 어느 시대에나 **그리스도인이라는 것을 알아보는 표징**이 되어야 하며, 가난한 이들에게는 **도움을 요구할 권리**뿐만 아니라 **의로움을 요구할 권리**도 함께 가지고 있습니다. 그리고 그리스도인들에게는 **자기 재산을 나눠야 할 특별한 의무**가 있으며, 가난한 이들을 사랑하신 예수 그리스도는 우리의 모범이십니다. 그러므로 가난한 이들에 대한 사랑은 물질적인 차원만이 아니라 **다양한 형태의 문화적·도덕적·종교적 차원**까지도 포함합니다.

2. 예수 그리스도께서 하신 산상 설교의 첫 말씀은 "**행복하여라, 마음이 가난한 사람들! 하늘나라가 그들의 것이다.**"(마태 5,3 참조)입니다. 가난에는 물질적인 가난과 감성의 가난, 지성의 가난, 영성의 가난이 있는데, 그리스도인들은 물질적으로 가난한 이들을 **세심한 주의와 사랑**으로 지속적으로 돌보아야 하며, 예수 그리스도께서는 무엇보다도 가난한 이들을 어떻게 대했는지를 보시고 그리스도인들을 판단하실 것입니다. "**너희가 내 형제들인 이 가장 작은 이들 가운데 한 사람에게 해 준 것이 바로 나에게 해 준 것이다.**"(마태 25,40; 가톨릭교회 교리서 2443항-2446항 참조)

Q 294. 청소년 성교육에 대한 가톨릭교회의 가르침은 무엇인가요?

A 1. 청소년들에게 성에 대한 올바른 가치관을 심어 주기 위하여 지켜야 할 원칙들을 교회에서는 제시하고 있습니다.
  ① 자녀 개개인은 유일하고 대체될 수 없는 인간이므로 **개별적 교육**을 받아야 하며,
  ② 도덕적 차원은 언제나 부모의 **모범적 삶**을 통한 가르침의 일부가 되어야 하고,
  ③ 정결 교육과 적절한 시기의 성교육은, 객관적인 윤리 원칙과 성에 대한 지식을 가르치는 것으로 그칠 것이 아니라, **사랑의 교육**이라는 폭넓은 맥락에서 이루어져야 하며,

④ 부모는 자녀에게 성에 대하여 아주 신중하게 그러나 분명하게 또 알맞은 시기에, **전통 문화와 그리스도교 윤리**에 어긋나지 않는 방법으로 교육해야 합니다.

2. 청소년 개개인에게 요구되는 **개별적 교육과 도덕성과 정결 교육**이라는 큰 틀에서의 **사랑의 교육**이 이루어져야 하며 또 부모에게는 **자녀의 올바른 성에 대한 교육을 시킬 의무**가 주어집니다.(교황청 가정 사목 평의회, 인간의 성, 그 참모습과 참뜻 참조)

Q 295 노동은 인간에게 어떤 의미를 가지나요?

A 1. 노동은 인간에게 하나의 **의무요 권리**로서, 인간은 이를 통하여 창조주 하느님께 협력합니다. 인간은 실제로 사명감을 갖고 능력에 따라 노동함으로써 타고난 잠재 능력을 발휘하고 실현하며, 선물을 주시고 재능을 주신 하느님께 영광을 돌리며, 자기 자신과 가족들을 부양하고, 인류 공동체에 봉사합니다. 뿐만 아니라 노동은 하느님의 은총에 힘입어 **다른 이들의 구원을 위하여** 예수 그리스도와 함께하는 **협력과 성화의 한 수단**이 될 수 있습니다.

2. 이와 같은 인간의 노동은,
   ① 하느님의 **창조 사업**을 계속하고,
   ② 힘과 재능을 주신 **하느님께 영광**을 드리며,
   ③ 자신의 능력을 발휘하여 **자아를 실현**하고,
   ④ 자신과 가족의 삶에 필요한 것을 마련하고 **인간 공동체에 도움**이 되며,
   ⑤ **성화의 수단**이 됩니다.

3. 곧 노동의 수고로 그리스도를 닮고, 세상사 안에서 예수 그리스도의 정신을 실현하는 것이므로, 노동은 **인간의 기본적인 권리이자 의무입니다.**

Q 296 진정한 지상 세계의 평화란 무엇을 말하나요?

A 1. 세계 평화를 위해서는 인간 생명의 존중과 증진이 요구되는데, 평화는 단순히 전쟁이 없는 것만도 아니고, 적대 세력들 사이의 균형을 보장하는 데 그치는 것이 아니라, **'질서의 고요함'**(성 아우구스티노)이고 **'정의의 결과'**(이

사 32,17 참조)이며 **'사랑의 결실'**을 이루는 것입니다. 즉, 지상 세계의 평화는 **예수 그리스도의 평화**를 나타내는 것이며 그 열매입니다.

2. 여기서 '질서의 고요함'이란 **사회적 차이를 형제애로 극복함으로써 이루어지는 평화**를 말하며, '정의의 결과'란 **사회 정의 없이 평화가 없음**을 나타내며, '사랑의 결실'은 **"모든 것을 덮어 주고 모든 것을 믿으며 모든 것을 바라고 모든 것을 견디어 내는"**(1코린 13,7 참조) **사랑의 평화**를 이루는 것을 말합니다.

Q 297. 교회는 사회 문제에 대해 언제, 어떻게 개입하나요?

A 1. 교회는 **인간의 기본권**과 **인간 구원** 그리고 **공동선**을 위한 경우에 경제와 사회의 문제에 대해 **윤리적 판단**을 내림으로써 사회 활동에 참여하며,

2. 인간의 기본권과 공동선과 인간 구원에 위협이 되는 문제에 대해서, 교회는 윤리적 판단을 내려 사람들이 바르게 행동하도록 적극적으로 나서며, 그 다음에 정책 제시나 정치권력 비판을 하면서 사회 문제에 대해 개입을 합니다.

Q 298. 가톨릭은 여성을 차별하는 종교인가요?

A 1. 가톨릭교회는 **"하느님께서 처음부터 인간을 남자와 여자로 창조하셨다."**(창세 1,27 참조)고 고백하며, **"남녀가 동등한 권리와 의무를 갖고 있다"**고 선언하고 있습니다.(가톨릭교회 교리서 2331-2335항 참조)

2. 남녀는 다르지만, **육체적, 정신적, 영적 차이**를 서로 보완하고 협력해야 한다고 교회는 가르치고 있으며, 이와 같은 협력은 **행복한 혼인 생활과 풍요로운 가정생활**을 통해서 실현된다고 강조합니다.

3. 오늘날 사회생활 전반에 걸쳐 여성들의 참여와 역할이 커지고 있는 가운데, 교회의 여러 사도직 분야에도 더 폭넓은 여성 참여가 매우 중요하다고 명시하고 있습니다.(평신도 사도직에 관한 교령 9항 참조)

4. 최근 남성 혐오 인터넷 커뮤니티 단체와 일부 페미니스트(양성 평등주의자)들이, 가톨릭교회가 여성을 차별한다고 비방하면서, **낙태죄 폐지를 반대**하고 **여성 신자만 미사보를 착용**하게 하는 것이, 여성 차별이라는 주장

에 대해서 가톨릭교회의 입장을 살펴보면,

① 가톨릭교회는 태아도 독립된 인간 생명이기에 그 어떤 권리도 생명권보다 우선할 수 없다며 낙태를 반대합니다. 교회는 임신 순간부터 배아(수정란)를 온전한 인간 생명이라고 선언하면서, 모든 사람의 생명은 잉태되는 순간부터 죽을 때까지 신성하기 때문에, 한 인간을 죽이는 것은 **인간의 존엄성과 창조주의 거룩하심**에 크게 어긋나는 것이기에, 이를 파문으로 제재하고, 인공 유산을 허용하는 법은 그 자체로 비윤리적이기에 이를 따를 수 없다고 선언합니다.(가톨릭교회 교리서 2270항; 인공 유산 반대 선언문 20항 참조)

② 미사보 착용은 의무가 아니라 **관습**으로, 교회 전례에 참여한 여성이 머리를 가리는 관습은, **바오로 사도의 권고**에 따라 비롯된 것이며, 신앙인으로서 **겸손함과 경건한 자세로 하느님을 만나고, 세속적 사치를 드러내지 말라**는 의미로 머리를 가릴 것을 권고합니다. 오늘날 여성 신자들이 공식 전례 때 미사보를 쓰는 것은, 세례성사로 **새로운 그리스도인의 삶의 품위를 드러내는 표징**으로 사용되고 있습니다.(1코린 11,1-16 참조)

Q.299 가톨릭교회에서는 사람들의 불평등함을 어떻게 보고 있나요?

A
1. 인간은 평등하면서도 서로 다릅니다. 무수한 사람들이 당하는 **경제적이고 사회적인 부당한 불평등**이 있으며, 이런 불평등은 복음에 정면으로 위배되고, 정의와 인간 존엄성과 평화에 배치되는 것이나, 그 다름은 **하느님의 계획에 속하는 것**으로서, 여러 가지 요인들 때문에 사람들 사이에도 차이가 있습니다.
2. 그러므로 그 차이에 대해서 하느님께서는,
    ① 저마다 필요한 것을 이웃과 주고받기를,
    ② 특별한 재능은 되도록 많은 사람과 나누기를,
    ③ 서로 차이를 인정하고 아량과 친절과 나눔을 실천하기를,
    ④ 다양한 문화들이 서로를 풍요롭게 하기를 원하십니다.
3. 그렇지만, 무수한 사람들이 겪는 **경제적 사회적 불평등**은 하느님께서 자유로이 당신 복된 생명의 은총을 우리에게 나누어 주시고자 하는 **하느님의 계획에 위배되는 것**으로서, 이런 불평등은 하느님의 뜻이 아니라 **인간 탐**

욕이 빚어낸 죄악입니다.

Q 300 가톨릭의 교리 교육에 관하여 교회법에서는 무엇을 가르치고 있나요?

A '교리(教理)'라는 말은 라틴어로 '카테키스무스(Catechismus)'라고 하는데, 그 어원을 보면 **'메아리치다'**라는 뜻을 갖고 있습니다. 그렇다면 교리란, 예수님께서 이 세상에 전해 주신 소식, 곧 **복음을 메아리치게 하는 일**이라 하겠습니다. 영혼의 목자들의 고유하고 중대한 직무는 **신자들의 신앙이 교리 학습과 그리스도인 생활 체험을 통하여 활기차고 뚜렷하며 생산적인 것이 되도록 그리스도인들의 교리 교육**에 힘써야 합니다.

1. **교회의 모든 구성원들**은 합법적인 교회 권위의 지도 아래 각자 나름대로 교리 교육에 관심을 가져야 하고,
2. **부모들**은 누구보다도 신앙 안에서 그리스도인 생활을 실천하는 가운데, 말과 모범으로 자녀들을 양육할 의무가 있으며, 부모를 대신하는 이들과 대부모들도 같은 의무를 지고 있으며,
3. **교구장 주교**는 사도좌가 정한 규정들을 준수하면서, 교리 교육 문제에 관한 규범을 공포하고 또한 합당하다고 여기면 교리서도 마련하면서 교리 교육을 위한 적절한 도구들이 공급되도록 조치하며 아울러 교리 교육 계획을 장려하고 조정할 소임이 있고,
4. **주교회의**는 유익하다고 여기면 사도좌의 승인을 미리 받고 그 지역을 위한 교리서가 출판되도록 힘써야 할 소임이 있으며, 주교회의 산하에 교리 교육 문제에 관하여 각 교구에 도움을 주는 일을 주 임무로 하는 교리 교육 담당 부서를 둘 수가 있고,
5. **본당 사목구 주임(본당 사제)**은 교구장 주교가 정한 규범에 유의하면서 특별히 힘써야 할 것들은 다음과 같습니다.
   ① 성사 거행을 위하여 적합한 교리 교육이 실시되도록 할 것.
   ② 어린이들이 적절한 기간 실시되는 교리 교육을 통하여 고해성사와 성체성사의 첫 번 배령(첫 고해와 첫 영성체) 및 견진성사를 올바로 준비하도록 할 것.
   ③ 어린이들이 첫 영성체 후 더 풍부하고 더 깊이 교리 교육을 받도록 할 것.

④ 신체적 혹은 정신적 장애인들에게도 그들 조건이 허용하는 한도만큼 교리 교육을 실시하도록 할 것.

⑤ 젊은이들과 어른들의 신앙이 여러 가지 형식과 계획으로써 강화되고 개화되며 발전되도록 할 것.

6. **수도회 장상들**과 **사도 생활단들의 장상들**은 그들의 성당과 학교 그리고 어떤 형태로든지 그들에게 맡겨진 사업체에서 교리 교육이 성실히 실시되도록 보살펴야 하며,

7. **교구 직권자들**은 교리교사들이 그들의 임무를 올바로 수행하기 위하여 타당하게 준비되도록, 즉 그들에게 계속적 양성을 베풀어 그들이 교회의 교리를 합당하게 알며 아울러 교육학의 고유한 원리 규범을 이론적으로도 실천적으로도 배우도록 보살펴야 하며,

8. 교리 교육은 신자들이 그들의 **자질과 능력과 연령 및 생활 조건**에 맞는 방법으로 가톨릭 교리를 **더욱 깊이 배우고** 이를 더 **적절하게 실천**에 옮길 수 있도록 하는 데 더욱 효과적인 것들로 여겨지는 **모든 도움과 교육 보조 재료** 및 **사회 홍보 매체도 활용**하면서 전수되어야 합니다.(교회법 제 773조-780조 참조)

9. 우리는 가톨릭 교리를 제대로 알면 알수록 그만큼 **신앙이 바르게 성숙되어, 하느님께 더욱더 가까이 다가가게 되므로,** 「성경」과 「교회 법전」 그리고 「**가톨릭교회 교리서**」를 근거로 한 교리 교육을, 신앙생활을 하고 있는 **가톨릭 신자들의 재교육은 물론 예비 신자에 대한 교리 교육**을 철저히 해야 합니다. 특히 성경 말씀을 근거로 한 교리 설명이 필요한데, 개신교 형제들과 대화를 하든지, 토론을 하든지, 그 어느 경우에도 성경 말씀은 매우 힘이 있는 근거가 됩니다.

"하느님의 말씀은 살아 있고 힘이 있으며 어떤 쌍날칼보다도 날카롭습니다. 그래서 사람 속을 꿰찔러 혼과 영을 가르고 관절과 골수를 갈라, 마음의 생각과 속셈을 가려냅니다."(히브 4,12 참조)

Q 301 가톨릭교회 안에서 성화상(聖畵像·거룩한 그림과 조각)은 어떤 의미를 지니나요?

A 우리가 무엇을 나타내는 방법은 말이나 글로써 그리고 어떤 형상으로 나타냅니다. 가톨릭교회 안에서의 **성화상(聖畫像·거룩한 그림과 조각)**은,
1. 모두 예수 그리스도를 지향하며, 성모님을 비롯한 성인 성녀들의 성화상 역시 그들 안에서, 영광을 받으시는 예수 그리스도를 향하고 있습니다. 특히 영상의 시대라고 일컫는 오늘날에는 영상 언어로서 성화상이 큰 중요성을 갖습니다.
2. 예수 그리스도의 형상은 탁월한 전례적 성화상이며, 성모 마리아와 성인들을 나타낸 성화상들은, 그들 안에서 **영광 받으시는 예수 그리스도를 나타내며**, 성경이 언어로 전하는 복음의 메시지를 형상으로 선포하고, 신자들의 신앙을 일깨우고 기르는 데 도움을 줍니다.
3. 개신교계 일각에서는 가톨릭교회에서 성화상(聖畫像·거룩한 그림과 조각)을 모시는 것에 대해 '우상 숭배'라고 잘못 인식하고 있으나, 성화상(聖畫像·거룩한 그림과 조각)을 모시는 것은 성화상 그 자체를 공경하는 것이 아니라, **성화상에 나타난 분을 공경하는 것**이기 때문에 '우상 숭배'가 아닙니다.

Q 302 오늘날 지구상의 심각한 기후 변화에 대한 그리스도인의 책임은 무엇인가요?

A 1. 하느님께서 창조하신 이 지구의 생태계가 파괴되고 있으며, 이 파괴는 지구상의 모든 사람과 피조물에 피할 수 없는 부정적 영향을 미치고 있고 특히 가난한 나라의 소외당하고 가진 것 없는 이들이 제일 크게 고통 받고 있습니다.
교회는 생태계가 겪고 있는 고통과 가난한 이들의 고통이 밀접하게 연결되어 있음을 잘 인식하고, 모든 그리스도인이 관심을 두고 연대하여 생태계 회복 및 사회 정의를 이루는 데 힘쓰는 것이, 바로 **예수 그리스도를 따르는 길**이라고 가르치고 있습니다.
2. 생태계 문제 중 가장 심각한 것은, 바로 지구의 기온이 급격하게 올라가는 **기후 변화(지구 온난화)**입니다. 학자들은 기후 변화가 그저 자연적으로 나타난 현상이 아니라, 우리 인간의 활동이 일으킨 현상이라고 밝혀왔습니다. 우리가 사는 21세기 현대 사회를 소비 중독에 빠진 사회라고들 합

니다. 끊임없이 소비해야만 모두가 잘 살 수 있을 것처럼 교육하고, 수많은 광고를 통해 하루에도 수십 번, 수백 번씩 더 사라고, 더 소비해야 행복할 수 있다고 믿도록 강요하는 사회에서 우리는 살고 있습니다.

3. 많이 사고 많이 버리는 생활 양식은 바로 지금 지구가 처하고 있는 상황을 만들어왔습니다. 화석 원료를 소모하며 소비할 제품을 만들어왔고, 화석 연료를 태우면서 국경을 넘어 제품을 실어 날랐습니다. 우리의 후손은 바로 우리 때문에 인류가 역사상 겪어본 적이 없는, 가장 위험한 기후 변화를 겪게 될 것입니다.

4. 인류는 기후 변화의 속도를 늦추기 위해 **온실가스 방출**을 줄이는 방법, 즉 **화석 연료로 운행되는 교통수단**을 줄여나가야 합니다. **대중교통**을 이용하고 꼭 필요할 때에만 자가용을 이용해야 합니다. **전기 사용**을 줄임으로써 화력 발전소의 가동을 줄이고, 궁극적으로는 온실가스 배출량이 적거나 아예 없는 에너지원으로부터 전기를 생산함으로써 온실가스 배출을 줄여야 합니다.

5. 동시에 기술에만 의지해서는 생태계 문제를 해결할 수 없음을 인정해야 합니다. 아무리 에너지 효율이 좋은 전자 제품이 나오더라도, 그 제품을 많이 구입하고, 더 자주 사용한다면 온실가스 배출량을 줄일 수 없습니다. 그리스도교의 영성을 따라 **"절제를 통하여 성숙해지고 적은 것으로도 행복해지는 능력"**을 키워야 합니다. 이 시대의 그리스도인은 **고통 받는 생태계와 고통 받고 있는 이웃의 가장 작은이들**을 기억하고 돌보아야 합니다.(교황 프란치스코 2015년 회칙 「찬미받으소서」 222항 참조)

Q 303 평신도 사도직(平信徒使徒職)이란 무엇인가요?

A 평신도 사도직(平信徒使徒職)이란 평신도가 수행하는 사도직을 말합니다.

1. **평신도(平信徒)**란, 교회를 이루는 하느님 백성 가운데, **성품의 구성원**과 교회가 인정한 **수도 신분의 구성원**이 아닌 **모든 그리스도인**을 말하며, 세례로 그리스도와 한 몸이 되어 **하느님 백성**으로 구성되고, 그리스도의 사제직과 예언자직과 왕직에 나름대로 참여하는 자들이 되어, 그리스도교 전체의 사명 가운데에서 **자기 몫을 교회와 세상 안에서 실천하는 그리스도**

인을 말합니다.(가톨릭교회 교리서 897항 참조)

2. **사도직(使徒職)**이란, 사도의 직무를 말하며 사도(使徒)는 **사명을 띠고 파견된 사람으로서**, 평신도들은 세례를 받으면서 **교회 성장과 발전에 협력**하고, 다른 한편으로는 **세속 일에 종사하며 세속을 성화**시키면서, **하느님 나라를 건설**하는 이중의 사명을 지닙니다.

3. 성당에는 평신도 사도직을 수행하기 위한 여러 단체 예컨대, 레지오 마리애, 꾸르실료, 성령쇄신봉사자회, 노동청년회, 농민회, 실업인회, 언론인회, 학생회 등 직업별, 직능별, 관심 분야별로 전국 단위 또는 교구 단위 그리고 본당 공동체 안에 많은 사도직 단체들이 결성되어, **신앙생활의 향상**과 하느님을 모르는 사람들에게 **전교하는 것을 주된 활동**으로 하고 있습니다.

4. "평신도들의 임무는 자기 소명에 따라 현세의 일을 하고, 하느님의 뜻대로 관리하며, 하느님의 나라를 추구하는 것이다. 평신도들은 세속 안에서, 각각의 온갖 세상 직무와 일 가운데에서, 마치 그들의 삶이 짜여 지는 것 같은 일상의 가정생활과 사회 상황 속에서 살아가고 있다. 거기에서 하느님께 부르심을 받아 자기 고유의 임무를 수행하며, 복음 정신을 실천하고 누룩처럼 내부로부터 세상의 성화에 이바지하며 또 그렇게 하여 무엇보다도 자기 삶의 증거로써, 믿음과 바람과 사랑으로 빛을 밝혀, 누룩처럼 다른 사람들에게 그리스도를 분명하게 보여 준다."(제2차 바티칸 공의회 교회헌장 31항 참조)

Q 304. 평신도에게 주어지는 성체 분배권은 어디에 근거를 두고 행하나요?

A

1. 성체를 만지고 관리하고 보존하는 직무는 성직자에게만 유보된 것으로서, 정규 성체 분배자는 **주교, 사제, 부제**이며, 비정규 성체 분배자는 **시종자**와 **성체 분배권**을 **교구장 주교**에게 받은 **평신도**입니다. 한국 천주교주교회의는 1998년 춘계 정기총회에서 『성체 분배자에 관한 규정』을 통해 비정규 성체 분배자의 권한과 범위를 분명히 밝혔는데, 비정규 성체 분배권은 ① 보조적으로 수여되고 비정규적이므로 평신도 성체 분배자가 있더라도 사제의 성체 분배 의무가 면제되는 것은 아니며, 영성체를 청하는 교우들에게 성체를 분배하는 것은 **사제와 부제의 의무**입니다. ② 비정규 성체 분배

권은 예외적으로 수여됩니다. 따라서 성직자는 미사 중에 신자 수가 많을 때는 비정규 성체 분배자의 도움을 받을 수 있지만, 표현을 확대 해석하여 비정규 성체 분배자를 습관적으로 활용하는 것은 피해야 합니다.

2. 비정규 성체 분배자의 직무를 수행할 수 있는 사람은 ① 합법적으로 시종직을 받은 사람이 일차적으로 비정규 성체 분배자가 되며, ② 또 평신도(일반 신자나 수도자)에게 교회의 사목적 필요에 의해서 한시적, 한정적으로 비정규 성체 분배 권한을 부여하여 그 직무를 수행하도록 하는데 **필요한 경우에 성직자의 위임**으로만 그 직무를 수행할 수 있습니다.

3. 비정규 성체 분배자의 직무를 수행할 수 있는 경우는 ① 미사를 집전하는 사제 외에 다른 사제와 부제가 없는 경우, ② 이들의 건강이 좋지 않거나 연로하거나, ③ 다른 직무 수행 때문에 성체 분배의 틈이 없거나, ④ 영성체 할 신자 수가 너무 많거나, ⑤ 정규 성체 분배자들의 부족으로 영성체 시간이 오래 소요되어 예식 거행이 너무 길어지는 경우에 성체를 나누어 줄 수가 있습니다.

4. 교구장 주교는 참으로 필요한 경우, **적절한 교육과 축복 예식**을 통하여, 사안별로 기간별로 평신도에게 성체 분배권을 수여할 수 있으며 다만, 비정규 성체 분배자는 **미사 중**에 사제를 도와 성체를 분배할 수 있습니다(교회법 제910조 1항, 제 910조 2항, 제 230조 3항; 평신도의 사제 직무 협력에 관한 훈령 제 8조 1항 참조). 그러나 미사 밖에서 하는 영성체와 성체 분배 규정은 미사 때의 성체 분배와 다른 차원의 별도의 규정이며, 성체 분배권은 이 두 가지를 구별하여 수여됩니다. ① 공소 예절시 말씀 전례를 집전하는 성체 분배권을 받은 봉사자가 영성체를 시켜 줄 수가 있으며, ② 병자 영성체의 경우 사목자의 손길이 미치지 못하는 경우에 비정규 성체 분배자가 권한을 받아 일정한 지역이나 공간(병원 등)에 한정하여 영성체를 시켜 줄 수가 있습니다.

5. 오늘날 성직자가 부족하고 신자수가 많다는 이유로 도입된 비정규 성체 분배자 특별봉사 제도를 실시하는 데 있어서, 영성체하는 **교우가 적거나 여러 사제가 있는데도**(사제는 앉아 있고) 비정규 성체 분배자에게 성체를 분배하게 하거나 또 **병자 영성체**를 시키는 것은 교회가 특별봉사 제도를 도입한 의도와는 거리가 있으며, 어떠한 경우에도 **사제의 고유한 직무**를

신자들에게 양보함으로써 **전례가 남용되는** 일이 있어서는 안 됩니다.(교황청 훈령 구원의 성사 32항 참조)

6. 결과적으로 정규 성체 분배자보다 더 많아진 비정규 성체 분배자의 남용은 **사목이나 전례**에 도움이 되지 못하며, 오히려 가톨릭 신자들이 간직해 온 교회의 **성사 생활**과 **전례 참여**, **신앙심**과 관련되어 내려오는 귀중한 **영적 자산과 유산**을 빼앗기게 됩니다.

Q 305 가톨릭교회의 특별 봉사자인 비정규직 성체분배권자의 삶은 어떠해야 하나요?

A 1. 보편 사제직에 참여하는 평신도로서 예수 그리스도의 몸인 성체를 나눠 줄 수 있는 성체분배권자의 삶은 ① 늘 자신의 몸과 마음을 **정결**하게 하여야 하고, ② 예수 그리스도를 닮아 **영적 자유**가 큰 사람이 될 수 있도록 하여야 하며, ③ 부활하신 예수 그리스도의 **신앙의 신비와 언행일치의 삶**을 살수 있도록 하여야 하고, ④ 교우들을 잘 섬길 수 있는 **폭넓은 사랑**이 필요하며, ⑤ 빵과 포도주가 어떻게 예수 그리스도의 살과 피로 거룩하게 변화하여 영원한 생명의 양식이 되는가에 대한 **성변화(聖變化)에 대한 깨달음**과, ⑥ 참으로 예수 그리스도의 몸인 성체를 **적극적으로 사랑**하여야 합니다.

2. 이와 같은 삶을 살기 위해서는 자주 **성체조배의 시간**을 정기적으로 가져야 하며 또 복음 삼덕의 삶인 **청빈, 정결, 순명의 삶**을 살도록 해야 하고, 특히 **하느님**께 대한 순명과 **사제**에게의 순명 그리고 **모든 교회의 백성**을 향한 순명의 삶을 살아야 합니다.

Q 306 참된 가톨릭 신자가 되려면 어떻게 해야 하나요?

A 참된 가톨릭 신자가 되려면,

1. 주일과 의무 축일에는 미사에 참례해야 하며, 주일이 아닌 평일에 미사에 참례해야 하는 의무 축일을 한국 천주교회에서 정했는데, **천주의 성모 마리아 대축일(1월 1일), 성모 승천 대축일(8월 15일), 예수 성탄 대축일(12월 25일)**이 있습니다. 예수 부활 대축일은 주일에 속해 있습니다.

2. 부활 시기와 성탄 시기에는 **고해성사**를 보고 **성체**를 받아 모셔야 하는데,

이 규정은 자주 영성체함으로써, 부활하신 예수 그리스도와 일치하여, 예수 그리스도의 신비체를 이루는 신자들이 그 신원을 잃지 않게 하려는 것입니다.

3. 교회가 정한 날(재의 수요일, 주님 수난 성 금요일)에 **금식재**와 모든 금요일에 **금육재**를 지켜야 하는데, 교회는 예수 그리스도를 본받아 자신을 절제하고, 하느님께 희생을 바치며, 금식과 금육으로 얻게 된 재화를 가난한 이웃과 나누라는 뜻입니다.
4. 교회의 유지비인 **교무금**을 부담해야 하는데, 모든 신자는 저마다 능력에 따라 교회를 유지하고 발전시켜야 할 공동 책임이 있습니다.
5. 교회가 정한 **혼인법**을 지켜야 하는데, 신자들의 혼인은 성사이므로, 혼인하는 남녀가 유효하고 합법적인 혼인성사를 이루려면, 혼인에 관한 교회법을 지켜야 합니다.
6. 교회의 성사 생활에 도움이 되는 신심의 형태인 **성인 유해 공경, 성소(聖所) 방문, 성지 순례, 성체 행렬, 십자가의 길 기도, 묵주 기도** 등 자연스러운 신앙 행위를 통해 예수 그리스도의 신비를 깨닫고, 예수 그리스도의 풍요로움을 느끼도록 해야 합니다.
7. 이 밖에도 아침 저녁으로 **기도하는 습관**을 가져야 하고, 자녀들의 **종교 교육**을 충실히 시켜야 하며, 본당 신심 단체의 회원이 되어 **평신도 사도직에 충실한 삶**을 살아야 합니다.

Q 307 가톨릭 신자들의 가정생활은 어떤 모습이어야 하나요?

A
1. 가정은 부부 사랑과 자녀 사랑으로 맺어진 **사랑과 생명의 공동체입니다.** 가정을 이루어 **자녀**를 낳고 교육하며 **사랑**을 쌓아 가는 것은, **하느님의 창조 계획이 더욱 완전히 실현되도록 협력하는 것**입니다.
2. 가정 안에서 자녀는 부모에게 효성을 다하고, 부모는 자녀를 **성실히** 기르며, 부부는 **서로 사랑하며 신의**를 지켜야 합니다. 또한 가정은 **사회의 기초**로서 사회 발전에도 적극 이바지해야 합니다.
3. 특히 그리스도인 가정은 **가정 교회**로서 **예수 그리스도와 교회의 가르침을 사랑으로 실천하여 이웃에게 복음이 퍼져 나가도록 하는 터전**이 되어야

합니다. 가정 교회는 요셉 성인과 성모 마리아와 예수 그리스도께서 이루신 **성가정**을 본받아 **그리스도의 복음 정신**을 드러내고 증언하며, 나아가 **사제나 수도자의 후보자들**을 양성하는 **못자리 역할**도 담당해야 합니다.

Q 308 가톨릭 사회교리에 맞는 그리스도인들의 경제생활은 어떤 모습이어야 하나요?

A 교회는 하느님의 모상인 **인간의 존엄성과 권리**를 보호하고, **공동선**을 추구하며, 사회가 더욱더 평등하고 정의롭게 발전하도록 경제와 정의, 사회 문제에 윤리적 판단을 내리고 행동 규범을 제시합니다. 교회가 사회에 관여하는 것은, **예수 그리스도의 복음**을 바탕으로 **참된 인간 사회**를 이루어, 이 땅에 **하느님의 나라가 펼쳐지게 하려는 것**입니다. 따라서 교회는 **사회교리**를 통하여 **인간의 존엄성, 올바른 행위, 노동의 권리와 의무, 국가들 사이의 정의와 연대, 가난한 이들에 대한 우선적 사랑** 등의 문제를 다룹니다. 다음은 가톨릭 사회교리에 맞는 그리스도인들의 경제생활의 참된 모습입니다.

① 경제 활동과 직업윤리
경제 활동은 인간이 필요한 재화를 마련하고 운용하려고 벌이는 활동으로서, 경제생활은 생산된 재화를 늘리고 이윤이나 경제력을 신장시키는 것만을 목표로 하지 않고, 인간이 경제생활의 중심이며 목적입니다. 그러므로 경제생활은 무엇보다도 **먼저 인간에게, 인간 공동체 전체에게 도움**이 되어야 합니다. 이러한 까닭에 경제 활동은 **사회 정의와 윤리적 질서 안에서** 이루어져야 합니다.

② 노동과 노사 협력
우리는 노동의 신성함을 인식하고 성실하게 일하여 세상에서 하느님의 뜻을 실천하고, 모든 사람이 어울려 살아갈 수 있는 풍요로운 사회를 이루어 나갈 의무가 있습니다. 노동은 인간을 위한 것이므로 **인간의 존엄성과 기본권을 해치는 노동 행위나 경제 활동**은 용납될 수 없으며, 그리스도인들은 노동 현장에서 일어나는 **노사 간의 갈등을 공동선과 그리고 당사자들의 권리와 의무가 함께 존중되는 가운데 합리적으로 해결**하도록 힘써야 합니다.

③ 나눔과 가난한 이들에 대한 우선적 사랑

우리는 그리스도인으로서 '내 것 가운데 그 어느 것도 진정으로 내 것은 하나도 없고 모두 하느님의 것이며, 나는 그저 그것을 하느님께 위탁 받아 관리할 뿐'이라는 자세를 가져야 합니다. 가난한 이들에 대한 사랑은 가난한 이들을 특별히 배려하시는 **예수 그리스도를 본받고 참 행복의 가르침을 따르는 것**으로서, 가난한 이들에 대한 사랑은 **물질적 차원**만이 아니라, 다양한 형태의 **문화적·도덕적·종교적 차원**까지도 포함합니다.

④ 복음적 청빈

재물은 인간이 살아가는 데 반드시 필요한 것이지만, 그 자체가 **삶의 목적이 되어서는 안 되며**, 하느님께서 바라시는 일에 기꺼이 사용할 수 있어야 합니다. 복음적 청빈의 정신에 따라 내일의 불안에서, 우리를 해방시키는 **하느님의 섭리**에 자신을 온전히 맡기며, 현세 재물에 대한 **무절제한 애착**에서 벗어나, **하느님을 뵙고 하느님의 행복을 누릴 때에, 진정한 행복이 충족된다는 사실**을 기억해야 합니다.

Q 309. 가톨릭 사회교리에 맞는 그리스도인들의 사회생활은 어떤 모습이어야 하나요?

A
1. 우리 그리스도인들은 예수 그리스도께서 늘 우리를 위해 열려 계시는 분이심을 알 수 있습니다. 예수 그리스도의 십자가 희생 제사는 그분께서 지상에서 당신의 온 생애에 걸쳐 살아오신 방식의 정점입니다. 그분의 모범에 따라 우리도 사회 속에 깊이 들어가 모든 이와 삶을 나누고, 그들의 관심사에 귀를 기울이고, 물심양면으로 필요한 것을 도와주고, 기뻐하는 사람들과 기뻐하고, 우는 사람들과 슬픔을 함께 합니다. 또한 우리는 다른 이들과 서로 손잡고 새로운 세상을 건설하고자 노력합니다. 그러나 의무감에서가 아니라, 무거운 짐으로 그렇게 하는 것이 아니라, 우리에게 기쁨을 가져다주고 우리 삶에 의미를 부여하는 개인의 선택으로 그렇게 하는 것입니다.
(프란치스코, 교황 권고 「복음의 기쁨」, 269항 참조)

2. 모든 그리스도인은 교회의 일원이면서 사회의 구성원으로서, 우리 사회가 **인간의 존엄성을 지키고 형제애를 키워 가는 장**이 되도록 노력하며, 사회의 각 분야에서 **정의를 구현**하는 데 힘써야 합니다. 인간 사회의 목적과 기

능은 **공동선의 실현**에 있습니다. 또한 **사회 정의 구현과 인류 사회의 평화**는 개인과 집단을 도와주되 간섭하지 않는 **보조성의 원리**와, 서로 **필요한 것**을 주고받으며 **형제애**를 실현하는 **연대성의 원리**를 바탕으로 이루어져야 합니다. 그리스도인은 이 세상에서 **하느님 나라의 정의를 실현하고자 선의의 모든 사람과 협력**해야 합니다. 다음은 가톨릭 사회 교리에 맞는 그리스도인들의 사회생활의 참된 모습입니다.

① **그리스도인들의 사회적 책임**

사람은 사회생활 안에서 **지식을 습득**하고 삶을 유지하기 위한 **재화를 획득**하며, **자기완성**을 이루어 나가게 됩니다. 그러나 우리는 사회생활을 해 나가면서 갖가지 **불화와 다툼, 차별과 소외, 불의와 부조리**를 겪게 되며, 거대한 사회 구조 안에서 자신이 얼마나 **나약하고 무력한 존재**인지를 깊이 느낍니다. 따라서 우리가 **예수 그리스도의 가르침에 따르는 삶**을 살아가려면, 우리 사회의 **그릇된 가치관**에서 벗어날 뿐만 아니라 왜곡된 세태에 알게 모르게 젖어 드는 **타성**도 과감하게 떨쳐내려는 **굳은 의지와 다짐**이 필요합니다. 또한 우리에게 언제 어디서나 모든 사람 안에서 **하느님의 구원 계획이 실현**될 수 있도록 힘껏 **노력할 책임**이 있음도 잊지 말아야 합니다.

② **인권과 평등**

인간의 기본권과 생명의 존엄성은 **사회나 국가나 정치권력**에서 나오지 않고, **인간의 본성과 그것을 창조하신 하느님**에게서 옵니다. 모든 사람은 하느님을 **닮은 모습**으로 창조되었고, 그리스도 안에서 똑같이 하느님의 행복에 참여하도록 **부름 받았으므로** 평등합니다. 모든 사람에게는 **타인의 인권을 존중하고 보호하며 증진해야 할 의무**가 있습니다. 그러므로 인권 침해는 인간 본성을 **파괴하고 침해하는 행위**이며, **하느님을 모독하는 죄악**입니다. 따라서 인간 기본권을 침해하는 모든 형태의 차별, 곧 **성별·인종·피부색·사회적 신분·언어·종교** 등에서 비롯한 차별은 **하느님의 뜻에 어긋나는 것**입니다.

③ **사회 정의와 공동선**

사회 정의는 **인간의 존엄성과 기본권**이 존중될 때 실현됩니다. 따라서 인간 사회의 목적과 기능은 **공동선의 실현**에 있습니다. 공동선은 집단이든 개인이든 **자기완성**을 더욱 충만하고 더욱 용이하게 추구하게 하는 **사회생활의 전반적 조건**을 말합니다. 곧 공동선은 모든 인간이 **함께 행복해지는 사회를 향한 원리**입니다. 공동선에는 세 가지 중요한 요소가 있습니다. ㉠ 한 사람 한 사람을 **인격체로 존중하는 것**을 전제로 하며 ㉡ **사회의 안녕과 집단의 발전을 요구**하며 ㉢ **평화를 지향**합니다. 모든 인간은 정당한 법을 준수하고 또 자신이 책임을 맡고 있는 분야에서 일을 수행함으로써, 공동선을 증진하고 공동생활에 적극 참여합니다.

④ 보조성의 원리

보조성의 원리는 국가 또는 상위의 집단이나 단체가 **개인이나 하위 집단이나 단체의 자율성을 존중**하는 데 있습니다. 따라서 상위 조직이 하위 조직을 **지나치게 간섭**함으로써 개인이나 하위 조직의 **자유를 박탈**하거나 **인권을 훼손**시켜서는 안 됩니다. 또 국가가 개인과 하위 **조직에 강제로 개입**하여 그 **자율성**을 해쳐서는 안 됩니다. 인간 공동체를 다스리는 책임을 맡은 이는 인간의 자유를 존중하시는 **하느님의 통치 방식**에 따라 **봉사자**로서 행동해야 합니다.

⑤ 연대성의 원리

연대성의 원리는 모든 인간이 **형제애**로 서로 돕고 돌보아야 함을 말합니다. 이러한 연대성은 먼저 이익의 **정당한 분배와 노동에 대한 정당한 보수**에서 드러나며, **공정한 사회 질서를 위한 노력**을 전제로 합니다. 사람마다 **육체적·지성적·윤리적 역량**이 다른데 이러한 차이는 **사람들이 서로 섬기며 봉사하고 친교를 나누어야 한다**는 뜻입니다. 하느님께서는 **저마다 필요한 것**을 남에게서 받기를 바라시고, **특별한 재능을 가진 사람들**은 그 **혜택이 필요한 사람들**에게 나누어 주기를 바라십니다. 연대성은 공동선에 투신하겠다는 **강력하고도 항구적인 결의**이며, **전체주의와 개인주의를 극복하는 길**입니다.

⑥ 정치 공동체

정치 공동체는 **인간의 기본적인 권리와 의무를 보호하고 증진**함으로써 공동선의 실현에 이바지해야 합니다. 정치권력은 **사회생활의 모든 영역**에 영향을 미치며 또한 **모든 국민**에게도 직접 영향을 끼칩니다. 그러므로 정치

권력은 무엇보다 먼저 **인간의 기본권을 존중**해야 합니다. 정치권력은 **가난하고 힘없는 사람들의 권리**를 존중하면서 **사회 정의가 실현**되고 **인간다운 삶**을 위하여 **필요한 것들을 누릴 수 있게** 해 주어야 합니다. 합법적으로 선출된 국가 권력자가 **하느님의 법을 존중**하고, **인간의 권리를 수호**하며, **부당한 권력이나 인권을 침해**하는 일이 아니면 우리는 그의 **권위**에 따라야 합니다.

⑦ 인류의 평화

그리스도인은 인간 생명을 존중하는 모든 사람과 연대하여 **균등한 분배와 인권 보호, 자유로운 의사소통, 정의 구현과 형제애의 끊임없는 실천**으로 인류의 평화를 실현하는 일에 투신하여야 합니다. 오늘날 **빈곤한 국가의 문제**, 국가 간에 인종 분쟁·무역 분쟁·군비 경쟁·종교 분쟁 등이 발생하고 있는데, 불평등한 문제와 균등한 분배가 아닌 독점이 **인류 공존과 평화**를 위협하고 있습니다. 진정한 평화를 위하여 **무절제한 군비 경쟁, 경제와 사회 분야의 불의, 인종과 종교의 차별, 상호 불신과 복수심**을 피해야 합니다.

⑧ 자연환경

그리스도인은 **하느님의 창조 사업**에 참여하고 있음을 깊이 인식하여 **아름다운 자연과 쾌적한 환경**을 만드는데 앞장서야 합니다. 인간 생명은 **자연환경과 조화를 이룰 때 증진**되며, **자연이 훼손되고 환경이 오염**되면 인간의 생명도 위협을 받습니다. 인간은 오랜 세월 동안 자연을 **정복의 대상**으로 여겼으며, **산업 발달**이라는 명목으로 자연 자원을 **무분별하게 개발하여 생태계를 파괴**하였습니다. 오존층의 파괴, 온실 효과, 산성비, 토양 부식, 해양 자원의 고갈, 물과 공기의 오염, 이상 기후 등 **환경 파괴의 심각성**을 단적으로 보여 줍니다. 인간에게는 **하느님께서 맡기신 자연환경을 가꾸고 보존할 의무**가 있으며, **자기만의 이익**을 위하여 환경을 파괴한 행위는 삼가야 합니다. 우리 세대가 계속하여 자연환경을 해친다면 우리 후손들은 **삶의 터전**을 잃게 될 것입니다.

⑨ 문화의 복음화

인간이 인간다울 수 있는 것은 **지성과 감성**을 소유한 존재이기 때문입니다. 인간의 지성과 감성은 **문명**을 일으켰고, 문명의 혼이라고 할 수 있는 **문화**를 꽃피웠습니다. 인간의 삶을 표현하는 문화는 **인간 정신의 위대한 창조성**에서 나옵니다. 오늘날의 세계는 놀라운 **기술 발전과 물질적 풍요**를 이루었지만 **정신적이고도 도덕적인 기반과 토양**을 잃었으며, 그 결과로 문화는 오히려 **인간 정신의 본질**에서 멀어지는 양상을 보여 주고 있습니다. **고도의 물질문명은** 우리 사회를 **소비 중심의 사회**로 변모시켰으며, 인간의 모든 욕망을 **상품 소비에 대한 욕심과 갈증**으로 탈바꿈시켜 **사치와 과소비**를 부추기고, **쾌락을 새로운 우상**으로 만들어 성(性)까지 상품화합니다. 그리스도인은 문화의 복음화에 힘써야 하는데 **개인적인 욕망과 여과되지 않은 본능**을 그대로 드러내는 **현대 사회의 퇴폐적이고 향락적인 소비문화를 정화**하고, 인격을 닦고 인성을 키울 수 있는 **건전한 문화생활을 정착**시키는 데 **모범적인 역할**을 해야 합니다.

⑩ **세상의 빛과 소금**

"기쁨과 희망, 슬픔과 고뇌, 현대인들 특히 가난하고 고통 받는 모든 사람의 것은 바로 그리스도 제자들의 기쁨과 희망이며 슬픔과 고뇌이다"(사목헌장 1항 참조) 우리는 우리가 몸담고 살아가는 세상에서 **그리스도의 복음을 실천**하여야 합니다. 그리스도인이 현세 질서를 돌보는 것은 **삶의 행복, 문화와 기업, 예술과 직업, 정치제도와 사회제도 등**을 돌보는 것입니다.(평신도 교령 7항 참조)

정직성과 도덕성이 결여된 사회에서는 진정한 인간 발전과 사회 발전을 기대할 수가 없으므로 우리는 **세상의 어둠을 밝히는 빛이 되고, 세상의 부패를 방지하는 소금**이 되어야 합니다.(마태 3-16 참조) 이를 위하여 우리는 먼저 **신앙생활과 사회생활의 조화와 균형**을 이루어 세상에 **사랑과 기쁨과 평화와 희망**을 안겨 주는 **교회와 함께하는 신앙인**이 되고, 새로운 세상을 갈망하는 선의의 **모든 사람**과 협력하여 **하느님 나라의 정의를 구현하는 사회인이자 세계인**이 되어야 합니다.

PART 6

그리스도인의 영원한 생명

사심판(私審判, Particular Judgment)

사심판이란 각자가 죽은 후 심판하실 하느님 앞에서 받는 심판이다. 각자는 그 행실에 따라 천국, 연옥, 지옥의 판결을 받을 것이다.

Q 310 그리스도교적인 죽음과 영원한 생명에 대해 설명해보세요.

A
1. 사람은 누구나 죽기 마련입니다. 그러나 죽음이 언제 어디 어떻게 닥칠지는 아무도 모릅니다. 죽음 앞에서는 제왕의 권력도, 억만금의 재물도, 천재의 두뇌도 아무런 힘이 되지 못합니다. 죽음은 **사랑하는 사람들**은 물론, 이 세상에서 **우리가 쌓아 올린 소중한 것들**과도 **영원히 이별**하는 것이기에 **슬픔과 고통**이 따릅니다.

2. 또한 죽음은 단 한 번뿐이고 돌이킬 수 없는 것이며, 죽은 다음의 경험을 들려주는 사람도 없기 때문에, 인간은 죽음에 본능적으로 **불안을 느끼며 두려워**합니다. 한편, 죽음은 **자신의 삶을 되돌아보고 반성할 기회**를 주기도 합니다. 죽음의 고비에서는 무신론자나 종교를 갖지 않은 사람도 **절대자**를 찾는 경우가 많습니다. 그러므로 죽음을 **어떻게 생각하고 받아들이는지**에 따라 이 세상에서 우리 **삶의 모습**은 달라질 수 있습니다.

3. 우리가 살아가면서 참되고 선하고 아름다운 것이 죽음으로 허무하게 사라지지 않고, **죽은 다음에 더 고귀하고 영원한 것**으로 피어나리라는 **희망과 확신**을 가질 수 있을 때, 비로소 **평생을 땀 흘려 일할** 수 있습니다. 우리가 아무도 보지 않는 데서 **양심**을 지키고 **인간의 도리**를 다하는 것도, **정의와 자유**를 위하여 목숨을 바치는 것도, 남을 위하여 **희생하고 봉사하는 것**도, 이러한 **희망과 확신이 전제**될 때 가능합니다.

4. 초대 교회 때부터 그리스도인들은 예수 그리스도의 부활로 죽음이 결코 끝이 아니라 **새롭고 영원한 삶으로 옮겨 가는 것**임을 분명히 알고 있었습니다. 당시 이교인들은 죽음을 '죽은 자들의 도시'로 표현하였지만, 그리스도인들은 죽음을 **잠들며 기다리는 상태**(Cimiterium)로 보며 부활을 기다렸습니다. 그리고 "나는 부활이요 생명이다. 나를 믿는 사람은 죽더라도 살고, 또 살아서 나를 믿는 모든 사람은 영원히 죽지 않을 것이다."(요한 11,25-26 참조) 하신 **예수 그리스도의 말씀**에 따라 우리 또한 **예수 그리스도와 함께 부활하리라는 희망**을 갖게 되었습니다.

5. **인생 여정**은 예수 그리스도에게서 드러난 **하느님의 은총**을 받아들이거나 거부할 수 있는 시간이고, **죽음**은 하느님에게서 왔다가 하느님

께 돌아가는 것(요한 16,28 참조), 곧 **영원한 삶으로 나아가려고 자비롭고 의로우신 하느님과 결정적으로 만나는 것**입니다. 부활하신 예수 그리스도께서는 **우리의 삶**에 이와 같이 **새로운 의미와 가치를 부여**해 주셨고, 우리가 **죽음**에 대한 두려움을 극복하고 활기찬 **삶**을 살게 해 주셨습니다. 따라서 우리가 영원한 생명을 얻으려면 '예수님의 영원한 생명의 말씀'(요한 6,68 참조)을 듣고 지키며, 또한 성체성사에 참여하여 예수님과 하나 됨으로써(요한 6,57 참조), 예수님께서 십자가에 못 박혀 돌아가시며 내어놓으신 헌신적인 사랑을 이웃에게 베풀어야 합니다.

Q 311 하느님의 피조물인 인간은 무엇을 가장 열망하고 사나요?

A
1. 인간의 가장 큰 열망은 **하느님을 뵙는 것**으로서, 이 열망은 인간의 전 존재가 "**나는 하느님을 뵙고 싶습니다.**"라고 부르짖는 외침입니다. 사랑으로 인간을 창조하시고 무한한 사랑으로 당신께 이끄시는 **하느님께 대한 지복직관**에서 인간은 충만한 참 행복을 실현합니다.
2. "하느님을 뵈오리라는 약속은 모든 행복을 초월하는 것이며, 성경에서 본다는 것은 곧 소유한다는 의미로 하느님을 뵙는 사람은 이 보는 행위 안에서 좋은 것을 모두 얻을 것입니다."라고 그레고리오 성인이 표현하고 있으며, 이로써 "**나는 너희 하느님이 되고 너희는 나의 백성이 될 것이다.**"(레위 26,12 참조) 하신 계약이 성취될 것입니다. 바오로 사도는 "**그리하여 하느님께서는 모든 것 안에서 모든 것이 되실 것입니다.**"(1코린 15,28 참조)라고 표현하고 있습니다.

Q 312 하느님 나라에 들어가려면 우리가 먼저 무엇을 해야 하나요?

A
1. 예수 그리스도께서 말씀하시는 하느님 나라는 인간이 아니라 **하느님께서 통치하시는 나라**로서, 주님께서 만백성을 **올바르고 공평**하게 다스리시는 (시편 98[97],9 참조) **진리와 생명**의 나라이고, **사랑과 평화**가 가득한 나라이며, **악의 세력**(마태 8,28-34 참조)과 **죽음**(마르 5,41-42 참조)에서 해방되는 나라입니다.
2. 예수 그리스도께서 말씀하시기를 "때가 차서 하느님의 나라가 가까이 왔

다. 회개하고 복음을 믿어라."(마르 1,15 참조)라고 하셨으므로, 우리는 먼저 **하느님과 화해하고, 이웃과 화해하며, 복음을 믿어야 합니다.** 하늘나라는 이렇게 **회개와 믿음을 절대적으로 요구**합니다. 예수 그리스도께서는 회개하고 믿으면 유다인이든 이방인이든 모두 하느님 나라가 주어진다고 말씀하셨습니다. 따라서 온전히 **하느님을 신뢰**하고, 하느님의 품에 자신을 내맡기는 **겸손하고 순수한 믿음**으로, 그분 안에 **희망**을 두고 살아야 합니다.

3. 하느님의 도움으로 우리가 언젠가 하느님 나라에 들어가게 되면, "어떠한 눈도 본적이 없고 어떠한 귀도 들은 적이 없으며 사람의 마음에도 떠오른 적이 없는 것들을 하느님께서는 당신을 사랑하는 이들을 위하여 마련해 두셨다"(1코린 2,9 참조)고 말씀하셨으므로, 하느님의 놀라운 상급이 **우리를 기다리고 있을 것**입니다.(가톨릭교회 교리서 325항-327항 참조)

Q 313 예수 그리스도께서 가르치신 하느님 나라의 참 행복은 어떤 것인가요?

A 1. 예수 그리스도께서 오시기 전에는 **가난하고 힘없고 고통 받는 사람들**은, 이 세상의 **구조적 불의와 제도적 차별** 때문에 참 행복에 대한 아무런 희망도 갖지 못한 채 살아오다가, 예수 그리스도께서 오시어 **하느님 나라의 정의가 실현되기 시작함으로써**, 그들도 참 행복을 누릴 수 있게 되었습니다.

2. 또한 이 세상의 **그릇된 가치관**을 거부하고 하느님의 뜻대로 올바르게 살아감으로써, **손해를 보거나 핍박을 받을 수밖에 없었던 사람들** 역시 하느님의 다스림이 이루어짐으로써, **하느님의 참다운 자녀로 인정받고 진정한 행복**을 누릴 수 있게 되었습니다. 이와 같이 하느님 나라의 실현은, 아무도 **소외**되지 않고 **모두 행복과 평화**를 누리게 되리라는 **기쁜 소식, 곧 복음**입니다.

3. 예수 그리스도께서 복음을 선포하시면서, 많은 병자들을 고쳐 주셨고, 악령에 사로잡힌 사람들을 해방시켜 주신 다음, "내가 하느님의 영으로 마귀들을 쫓아내는 것이면, 하느님의 나라가 이미 너희에게 와 있는 것이다."(마태 12,28 참조)라고 분명하게 가르쳐 주셨습니다.

4. 예수 그리스도께서는 그 당시 사회에서 죄인으로 취급하여 구원의 대상에서 아예 제외시켰던 **눈먼 이나 나병 환자, 세리와 사마리아 사람들**을 가까

이 부르시고 치유해 주시며, 함께 **대화**를 나누시고, **식사**까지 하시면서, **하느님 나라의 평화로운 모습**을 실제로 보여 주셨습니다.

5. 예수 그리스도의 복음 선포는 사람들의 **마음 자세**뿐 아니라, 이 세상의 **그릇된 가치관과 비뚤어진 질서**를 바로잡는 **실천적인 행동을 요구**합니다. 자기의 이익이나 성공을 먼저 생각하는 세상에서 **하느님의 뜻을 따르는 삶**은 결코 쉽지가 않으므로, 예수 그리스도께서는 하느님 나라에 들어가는 문은 "**좁은 문**"(마태 7,13-14 참조)이라고 말씀하셨습니다.

6. 그러나 하느님 나라의 참 행복을 깨달은 사람은 이 세상의 모든 것을 포기할지라도 **하느님 초대에 응답**할 것입니다. "하늘나라는 밭에 숨겨진 보물과 같다. 그 보물을 발견 한 사람은…… 가진 것을 다 팔아 그 밭을 산다."(마태 13,44 참조)고 예수 그리스도께서는 가르치셨습니다.

7. 하느님 나라의 참 행복은 사라지게 될 세상의 행복과는 달리 하느님만이 주시는 행복으로서 ① **하늘나라에서**(마태 5,3 참조) ② **하느님을 뵙고**(마태 5,8 참조) ③ **하느님의 본성에 참여하고**(2베드 1,4 참조) ④ **영원한 생명을 누리고**(마태 25,46 참조) ⑤ **하느님의 자녀가 되고**(로마 8,23 참조) ⑥ **하느님 안에서 안식을 누리는**(묵시 14,13 참조) 것을 말합니다.

8. 행복하여라, **마음**이 가난한 사람들! **하늘나라**가 그들의 것이다.
   행복하여라, **슬퍼**하는 사람들! 그들은 **위로**를 받을 것이다.
   행복하여라, **온유**한 사람들! 그들은 **땅**을 차지할 것이다.
   행복하여라, **의로움**에 주리고 **목마른** 사람들! 그들은 흡족해질 것이다.
   행복하여라, **자비로운** 사람들! 그들은 **자비**를 입을 것이다.
   행복하여라, **마음**이 깨끗한 사람들! 그들은 **하느님**을 볼 것이다.
   행복하여라, **평화**를 이루는 사람들! 그들은 **하느님의 자녀**라 불릴 것이다.
   행복하여라, 의로움 때문에 **박해**를 받는 사람들! **하늘나라**가 그들의 것이다.(마태 5,3-10 참조)

9. 이와 같은 하느님 나라의 참 행복은 예수 그리스도의 수난과 부활의 영광에 참여하는 신자들의 소명을 나타내며, 고난 가운데에서 희망을 북돋아 주는 역설적인 약속들로서, 예수 그리스도의 참 모습과 그분의 사랑을 표현합니다.(가톨릭교회 교리서 1717항 참조)

Q 314 공로(功勞)는 무엇이며, 어떻게 닦을 수 있나요?

A 1. 공로(功勞)란 일반적으로 **상을 받을 수 있는 권리**를 말하는데, 이 세상의 어떤 상을 받기 위한 공로가 아니라, 하느님의 은총을 받아 **영원한 천국의 상을 받을 수 있는 공로**를 말합니다.

2. 공로를 세우기 위해서는
   ① 이 세상에 사는 사람이라야 하고,
   ② 은총 지위에 있어야 하며,
   ③ 인간적인 욕심이 아닌 순수한 의도를 갖고 착한 일을 해야 합니다.

3. 이와 같은 초자연적인 공로를 세울 수 있는 자격과 권리는 이 세상에 있는 사람에게만 있고, 그것을 세울 수 있는 시간도 이 세상에 있는 동안에만 있으니, 이 세상은 공로를 쌓을 수 있는 기회의 장소입니다. 세상이 있으므로 천국이 있고, 세상살이는 천국으로 가는 길목이라는 점에서, 살아있는 동안 우리는 성실하게 살아가도록 노력해야 합니다.

Q 315 주님이신 예수 그리스도께서는 지금 이 세상을 어떻게 다스리고 계시나요?

A 1. 주님이신 예수 그리스도께서는 **우주와 역사의 주인**이시고, **당신 교회의 머리**이시며 **하늘로 올라가신 분**으로서, 지상의 교회 안에 신비롭게 머무르고 계시어, 예수 그리스도의 나라는 이미 교회 안에서 싹트고 시작되어 현존합니다. 그분께서는 언젠가 영광스러운 모습으로 재림하실 것이지만, 우리는 그때를 모르므로 **"오십시오. 주 예수님!"**(묵시 22,20 참조)하고 간청하면서 깨어 기다리며 살고 있습니다.

2. "예수 그리스도께서는 모든 것이 그분에게 굴복할 때까지 교회를 통해 다스리고 계신다." 이와 같이
   ① 예수 그리스도께서는 만물의 주님으로서, 우주와 역사를 주관하시고,(에페 1,22 참조)
   ② 또한 교회의 머리로서 교회 안에서 교회를 통해 만물을 다스리시며,(에페 1,22 참조)
   ③ 예수 그리스도께서 다스리시는 이 시기는 깨어 기다리는 때입니다.

3. 지금은 **성령과 증거의 때**이지만 한편 **재난과 악의 시련이 계속되는 시기**이기 때문에 이 세상을 다스리고 계십니다.(가톨릭교회 교리서 668항-672항 참조)

Q 316 예수 그리스도께서는 산 이와 죽은 이를 어떻게 심판하시나요?

A
1. 예수 그리스도께서는 사람들을 구원하시러 세상의 구세주로 오심으로써 지니신 권한으로 심판하실 것이며, 하느님과 이웃에 대한 각 사람의 행위만이 아니라 마음속의 비밀도 드러내실 것입니다. 따라서 각자는 그의 행업에 따라 영원한 생명을 충만히 누리거나 단죄를 받을 것이며, 그리하여 **"그리스도의 충만한 경지"**(에페 4,13 참조)에 다다르게 되며, 그 충만함 안에서 **"하느님께서는 모든 것 안에서 모든 것이 되실 것입니다."**(1코린 15,28 참조)
2. 예수 그리스도의 심판은,
   ① 각자의 행동과 마음속 비밀까지 드러날 것이고,
   ② 하느님의 크신 은총을 무시한 고의적 불신이 단죄 받을 것이며,
   ③ 하느님 사랑을 받아들였는지 거부했는지 이웃 관계 안에서 드러날 것이고,
   ④ 사랑의 성령을 거부한 사람은 스스로 영원한 저주를 자초하게 됩니다.(가톨릭교회 교리서 679항 참조)
3. 사실 예수 그리스도를 통해 드러난 하느님의 사랑을 거절한 사람은 스스로 자신을 심판하는 것입니다.

Q 317 죽음으로 우리의 육신과 영혼에는 무슨 일이 일어나나요?

A
1. 사람이 죽으면 육신과 영혼이 분리되어 **육신은 썩고, 불멸의 영혼은 하느님의 심판대**에 서게 되지만, **예수 그리스도의 재림 때**에 변화되고 부활하여 육신과 결합되기를 고대합니다.
2. 정해진 시간 안에서 사는 우리는 한정된 삶을 살고 죽음으로 끝을 맺습니다. 우리가 죽게 되면 육신은 먼지로 되돌아가고(창세 3,19 참조), "목숨은 그것을 주신 하느님께로 되돌아간다."(코헬 12,7 참조)는 것으로 **믿음이 없는 사람에게 죽음은 생명의 끝마침**으로 보이지만, **믿는 이에게 죽음은 새로운**

생명으로 들어가는 관문입니다. 죽음은 죄의 결과로 세상에 들어 온 것으로(지혜 2, 23-24 참조), 죄를 짓지 않았다면 없었을 죽음(사목 헌장 18항 참조)을 인간은 원죄의 결과로 겪게 되었으나, 예수 그리스도께서 **당신의 죽음**을 통하여 죽음을 이기시고 **부활**하시어, 모든 인간에게 **구원의 가능성**을 열어 주셨습니다.

3. **죽은 이들의 부활과 영원한 삶에 대한 신앙**은 처음부터 **그리스도교 신앙의 핵심 요소**로서, 예수 그리스도께서는 "나는 부활이요 생명이다."(요한 11,25 참조)라고 말씀하셨고, 당신께서 죽임을 당하신 후 사흘날에 부활하리라고 예고하셨습니다. 사도들은 부활하신 예수 그리스도의 증인으로서 "그분께서 죽은 이들 가운데에서 다시 살아나신 뒤에 우리는 그분과 함께 먹기도 하고 마시기도 하였습니다."(사도 10,41 참조)라고 증언하였습니다.

4. 예수 그리스도께서 부활하신 것처럼 "하느님께서는 당신의 전능으로, 예수 그리스도의 부활의 능력을 통해, 우리 육신을 우리 영혼에 결합시키심으로써 영원히 썩지 않는 생명을 육신에 돌려주실 것입니다."(가톨릭교회 교리서 977항 참조) 이러한 부활은 예수 그리스도께서 나타나실 때에 우리도 그분과 함께 영광 속에 나타날 것으로 **세상 끝날**에 결정적으로 이루어 질 것입니다.(콜로 3,4 참조) 그렇지만 부활이 어떻게 이루어질지에 대해서는 우리의 상상과 이해를 초월하는 것으로서, **오직 신앙**으로만 접근할 수 있습니다.

Q 318 개별 심판(私審判·사심판)이란 무엇인가요?

A
1. 사람이 **착한 일**을 하면 상을 받고 **악한 일**을 하면 벌을 받는다는 것은 우리 인간 세상에서 보편적으로 통용되는 원리인데도 현실에서는 모순되게도 악한 사람이 잘살고 착한 사람이 고통을 당하는 경우가 많습니다.

2. 그러나 인간은 자기 행위의 대가를 이 세상에서 다 받는 것이 아니라, 죽은 다음에 **하느님의 공정한 심판대**에서 "저마다 좋은 것이든 나쁜 것이든, 이 몸으로 한 일에 따라 갚음을 받게 됩니다."(2코린 5,10 참조) 이렇게 우리가 죽은 다음에 하느님께 개인적으로 받는 심판을 개별 심

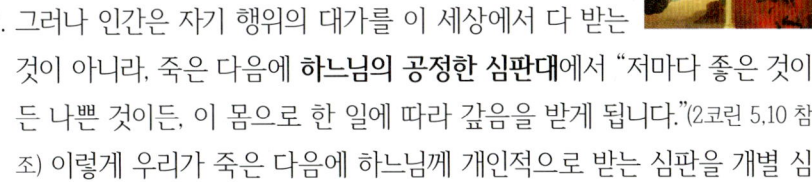

판(私審判·사심판)이라고 합니다.

3. **하느님의 정의롭고 공정한 판정**에 따라 우리는 각각 **천국과 연옥과 지옥**이라는 상벌을 받게 될 것입니다. 이 심판의 기준은 우리가 이 세상에서 얼마나 **하느님의 사랑을 충실히 따르며 실천**하였는지에 달려 있습니다.

Q 319 최후의 심판이란 무엇이며, 언제 일어나나요?

A
1. 최후의 심판은 **복된 삶 또는 영원한 멸망에 대한 결정적인 판결**입니다. 주 예수 그리스도께서는 재림하시어 산 이와 죽은 이(온 인류)의 심판자로서, 당신 앞에 다시 모인 "의로운 이들이나 불의한 자들"(사도 24,15 참조)에 대하여 심판을 내리실 것입니다. 이 최후의 심판으로 부활한 육신은 그 영혼이 **개별 심판 때 받은 대가에 참여**하게 될 것입니다. "무덤 속에 있는 모든 사람이 그의 목소리를 듣는 때가 온다. 그들이 무덤에서 나와, 선을 행한 이들은 부활하여 생명을 얻고 악을 저지른 자들은 부활하여 심판을 받을 것이다."(요한 5,28-29 참조) 이것을 **최후의 심판**이라고 합니다.

2. 인류의 전 역사가 마무리 짓게 되는 때가 되면 모든 사람은 주님 앞에서 심판을 받는 것으로(요한 5,28-29 참조), 그 때에 "사람의 아들이 영광에 싸여 모든 천사와 함께 오면…… 모든 민족이 사람의 아들 앞으로 모일 터인데, 그는 목자가 양과 염소를 가르듯이 그들을 가를 것이다. 그렇게 하여 양들은 자기 오른쪽에, 염소들은 왼쪽에 세울 것이다. 이렇게 하여 그들은 영원한 벌을 받는 곳으로 가고 의인들은 영원한 생명을 누리는 곳으로 갈 것이다."(마태 25, 31-33. 46 참조) 그때에 각 사람이 **지상 생활**하는 동안 예수 그리스도께서 명하신 **하느님과 이웃에 대한 사랑의 행위와 이를 소홀히 한 일**에 대한 결과가 드러날 것입니다.

3. 우리가 부활하여 하느님 나라에 들어간다는 것은 **하느님의 영원한 생명과 기쁨에 참여**하는 것으로서, 하느님과 "얼굴을 마주 보는 것"(1코린 13,12참조)이며, **하느님의 약속이 완전히 실현되는 것**이므로 더 이상 바랄 것도 없고, 아무도 앗아가지 못할 **완전한 행복을 누리는 상태**를 말합니다.

4. 이와 같은 최후 심판은 "**하느님만이 그 날짜와 시간을 알고 계시는** 세상 끝

날에 일어날 것이다."라는 것으로 예수 그리스도께서 "그러나 그날과 그 시간은 아무도 모른다. 하늘의 천사들도 아들도 모르고 **오로지 아버지만이 아신다.**"(마태 24,36 참조)고 말씀하셨습니다. 이 최후 심판 교리 역시 사람들이 회개하라는 **하느님의 간절한 호소**이며, 주님의 재림에 대한 "**복된 희망**"(티토 2,13 참조)을 알리는 것입니다.(가톨릭교회 교리서 1041항 참조)

Q 320 최후의 심판에 따른 하느님 나라의 완성이란 어떤 의미인가요?

A
1. 최후 심판은 인간이 저지른 모든 불의에 대하여 **하느님의 정의**가 승리한다는 사실을 드러낼 것이고, **하느님의 사랑**이 죽음보다 강하다는 것을 드러낼 것이며, 세상 끝 날에는 하느님 나라가 완전히 도래할 것입니다.(가톨릭교회 교리서 1040항 참조)

2. 의로운 사람들은 최후 심판을 받은 뒤에 **육체와 영혼**이 영광스럽게 되어, **예수 그리스도와 함께** 이 나라를 영원히 다스리며, 우주 자체도 새롭게 될 것입니다. 인류와 세상을 변화시킬 이 **신비로운 새로움**을 성경은 '새 날과 새 땅"(2베드 3,13 참조)이라고 부르며, 그것은 "하늘과 땅에 있는 만물을 그리스도 안에서 그분을 머리로 하여 한데 모으는"(에페 1,10 참조) **하느님 계획의 결정적 실현**입니다. 그때에 하느님께서는 **영원한 생명**을 통하여 "모든 것 안에서 모든 것이 되실 것입니다."(1코린 15,28 참조)

3. 모든 그리스도인은 이미 이 세상에서 시작되어 자라고 있는 하느님 나라를, 예수 그리스도께서 완성하시러 다시 오시리라 굳게 믿으며, **복된 희망**을 가지고 그날을 기다립니다. "너희는 조심하고 깨어 지켜라."(마르 13,33 참조) 하신 예수 그리스도의 분부대로 **하느님 나라의 완성을 고대**하며, 그날을 깨어 기도하면서 준비해야 합니다.

Q 321 우리들은 우리 자신의 육신에 대하여 어떤 의무를 지나요?

A
1. 우리의 육신은 **소중하며** 하느님 아버지께서 주신 **값진 재산**이며, 성자께서 취하시고 속량해 주신 **귀한 몸**이고, 성령께서 거처하시는 **처소**입니다. 우리는 육신을 건강하고 안전하게 돌보아야 하지만, 육체를 숭배하는 식의 이교도적 풍조는 배격합니다. **무절제한 식도락**이라든지, **마약 복용, 술, 담배**

와 약물 남용, 위험한 스포츠 등은 육신을 해치고 위험에 빠뜨립니다.

2. 오늘날 현대 사회에서는 돈이 되는 것이라면 무엇이든지 상품으로 만들어 파는데, 육체를 위해 모든 것을 희생해도 좋다는 정신 상태가 **육신 숭배**이며, **음식의 절제**는 육신 건강에 매우 중요한데, 이와 반대로 **음식이나 약물의 과잉 섭취나 남용**은 육신 건강을 해치게 되므로, 우리들의 육신을 잘 보살피는 것도 **하느님의 뜻**을 따르는 것입니다.

Q 322. 육신 부활이란 무엇인가요?

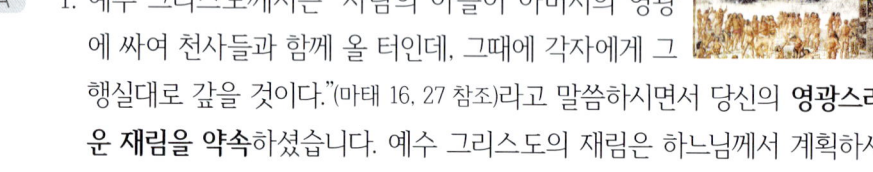

A 1. 예수 그리스도께서는 "사람의 아들이 아버지의 영광에 싸여 천사들과 함께 올 터인데, 그때에 각자에게 그 행실대로 갚을 것이다."(마태 16,27 참조)라고 말씀하시면서 당신의 **영광스러운 재림을 약속**하셨습니다. 예수 그리스도의 재림은 하느님께서 계획하시고 이루시는 세상과 인류의 구원 역사가 마침내 완성되는 것으로서, 그때에 죽은 이들이 모두 다시 살아날 것입니다.(1코린 15,13-14 참조)

2. 예수 그리스도의 부활은 모든 **인간 부활의 원형**으로서 예수 그리스도께서는 돌아가실 때의 육신을 지니고 부활하셨지만, 부활하신 예수 그리스도의 육신은 **영광스러운 특성**도 함께 지니고 계십니다. "그날 곧 주간 첫날 저녁이 되자, 제자들은 유다인들이 두려워 문을 모두 잠가 놓고 있었다. 그런데 예수 그리스도께서 오시어 가운데에 서시며, '평화가 너희와 함께!' 하고 그들에게 말씀하셨다. 이렇게 말씀하시고 나서 당신의 두 손과 옆구리를 그들에게 보여 주셨다. 제자들은 주님을 뵙고 기뻐하였다."(요한 20,19-20 참조)

3. 죽음으로 영혼은 육신과 분리되지만, 부활을 통하여 하느님께서는 영광스럽게 변화된 몸을 **영혼과 다시 결합**시키시어 우리 육신을 **썩지 않는 생명**으로 돌려 주실 것입니다. "나팔이 울리면 죽은 이들이 썩지 않는 몸으로 되살아나고 우리는 변화할 것입니다. 이 썩는 몸은 썩지 않는 것을 입고 이 죽는 몸은 죽지 않는 것을 입어야 합니다."(1코린 15,52-53 참조)

Q 323 천국(天國·Heaven)이란 어떤 곳인가요?

A
1. 천국(天國·Heaven)은 결정적으로 **가장 행복한 상태**를 말합니다. 하느님의 은총속에서 죽고 더 이상의 **정화가 필요 없는 사람들**은 예수 그리스도와 마리아, 천사들과 성인들과 함께 모입니다. 그러므로 "그때에는 얼굴과 얼굴을 마주"(1코린 13,12 참조)하여 하느님을 바라보는 천상 교회를 이루고, 그곳에서 그들은 성삼위와 사랑의 친교를 이루며 지상 교회에 있는 우리를 위해 전구합니다.

2. 성경에서는 이를 **생명, 빛, 평화, 혼인 잔치, 아버지의 집, 천상 예루살렘, 낙원** 등 비유적인 표상들을 통하여 우리에게 말해 주고 있는데, 이는 하느님과 함께 있는 복된 상태를 표현하는 말로 우리가 천국에 든다는 것은 지복직관, 곧 **"하느님을 뵙는 행복"**(마태 5,8 참조)을 누리는 것을 말합니다.

3. 우리가 경험도 못했고 상상도 못했던 천국의 행복을 성경에서는 "어떠한 눈도 본 적이 없고 어떠한 귀도 들은 적이 없으며 사람의 마음에도 떠오른 적이 없는 것들을 하느님께서는 당신을 사랑하는 이들을 위하여 마련해 두셨다."(1코린 2,9 참조)고 전하고 있습니다.

Q 324 지옥(地獄·Hell)이란 어떤 곳인가요?

A
1. 지옥(地獄·Hell)은 자유로운 선택으로 **대죄 중에서 죽은 이들이 들어가는 영원한 멸망의 상태**를 말합니다. 지옥의 주된 고통은, 인간이 창조된 목적이며, 인간이 갈망하는 생명과 행복을 주시는 유일한 분이신 **하느님과 영원히 단절되는 것**입니다. 예수 그리스도께서는 이 영원한 지옥을 '불속'이라고 표현하시며 이렇게 말씀하셨습니다. "저주받은 자들아, 나에게서 떠나……불 속으로 들어가라."(마태 25,41 참조)

2. 지옥은 **죽음의 나라**를 일컫는데, 이는 하느님과 또 복된 이들과 이루는 친교를 결정적으로 **'스스로 거부한'** 상태입니다. 우리가 하느님이나 이웃이나 자기 자신을 사랑하기를 거부한다면 죽음 안에 머무는 것(1요한 3,14-15 참조)으로, 우리가 보잘 것 없는 사람들에게 필요한 것을 도와주기를 소홀히 한다면 당신과 갈라지게 될 것(마태 25,31-46 참조)이라고 경고하셨습니다.

3. 교회는 대죄의 상태에서 죽는 사람의 영혼은 죽은 다음 **영원한 불의 고통**

을 겪게 될 것이라고 가르칩니다. 지옥의 주된 고통은 생명과 행복을 주시는 하느님과 영원히 단절되는 것으로, 교회는 모든 사람이 **자신의 영원한 운명을 위하여 책임감을 가지고 자신의 자유를 사용하기를 호소**하며, "아무도 멸망하지 않고 모두 회개하기를"(2베드로 3,9 참조) 바라시는 **하느님의 자비**를 빕니다. 왜냐하면 하느님께서는 모든 사람이 구원받기를 원하시기(1티모 2,4 참조) 때문입니다.

4. "좁은 문으로 들어가거라. 멸망에 이르는 문은 크고 또 그 길이 넓어서 그리로 가는 사람이 많지만 생명에 이르는 문은 좁고 또 그 길이 험해서 그리로 찾아 드는 사람이 적다."(마태 7,13-14 참조)고 예수 그리스도께서 말씀하셨습니다.

Q 325. 연옥(煉獄·Purgatorium)이란 어떤 곳인가요?

A 1. 연옥(煉獄·Purgatorium)이란 인간이 하느님의 은총과 사랑 속에 죽었지만 **죄에서 완전히 정화되지 않은 사람**은 죽은 다음 영원한 구원을 보장받고 하늘의 기쁨으로 들어가려면 **정화(온전한 회개)**를 거쳐야 합니다. 이러한 정화가 이루어지는 **장소나 기간**을 '연옥'이라고 합니다. 우리 인간의 마지막 사말, 곧 **죽음·심판·천국·지옥**에 대하여 언급할 때 떼어놓을 수 없는 것이 연옥(煉獄)으로, **성인들의 통공**에 힘입어 **지상에서 순례하고 있는 신자**들은 연옥 영혼들이 그들의 죄에서 벗어나 **하느님을 뵙는** 지복직관에 다다를 수 있도록 위령 기도, 특히 **미사성제나 보속** 등을 통해 도울 수가 있습니다.(2마카 12, 43-46 참조)

2. 이는 **부활 신앙의 표시**로서, 이러한 가르침은 성경에서 이미 말하고 있는 죽은 이들을 위한 **기도의 관습**에서 그 근거를 두고 있습니다. 교회는 초기부터 죽은 이들을 **존중하고 기념**하였으며, 그들을 위해 기도하며 특히 미사성제를 드렸습니다. 그것은 그들이 정화되어 완전한 행복에 다다를 수 있도록 하기 위함이고 또 교회는 죽은 이들을 위한 **자선(慈善)과 대사(大赦)와 보속(補贖)**도 권하고 있습니다."(가톨릭교회 교리서 1032항 참조)

Q 326 **죽은 사람 앞에 명복(冥福)을 빈다는 것은 무엇을 뜻하나요?**

A 인간이 죽은 후에도 영혼은 죽지 않는 것이, 인간 본성에서 우러나오는 **영혼 불멸의 증거**입니다. 따라서 어떤 영혼이 죽어 하느님께 심판받아, 천국 상을 받을지 아니면 지옥 벌을 받게 될지 우리는 모릅니다. 그러기에 **죽은 이의 영혼**을 위해 **하느님께 자비**를 베풀어 주십사 하고 살아있는 우리가 **기도**하는 것입니다.

Q 327 **하느님은 사랑이신데 어떻게 지옥이 존재할 수 있나요?**

A 1. 하느님이 인간에게 유죄 판결을 내리신 것은 아니고 **하느님의 자비로운 사랑을 거부**하고 하느님과 함께 하는 **공동체에서 자신을 배제**함으로써, 자유 의지로 자신에게서 **영원한 생명을 앗아간 존재**는 바로 **인간**입니다.
2. 하느님은 가장 나쁜 죄인과도 하나가 되기를 갈망하고 계시고, 모든 사람들이 **회개하고 구원받기**를 원하십니다. 그렇지만 하느님은 우리 인간에게 **자유 의지를 선물**하셨고, 인간이 내린 **결정을 존중**하십니다. 따라서 하느님도 사랑을 강요할 수가 없고, 누군가 하늘나라 대신 지옥을 선택할 때에는 사랑의 행위이신 하느님조차도 어찌할 도리가 없습니다.(가톨릭교회 교리서 1036항-1037항 참조)

Q 328 **가톨릭교회 안에서 죽은 이들을 위한 기도란 어떤 의미를 가지고 있나요?**

A 1. 가톨릭교회는 세상을 떠난 조상들의 구원을 위해, 하느님께 기도하는 **아름다운 전통**을 간직하고 있습니다. 교회는 초대 그리스도교 이래로 죽은 이들에 대한 기억을 소중하게 간직하여 왔으며, 죽은 이들이 죄에서 벗어나도록 그들을 위하여 기도하는 것이, 거룩하고 유익하다고 생각하였기 때문에, 죽은 이들을 위하여 기도를 바쳤습니다.(2마카 12,45 참조)
2. 죽은 이들을 위한 기도는(위령 미사나 연도 등) 단지 조상들의 **구원**만이 아니라, 기도하는 이들의 **내적 치유**에도 도움이 될 수 있습니다. 곧 기도 중에 부모나 조상들에게 잘못한 것에 대하여 용서를 청하면서, 그들과 화해할 수 있습니다.
3. 또한 그들이 살아생전에 자신에게 준 상처나 부정적 영향을 발견하고 그

들을 **용서함**으로써, 마음의 **평화**를 얻을 수 있습니다. 이는 기도를 통해서, 산 이와 죽은 이들이 서로 통교할 수 있다는 가톨릭교회의 신앙, 곧 **'성인들의 통공'**에 부합하지만, 올바른 신앙은 미사의 횟수와 예물의 양에 달려 있는 것이 아니라, 정성스러운 마음 자세와 태도에 달려 있습니다.(가톨릭교회 교리서 1055항 참조)

Q 329 위령 기도(연도)는 무엇인가요?

A 연옥이 지옥과 근본적으로 다른 점은, 연옥은 영원한 곳이 아니라 한시적인 곳이라는 점입니다. 연옥의 영혼들은 자기들 힘으로는 어떻게 해볼 수가 없습니다. 그래서 살아 있는 이 세상 사람들이 연옥에 있는 영혼들을 위해서 기도해야 합니다. 이것을 **위령 기도(연도)**라고 합니다. 연옥 영혼을 구하는 가장 좋은 방법은 무한한 가치를 가진 **위령 미사**입니다.

Q 330 가톨릭교회에서의 장례 예식은 무엇을 표현하며, 가톨릭 신자들도 화장(火葬)을 할 수 있나요?

A 1. 가톨릭교회 안에서의 장례 예식은 죽은 이들을 위하여 **영적 도움을 간청**하고, 그들의 **몸에 경의**를 표하며, 아울러 산 이들에게는 **부활의 희망의 위안을 주는 것**으로서, 전례법의 규정에 따라 거행되어야 합니다. 즉, 장례 예식은 ① 믿는 이들이 예수 그리스도께서 죽음에서 부활로 넘어가신 **예수 그리스도의 파스카에 참여함**을 나타내며 ② 모든 믿는 이들이 예수 그리스도 안에서 이루는 **통공(친교)**을 나타냅니다.(교회법 제 1176조 1항 참조)

2. 이와 같은 장례 예식의 전례는 ① 가톨릭교회 공동체가 **위로와 희망의 말**로 시신을 맞아들이며 ② **말씀 전례**와 ③ 성찬의 **희생 제사**와 ④ 고인의 영혼을 영원한 생명의 샘이신 **하느님께 맡겨드리고**, 고인의 육신은 **부활의 희망** 속에 묻히는 고별식으로 마칩니다.

3. 가톨릭교회 안에서 죽은 이들의 시신은 **존경과 사랑**으로 다루어야 하며, 죽은 이들은 부활의 희망 속에 고이 잠든 것으로서, 그 시신도 품위 있게 장사지내야 합니다. 그런데 '육신의 부활을 믿는 가톨릭 신자가 어떻게 화

장(火葬)을 할 수 있는가?' 가톨릭 신자들 가운데는 이러한 의문을 가지고 있는 사람들이 적지 않습니다.

4. 세례로 예수 그리스도와 한 몸이 된 가톨릭 신자들이 **죽은 뒤 부활하리라는 믿음**은, 가톨릭교회가 한결같이 **선포하는 교의**입니다. 이에 대해 가톨릭교회는 우선적으로 전통적인 방법인 **매장(埋葬)을 권고**하면서도, 육신의 부활을 믿는 그리스도교 교리를 부정하지 않는다면 **화장(火葬)을 허용**하고 있습니다. 또한 가톨릭교회는 화장한 다음 **납골은 허용**하지만, 남은 유골을 **집에 보관하거나 뿌리는 것(산골)**은 금지하고 있으며, **수목장(樹木葬)은 지정된 수목 아래나 뿌리 주위에 묻는 것**을 허락하고 있고, **비석이나 이름표**를 비치해 죽은 이가 누구였는지를 확인할 수 있도록 해야 합니다.

5. 한편, 한국 천주교주교회의는 지난 1990년 가을 정기총회에서, 우리나라의 심각한 묘지난을 염려하면서, 전통 묘지 제도의 개선에 대해 깊은 논의를 하고, **시한부 묘지 제도**를 도입할 필요가 있다고 밝혔습니다.

6. "교회는 죽은 이들의 몸을 땅에 묻는 경건한 관습을 보존하기를 간곡히 권장한다. 그러나 화장을 금지하지 아니한다. 다만, 그리스도교의 교리에 반대하는 이유들 때문에 선택하였으면 그러하지 아니한다."(교회법 제 1176조 3항; 장례예식 15항 참조)

인류 구원을 위해 탄생하신 예수 그리스도

"하느님께서는 세상을 너무나 사랑하신 나머지 외아들을 내주시어, 그를 믿는 사람은 누구나 멸망하지 않고 영원한 생명을 얻게 하셨다."(요한 3,16)
(이미경 외, 2018, 대전교구 원신흥동 성당 소장)

부록 *1*

새 영세자를 위한 신앙생활 길잡이
(2018년, 이기정)

이 내용은 서울대교구 이기정 사도요한 신부님이 지으신 「새 영세자를 위한 신앙생활 길잡이」의 내용을 일부 인용하여 요약 정리한 것입니다.

Q1 하느님의 자녀로 새로 태어난 우리들의 삶은 어떻게 살아야 하나요?

A
1. 이제 우리는 가톨릭 신앙인으로 새로 태어나 예수님이 진심으로 원하시는 하느님의 자녀가 되었습니다. 어디를 가든 우리는 항상 가톨릭 신자로서의 권리와 의무를 가지며, 일반 사회생활에 성사(聖事)를 더해 살아가게 됩니다. 그래서 삶의 가치를 높이고 생애를 거룩하게 가꾸어 가는 신앙여정입니다. 우리가 세례를 받기로 결단을 내리는 순간, 바로 이러한 생활을 결심한 사람이 한 명 늘어난 것입니다. 세례를 받은 것은 축하를 받을 만한 일입니다. 이제 속된 생활에 지배받지 말고, 오히려 속된 생활을 성사(聖事)로써 지배하도록 해야 합니다.

2. 신앙공동체 안에서 세례 받은 우리를 모든 신자들은 세례받기 전과 다른 감정으로 대하며, 마치 한 집안의 친척이나 형제 같은 느낌을 가집니다. 신앙생활이 오래 될수록 진실을 이야기하고 신의를 지키려는 성품이 점차 자라납니다. 간혹 많은 신자들 중에는 신앙생활을 열성 없이 하다가 배운 교리는 물론 신앙인다운 태도마저 잃어버린 사람들도 있습니다. 믿어야할 교리를 교회가 나쁘게 가르칠 리도 없는데, 믿음의 세계와 믿는 것은 다르므로, 이런 사람들이 있다고 해서 우리의 신앙심이 흔들려서는 안 됩니다. 오히려 새로 세례 받은 신자는 신선하고 올곧은 면을 훨씬 더 강하게 풍길 수 있으므로, 이에 흔들리지 말고 정상적인 그리스도의 삶을 살아가야 합니다.

3. 세례 받을 때 영적인 지도자로 대부·대모를 정하게 되는데, 대부·대모의 영명 축일이나 생일, 그 밖의 사항들을 익혀서 자주 찾아뵙고 좋은 지도를 받는 것이 바람직합니다. 혹여 대부·대모들의 신앙생활에서 열의가 부족하다고해도 너무 실망하지 말 것이며, 그분들도 역시 인간인지라 감정이나 지성 면에서 결점이 있을 수 있으나, 그래도 그들은 우리보다 먼저 신앙생활을 하여 많은 경험을 가지고 있으므로 도움이 됩니다. 같은 신앙 안에서 영적 관계를 맺고 살게 하는 교회의 배려가 얼마나 좋은지 느끼게 될 것입니다.

4. 신앙인으로서 살아가는 신앙여정에서 신앙인으로서 가져야 하는 인

품은 늘 예수님을 닮으려고 노력하는 자세입니다. 주님을 향한 삼주덕(신덕, 망덕, 애덕)의 삶을 통해서 인품이 키워지는데, 그렇다고 혼자만의 생각에 빠져 균형감각을 잃으면 세심증에 걸리거나 자만심에 빠질 수도 있습니다. 자기만의 세계에 갇혀 고민하지 말고 허심탄회하게 예수님과 대화하며, 주변의 선한 이웃들과, 특히 대부·대모들과 함께 대화를 나누도록 해야 합니다. 그리고 우리 곁에는 언제나 예수님이 계신다는 것을, 우리와 함께 이야기 나누며, 우리의 일을 돕고자 하신다는 것을 늘 기억해야 합니다.

Q2 가톨릭교회만이 있는 고해성사를 우리는 어떻게 받아들여야 하나요?(1)

A
1. 세례 때 은총 안에서 받게 된 새 생명이 인간 본성의 나약함을 없애거나 죄로 기우는 경향(탐욕)을 아주 없앤 것이 아니므로, 세례 후에도 순간순간 나약함으로 죄를 짓게 됩니다. 예수님께서는 죄를 지어 당신에게서 멀어져 간 세례 받은 이들의 회개를 위하여 또한 우리가 세례 후에도 죄를 지어 하느님과 단절되는 현실을 잘 알고 계시며, 이럴 경우 하느님과 화해하고 다시 하느님 생명을 회복해야 할 필요가 있어 고해성사를 제정하셨습니다. 이와 같은 고해성사를 일반적으로 신자들은 한두 달에 한 번 정도 보는 것이 좋습니다. 고해성사로써 세례 받을 당시의 맑은 자기 자신을 되찾을 수 있다는 것은 가톨리교회만의 거룩한 제도입니다. 교리 상 적어도 1년에 두 번은 고해성사를 받아야하며 이를 판공성사라고 합니다. 신자로서 최소한도의 규정을 말한 것으로 우리가 자주 성사를 보면 볼수록 세상에서 더럽혀진 자기 영혼을 맑게 하여 하느님께서 우리에게 주시고자하는 은총을 풍성히 받을 수가 있습니다.

2. 이와 같은 고해성사를 받기 위한 준비단계로 ① 성찰(省察)은 자기 마음을 살펴서 잘못을 알아내는 것이고, ② 통회(痛悔)는 알아낸 잘못을 깊이 뉘우치는 것이며, ③ 정개(定改)는 앞으로 잘못하지 않기 위해 지혜로 계획하고 마음으로 다짐합니다. 사전 준비를 잘해서 사제

에게 고해소에서 자기 죄를 고백하고 이에 사제가 정해준 보속을 되도록 빨리 이행하는 것이 좋습니다. 한편, 하느님께 직접 죄를 고백하면 용서 받을 수 있다는 개신교 주장은 사실 이해하기가 어렵고, 이는 가톨릭의 고해성사에서 준비 단계만으로도 죄가 완전히 용서된다고 믿는 것입니다. 이렇게 하면 쉽게 다시 죄를 지을 뿐 아니라, 인간 스스로 하느님 앞에서 떳떳하지 못한 인간으로 만들어 버리는 결과입니다. 하느님 앞에 인간답게 영과 육의 조건을 모두 이용해서 사제 앞에 직접 말로써 자기 자신의 잘못을 표현하는 것이야말로, 예수님께서 제정하신 고해성사의 완벽한 제도입니다. 고해성사가 예수님의 성경 말씀에 바탕을 두고 교회가 정한 제도인데 그 근거를 보면, "너희가 누구의 죄든지 용서해 주면 그가 용서받을 것이고, 그대로 두면 그대로 남아 있을 것이다."(요한 20,23 참조) "또 나는 너에게 하늘나라의 열쇠를 주겠다. 그러니 네가 무엇이든지 땅에서 매면 하늘에서도 매일 것이고, 네가 무엇이든지 땅에서 풀면 하늘에서도 풀릴 것이다."
(마태 16,19 참조)

Q3 가톨릭교회만이 있는 고해성사를 우리는 어떻게 받아들여야 하나요?(II)

A 1. 고해성사를 보기 위해 고해소에 들어가기 전에 먼저 고해자는, ① 지은 죄를 모두 알아내고, ② 진정으로 뉘우치며, ③ 다시는 죄를 짓지 않기로 굳게 결심하고, ④ 고백기도와 ⑤ 통회의 기도를 바칩니다. 고백기도는 "전능하신 하느님과 형제들에게 고백하오니 생각과 말과 행위로 죄를 많이 지었으며 자주 의무를 소홀히 하였나이다. (가슴을 치며) 제 탓이요 (가슴을 치며) 제 탓이요(가슴을 치며) 저의 큰 탓이옵니다. 그러므로 간절히 바라오니 평생 동정이신 성모 마리아와 모든 천사와 성인과 형제들은 저를 위하여 하느님께 빌어 주소서.
✠ 전능하신 하느님, 저희에게 자비를 베푸시어 죄를 용서하시고 영원한 생명으로 이끌어 주소서. 아멘." 통회의 기도는 "하느님, 제가 죄를 지어 참으로 사랑받으셔야 할 하느님의 마음을 아프게 하였기에

악을 저지르고 선을 멀리한 모든 잘못을 진심으로 뉘우치나이다. 하느님의 은총으로 속죄하고 다시는 죄를 짓지 않으며 죄지을 기회를 피하기로 굳게 다짐하오니 우리 구세주 예수 그리스도의 수난 공로를 보시고 저에게 자비를 베풀어 주소서. 아멘." 하고 다음 순서에 따라 죄를 고백합니다.

2. 고해성사를 받기위해 고해소에 들어가면, ① 첫 고해인지 또는 지난 번 고해로 부터 얼마나 지났는지를 말해야하며, ② 죄의 고백은 변명이나 핑계가 아닌 결론만 간단히 하고, ③ 고백이 끝났음을 알리며, ④ 사제가 주는 보속을 귀담아 들어야 합니다. 이때 주의할 점은 말소리가 너무 적거나 크지 않게 해야 하고, 고해 내용이 원인을 해명하거나 진행과정을 보고하거나 심적 상태를 표현하는 것은 삼가야하며, 상담을 요하는 질문도 삼가는 것이 좋습니다. 이상과 같은 기본 사항이 잘 이루어지도록 고해성사의 안내 표지에 따라 고해성사를 봅니다. 우리 삶에서 기초가 튼튼해야 집이 견고하듯이, 가톨릭 신자는 고해성사로 영혼을 깨끗이 함으로써, 성체성사의 행복을 얻을 수 있습니다. 그리스도와 일치하는 생활 속에서 점차 성숙되어가는 영혼은, 하느님의 사랑을 깊이 맛볼 수가 있습니다. 성체성사에 자주 참여하는 것은 그만큼 천상잔치에 참여하는 것입니다. 성체를 자주 모시는 사람의 영혼은 부패하지 않으며, 그리스도께서 우리 안에 사시고, 우리를 통해 활동하시도록 우리 자신을 비워 드릴 때, 우리는 구세주의 사랑을 배울 수가 있습니다.

3. 고해성사를 위한 성찰을 구체적으로 예를 들어보면, ① 아침, 저녁기도, 삼종기도 등 일상의 기도생활에 충실했는가?, ② 기도할 때 일부러 다른 생각을 한 적은 없는가?, ③ 미신 행위를 하거나 믿은 적은 없는가?, ④ 하느님이나 예수님의 이름을 함부로 부르거나 거짓 맹세한 적은 없는가?, ⑤ 일부러 미사에 불참하거나, 늦게 참례하거나, 미사가 끝나기 전에 나간 적은 없는가?, ⑥ 미사 시간에 집중하지 않고 딴 생각을 하며, 하느님께 불성실한 태도를 보인 적은 없는가?, ⑦ 부모나 웃어른께 공손하지 않거나, 업신여기며 놀린 일은 없는가?, ⑧ 누

군가를 미워한 적은 없는가?, ⑨ 생각 없이 누군가에게 화를 내어 마음의 상처를 준 적은 없는가?, ⑩ 누군가와 말다툼하거나 싸운 적은 없는가?

4. ⑪ 다른 사람이 잘못되기를 바란 적은 없는가?, ⑫ 고의로 누군가에게 상해를 가한 적은 없는가?, ⑬ 마음속으로 또는 실제로 누군가를 죽이고 싶었던 적은 없는가?, ⑭ 일부러 자기 몸을 자해하거나 자살을 시도한 적은 없는가?, ⑮ 누구를 죄짓게 한 적은 없는가?, ⑯ 몸의 순결을 거스르는 말이나 행동을 한 적은 없는가?, ⑰ 일부러 음란한 생각을 하거나 혼자 또는 다른 사람과 함께 음란한 행동을 한 적은 없는가?, ⑱ 남의 물건을 훔친 적은 없는가?, ⑲ 내 물건이 아닌 것을 아직도 그대로 가지고 있지는 않은가?, ⑳ 고의 또는 부주의로 남의 재산에 피해를 끼친 적은 없는가?, Ⓐ 거짓말로 인해 타인에게 손해를 끼친 적은 없는가?, Ⓑ 이유 없이 남을 의심하거나 나쁘게 말한 적은 없는가?, Ⓒ 하느님의 백성인 교회의 일원으로서 의무를 성심껏 이행했는가?, Ⓓ 교회법에 명시하는 성사생활(고해성사, 성체성사 등)을 잘 했는가? 이상의 내용은 하느님의 자녀로써 영원한 생명을 얻기 위한 신앙여정에서 방해가 되는 것으로, 더 깊고 세세히 자신을 살펴보고 잘못을 뉘우치는 가운데 새 사람이 되기 위해 다짐하면서 고해성사를 봐야 합니다.(고해소에 안내표지 부착)(가톨릭 기도서 28페이지 고해성사 참조)

[고해소 안내표지 내용]

(십자 성호를 그으며)
- 성부와 성자와 성령의 이름으로. 아멘.
✚ 하느님께서 우리 마음을 비추어 주시니 하느님의 자비를 굳게 믿으며 그동안 지은 죄를 사실대로 고백하십시오.
- 아멘.
- 고해한 지 (며칠, 몇 주일, 몇 달)됩니다.

(알아낸 죄를 낱낱이 고백한다.)(죄를 고백한 다음)

- 이 밖에 알아내지 못한 죄도 모두 용서하여 주십시오.

(사제는 고해자에게 통회를 하도록 권고하고 보속을 준다. 필요하다면 고해자에게 아래의 통회 기도를 바치게 할 수 있다.)

- 하느님, 제가 죄를 지어 참으로 사랑받으셔야 할 하느님의 마음을 아프게 하였기에 악을 저지르고 선을 멀리한 모든 잘못을 진심으로 뉘우치나이다. 하느님의 은총으로 속죄하고 다시는 죄를 짓지 않으며 죄지을 기회를 피하기로 굳게 다짐하오니 우리 구세주 예수 그리스도의 수난 공로를 보시고 저에게 자비를 베풀어 주소서.

(사제는 고해자의 머리 위에 두 손을 얹거나 적어도 오른손을 펴 들고 사죄경을 외운다.)

✚ 인자하신 천주 성부께서는, 성자의 죽음과 부활로, 세상을 당신과 화해시키시고, 죄를 용서하시려고 성령을 보내 주셨으니, 교회의 직무를 통하여, 몸소 이 교우에게 용서와 평화를 주소서. 나도 성부와 성자와 성령의 이름으로 이 교우의 죄를 용서합니다.

- 아멘.

✚ 주님은 좋으신 분이시니 찬미합시다.

- 주님의 자애는 영원하시다.

✚ 주님께서 죄를 용서해 주셨습니다. 평화로이 가십시오.

- 감사합니다.

Q4 가톨릭 신자로서 반드시 알아야 할 본당(本堂)이란 무엇인가요?

A 1. 모든 성당은 각기 한 교구에 속해 있고, 교구는 일정한 지역에 교황으로부터 임명된 주교를 중심으로 공동체를 이루는 하느님의 백성의 교회를 뜻하며, 행정상 한 구역이기도 합니다. 현재 우리나라에는 남한에 15개, 북한에 3개 교구가 있으며, 군부대를 별도로 관할하는 군종 교구가 있습니다. 각 교구는 다시 구역별로 나누어 본당이 관할합니다. 따라서 본당별로 관할 구역이 정해져 있고, 각 본당 사제는 그 구역을 맡아 사목활동을 합니다. 본당 안의 시설물에는, ① 사제관과

수녀원이 있습니다. 사제관에는 본당 사제의 숙소와 집무실이 있으며, 빨래나 청소, 취사 등 일반 가정 살림의 형태가 이루어집니다. 그리고 각 본당의 요청에 따라 수도회 모원으로부터 수녀가 파견되어 나오며, 일반적으로 2명 이상의 수녀가 공동생활을 합니다. 본당의 수녀들이 거처하는 곳을 그 수도회의 분원, 즉 수녀원이라고 합니다. 본당의 수녀는 수도회의 모원과 본당 주임 신부의 지시를 따릅니다. 본당의 사제관이나 수녀원의 생활을 유지하기 위한 비용은 교구에서 정한 규정에 따라 본당이 부담합니다.

2. 본당 사무실에서 일하는 분들은 일반적으로 사무장과 사무보조원으로 구성됩니다. 본당 사무실의 업무는 신자들이 성사생활을 원활히 하도록 제반 사항을 기록하고 정리하는 일입니다. 교회는 국가의 주민등록과 유사한 교적을 가족 단위로 만들어 신자들의 기록을 관리합니다. 이와 같은 교적에는 가족사항과 각 신자의 세례 및 견진성사, 혼인성사를 받은 일시와 장소가 기록됩니다. 이 밖에도 본당 사무실에서는 교무금의 수납, 회계 업무의 정리, 사목일지의 기록, 교회문서의 수신·발신 등의 업무를 담당합니다. 세례를 받고 새 신자가 되면 사무실에서는 그 사람을 세례 대장에 기록하고 교적을 만들어 반을 편성하고 교무금 수납 대장에 명단을 올리게 됩니다.

Q5 가톨릭 신자로서 반드시 알아야 할 사제의 사목활동이란 무엇인가요?

A 1. 본당 사제는 본당 구역 내에 사는 신자들에 한해서 교회의 성사 집행권을 가지고 있습니다. 그러므로 다른 본당에 교적을 두고 사는 분들은 현재 다니고 있는 본당에 병자성사를 청할 수가 없습니다. 본당 사제의 가정 방문 때에도 다른 지역에 살고 있는 본당 신자들에게는 가지 않습니다. 그러나 병원에 입원해 있는 경우에는 거주지와는 무관한 곳이므로 본당사제가 방문합니다. 그러므로 우리가 본당에 교적을 두고 교무금을 내는 것은 본당 사제가 우리의 성사 생활 전체를 돌보아 주는 약정이며, 신앙생활에 필요한 각종 행정상의 모든 증명서 발급등도 본당에서만 발급 가능합니다. 따라서 다른 본당에서 판

공성사를 받은 경우에는 성사표를 교적이 있는 본당에 제출해야만 교적이 정리가 됩니다. 3년 동안 판공성사를 한 번도 받지 않으면, 교적 상 쉬는 신자(냉담 신자)로 분류됩니다.

2. 또 세례를 받은 후 또는 이사를 가서 본당 사무실에 전입 사실을 알리면 새로 소속되는 구역(반)을 가르쳐 줍니다. 대개 월 1회 또는 그 이상의 구역(반)모임이 있는데, 이웃에 살고 있는 신자들과 알고 지내며, 관혼상제 외에도 집안일에 함께 어울리는 것이 좋습니다. 구역(반) 모임이라는 소 공동체의 활성화는 가정생활의 성화와 이웃 신자들의 협력에 효과적입니다. 그리고 본당의 행정적 조직을 활성화하는 데 그 기초를 이루는 구역(반) 모임을 통해 본당에 소속되어 살아가는 가톨릭교회의 특유의 일치감을 가져옵니다. 이사를 갈 때는 살던 곳의 구역장(반장)과 구역(반) 사람들에게 인사를 하고 본당 사제와도 인사를 합니다. 그리고 본당 사무실에 들러 교무금을 정리하고 교적 전출을 신청한 다음, 이사 갈 곳의 주소와 전화번호를 알립니다. 그러면 본당 사무실에서 가는 곳의 본당에다가 우편이나 인터넷을 이용해 교적을 보냅니다. 때로는 직접 교적을 가지고 가는 경우두 있습니다. 새로운 성당에 교적이 도착했는지 확인 후 교무금 카드를 새로 발급받고, 새로운 구역(반) 안내를 받습니다. 이사했을 때나, 여행 중에 미사를 참례하고자 할 때에 그 지역 성당을 찾고자 하면, 114 안내전화를 이용하면 편리합니다.

Q6 가톨릭 신자로서 반드시 알아야 할 교회의 재정살림은 어떠한가요?(I)

A 1. 그리스도인들이 창조주이신 하느님 아버지께 드리는 찬미와 흠숭과 감사의 제사가 곧 미사입니다. 미사 때 제물로 바치는 것이 바로 봉헌금입니다. 본당 살림을 위한 재원으로 교회 운영에 필요한 경비를 의무적으로 납부하는 교무금과 미사 때 정성껏 바치는 봉헌금으로 그 재원을 충당하는 것입니다. 따라서 교무금은 교회 생활과 자신의 생활을 구분하지 않고 하나로 합쳐 자신의 수입에서 지출을 분배해 본

당에 낸다는 뜻이 있습니다. 그러므로 교적을 두고 내는 교무금은 곧 본당에 속해 있는 자신의 신앙생활과 교회가 합당한 관계를 형성하는 것입니다. 성당의 수입 재원에는 교무금과 봉헌금 이외에 특별 헌금과 기부금, 제반 예금이자, 잡수입 정도입니다. 우리는 각 가정과 교회가 일치를 이루는데 기초가 되는 교무금 납부에 빠짐없이 동참해야 합니다.

2. 본당의 지출 사항들은 제반 전례비용, 전교비용, 단체보조비, 교육비, 주일학교 운영비, 교구 납부금, 행사비, 본당 사제와 수녀의 생활비, 성무활동비, 사무실 직원 인건비등이 있습니다. 이와 같은 본당 살림을 책임지는 본당 사제는 늘 바쁘고 본당의 공금을 책임 있고 뜻있게 사용합니다. 본당 사제는 본당 살림의 모든 재정 결과를 교구청에 매월 보고하며, 연말에는 종합적인 보고를 합니다. 뿐만 아니라 본당의 모든 돈은 곧 신자들이 낸 것이므로 재정 관리의 결과를 주보나 기타 유인물을 통해 모든 신자들에게 공개합니다. 그러므로 사목 계획을 세우고 예산을 편성하는 등 본당 사제가 하는 모든 일에 사목회장을 포함하여 사목위원들이 성심껏 협조해야 합니다.

Q7 가톨릭 신자로서 반드시 알아야 할 교회의 재정살림은 어떠한가요?(II)

A 1. 교구장을 중심으로 교구의 업무를 맡아보는 곳이 교구청입니다. 교구청은 각 본당에서 이루어지는 사항들을 종합하고, 모든 본당들이 활성화되도록 각종 계획을 세우거나 알려 주며 지시를 내리기도 합니다. 그리고 몇 년에 한 번씩 주교는 본당 사목방문을 통해 본당의 자세한 상황을 보고 받습니다. 교구청에는 교구장을 도와 일하는 여러 부서가 있고, 그 책임은 사제들이 주로 맡습니다. 각 교구청에 속한 부서는 물론 교구에 속하는 모든 교회의 단체들은 여러 조직을 통해 교구장의 업무를 보필하고 교구장의 방침에 따라 업무를 수행합니다. 언제나 일치를 이루는 공동체로서, 가톨릭교회의 각 본당들은 교구장 주교의 업무를 수행하는 교구청의 지침에 따라 순명 정신으

로 협조합니다. 각 본당에서 납부하는 교구 납부금은 교회 전체를 위해 필요하며, 이 납부금은 본당의 재정을 감안해 책정되고, 그 금액에 따라 교구의 예산과 교구 방침이 설정됩니다.

2. 매일 미사를 드리는 것이 사제들의 의무는 아니며, 되도록 신자들과 함께 미사를 봉헌하라고 교회는 권합니다. 미사는 신자들이 사제와 함께 올리는 제사이며, 사제는 그 제사를 올리는 제관입니다. 그러므로 미사를 청하는 사람이 있어야 미사를 드리는 것이 정상입니다. 미사를 청하는 사람과 그 청을 받아들여 미사를 봉헌하는 사제는 미사를 드릴 책임을 지게 됩니다. 그리고 이 책임을 수행한 사제는 그에 따른 보수를 받을 수가 있습니다. 이를 미사예물이라고 하는데 미사를 청할 때 내는 예물, 곧 어떤 지향을 갖고 미사를 봉헌해 줄 것을 청하는 예물입니다. 거룩한 제사로서 무한한 은혜를 받을 수 있는 미사를 청해 누군가를 위해 바친다면, 그 사람에게 그 보다 더 큰 영적 선물은 없습니다. 약속한 미사를 청한 사람의 지향에 따라 바친 사제는 그 예물을 개인적으로 쓸 수가 있으며, 이는 교회법에 따라 관할 주교가 정한 규칙에 따릅니다. 일반적으로 사제는 하루에 한 미사의 예물만 가집니다. 그 외의 미사예물들은 개인이 쓸 수 없도록 되어 있으며, 교구청에서 공동으로 모아 관리하고 모든 사제들에게 적절히 분배합니다. 교구에 따라서 미사예물을 공유하고 사제의 수품 연한에 따라서 정해진 금액만 쓰기도 합니다. 또 본당에 들어온 미사예물이 별로 없으면, 그 본당의 사제는 교구청에 올라온 예물을 쓰기도 합니다. 미사 지향은 천상 교회와 지상 교회 모두를 대상으로 할 수 있으며, 살아 있는 사람을 위해서도 또 죽은 이들을 위해 위령 미사를 바칠 수 있습니다. 미사예물은 사무실이나 본당 수녀 또는 사제가 접수하며, 그 금액은 정해져 있지 않습니다.

Q8 가톨릭 신자들의 기도 중 묵주기도란 어떤 기도인가요?

A 1. 묵주란 말은 장미 꽃다발을 뜻하는 라틴어(Rosarium)에서 유래했습니다. 묵주 기도는 가톨릭교회에서 바치는 전례 밖의 기도 중 가장 널

리 보급되고, 가장 많이 바치는 기도입니다. 묵주기도는 성모 마리아를 통해 우리가 하느님과 대화하는 가운데 살도록 합니다. 또한 그리스도께서 가르치고 이루신 구원의 신비를 묵상하며, 우리를 성화의 길로 이끌어 줍니다. 성모님은 우리에게 필요한 은혜를 하느님께 청해 줍니다. 우리는 세계 평화는 물론, 조국의 안녕과 발전, 자기 자신의 영육간의 풍요와 가정의 성화를 위해 끊임없이 묵주기도를 바쳐야 합니다. 묵주기도의 기원은 옛날 구약시대인 니네베 시대까지 거슬러 올라가는데, 당시 신자들은 같은 내용의 기도를 반복해서 바치면서 기도의 횟수를 세기 위해 구슬이나 마른씨, 조약돌 등을 사용했으며, 오늘날의 묵주기도는 도미니코 수도회에서 시편 150편을 매일 외운데서 비롯되었다고 합니다. 그 후 평신도들은 주님의 기도만 150번 바쳤으며, 12세기 중엽에 성모송이 일반화되면서 묵주기도에 활용되었고, 15세기에 이르러서는 예수님의 구세사를 성모님과 관련지어 묵상하는 기도로 바뀌었습니다. 그 후 16-17세기에 성모송을 많이 바치게 되면서 150번의 묵상이 세 가지 신비의 15개 묵상(환희, 고통, 영광)으로 줄어들었고, 교황 요한 바오로 2세께서 한 가지 신비의 묵상(빛)을 추가하여 20개 묵상(환희, 빛, 고통, 영광)으로 오늘날의 현의(玄義, 간직된 깊은 뜻)가 되었습니다.

2. 묵주기도의 구성을 보면, ① 사도신경으로 교회의 중요한 신앙조목(信仰條目)을 고백하는 기도문입니다. 묵주기도를 시작할 때 교회의 신앙조목을 겸손한 마음으로 받아들이고, 고백하기 위해 이 기도를 바치며, (1번) ② 주님의 기도는 예수님이 우리에게 친히 가르쳐 주신 기도문입니다. 깊은 교리를 담고 있는 이 기도는 인간의 지혜로는 도저히 지어 낼 수 없는 완전 무결한 기도문입니다. 그래서 묵주기도를 바칠 때에는 각 단을 시작 할 때에 1번씩 바치고 있고, ③ 성모송은 가브리엘 대천사가 마리아께 드린 최상의 인사 말씀(은총이 가득하신 마리아님…)과 우리가 성모님께 간구하는 신심의 말씀(천주의 성모 마리아님…)으로 이루어진 기도문으로 각 단마다 10번씩 바치며, ④ 영광송은 하느님의 말씀을 찬미하는 기도로써, 성모송 10번을 바

친 후에 1번 바치고, ⑤ 구원송은 파티마에서 발현하신 성모님이 바치라고 권하신 기도문입니다. 우리와 다른 이들, 특히 도움을 필요로 하는 이들의 구원을 청하는 기도로 오늘날 묵주기도를 바치는 대부분의 신자들은 각 신비 1단을 바칠 때마다 이 기도를 바칩니다.

Q9 가톨릭신자 가정에서 이루어지는 성사생활(聖事生活)이란 어떤 것인가요?(1)

A 1. 신자 교우들의 가정에는 대부분 벽에 십자가를 모셔 두고, 그 근처에는 성화(聖畵)를 걸고, 책상이나 작은 테이블 위에 성상(聖像)을 모셔 둡니다. 가정이나 방을 각종 성화나 성물로 꾸미는 것은 교회가 예로부터 권장하는 일입니다. 그러나 잘 정돈되어 있지 않다든지, 이해하기 어렵게 꾸며 놓으면, 오히려 남에게 부담을 주고 같은 신자 입장에서 보아도 어색한 경우가 있습니다. 한방에 많은 십자가를 걸어 놓는다든지, 성모상 옆에 작은 예수님상을 함께 놓음으로써, 예수님이 성모님의 보조 역할을 하는 것처럼 느끼게 하는 점 등입니다. 성모님상과 예수님상을 함께 모셔 놓을 경우에는 반드시 예수님상을 크게 모셔 놓아야 합니다. 만든 크기가 작다면 밑에 받침대를 놓아서 크기를 조절하셔야 합니다.

2. 집에 남는 방이 있다면 기도실을 따로 차리는 것도 좋지만, 큰방의 한 면이나 구석에 작은 기도 탁자를 차려 놓은 것만으로도 충분합니다. 십자가, 촛대, 성수, 꽃병, 기도서, 성경 등으로 아담하게 꾸며 놓고, 그 앞에서 아침기도와 저녁기도를 드립니다. 이와 같은 성물(성화와 성상)을 통해 우리의 기도 및 신앙생활도 깊어지는 것입니다. 가끔이라도 시간을 내어 조용히 깊은 묵상에 잠기는 일도 우리 신앙생활을 더욱 깊고 풍요롭게 해줍니다. 그리고 가족이 돌아가며 기도를 주관하거나 성경을 봉독하고 성가를 부르는 등 기도 프로그램을 매주 혹은 매월 새롭게 바꾸어 진행하면 풍요로운 신앙세계를 가정에서도 펼쳐 나갈 수 있습니다. 이렇게 생활한다면 가족은 내적으로 더욱 깊이 일치할 것이고, 개인의 신앙 형성에도 큰 도움이 됩니다. 여러분이

기억해야 할 부분은 우리가 쓰고자 하는 성물 즉, 십자가와 성화상, 묵주, 스카폴라, 성모상, 예수님상은 사제에게 축복을 청하여 사용하여야 합니다. 십자가는 우선 거실 정면 벽면에 걸고 또 남은 십자가가 있다면 안방 벽에 설치하며 더 여유가 있으면 각 방에다가 걸면 좋습니다.(가톨릭교리문답 질문 210번 축복 참조)

3. 한편, 가톨릭 신자 가정에서 자녀가 결혼하는 경우 양측 모두 세례를 받은 사람끼리의 결혼인 경우에는 혼인성사를 통해서 혼인하게 됩니다. 그리고 어느 한편만 세례를 받은 신자인 경우는 관면혼인을 하게 됩니다. 그렇지 않고 사회 예식으로만 결혼하면, 그 신자는 교회의 모든 성사를 받을 수 없게 됩니다. 이런 상태로 사는 것은 간음하는 생활로 간주되기 때문입니다. 그러므로 이러한 일이 없도록 최소한 혼인하기 한 달 전에 본당 사무실을 찾아가 필요한 서류를 제출해야 합니다. 꼭 지켜야 할 준비 사항들인데, ① 서류를 준비해야하고(가족관계증명서와 세례증명서), ② 혼배미사 장소를 결정해야하며(신부 측이 우선 결정), ③ 주례신부도 결정해야하고(신부 측 성당 신부가 우선), ④ 준비한 서류를 근거로 서류를 작성해야 하며, ⑤ 증인도 선정해야 합니다(남여 각 1명씩 선정). 손님 초대 없이 혼인할 당사자와 증인만 참석하여 약식혼인을 하는 경우도 있으며, 기타사항으로 결혼 전에 서로 종합 건강검진을 받아야 합니다.

Q 10 가톨릭 신자 가정에서 이루어지는 성사생활(聖事生活)이란 어떤 것인가요?(II)

A 1. 가톨릭 신자 가정에서도 공동체 미사에 참여하지 못하는 신자들, 특히 거동이 불편한 환자라도 집에서 성체를 모시도록 하는 것이 병자 영성체(전에는 봉성체)입니다. 본당에서는 대개 병자 영성체 날을 정해 놓고 사제가 환자들을 방문해 고해성사를 베풀고 성체를 영해 줍니다. 병자 영성체를 위한 준비로, 우선 환자의 방을 깨끗이 정리하고, 작은 상에 흰 보나 종이를 씌운 뒤, 그 위에 십자 고상, 초와 촛대, 작은 종지와 숟가락(환자의 입안이 말랐을 때 성체를 모시기 쉽게 하

기 위함)을 놓습니다. 사제가 도착해 고해성사를 줄 때는 모두 방에서 나가 있다가 끝나면 다시 들어가 예절에 함께 참석합니다.

2. 병자성사는 교우가 중병에 걸렸거나 노환 또는 숙환 중이거나 죽을 위험이 따르는 대수술을 받은 경우에 받는 성사입니다. 병자성사를 청할 때는 환자의 증상이나 상태를 사제에게 미리 알려 주어야 합니다. 즉, 성체를 모실 수 있는지, 고해성사를 받을 수 있는지, 병자성사를 받을 환자 교우의 의식 상태에 대해 대략이라도 설명해 주어야 합니다. 준비 사항은 병자 영성체와 같습니다.

3. 가톨릭 신자 교우라면 그 어느 때보다도 이웃이 상(喪)을 당했을 때 꼭 찾아가 기도해 주고, 유가족을 위로해 주어야 합니다. 초상을 당한 집에(현재는 대부분 장례식장을 이용함) 방문하는 것은 자신의 영적 생활에도 큰 도움이 될 뿐만 아니라 이웃에게 전교의 효과도 매우 큽니다. 그리고 자기 집안에서 상을 당하면 어떻게 하는 것이 좋은지 미리 배우는 기회도 됩니다. 환자의 병세가 심각해지면, 소속 구역의 반장(구역장)에게 우선 연락해 도움을 청하며, 반장(구역장)은 다른 교우나 본당에 알리고 필요한 조치를 취합니다. 그러면 많은 교우들이 와서 도와주고 함께 기도해 줍니다. 만일 반상(구역장)이 부재중이라 연락이 안될 경우에는 본당 사무실에 알려서 연락을 취하도록 요청을 해야 합니다. 그외에 임종을 준비하고 상을 치르는 여러 가지 일들은 위령(선종) 봉사회와 오래된 교우들이 서로 도와줍니다. 이런 일이 언제 닥칠지 모르므로 우리는 본당과 긴밀한 연관 속에, 또 교우들과 함께 어울려 살아가야 합니다. 교적을 먼 곳에 두고 혼자 주일에 이 성당 저 성당을 옮겨 다니며 미사에만 참례하는 정도의 신앙생활을 하다 보면 가정에 우환이 닥칠 때 도움을 받기가 어렵습니다. 그래서 가톨릭교회는 본당 중심의 공동체 생활을 강조하고 있습니다. 고독하게 신앙생활은 하지 말아야 합니다. 참고로 죽은 교우의 장례 기간 중에는, 죽은 교우의 육신을 떠난 영혼이, 하느님 나라에서 영원한 안식을 누리기를 바라는 기도(연도)를 많은 교우들이 함께 합니다. 장례를 마친 다음에는 죽은 영혼의 영원한 안식을 위한 위령미사(초우,

재우, 삼우)를 본당 미사에 지향을 두고 미사를 신청하기도 합니다.

Q 11 가톨릭교회 내에서 활동하는 단체들이란 어떤 것들이 있나요?

A
1. 가톨릭교회 내에서 활동하고 있는 여러 단체들이 있는데 그 중에 본당의 기본 단체는, ① 사목 협의회가 있습니다. 본당의 회장단으로 본당 일 전반에 걸쳐 협조하고 자문에 응하는 단체입니다. 주임 신부의 사목 활동을 도와주는 평신도 단체로 주임 신부의 임명을 받아야 합니다. ② 구역장(반장)단은 본당 구역을 구역(반)으로 나누어서, 신자들의 신앙생활을 유지와 발전을 위해 구역(반) 모임을 갖습니다. 이 때 각 구역(반)의 봉사자로 활동하는 분을 구역장(반장)이라 하며, 주임 신부가 임명합니다. 구역장(반장)은 구역(반)원들의 신앙생활을 돕고 본당의 사무행정 업무에 협조합니다.

2. 성사 집행을 돕는 단체들이 있는데, ① 복사단은 미사나 그 밖의 성사를 집행 할 때 주례 사제 옆에서 돕는 일을 하는 것으로 이들을 복사(服事)라고 하고, 대부분 어린이나 때로는 어른들이 하기도 하며, ② 해설단은 미사나 그 밖의 성사를 집행할 때 진행을 알리고 참여자들을 돕는 이들의 단체이고, ③ 독서단은 미사 때에 독서를 봉독하는 사람들의 단체이며, ④ 헌금 봉사단은 주일 미사의 봉헌 예절을 돕는 이들을 말하며, 헌금 봉사자 또는 헌금 위원이라고 하고, ⑤ 성가대는 전례에서 음악을 담당하는 단체로, 지휘자와 반주자, 성가를 부르는 대원으로 구성됩니다. 이들을 성가대원 또는 합창단원이라고 부르며, ⑥ 그 밖 의 본당 편의에 따라 주보를 배부하거나 미사 참례자의 좌석을 안내하는 등 기타 질서를 돕는 단체가 있습니다.

3. 종교 교육을 위한 단체는 ① 주일학교가 있습니다. 유치부, 초등부, 중고등부 등이 있습니다. 종교 교육을 위한 조직이며, 본당에 속한 교우들 중 각 연령에 해당되는 이들은 모두 참가해야 합니다. 주일학교의 운영을 위해서는 교사단과 자모회가 있으며, ② 예비신자 교리반은 가톨릭 기본교리를 가르칩니다. 세례를 준비시키는 과정으로, 예비신자는 이 예비신자 교리반을 꼭 거쳐야 합니다. 전례부, 선교부, 성

가 지도부등이 예비신자 교리반이 원활히 운영되도록 봉사합니다. 한편, 친목, 봉사, 취미, 신심 등을 목적으로 본당 신자들로 구성된 단체들이 많이 있습니다.(어르신들을 위한 베드로회와 안나회, 젊은이들의 활동단체인 안드레아회, 가난한 이들을 돕는 빈첸시오회 등) 그러나 다른 본당과는 조직상의 연결이 일체 없으며, 그 본당 단체로서의 특성을 유지합니다.

Q 12 가톨릭교회 안과 밖에서 활동하는 단체들이란 어떤 것들이 있나요?

A
1. 가톨릭교회 안에서 활동하는 단체는 주로 본당을 중심으로 한 단체로 다른 성당과 연결되지 않는 특성을 가지고 있으나, 본당을 초월해서 사목 활동을 돕는 단체가 있습니다. ① 레지오 마리애(Legio Mariae)는 마리아의 군대라는 뜻의 라틴어 이름으로, 군대 조직방식으로 활동봉사에 관한 구체적인 지시를 받고 보고하는 신심단체입니다. 대개 본당을 중심으로 활동하며, 본당 활성화에 크게 이바지하고 있습니다. 제일 아래 조직을 쁘레시디움(Praesidium)이라 부르고, 그 위에 조직을 꾸리아(Curia)라고 합니다. 꾸리아는 꼬미시움(Comitium) 조직과 그 위에 레지아(Regia)에 속하게 됩니다. 레지아는 세나뚜스(Senatus)라는 전국 조직(국가 평의회)에 속하며, 세나뚜스는 세계 중앙평의회인 꼰칠리움 레지오니스(Concilium Legionis)로 연결됩니다. 그리고 이에 속한 사람들을 레지오 마리애 단원이라고 하며, ② 꾸르실료(Cursillo)는 단기 교육과정이라는 뜻의 스페인어 이름이며, 교회의 활동이라면 무슨 일이든지 하려는 정신을 지닌 단체입니다. 이에 속한 사람들을 꾸르실리스타라고 하며, 추천을 거쳐 제한된 인원이 특별교육을 받은 후 소속 본당의 울뜨레아라는 모임에 속하게 됩니다.
2. ① 가톨릭 신자 전체를 대상으로 하는 종교활동 단체들이 있는데, 군종후원회, 푸른 군대, 성소 모임, 엔카운터(M·E), M.B.W(Movement for a Better World), 국제 마리아 사업회(포콜라레·Focolare), 성령쇄신 봉사회, 성 빈첸시오 아 바오로회 등이 있으

며, 이들은 국내외에서 본부를 두고 자체의 목적에 따라 활동하며, ② 직능별 가톨릭 일반 단체들은 가톨릭 의사협회, 가톨릭 간호사협회, 가톨릭 농민회, 가톨릭 노동청년회(J.O.C), 가톨릭 직장별 모임, 가톨릭 사진가협회, 가톨릭 운전기사 사도회 등 매우 다양합니다. 모든 가톨릭 단체는 활동과 정관에 관해 교구장 주교의 인준을 받아야 하며, 교구장은 지도 신부 또는 지도 수녀를 임명합니다. 그렇지 않으면 가톨릭 단체로서 공식적인 활동을 할 수가 없습니다. 각 단체는 나름대로의 발전과 더불어 교회의 발전을 함께 꾀해야 하며, 또 이웃들과도 유기적인 교류를 맺는 것도 중요합니다. 또한 모든 단체 활동은 개인의 성화를 중시하면서 이루어져야 합니다. 그러므로 무엇보다 성체를 중심으로 하는 일치의 정신이 있어야 하고, 그리스도와 실제로 일치하지 않고 활동에만 전념한다면, 내실이 없거나 비가톨릭적으로 흐를 수가 있습니다.

3. 세례를 받고 처음으로 신앙공동체인 교회에서 신앙생활을 시작하면서 내 개인의 성화는 물론 신앙공동체, 즉 본당의 활성화를 위해 여러 신심단체 중에서 자기에게 맞는 신심단체에 가입해서 활동하는 것이 바람직합니다. 본당의 활성화는 곧 교회의 발전을 의미하고 또 신자들 측면에서는 개인 신앙생활의 활성화에 따른 적극적인 생활을 말합니다. 물론 혼자서도 적극적으로 신앙생활을 할 수 있으나, 단체에 가입해 다른 사람과 더불어 신앙생활의 깊이를 더해 가는 것은 협동과 의지를 통해 효과를 배가 할 수 있습니다. 단체에 입회(입단)하기 위해서는 대개 별다른 절차가 필요하지는 않습니다. 우선 본당 내에 어떤 단체들이 있는지 알아보려면 본당 사무실이나 본당 수녀, 단체장들, 본당 신부에게 문의하면 됩니다. 들고 싶은 단체에 대해 더 자세히 알아보기 해서는 그 단체의 회원을 만나 보는 것이 좋습니다. 그러면 반갑게 맞아 줄 것입니다. 그러나 단체의 성격에 따라 입단 조건이 있는 경우도 있습니다. 일반 사회단체들과는 분위가 사뭇 다를 수 있고, 새로운 분위기에 어색하는 것은 한두 번 참석하면 금방 사라지니 단체에 가입해 활동하는 경험이 필요합니다.

Q 13 가톨릭 신자로서 신앙생활의 핵심인 선교활동이란 무엇인가요?(1)

A 1. 선교는 교회의 중요한 임무 중에 하나입니다. 우리는 미사 끝에 "가서 복음을 전합시다."라는 권고를 받는데, 이 세상에 교회가 있는 존재 이유는 복음을 전파하기 위해서입니다. 가톨릭 신자의 수가 적은 한국의 실정상 복음 전파는 매우 중요하고 절대적인 사명입니다. 따라서 우리는 복음을 전파함으로써 하느님의 자녀답게 살뿐 아니라, 이웃을 한 형제처럼 사랑해 신자로서 궁극적 목적에 다다라야 합니다. 또한 우리는 그리스도의 삶을 전하며 영원한 진리를 따라 살며 행복을 맛볼 수 있는 믿음의 세계를 혼자만 알고 있을 것이 아니라, 이웃에게도 전해야 합니다. 그러기 위한 가장 훌륭하고 효과적인 방법은 이웃에게 그리스도의 정신으로 살아가는 나의 삶을 보여 주는 것입니다. 그리스도적인 삶이라는 표현이 좀 막연하지만 사실 그 의미는 아주 간단합니다. 그것은 예수님이 가르쳐 주신 "사랑하라. 용서하라. 도와주어라. 기뻐하라"는 적극적인 태도입니다. 이렇게 생기 있고 적극적인 삶이야말로 사회를 정화하는데 매우 소중한 것입니다.

2. 간혹 개신교 신자들과 만나는 자리가 있는데, 개신교 신자들이 전교하는 것을 늘어보면 어딘가 그 분위기가 가톨릭교회와는 좀 다르다는 점을 느낍니다. 또 그들과 대화를 나눌 때 자신의 성경 지식이 부족해 시원하고 자신 있게 답변을 못하여 안타까움을 느낀 적도 있습니다. 그래서 우리가 가톨릭 교리를 잘 알기 위해 공부도 해야 하고 가톨릭 서적도 많이 읽어야 합니다. 그러나 상대가 무조건 가톨릭을 비난하려고 말을 걸거나 시비로 시작할 때에는 어쩔 수 없이 상대를 피하는 것이 바람직합니다. 개신교 신자들과 대화할 때의 요령을 살펴보면, ① 상대방이 인품을 갖추어 대화가 가능한 사람인지 구분해야 하고, ② 그들이 갈라진 형제로써 교회의 일치와 발전을 위한 대화여야 하며, ③ 감정적으로 대하지 말고 논리적이고 이성적으로 있는 그대로의 사실을 들어 대화를 해야 하고, ④ 질문에 응답하는 자가 아니라 질문을 던지는 입장에서 대화를 해야 합니다.

Q 14 **가톨릭 신자로서 신앙생활의 핵심인 선교활동이란 무엇인가요?(II)**

A
1. 한편, 개신교 신자들이 가톨릭 신자들에게 자주 묻는 몇 가지 질문을 살펴보면, ① 신부들은 왜 결혼을 못하는지를 묻는데, 이에 대한 대답은 결혼을 못하는 것이 아니라 그리스도 공동체에 대한 봉사와 하느님 나라의 건설을 위해 하지 않을 뿐이고 이것은 자발적인 하느님과의 서원으로 이루어진다는 것이며, ② 천주교회는 왜 마리아를 믿는가를 묻는데, 가톨릭 신자들은 오직 삼위일체이신 하느님, 즉 성부와 성자와 성령이신 하느님을 믿는 종교로써 하느님을 흠숭하며, 성모 마리아께는 하느님의 어머니로써 우리가 공경을 드리면서, 우리를 위해서 하느님께 빌어 달라고 청하는 전구자이고, ③ 하느님께 직접 자기 죄를 고백하지 않고 인간인 사제에게 죄를 고백하는데, 인간이 어떻게 인간의 죄를 사할 수 있는가에 대해 묻고 있는데, 가톨릭 교회의 고해성사란 하느님 앞에서 자기 죄를 알아내고, 통회하고, 죄를 다시는 짓지 않기로 결심을 한 다음에 이를 고해소에서 사제에게 고백하는 것입니다. 그리고 이는 그리스도의 명에 따라 사도로부터 이어받은 성사집행(그리스도로부터 물려받은 사죄권)에 의해 이루어집니다. 예수님은 성경에서 이렇게 말씀하십니다. "나는 너에게 하늘 나라의 열쇠를 주겠다. 그러니 네가 무엇이든지 땅에서 매면 하늘에서도 매일 것이고, 네가 무엇이든지 땅에서 풀면 하늘에서도 풀릴 것이다."(마태, 16,19 참조)

2. 우리 가톨릭 신자들이 믿고 따르는 가톨릭 교리는 인류의 지혜입니다. 전 인류의 지혜를 모아 선별해 가장 옳은 것이라고 판단했다면, 그것은 언제나 그리스도의 가르침을 따라 이어 내려오는 가톨릭 교리와 일치합니다. 만약 일치하지 않는 점이 있다면, 이는 가톨릭 교리가 잘못된 것이 아니라 지도자들이 잘못 판단한 행정 탓이며, 곧 시정할 문제인 것입니다. 인류가 가야할 큰 행로에 대해 그리스도는 "나는 길이요 진리요 생명이다"라고 제시하셨습니다.(요한 14,6 참조) 창조주이신 하느님께서 창조하신 피조물이 창조주께 가는 길을 구하는 것은 자연적인 의무이며, 이는 마치 자식이 아버지를 찾는 것과 같습니다.

한편 선교의 중요성에 대해서는 지금껏 설명하였으나 선교하는 방법에 대해서 살펴보면, 가톨릭을 종교로 택한 사람들은 대부분 친구의 권유나 신자들의 생활 태도를 보고서 그렇게 했다고 합니다. 그러므로 신자들의 삶은 앞서 표현했듯이 "기뻐할 줄 알고, 감사할 줄 알며, 남을 진정으로 이해하고 용서할 줄 알고, 사랑할 줄 아는 것"입니다. 이런 사람이라면 이웃이 먼저 접근해 올 것이므로, 나와 같은 종교를 가지라고 강요하기보다는 풍부한 인간성과 삶을 나눔으로써 가톨릭에 관심을 갖도록 유도하거나 권유하는 것이 바람직합니다.

Q 15 가톨릭 신자로서 교회 안에서의 전례생활(典禮生活)이란 무엇인가요?(1)

A
1. 가톨릭교회는 "1년을 한 주기로 하여 그리스도의 신비를 기념하는데, 전례에서의 기념이란 2천 년 전의 그리스도의 신비를 오늘의 현실로 거행하는 것을 말하는데(재현) 그와 같이 할 수 있는 이유는 그리스도께서 살아 계시기 때문입니다. 부활하신 그리스도는 교회 안에 현존하시기 때문에 우리는 그리스도의 생애 각 부분을 전례로써 재현하고, 전례 안에서 그리스도를 만나고 이 만남 안에서 무한한 은총을 얻고 하느님께로 나아가게 된다."는 것입니다.(「생활 교리」 대구 대교구 사목국 참조) 또한 "거룩한 어머니인 교회는 한 해의 흐름을 통하여 지정된 날들에 하느님이신 자기 신랑의 구원 활동을 거룩한 기억으로 경축하는 것을 자기 임무라고 여긴다.... 한해를 주기로 하여, 강생과 성탄에서부터 승천, 성령 강림 날까지, 또 복된 희망을 품고 주님의 오심을 기다리는 대림까지 그리스도의 신비 전체를 펼친다. 이렇게 구속의 신비를 기억하며, 자기 주님의 풍요로운 힘과 공로가 모든 시기에 어떻게든 현존하도록 그 보고를 신자들에게 열어, 신자들이 거기에 다가가 구원의 은총으로 충만해 지도록 한다."라고 명시하고 있습니다.(제2차 바티칸공의회문헌 「전례헌장」102항 참조)
2. 가톨릭교회의 전례주기는 크게 대림시기, 성탄시기, 사순시기, 부활시기, 연중시기로 나눕니다. ① 대림시기는 주님의 성탄을 맞이하기

위해 준비하는 기간이며, ② 성탄시기는 주님 성탄 대축일부터 8일 축제를 지나 주님 공현 대축일 후 토요일까지이고, ③ 사순시기는 재의 수요일부터 40일 동안이며 예수님의 수난과 죽음을 묵상하고 지내며, ④ 부활시기는 부활 대축일부터 주님 승천 대축일 까지의 시기를 말하고, ⑤ 연중시기는 1년 중 이 특별한 네 시기가 아닌 때, 곧 성탄시기 이후 사순시기 이전 기간과 부활시기 이후 대림시기 이전의 기간을 말합니다. 이상의 시기들을 지내는 교회 전례주기의 매해 첫 출발은 성탄 4주 전인 대림 1주일부터입니다. 가톨릭교회는 대림 제1주일부터 마치 새해를 시작하듯 예수님의 생애와 그 신비를 해마다 반복해 새롭게 되새기며 신앙생활을 합니다.

3. 이러한 전례주기는 세월이 흐르면서 엮어진 것으로 초창기 교회에서는 가장 큰 축일인 예수님의 부활을 특히 성대하게 지냈으며, 그 축일을 중심으로 부활시기가 먼저 이루어졌습니다. 그리고 부활과 성탄시기에 속하지 않은 연중시기에 예수님의 다른 축일들과 성인들의 축일들이 첨가되며 오늘에 이르고 있습니다. 1년 주기의 교회력이 구성된 것은 12세기부터입니다. 이처럼 오랜 세월에 걸쳐 오늘의 전례주기가 형성되었으므로, 처음 가톨릭교회 전례에 참여하면 이해하기 어려운 부분들이 많습니다. 그러나 오랜 신앙생활을 통해 자연히 그 전례에 익숙해지게 됩니다.

Q 16 가톨릭 신자로서 교회 안에서의 전례생활(典禮生活)이란 무엇인가요?(II)

A 1. 가톨릭교회에서 사용하는 전례력은 요즘은 대부분 본당에서 만든 달력에다가 교회의 전례주기에 따라 여러 (대)축일과 주일, 연중시기를 기록하고 그에 따른 독서와 복음의 장절을 표시한 것입니다. 그러므로 전례력을 보면서 교회 전례상의 축일들을 지켜 나가면 매우 편리합니다. 또 매일의 축일을 안내하고 미사의 독서와 복음의 본문을 수록한 「매일미사」 책자가 매월 나옵니다. 그러나 전례력을 원하는 신자는 연 초에 성물 판매소에서 쉽게 구입할 수가 있는데 일반용과 사제용이 있습니다.

2. 가톨릭교회의 전례 축일 외에도 신앙생활 중 특별히 지내는 축일이 있는데, 예를 들어 부모나 자녀, 대부·대모, 본당 사제의 영명축일을 비롯해, 본당의 주보성인 축일과 각 가정의 결혼기념일 및 생일 등이 있습니다. 이런 날이 다가오면 무엇을 해야 할지 혼자 걱정하지 말고, 되도록 축일의 당사자와 서로 의견을 나누어 공감대를 형성하면서 영적 선물이나 필요한 물적 선물도 함께 한다면 더 큰 풍요로움을 가질 수가 있습니다. 영적 선물이란 가톨릭교회에서 신앙 안에서 주고받는 선물을 말하는데, 기도나 희생 선행 등으로 주님께 받을 공과 덕을 선물하는 것입니다. 예를 들면 살아 있는 사람이나 돌아가신 분을 위해 미사를 봉헌하거나 미사에 참례할 수 있고, 작은 희생이나 화살기도(짧고 단순한 기도), 묵주기도, 십자가의 길 등 특정기도문을 바칠 수가 있습니다. 특별한 일이 있을 때에 축하나 격려의 뜻으로 개인 또는 합동으로 선물하기도 합니다.

3. 가톨릭 신자로서 의무적으로 미사에 꼭 참례해야하는 축일이 있는데 주일과 대축일입니다. 그것은 피조물인 인간이 창조주이신 하느님께 큰 예를 올리며 그 날을 거룩하게 지내야 한다는 뜻입니다. 대축일은 주일인 날도 있지만 그렇지 않은 날도 있습니다. 가톨릭 국가인 경우에는 대축일이 국경일로 지정되기도 합니다. 한국 천주교회에서는 주일이 아닌 평일에 미사에 참례해야 하는 의무 대축일을 정해 놓았는데, ① 천주의 성모 마리아 대축일(1월1일), ② 성모 승천 대축일(8월15일), ③ 주님 성탄 대축일(12월25일)이며 주님 부활 대축일을 포함해서 다른 대축일들은 주일에 속해 있습니다. 참고로 가톨릭교회의 4대 대축일은 ① 주님 성탄 대축일, ② 주님 부활 대축일, ③ 성령 강림 대축일, ④ 성모 승천 대축일입니다.

4. 가톨릭교회는 특별히 어느 달을 정해 집중적으로 신심이나 덕을 쌓고자 하는데, 그러한 달을 성월(聖月)이라고 합니다. 한국 천주교회에서는, ① 3월을 성요셉 성월로, ② 5월을 성모 성월로, ③ 6월을 예수 성심 성월로, ④ 9월을 순교자 성월로, ⑤ 10월을 묵주기도 성월로, ⑥ 11월을 위령 성월로 지냅니다. 가톨릭교회에서 지키는 성년(聖年)이란, 교회의 모든 구성원들이 회개하여 자기 생활을 쇄신하고 교

회가 특별히 베푸는 대사의 은총을 받아 거룩해지기 위해 노력하는 해입니다. 성년은 하느님께서 특별히 축복하신 해로 받아들여, 죄를 뉘우치고 거룩히 지내며 빚을 탕감해 주고 노예들을 모두 고향으로 돌려보내는 해방 정신을 실천하는 해입니다.(레위 25, 8-10참조)

5. 가톨릭교회는 교황 보니파시오 8세 이래로 100년에 한 번씩 성년을 지내다가 1343년 교황 클레멘스 6세가 구약 성경의 희년 주기와 같은 50년에 한 번씩 지내도록 하였고, 1500년에 교황 바오로 5세는 25년에 한 번씩 성년으로 지내도록 제정·반포했습니다. 그리고 정기적인 성년 외에 특별 성년이 있는데, 예컨대 1954년은 성모의 원죄 없으신 잉태 공포 100주년을 맞아 성년으로 선포되었고, 1983년은 예수님이 사신 나이를 33년으로 계산하여 예수님의 구원사업 1950주년을 맞아 성년으로 선포되었습니다. 가톨릭교회는 성년(정기, 특별)은 은총의 해이고 구원의 해로써, 그리스도께서 우리를 위해 마련하신 무한한 공로를 구원의 선물로 더욱 풍성하게 받을 수 있도록 대사(大赦)를 허락합니다.

Q 17 초기 한국 천주교회의 신앙선조들을 통해 우리가 배울 교훈은 무엇인가요?

A
1. 한국 천주교회의 전래(傳來)와 그 특징(特徵)을 살펴보면, 지금부터 230여 년 전에 서학을 연구하던 평신도 학자들을 중심으로, 예수그리스도를 믿는 자생적 모임이 이어오다가, 이승훈(28세)이라는 평신도가 1784년 북경에서 프랑스 그라몽 신부에게 베드로라는 세례명으로 세례를 받고 돌아오면서, 신자들의 공동체가 본격적으로 형성되었습니다. 현재 명동성당 부근의 명례방에서 정기적인 신앙 집회가 이루어지면서, 외국 선교사가 아닌 평신도를 통해 우리 민족 스스로 천주교 신앙을 받아들인 세계 교회사에서 유래를 찾아 볼 수 없는 유일한 한국 천주교회의 찬란한 역사를 가지고 있습니다.

2. 이와 같은 한국 천주교가 기존 사회 질서를 어지럽히는 위험 세력으로 판단한 당시 조선시대의 지배층은, 천주교 신자들을 부모도 나라

님도 모르는 대역무도의 무리 또는 사학죄인으로 몰아 네 번에 걸친 큰 박해로 수많은 순교자가 생겨났습니다.(1801년 신유박해, 1839년 기해박해, 1846년 병오박해, 1866년 병인박해) 박해시대의 우리 신앙 선조들의 신앙생활은 단 한 번의 성사를 받기 위해 평생 사제를 기다렸고, 단 한 번의 미사 참례를 위해 험한 길을 수 백리나 걸었으며, 남들이 잠든 한밤중에야 비밀리에 미사에 참례할 수 있었습니다. 동네 사람들의 미신행위에 동조하지 않기 위해 희생을 무릅쓰고 가족들을 이끌고 깊은 산골로 이사를 하면서 형성된 마을이 교우촌입니다. 이 교우촌 사람들은 비록 가난과 굶주림에 시달렸지만, 서로 돕고 함께 기도하면서 마치 사도행전(2,44-47;4,32-37 참조)에 나오는 초대교회 공동체의 모습처럼 살았습니다. 박해가 심하고 고통이 크면 클수록 믿는 이들의 수는 늘어났다는 것입니다.

3. 1845년에는 김대건 신부님이(안드레아) 중국 상하이 금가항성당에서 페레올주교에게 사제품을 받음으로써 최초의 조선인 사제가 탄생하였고, 신앙을 지키기 위해서 네 번에 걸친 혹독한 박해를 견디고 죽음조차 두려워하지 않았던 평신도가 대부분인 순교자들 가운데 103명이 1984년에 시성되었고, 2014년에는 124명이 시복되었습니다. 초기 한국 천주교회가 평신도에 의해 시작되었으며, 성립하고 발전하는 데 있어서 평신도의 역할이 컸으나, 함께 기억해야 할 점은 초기 한국 천주교회에서는 평신도와 성직자의 유대 관계가 돈독했다는 점입니다. 초기 한국 천주교회 신앙 선조들은 자신들을 위해 복음을 선포하고, 성사를 집전할 성직자의 영입과 보호를 위해 목숨의 위협을 마다치 않았고, 또한 온몸을 바쳐 숨어 지내면서 숨어 있는 양들을 찾아 수천리 길을 마다하지 않았던 최양업 신부와 같은 성직자들은, 평신도들을 헌신적으로 사목하다가 이들을 위해 목숨까지도 바쳤습니다.

4. 한국 천주교회에서는 천주교 신자들을 위해 전국에 있는 여러 성지를 개발하여, 신앙 후손들에게 순교자들의 신앙의 발자취를 통해, 순교자들의 믿음을 기리고 행적을 배우면서 그들을 사랑하고 그 정신을 마음 깊이 새겨 믿음을 강화하도록 국내 성지순례 코스를 마련하

였습니다. 또한 예수님의 활동 중심지였던 팔레스티나를 찾아가 계시의 원천을 확인하고 신앙을 강화하거나, 또는 기적이나 거룩한 일이 일어난 곳, 묘소 등을 방문하는 국외 성지순례를 함께 한다면 신앙여정에 바람직한 일입니다.

Q 18 가톨릭교회의 성직자와 수도자는 누구인가요?(I)

A

1. 사제(성직자)는 신앙 공동체를 위해 활동합니다. 사제(성직자)에게 무엇보다 중요한 공적인 일은 성사의 집행입니다. 고해성사와 미사를 위해 사제들은 모든 시간을 여기에 집중하게 되며, 미사나 그 밖의 성사를 집행하기 위해 사제(성직자)들은 늘 마음의 준비는 물론이고, 성당 이 곳 저 곳을 둘러보는 일은 습관처럼 되어 있어 이는 아마도 성당이라는 큰 집을 책임지고 있기 때문입니다. 사제(성직자)는 신자들의 신앙생활을 돕는 사목활동을 하는데, 이를 위해 시간을 정해 놓고 때에 따라 필요한 것을 준비하고, 알아보고, 정리하며 수정하는 등 나름대로 절차에 따라 처리합니다. 본당 신자 가정 방문을 하는 일이나 혼인할 사람들을 상담하고 돕거나, 장례와 관계된 일들을 처리하며, 환자들의 영적 상태도 돌봅니다. 또한 예비신자 교리나 신자 재교육, 본당과 교회 발전을 위한 다양한 모임 등 사목적 봉사도 합니다. 한편 사제(성직자)들은 교계 제도상의 업무도 수행하는데, 교구청이나 교회 기관으로부터 공문을 받고 이를 이행하며 대개 그 내용은 교육, 피정, 행사, 인사이동, 모임, 회의소집 등입니다. 본당에서 실천하고 연구해야 할 일들에 대한 알림이나 지시사항, 의견 제안, 방침이나 보고 사항등도 여기에 포함됩니다.

2. 사제(성직자)도 인간이기에 여느 일반 사람들과 마찬가지로 개인 생활이 있습니다. 취미 생활이나 대인 관계를 위해 기계나 음악, 그림, 조각, 정원 손질, 드라이브, 각종 운동 등을 즐기며 다양한 분야에서 다채로운 삶을 삽니다. 이처럼 인간적인 생활은 사회 친구들이나 동기 사제들, 교우들, 이웃에 있는 사제들과 함께 하는 경우가 많습니다. 또 부모님을 찾아뵙거나 때에 따라 형제나 친척을 만나기도 합니다. 기호식품도 사제의 개성에 따라 좋아하는 것이 다릅니다. 물론 건

강을 챙기는 방법이나 형태도 각양각색입니다. 만약 본당에서 사제(성직자)들을 대할 때 이처럼 인간적인 면을 무시하고 마치 신을 대하듯, 아니면 특별한 사람을 대하듯 한다면 실망하거나 의심이 들 수가 있으며, 때로는 정결하지 못하다고까지 느낄 수가 있습니다. 사제(성직자)들의 현실 생활을 너무 신비롭게 생각하지 말아야 하며, 그리스도의 대리자로서 성직을 이행하며 살아가려고 노력하는 한 인간이라는 점을 염두에 두어야 합니다.

Q 19 가톨릭교회의 성직자와 수도자는 누구인가요?(II)

A
1. 수도 생활을 하며 사는 수녀(수도자)들도 한 명의 여성임은 틀림없는 사실입니다. 그러므로 일반 사람들처럼 기본적인 인간 심리를 지니고 삽니다. 따라서 수도자들을 완성된 사람으로 생각하고, 모든 것에 완벽을 요구한다면 실망할 수밖에 없습니다. 수녀(수도자)도 개인에 따라 성격이나 교육, 자란 환경의 차이가 있으므로 모든 수녀(수도자)가 똑같을 수는 없습니다. 수녀(수도자)라 해도 인간이기에 실수를 하고, 배워야 할 것도 있게 마련입니다. 느낄 것을 느끼며 덕스러운 삶(정결, 청빈, 순명)을 향해 노력해 나가는 분들입니다.

2. 수녀(수도자)들은 각 수도회의 기본 규칙을 지키며 본당이나 단체에서 공동생활을 합니다. 본당에서 수녀(수도자)는 그 본당이 원활하게 돌아가도록 돕는데, 돕는다는 것은 주임 신부의 사목에 협조하는 것입니다. 예를 들면, 우선 성사 집행을 위해 성당의 보존 및 관리업무를 담당합니다. 즉, 미사나 고해성사, 세례식, 혼인성사, 장례미사 등을 위해 제의실이나 제대 등을 중심으로 각종 준비를 합니다. 제의실을 정돈하고 제대를 꾸미며 고해소를 비롯해, 성당 내부 전체를 성사 집행의 장소로 사용하는데 차질이 없도록 미리 챙기는 일을 합니다. 그리고 본당 신자들의 신앙생활을 위해 사무 정리, 교리반 및 반 모임 지도, 교육 등의 일을 담당하며 본당 병자 영성체시에 함께 동행하기도 합니다. 이와 같은 일은 주임 신부의 지도를 받으며 서로 협조합니다. 이밖에도 수녀(수도자)들은 양로원과 고아원, 병원 등의 사회복지 단체·기관에서 각 수도회의 고유한 사도직을 성실히 수행합니다.

Q 20 가톨릭교회의 성직자와 수도자는 누구인가요?(III)

A
1. 사제(성직자)나 수녀(수도자)는 결혼을 하지 않고 독신으로 사는 사람들입니다. 사람이 혼자 살다보면 일반적으로 생기기 마련인 심리 현상이 사제(성직자)나 수녀(수도자)라고 해서 생기지 않을 리가 없습니다. 사제(성직자)나 수녀(수도자)도 인간이므로 예외일 수는 없습니다. 때로는 고독하기도 하고, 지나치게 대중과 어울리다보면 짜증이 나기도하며, 남의 말을 귀를 기울이지 않는 고집이 생기기도 하고, 한쪽으로 지나치게 치우칠 수도 있습니다. 그러니 이러한 점들을 우리 신자들은 인간적인 것으로 이해해야 합니다. 만약에 취미나 성격이 잘 통한다면 걱정을 나누고 격려하며 위로하고 도와주어야 합니다. 그들에게 인간적인 잘못이 있다고 해도 교우들이 감싸주고 기도해 주며 일으켜 세울 때에 사제(성직자)나 수녀(수도자)는 큰 용기와 기쁨을 얻게 됩니다.

2. 사제(성직자)나 수녀(수도자)는 본당 생활을 하다보면 시간적 여유가 그리 많지를 않습니다. 그래서 사제(성직자)나 수녀(수도자)에게 볼 일이 있을 때에는 직접 문의하는 것보다 먼저 사무실에 알아본 후에 찾아 가는 것이 바람직합니다. 갑자기 찾아가기보다는 미리 시간을 약속하고 찾아가는 것이 예의입니다. 그리고 용건도 사제(성직자)나 수녀(수도자)가 들어 줄 수 있는 내용이어야 합니다. 사제(성직자)나 수녀(수도자)를 찾는 이유는 대개 혼인성사 준비, 수도 성소 문제, 새집 축복, 병자성사, 개업 축복 등의 성사 및 준성사를 부탁하는 일이거나, 개인적인 가정이나 특별한 일을 상의하기 위해서입니다. 또는 단체나 본당 사목상 객관적으로 좋은 의견을 제안하기 위해서도 사제(성직자)나 수녀(수도자)를 찾는 경우도 있습니다.

3. 사제(성직자)나 수녀(수도자)는 본당 생활을 하면서 신자들로부터 존경과 사랑의 뜻으로, 간혹 정성을 받으면 사목활동에 지쳤다가도 다시 용기와 의욕을 가집니다. 그리고 본당 신자들에게 사랑과 정을 가지면서 열심히 사목을 합니다. 본당 생활은 신자들과 어울리는 생활인데, 신자들이 너무 많다보면 사제(성직자)나 수녀(수도자)가 너무

사무적이고 공적이며 차가워 질 수가 있습니다. 삭막한 본당 생활이 사목자들을 냉정하고 무딘 인간으로 만들어 버리기도 합니다. 그러므로 사제(성직자)나 수녀(수도자)를 위해 기도해 주고 여러 가지 인간적인 측면에서도 잘 도와주어야 하나, 그렇다고 도움이 너무 지나치면 오히려 해가 될 수 있으므로 이 또한 유의해야 합니다.

Q 21 가톨릭 신자로서 풍요로운 영성생활을 하기 위해서는 어떻게 해야 하나요?(1)

A
1. 피정(避靜)이란, 가톨릭 신자들이 영성 생활에 필요한 결정을 내리거나 신앙을 쇄신하기 위해서 특별한 기회를 갖는 신앙생활의 한 모습입니다. 이를 위해 일정한 기간 동안 모든 일상을 떠나 묵상과 자기성찰, 기도 등의 신앙 수련만 몰두하는 것입니다. 그리고 그 수련 중에 들려오는 하느님의 말씀에 귀를 기울이게 됩니다. 당연히 조용한 장소가 적당하므로 대개는 복잡한 도심을 떠나 성당이나 수도원 또는 특별히 꾸며진 피정의 집들을 찾아갑니다. 한편 피정에 대한 그 유래를 살펴보면, 초세기에 많은 그리스도인들이 예수님이 활동하시던 성지를 순례했으며, 그때에 좀 더 풍요로운 영성 생활을 펼쳐지도록 다양하게 변화시키려고 노력한 데서 오늘날의 피정이 생겼습니다. 성 이냐시오 데 로욜라는「영신수련」이라는 책을 펴내 구체적인 피정방법을 발전시켰으며, 17세기에는 수련 지도자를 정해 그의 지도에 따라 수련하는 피정 장소가 등장합니다. 19세기에 들어오면서 성직자나 수도자들은 연례 피정을 하도록 교회법으로 정하였고, 그 후 20세기로 넘어오면서 성직자나 수도자들의 영신수련 생활이 일반인들에게도 널리 알려지면서 일반신자들이 수도원을 방문해 수도생활에 동참해 보는 일이 많아졌습니다. 또 수도원에서는 이를 조직화해 피정 계획을 세우고 희망자를 모집해 공동으로 피정을 지도하거나, 본당으로부터 위탁을 받는 경우도 요즈음 보편화되었습니다.
2. 한국에는 많은 피정의 집들이 있는데, 대부분 수도원이나 교구에서 운영하고 있으며, 또 순교 성지에 찾아오는 순례자들을 위한 피정의

집들도 많아지고 있으나, 한 개인이 영리를 목적으로 교구와 관계없이 피정의 집을 운영할 수는 없습니다. 설령 피정을 사설 장소나 개인 집에서 한다 해도 성직자나 수도자 또는 교회를 대표할 만한 사람이 지도하거나 아니면 교회가 인정할 만한 내용을 토대로 해야 합니다. 특히 요즈음 공동 피정이 많이 있는데, 대화나 그룹 토의 및 작업, 강의 연구, 활동 등 상호 협조 아래 다양한 형태로 이루어집니다. 1년에 한 번 정도는 의무적으로라도 이러한 피정에 참여하는 것이 바람직합니다. 우리는 살면서 집 안 분위기를 바꾸기 위해, 대청소를 하거나 도배를 새로 하는 등 집수리를 합니다. 집을 잘 보존하려면 이런 일들이 필요하듯이, 우리 영적생활 역시 마찬가지입니다. 자신을 내적으로 재정비하며 살고자 주말에 온 가족이 함께 수도원을 찾아가 피정을 하는 것은, 참으로 아름다운 일입니다. 또는 언제든 하루를 택해 몇몇 친구들과 함께 피정의 집에서 지도자의 도움을 받아 명상하고 묵상에 잠기며 기도한다면 더 나은 내일을 준비할 수 있습니다.

Q22 가톨릭 신자로서 풍요로운 영성생활을 하기 위해서는 어떻게 해야 하나요?(II)

A 1. 위와 같은 피정을 참가하기 위해서는 참가자들은 마음의 준비가 필요합니다. 놀러 가는 것이 아니고 주님과 시간을 함께하기 위한 것이므로, 주님을 만나려는 마음가짐을 가져야 합니다. 그러므로 주변을 정리할 필요가 있으며, 피정 중에 갑자기 해야 할 일이 생각나 걱정하게 될 만한 것은 미리 정리해야 하고, 몸과 옷차림 역시 깨끗이 하고 들어가야 갑니다. 다른 사람에게 불쾌감을 주어서도 안 되겠지만 그보다는 스스로 몸을 비롯한 외적 청결함을 통해 마음가짐을 정돈할 필요가 있기 때문입니다. 화려한 옷이나 화장, 부담스러운 의복은 피하고 편안하고 수수한 차림이면 좋습니다. 준비물은 세면도구, 잠옷, 기도서, 성가 책, 성경이나 영적 독서를 위한 책, 그리고 피정 지도자가 요청한 것들입니다. 피정이 시작되면 먼저 고해성사의 전반부인 성찰, 통회, 정개의 정신으로 시간을 보내며, 자신의 잘못을 알아내고 그 잘

못에 대해 뉘우치고 새로운 마음을 결심하면서 자신의 마음을 조용하고 잔잔하게 만듭니다. 일반적으로 피정 첫날 저녁 고요할 때 고해성사를 받아, 자기 자신을 정화하여 자기 생각을 버리고 피정의 계획과 환경과 시간표에 자신을 온전히 맡기는 자세가 중요합니다. 일체의 비판이나 고집을 버리고 평온한 자세로 자신을 시원스럽게 열어 놓아야 합니다.

2. 피정을 마치면서는 하느님을 알고 지내는 신앙생활에 대해 감사하는 마음을 갖고 계속 풍요로운 영성생활을 위해서 노력할 것을 결심합니다. 피정을 마침 다음에는 본당에 가서 주님께 인사드리고(성체조배) 집으로 돌아가는데, 이는 예수님을 찾아뵙고 감사의 인사를 드리는 것입니다. 단체로 피정을 갔다가 돌아왔을 경우에는 일반적으로 본당에 들러 주임 신부나 보좌 신부 또는 수녀에게 잘 도착했음을 알리고 돌아갑니다. 자신을 정돈하고 올바름과 선을 지닌 채 살아가는 삶은 언제나 평온합니다. 그리고 그것이 가톨릭의 덕을 닦는 삶이며 속세를 멀리하라는 것은 직장이나 가정을 버리고 기도나 명상에만 잠기라는 것이 아닙니다. 우리는 세상, 곧 사회를 하느님의 뜻대로 이끄는데 참여해야 할 자신의 직분을 잊어서는 안 되며, 또한 세상을 하느님 나라를 위해서 개선하고 가꾸어 나가는 적극적인 신앙인의 자세가 필요합니다. 사회에서의 여러 가지 일들은 하느님께서 우리 자신에게 내리신 숙제로 받아들여, 겸손하고 감사하는 마음으로 그 분 뜻에 맞게 살도록 노력하는 것이 가톨릭 신자의 덕스러운 삶의 모습입니다.

Q 23 가톨릭 신자로서 신앙을 발전시키고 유지하기 위해는 어떻게 해야 하나요?

A 1. 일반 사람들이 일정한 가톨릭 교리교육을 받고 세례를 받게 됩니다. 세례를 받은 후 신앙생활을 통해 여러 가지 신앙 재교육을 받게 되는데, ① 견진성사는 세례 받은 후 1-3년 정도가 지나면 견진성사를 받습니다. 대개는 본당에서는 교구장이 직접 방문하는 일정에 따라서 견진성사를 위한 교리교육을 하고 견진성사를 준비시킵니다. 그러나

본당에서 견진성사를 받는 것이 여의치 않을 경우에는 이웃 본당에서 견진성사를 준비 시킬 때 함께 받을 수가 있으며, ② 특강 및 단기 교육은 본당이나 이웃 본당 또는 교구차원에서 실시합니다. 이는 고정적으로 개설되거나 흔히 참여할 수 있는 프로그램이 아니므로, 기회가 왔을 때에 꼭 참여해 교회의 지식을 풍부히 쌓는 것이 바람직하고, ③ 교회서적은 가톨릭교회의 발전을 위해 많은 출판사들이 생겨나 신자들에게 유익한 책들을 계속 펴내고 있습니다. 신앙 안에서 이루어지는 내용을 다루는 교회 서적들을 자주 구해서 읽어야 하며, ④ 정기 간행물 구독은 교회 내에서 발해되는 주간·월간·계간·연간 정기 간행물은 그 내용이 다채롭고 신학적으로도 도움이 되는 것도 있습니다. 한 가정에 최소한 1-2가지 정도는 받아 보는 것이 좋고, ⑤ 교육 기관의 개설 과정은 신학교나 교리신학원, 교구청이나 평신도 조직에서 운영하는 교육과정이 있습니다. 기간은 몇 달에서 1년 내지 2년 정도입니다. 이 교육들은 교회의 새로운 세계를 보게 해 줄 것이며, 좀 더 깊은 차원의 종교생활에 도움을 줍니다. 본당에서 성체분배권을 받은 평신도나 단체장들, 예비신자 교리교사 외에도 많은 신자들이 이런 교육을 받고 조용히 교회를 도우면서 신앙생활을 하고 있습니다.

2. 세례를 받고 나면 더 배울 것들이 많이 있음을 느끼게 되어, 구체적으로 어떤 분야를 배워야 하는지 막연하지만, 교회 안에는 인생의 지혜에 관한 무한한 보물이 있습니다. 이러한 보물들을 찾아 얻으면 우리의 삶을 더욱 풍요롭게 해줍니다. ① 성경의 이해에 도움이 되는 공부에는 성경 해설, 성경 묵상이 있습니다. 신학에 대한 제반 사항들을 좀 더 깊이 알아보고 싶다면 그리스도론, 성사론, 교회론, 마리아론, 종말론, 윤리 신학 등 다양한 분야가 있으며, ② 역사에 취미가 있으면 한국 교회사나 세계 교회사를 공부하거나, ③ 이 밖에도 영성, 교회법, 가톨릭교회 교리, 가톨릭교회 사회교리, 성인의 전기, 수필, 시, 묵상, 자서전 등 많은 공부거리가 있으니 가톨릭교회 서점(성바오로 서원 등)을 이용하는 것이 편리합니다.

부록 2

한국 천주교와 이웃 종교
(2019년, 한국천주교중앙협의회)

이 내용은 한국천주교주교회의 교회일치와 종교간 대화 위원회가 편찬하고
한국천주교중앙협의회가 발행한 내용을 일부 인용하여 요약 정리한 것입니다.

Q1 인류가 살고 있는 지구상에는 어떤 종교가 있나요?

A 세계에는 다양한 종교가 있는데 한 보고서에 따르면 2015년 대략 73억 명의 세계 인구 가운데 어떤 종교든 신앙을 가진 이들은 84%이고, 초자연적 존재를 믿지 않거나 무신론을 따르는 이들은 16%라고 합니다. 종교 가운데 하느님을 창조주로 고백하며 아브라함을 믿음의 조상으로 삼는 유다교(0.2%)와 그리스도교(31.2%)와 이슬람교(24.1%)가 큰 비중을 차지하고 있고, 인도를 중심으로 발생한 힌두교(15.1%)와 불교(6.9%)를 믿고 있으며 동아시아에서 유불선의 영향을 받은 민간 신앙(5.7%)의 비중 또한 적지 않습니다.

Q2 우리나라에는 어떤 종교가 있나요?

A 2015년 인구 총 조사에서 우리나라 4천 9백만 명 가운데 43.9%는 종교가 있다고 응답하고, 56.1%는 종교가 없다고 응답하였으며, 종교가 있다고 응답한 사람들은 그리스도교(가톨릭과 개신교), 불교, 유교, 원불교, 천도교, 대종교 등을 자신의 종교로 밝혔습니다. 종교가 없다고 응답한 이들을 무종교자로 분류할 수 없는 이유는 예로부터 우리나라 전통 종교로 자리한 무속과 유교, 불교, 도교의 정신과 가치가 사람들의 마음에 큰 영향을 주고 있기 때문이며, 최근 국제적 인구 이동과 맞물려 이슬람교도 우리 사회에 점차 알려지고 있습니다.

Q3 다양한 종교로 살고 있는 인류 안에서 하느님의 구원 계획은 무엇인가요?

A 세계와 우리나라에는 여러 종교가 공존하고 있지만, 가톨릭교회에서는 모든 사람은 하느님의 모습으로 창조되고 사람이 되신 하느님의 외아들 예수 그리스도께서는 모든 사람과 일치하셨으며, 성령께서는 예수 그리스도를 믿지 않는 다른 이들의 종교 생활 안에서도 활동하신다고 가르칩니다. 하느님께서는 모든 사람이 구원받기를 원하시며 그분의 선하심과 섭리에서 제외되는 이들은 없습니다. 하느님께서는 온 인류의 유일한 기원이시고 인류가 지향하는 목표이십니다. 인류 안에 다양한 종교가

있지만, 인류는 하나이고 그를 위한 하느님의 구원 계획도 하나입니다.
(「비그리스도교 선언」, 1항 참조)

Q4 가톨릭교회에서 이웃 종교는 어떤 의미가 있나요?

A
1. 가톨릭교회는 이웃 종교에서 발견되는 옳고 거룩한 것은 아무것도 배척하지 않으며, 오히려 그들의 생활양식과 행동 방식, 계율과 교리도 진심으로 존중합니다. 왜냐하면 성령께서는 인간의 실존적 종교적 물음의 근원에 계시며 인류를 이롭게 하는 모든 고귀한 생각과 활동의 원천이시기 때문입니다.
2. 가톨릭교회는 각 사람들과 세계 여러 민족의 의례와 문화에서 찾아볼 수 있는 모든 선한 것과 참된 것을 하느님께서 그들 안에 심어 놓으신 말씀의 씨앗으로 여기며, 특히 다른 여러 종교 안에서 헤아릴 수 없이 많은 말씀의 씨앗이 심어져 있습니다. 이 말씀의 씨앗은 이미 악에 대항하고 생명과 선한 모든 것에 봉사하고 있습니다.
3. 가톨릭교회는 이웃 종교 안에 있는 말씀의 씨앗을 존중하는 마음으로 찾아내어 그리스도와의 온전한 만남이 이루어지도록 힘쓰고 있습니다. 복음을 받아들일 수 있는 말씀의 씨앗과 그리스도의 만남이 이루어져 풍성한 결실이 맺어지도록 가톨릭교회와 이웃 종교 사이의 대화를 이끄시는 분은 성령이십니다. (「교회의 선교 사명」, 56항 참조)

Q5 예수 그리스도를 믿지 않는 이웃 종교인들도 영원한 생명을 얻을 수 있나요?

A 하느님께서는 예수 그리스도를 당신께서 보내 주신 유일한 구세주로 고백하고, 세례를 통하여 당신의 자녀가 되어 성령의 인도하심에 따라 교회 공동체 안에서 신앙생활을 함으로써, 영원한 생명을 얻도록 사람들을 초대하십니다. 그러나 세상에는 예수 그리스도께서 가르쳐 주신 하느님을 아는 이들보다 자기 탓 없이 하느님을 모르는 이들이 더 많습니다. 이들 가운데 진실한 마음으로 하느님을 찾으며 양심의 명령을 통하여 알게 된 하느님의 뜻을 실천하려고 노력하는 선의의 사람들은 자

신이 모르는 사이에 이미 하느님의 은총 아래 살고 있으며, 이들에게도 영원한 생명이 주어질 수 있습니다. 그러므로 다른 종교를 믿는 이들에게도 구원의 길이 있으며 하느님께서는 당신만이 아시는 방법으로 이들에게 구원의 가능성을 주십니다. 그리스도인들을 포함해서 모든 사람은 구원의 부르심을 받았으며 이에 응답해야 합니다.(「교회 헌장」, 16항 참조)

Q6 그리스도인들은 자신의 신앙을 다른 이들에게 어떻게 권유해야 하나요?

A 1. 하느님께서는 그리스도를 통하여 당신을 섬김으로써 인간이 구원을 얻을 수 있다고 직접 가르쳐 주셨습니다. 그러나 이 가르침을 받아들이려면 양심에 따른 인간의 자발적인 동의, 즉 자유 의지가 필요합니다. 종교 문제에서 인간은 자기 의지를 거슬러 행동하도록 강요받아서는 안 됩니다. 종교는 절대자 초월적 가치를 향한 마음에서 우러나오는 행위이기에 이에 강제되지 않을 때 신앙의 의무를 다할 수 있습니다. 종교 자유의 권리는 모든 사람이 지니는 인간 존엄성에 바탕을 두고 있습니다.

2. 그러므로 그리스도인들은 자신의 신앙을 다른 이들에게 권유할 때 떳떳하지 않거나 강제적인 행동을 삼가야 합니다. 권유의 대상이 사회적 약자일 경우 이 사실에 더욱 유의해야 합니다. 왜냐하면 다른 이에게 신앙을 강제하는 행위는, 인간을 당신과의 관계에 자유로이 초대하시는 하느님의 모습을 왜곡하고 다른 이의 기본권을 침해하는 것이기 때문입니다.(「종교의 자유 선언」, 4항 참조)

Q7 우리 그리스도인들은 하느님을 믿지 않는 이들을 어떻게 대해야 하나요?

A 예수 그리스도께서는 "누구든지 나 때문에 또 복음 때문에 집이나 형제나 자매, 어머니나 아버지, 자녀나 토지를 버린 사람은…… 집과 형제와 자매와 어머니와 자녀와 토지를 백 배나 받을 것이다."(마르 10,29-30 참조)라고 말씀하셨습니다. 참으로 그리스도인들은 하느님의 자녀로 신앙 공동체 안에서 혈육을 넘어서는 새로운 가족을 이룹니다. 또한 하느님의 자녀인 그리스도인들은 모든 이에게 자비를 베푸시는 하느님 아버지를

따라 그리스도를 믿지 않는 모든 이를 형제자매로 대해야 합니다. 우리가 하느님의 모습으로 창조된 사람들 가운데서 한 사람이라도 형제자매로 대하기를 거부한다면 하느님께서 모든 이의 아버지라는 우리의 고백은 거짓될 것입니다. 그러므로 종교가 다르다는 이유에서 이루어지는 차별과 박해는 그리스도교 신앙에 어긋납니다. 그리스도인들은 힘닿는 대로 모든 사람과 평화로이 지냄으로써 참된 하느님의 자녀가 되도록 노력해야 합니다.

Q8 가족 중에 이웃 종교를 믿는 가족과는 어떻게 지내야 하나요?

A
1. 종교는 인간의 가장 깊은 내면과 관련되고 개인의 근본적인 결정에 영향을 미치기 때문에 가족 사이에 종교가 다를 경우 적지 않은 어려움이 있습니다. 그러한 이유에서 많은 이들이 되도록 한 집안에서 한 종교를 믿는 것이 바람직하다고 생각하기에, 심지어 집안의 평화를 위해서 자신의 신앙을 포기하기도 합니다.

2. 그렇지만 하느님에 대한 신앙과 가정의 화목은 동등한 가치가 아닙니다. 예수님께서는 "아버지나 어머니를 나보다 더 사랑하는 사람은 나에게 합당하지 않다. 아들이나 딸을 나보다 더 사랑하는 사람도 나에게 합당하지 않다."(마태 10,37 참조)라고 말씀하십니다. 또한 다른 종교를 믿는 가족을 억지로 그리스도교 신앙에 이끌 수도 없습니다. 가톨릭 신자는 다른 믿음을 가진 가족을 언제나 깊은 애정을 가지고 대하며 그가 하느님을 받아들일 것을 희망하면서 꾸준히 기도해야하고 좋은 기회가 있을 때 말과 모범으로 그에게 자신의 신앙을 증언해야 합니다.

Q9 가톨릭 신자가 아닌 이웃 종교를 가진 사람과 결혼할 수 있나요?

A
1. 하느님께서는 한 남자와 한 여자가 평생 공동체를 이루는 혼인을 제정하시고 이들의 결합이 완전해지도록 혼인성사를 통하여 이들을 축복하십니다. 가정은 사회의 기초이며 가장 작은 신앙 공동체입니다. 가톨릭교회는 신앙을 위해서 가톨릭 신자가 가톨릭 신자와 혼인하도록 가르칩니다. 배우자가 될 사람이 가톨릭 신자가 아닐 경우, 가톨릭

신자인 배우자는 교회의 허락을 받아 가톨릭 신자가 아닌 배우자와 혼인을 하여 하느님의 축복 속에서 부부 생활과 신앙생활을 이어갈 수 있습니다.
2. 혼인 준비 과정에서 가톨릭 신자는 신앙을 배반할 위험이 없음을 선언해야 하며, 앞으로 주어질 자녀의 세례와 신앙 교육을 교회에 약속해야 하고, 이러한 자신의 의무를 배우자에게 알려야 합니다.(교회법 제1125항 1 참조) 이러한 허락 없이 이웃 종교의 신자와 혼인 생활을 하고 있는 가톨릭 신자는 이 사실을 본당 사제에게 알리고 온전한 신앙생활을 할 수 있도록 도움을 받아야 합니다.(교회법 제1156-1165항 참조)

Q 10 부부간에 종교가 서로 다를 경우에 자녀의 신앙 교육은 어떻게 해야 하나요?

A
1. 가정은 기초 신앙 공동체이며 최초의 학교이므로 부모는 하느님을 알아 섬기며 이웃을 사랑하도록 자녀들을 양육하고 그들의 신앙 교육을 위하여 최선을 다해야 합니다. 부모는 자녀에게 생명을 주었으므로 자녀를 교육해야 하며, 자녀의 첫째가는 주요 교육자입니다.
2. 부부간의 종교가 서로 다를 경우 자녀의 신앙 교육은 부부의 신뢰와 합의를 전제로 합니다. 혼인에 앞서 가톨릭 신자 배우자는 앞으로 주어질 자녀들이 세례를 받도록 배려 하고, 그들에게 신앙 교육을 해야 할 의무를 가톨릭 신자가 아닌 배우자에게 알려야 합니다.
3. 상대방 역시 자신의 종교적 신념에 따라 자녀를 교육하려고 할 경우, 가톨릭 신자 배우자는 자신의 의무를 다하려고 노력하면서 상대방의 종교적 신념을 존중하는 지혜로운 태도를 지녀야 합니다. 그러나 가톨릭 신자는 무엇보다도 신앙의 모범을 통해서 자녀들에게 신앙의 가치를 전달해야 합니다.

Q 11 가톨릭 가정의 자녀를 이웃 종교에서 운영하는 교육 시설에 보내도 되나요?

A
1. 교육은 양도할 수 없는 인간의 기본권이므로 자라나는 모든 이는 도

덕 가치를 존중하고 하느님을 더 깊이 알고 사랑하도록 교육받을 권리를 가집니다. 부모는 자녀들의 이러한 권리를 잘 알고 양심에 따라 자녀가 다닐 학교를 참으로 자유롭게 선택할 수 있습니다. 학생 교육은 현대 사회의 다원성을 고려하고 정당한 종교 자유를 보호하며 도덕적 종교적 원리에 따라 이루어져야 합니다.

2. 이를 보장하기 위해서 누구보다 부모가 노력해야 하고 사회는 이들을 도와야 합니다. 이러한 전제 아래 부모는 이웃 종교에서 운영하는 교육 시설에 자녀를 보낼 수 있습니다. 이 경우 부모는 자신의 자녀가 가톨릭 신자의 정체성을 지키는지, 그 교육 시설에서 이루어지는 종교 교육이 자녀의 종교 자유를 보장하는지를 각별히 살펴야 합니다.
(「그리스도인 교육 선언」, 6항 참조)

Q 12 이웃 종교 예식에 참석하는 가톨릭 신자는 어떻게 행동해야 하나요?

A 1. 혼례식이나 장례식 등 이웃 종교 예식에 가게 될 경우, 가톨릭 신자들은 그곳에 모인 사람들을 사랑하고 존중하는 마음에서 예식에 참여할 수 있습니다. 그러나 이러한 참석은 이웃 종교를 믿는 마음으로 받아들이며 따르는 적극적인 참여나 참례와는 다릅니다. 이웃 종교와 자신이 가진 신앙의 차이를 분별하고 예식에 참석하는 것은 그리스도교의 가르침에 따른 이웃 사랑의 행위입니다.

2. 이 경우 이웃 종교의 예식과 관련된 적극적인 행동을 피하고 존경을 표하는 합장, 인사, 분향 등의 범위에서 자신의 행동을 제한하는 것이 바람직합니다. 이러한 동작은 특정 종교의 예식이라기보다는 어느 종교에나 있는 공통된 의식이기 때문에 그리스도교 신앙에 지장을 주지 않습니다. 이웃 종교의 예식에 참석하는 가톨릭 신자는 예식 당사자를 위하여 하느님께 조용히 기도를 드릴 수 있습니다. (「선교 교령」, 11항 참조)

Q 13 가톨릭 신자가 아닌 가족의 장례는 어떻게 지내는 것이 바람직한가요?

A 1. 자기 탓 없이 그리스도와 그분의 교회는 모르지만 진실한 마음으로 하느님을 찾으며 은총에 힘입어 양심의 명령을 통하여 알게 된 하느

님의 뜻을 실천하려고 노력하는 선의의 사람들은 예수 그리스도의 십자가 공덕으로 하느님의 자비를 얻을 수 있습니다. 그러므로 가족 가운데 가톨릭 신자가 아닌 분이 돌아가셨을 때, 고인을 생명의 주인이신 하느님께 맡겨 드리며 고인을 위하여 기도하는 것은 가톨릭 신자 유가족의 도리입니다. 또한 죽을 위험에 있는 가족에게 그리스도교 신앙과 세례를 권면하는 것 역시 효와 사랑의 적극적 실천입니다.

2. 이러한 교회의 가르침 아래 가족 가운데 가톨릭 신자가 아닌 분의 장례를 고인의 유지를 존중하여 고인이 믿던 이웃 종교의 예식에 따라 치르는 것이 가능합니다. 그 경우에 가톨릭 신자 가족은 "주님! 아무 아무에게 영원한 안식을 주소서!" 하고 마음으로 기도합니다. 가족과 친지 가운데 이웃 종교를 믿는 이들의 사정을 배려하는 것은 그리스도교 애덕의 실천입니다. 이웃 종교 예식으로 고인의 장례를 치렀다고 할지라도 고인을 위해서 위령 미사를 봉헌하며 기도하는 것 또한 가톨릭 신자의 본분입니다. 가족 가운데 자신만이 홀로 신자일 경우, 사전에 대부모나 주변의 교우들이나 소속 본당 사제와 상의를 하고, 장례 예식과 관련해서 가족에게 자신의 뜻을 분명히 밝히는 것이 바람직합니다.

Q 14 돌아가신 가톨릭 신자가 아닌 조상이나 가족을 위해서 기도할 수 있나요?

A 돌아가신 조상과 가족의 종교를 막론하고 그분들을 위해서 기도하는 것은 산 이와 죽은 이를 심판하러 오실 예수 그리스도에 대한 신앙에 부합하는 것입니다. 그러므로 고인을 위해서 언제든지 하느님께 기도할 수 있습니다. 특별히 기일이나 위령의 날에 고인을 기억하며 그를 위하여 위령 미사를 봉헌하는 것은 매우 의미 있는 일입니다. 고인의 뜻을 존중하여 고인이 믿던 이웃 종교 예식을 주선하고 이를 거행한 이웃 종교인에게 감사를 표시하는 것과 지역의 풍습대로 고인이 좋아하던 음식을 정성껏 차려 제사를 지내고 성묘하는 것도 고인과의 각별한 유대를 드러냅니다.(「가톨릭교회 교리서」, 1032항 참조)

Q 15 민간 신앙은 우리 가톨릭 신자에게 어떤 의미가 있나요?

A
1. 인간에게는 타고난 종교심이 있습니다. 인간은 삶에서 자연스럽게 종교적 질문을 제기합니다. 이에 다양한 종교적 신념과 관습이 형성됩니다. '민간 신앙'은 뭇사람들이 하느님과 신앙을 찾는 특별한 표현이며, 가톨릭교회는 이를 대중 신앙 또는 대중 신심이라고 일컫습니다. 우리나라의 민간 신앙은 샤머니즘에 속하는 무속(巫俗)과 깊이 연관됩니다.

2. 쉽게 그리스도교 신앙이 왜곡될 수 있고 심지어 미신적 요소 때문에 민간 신앙은 오랫동안 순수하지 못한 것으로 여겨지고 때로 무시를 당하였습니다. 그러나 민간 신앙이 순박하고 가난한 사람들만이 알아볼 수 있는 하느님에 대한 목마름을 드러내기 때문에 오늘날 새로이 연구되고 그 가치가 재발견되고 있습니다. 복음의 조명을 받아 잘 인도 될 경우, 민간 신앙 가운데 일부는 그리스도의 신비와 그분의 가르침에 관한 지식을 향상시키는 데 보탬이 될 수 있습니다.(「현대의 복음 선교」, 48항 참조)

Q 16 가톨릭 신자가 작명소에 가서 이름을 지어도 되나요?

A 이름은 한 사람을 드러내는 중요한 표지입니다. 한 사람의 인생에 큰 영향을 끼칠 아이의 이름을 부모나 가족이 신중하게 짓는 것은 당연한 일입니다. 그러나 사주팔자를 맹신하는 운명론에 빠져 작명소에서 이름을 짓는 행위는 그리스도교 신앙에 위배됩니다. '아브라함'이나 '이스라엘'의 이름을 지어 주신 하느님께서는 이름 자체가 아니라, 그 이름을 지닌 사람을 축복하십니다. 이름에 담긴 의미에 연연하는 것보다 자신의 이름을 불러주고 기억해 주는 사람들과 함께 살아가는 일이 더 중요합니다.(「가톨릭교회 교리서」, 2158항 참조)

Q 17 가톨릭 신자가 이사나 혼인을 할 경우에 길일(吉日)을 받아도 되나요?

A 역학(易學)에서 천체의 운이 좋은 날을 길일(吉日)이라고 합니다. 사람들은 길일에 행사를 하면 복을 얻을 수 있다고 생각하기에 그날에 집착합

니다. 그러나 인간의 길흉화복을 점성술이나 사주팔자에 의지하는 것은 그리스도교 신앙에 어긋납니다. 이사나 혼인 등 가정의 중요한 일정을 정할 때 길일에 연연하기보다 가족과 친지의 사정이나 주변의 상황을 검토하여 모두에게 유익한 날짜를 잡는 것이 바람직합니다. 그리스도인에게는 모든 날이 하느님의 사랑과 자비에 맡겨진 날입니다. 날마다 하느님 아버지께 감사하며 살아가는 것이 그리스도인들에게 중요합니다.

Q 18 가톨릭 신자는 사주팔자(四柱八字)를 어떻게 대해야 하나요?

A
1. 우리 조상들은 날(日)을 세는 데서 비롯한 십간(十干)과 달(月)을 세는 데서 비롯한 십이지(十二支)를 이용하여 연월일을 표시하였습니다. 사주는 한 사람이 태어난 연(年), 월(月), 일(日), 시(時)를, 팔자는 사주의 간지가 되는 여덟 글자를 가리킵니다. 본디 사주팔자는 한 사람의 생년월일을 나타내는데, 나중에 음행오행설과 만나면서 한 사람의 타고난 운명이나 인간관계 그리고 길흉화복을 알아보는 수단으로 발전하였습니다. 여기에는 한 사람의 일생이 태어난 시간에 따라 이미 정해져 있다는 운명론에 빠질 위험이 있습니다.

2. 사람의 인생이 천체의 운행에 따라 이미 결정되어 있다는 입장은 그리스도교 신앙에 부합하지 않습니다. 만물을 창조하신 하느님께서는 마치 친구를 대하시듯이 인간에게 말씀하시고, 그와 사귀시며 그를 부르시고 받아들이십니다. 하느님께서는 언제나 인간을 돌보시고 이끌어 주십니다. 인간은 자신의 운명에 예속된 것이 아니라 하느님 안에서 참된 자유와 행복을 누리며 자신의 삶을 펼치고 실현하도록 부름을 받았습니다. 온갖 장애를 이겨 내고 하느님의 부르심에 적극적으로 응답하는 삶이 그리스도인의 소명입니다.

Q 19 가톨릭 신자가 시험이나 큰일을 앞두고 점(占)을 보아도 되나요?

A
1. 우리나라 무속 전통의 점(占) 또는 점복(占卜)은 신령의 뜻이나 미래의 일을 무당의 주술이나 의식을 통하여 파악함으로써 일상의 문제를 해결하려는 종교 행위입니다. 오늘날에는 전통 점술 이외에 '타로

점과 같은 서양 점술이 성행하고 있습니다. 현대인들은 미래에 대한 불안과 공포에서 벗어나 심리적 위안을 얻고 '편안 삶'을 유지하고자 점술을 이용합니다. 그렇지만 점은 미신 행위로 우리가 참 하느님께 드려야 할 예배에서 벗어납니다.

2. 시험이나 큰일을 앞두고 불안한 마음에 점에 마음이 솔깃할 수 있지만, 그리스도인은 모든 것이 하느님의 섭리에 따라 이루어진다고 믿습니다. 중요한 일을 앞두고 하느님께 기도하는 그리스도인은, 그 일이 자신의 뜻대로가 아니라 하느님께서 바라시는 방향으로 이루어지기를 청합니다. 일이 자신의 뜻대로 이루어지지 않았다고 하여 하느님을 원망하거나 더 이상 기도하지 않는 것은 잘못된 태도입니다. 최선을 다하여 노력하고 그 결과를 하느님께 맡기는 이는, 설령 그 결과가 자신이 원하는 바와 다르다고 할지라도 하느님께서 자신이 미처 깨닫지 못한 방식으로 이끌어 주시리라 신뢰합니다.

Q 20. 사람이 죽으면 귀신(鬼神)이 되나요?

A
1. 민간 신앙과 무속에 따르면 인간이 죽으면 그 넋은 이승을 떠나 저승으로 갑니다. 그런데 이승에서 억울한 죽음을 당한 이들이나 원한을 가지고 죽은 이들의 넋은 저승으로 가지 못하고 이승에 남아 사람들이 자신의 한(恨)을 풀어 주기를 바라며 떠돌아다닌다고 합니다. 이러한 존재를 통상 귀신이라고 부릅니다. 귀신이 한을 품고 있다고 생각하기 때문에 사람들은 귀신을 험악하고 무서운 존재로 생각합니다.

2. 그러나 귀신은 그리스도교가 말하는 사탄이나 악마와는 다릅니다. 사탄이나 악마는 하느님의 뜻을 거스르고 인간을 악으로 이끄는 영적 존재이고, 귀신은 원한 때문에 저승으로 가지 못하고 떠도는 죽은 이의 넋입니다. 그렇지만 그리스도인은 귀신을 믿지 않습니다. 죽은 사람은 누구나 하느님 앞에 서게 될 것이며 그분과 함께 부활하리라는 것이 그리스도인의 희망입니다.(바오로 6세, 자의 교서 『하느님 백성의 신앙 고백』, 1968년 6월 30일)

Q 21 사람이 죽으면 다른 사람으로 태어나는 환생(還生)이란 정말 있나요?

A 1. 영화와 소설에 등장하는 환생과 관련된 이야기는 죽음을 생물학적 단절을 넘어 새로운 생명으로, 새로운 사람으로 태어나는 과정으로 죽기 전의 모습, 능력, 성격은 원칙적으로 모두 바뀌는 것으로 이해하려는 뉴에이지(New Age)운동의 영향을 받은 것입니다. 뉴에이지 운동은 인간의 유한성을 인정하지 않고 사람 안에 신적인 것이 내재한다는 입장이나 만물 안에 신성이 내재해 있다는 범신론의 경향을 띠는데, 그리스도교는 예로부터 이러한 가르침을 단호히 거부해 왔습니다. 그뿐만 아니라 현대의 환생론은 불교의 윤회 사상을 자의적으로 해석합니다. 불교의 윤회는 인간이 깨달음을 얻어 고통의 수레바퀴와 같은 삶과 죽음의 순환을 벗어나야 한다고 가르치지만, 현대의 환생론은 오히려 끝없는 삶의 순환을 고집합니다.

2. 그리스도인은 사람이 죽어 다른 사람으로 환생한다는 것을 믿지 않습니다. 인간은 하나뿐인 생명을 하느님에게서 선사받아 세상에 태어나고 죽음으로 지상에서의 생을 마치고 영원한 생명이신 하느님께 도달하는 여정을 걸어갑니다. 예수 그리스도께서 당신의 죽음으로 우리를 죄와 죽음에서 구원하여 주시고 당신의 부활로 우리에게 새 생명을 얻게 해 주신 은총으로 우리는 죽어서도 다시 영원한 생명을 누릴 수 있다는 희망을 갖고 살아갑니다. 불행하게 인생을 마감한 이들을 위하여 '패자 부활전'이 필요하지 않느냐는 논리로 환생을 정당화하려는 이들도 있습니다. 그러나 인간은 결코 자신의 힘만으로 악과 모순에서 해방될 수 없습니다. 인간의 진정한 구원은 공의로우신 하느님께서 베푸시는 용서와 위로 그리고 영원한 생명을 통해서만 주어집니다.

Q 22 조상을 잘못 모시면 벌을 받거나 어려움을 겪을 수 있나요?

A 1. 돌아가신 조상을 잘 섬기면 자손들이 큰 복을 얻고, 잘못 섬기면 화를 입는다는 생각이 대중 사이에 널리 퍼져 있습니다. "돌아가신 분을 섬기는 것을 살아 있는 사람을 섬기는 것처럼 하라."(事死如事生)는 유교의 효가 보은 사상과 연결되어 우리 민간 신앙에 큰 영향을

끼쳤습니다.

2. 최근에는 그릇된 '가계 치유' 신심이 퍼지고 있습니다. 집안에 큰 죄를 짓거나 한을 품고 죽은 조상이 있으면 자손들의 안녕이 보장되지 않으므로 이들을 위하여 많은 예물과 기도를 봉헌해야 한다는 가계 치유 신심은 조상에 대한 효와 공경 사상을 그리스도교적 틀로 왜곡한 결과물입니다. 그리스도교는 가계 치유 신심을 금합니다. 그리스도인들은 죽은 모든 이가 하느님의 품 안에 있으며 하느님의 자비를 바랄 수 있다고 믿습니다. 또한 '모든 성인의 통공'을 믿는 그리스도인은 죽은 이의 영혼이 가족이라는 울타리를 넘어 모든 성인의 전구와 그리스도교 전체 공동체의 기도를 통하여 필요한 도움을 얻는다고 믿습니다.(「강생의 신비」, 10항 참조)

Q 23 이웃이 가져다준 고사떡을 가톨릭 신자인 우리가 먹어도 되나요?

A
1. 민간 신앙에 따라 지내는 고사(告祀)는 집안의 안녕을 위하여 집안의 여러 신령에게 올리는 의례입니다. 한 분이신 하느님을 믿는 그리스도교와 달리 민간 신앙은 인간의 길흉화복을 다스리고자 삶의 구체적인 영역을 관장하는 여러 신령에게 정성을 표시합니다.

2. 고사(告祀)는 일반적으로 집안 단위로 지내며, 중요한 신령인 지신(地神, 터줏대감), 성주신(城主神, 성주대감), 제석신(帝釋神, 복록신), 조왕신(竈王神, 부엌신)에게 배려와 축원을 하고, 칠성신(七星神), 측신(廁神, 뒷간 신), 마당신, 문신(門神, 수문장대감)등에는 제물만 놓아둡니다.

3. 고사떡은 해당 신령에게 바쳐진 제물이므로 그 떡을 나누어 먹는 행위가 종교적 성격을 지니는 것처럼 비칠 수 있습니다. 가톨릭 신자가 이웃과 친교를 위하여 고사떡을 받는 것은 상관없지만, 그것이 자신이나 주변 사람들의 믿음에 걸림돌이 될 경우 받지 않는 것이 바람직합니다. 바오로 사도는 "음식이 우리를 하느님께 가까이 데려다 주지 않습니다. 그것을 먹지 않는다고 우리의 형편이 나빠지는 것도 아니고, 그것을 먹는다고 형편이 나아지는 것도 아닙니다."(1코린 8,8 참조)라고 가르칩니다.(「비그리스도교 선언」, 2항 참조)

Q 24 무속인 (巫俗人·巫堂)은 어떤 사람이고, 무엇을 섬기나요?

A
1. 무속인 또는 무당은 무(巫)의 제사장입니다. 무(巫)는 일반적으로 무속(巫俗)으로 알려져 있고, 이를 무교(巫敎)로 일컫는 학자도 있습니다. 무(巫)는 '하늘(一)과 땅(_)을 잇는 기둥(丨) 사이에 춤을 추는 두 사람(人人)'을 가리킵니다. 굿판을 통하여 신령의 뜻을 사람들에게 전달하고 인간의 한(恨)을 신령에게 알려 그것을 풀며 공동체 안에서 화해와 화합을 이루는 것이 무속인의 본디 역할입니다. 우리나라에는 '신병'(神病)을 겪은 뒤, 내림굿을 통하여 무당이 되는 강신무(降神巫)와 대대로 병을 고치고 점을 치며 무업(巫業)을 이어가는 세습무(世襲巫) 두 종류의 무속인이 있습니다.

2. 무는 고대에서 국가 차원의 제례를 담당하기도 하였고, 오랫동안 마을과 서민들의 길흉화복을 맡고 있다고 여겨져 왔습니다. 무는 우리나라의 오랜 종교 문화의 흔적을 간직하고 있지만, 현세적 이익에 대한 바람을 달래 주는 수단으로 전락하면서 미신이나 우상 숭배의 요소도 가지고 있습니다.

3. 돈벌이만을 목적으로 하는 사이비 무당 때문에 발생하는 폐해도 많지만, 많은 무속인들이 '대한경신연합회'에 가입하여 활동하고 있으며, 정부는 이들을 종교인으로 분류하고 있습니다. 정통 무속인은 민간 신앙의 '제사장' 또는 인간문화재와 같이 '민속 문화의 계승자'로 존중될 수 있습니다.(「현대의 복음 선교」, 53항 참조)

4. 무속인들은 일상에서 겪는 어려움을 극복하는 데에 도움을 준다는 여러 신령들을 섬깁니다. 이들은 자연의 힘을 의인화한 신령에서부터 인간의 생로병사의 중요한 영역을 담당하는 신령에 이르기까지 넓은 영역에 존재합니다. 무속은 전통 사회 안에서 고유한 역할을 담당하였고, 비록 미신이나 우상 숭배의 요소를 내포한다 할지라도 종교적 요소를 지니고 있으므로, 가톨릭 신자들은 하느님께서 모든 것을 다스리신다는 자신의 신앙을 견지하지만 그렇다고 무속인을 비하해서는 안 됩니다.(「대화와 선포」, 31항 참조)

Q 25 가톨릭 신자가 이웃집이나 마을에서 열리는 굿에 참석해도 되나요?

A
1. 굿은 무속의 제례 행위입니다. 무당은 굿판을 통하여 신령의 뜻을 사람들에게 알리고, 신령과 인간 사이의 화해는 물론 사람들 사이의 한(恨)을 풀어 줌으로써, 굿판에 함께 한 사람들 사이의 흐트러진 관계를 회복시키며, 공동체가 함께 복을 나누도록 인도한다고 합니다. 고조선과 삼국 시대부터 우리나라 사람들은 농사와 관련하여 하늘에 제사를 지내고 가무를 즐겼는데, 이러한 제천 의식은 국가 차원의 굿이었습니다. 재앙과 액운으로부터 마을 공동체를 지켜 주고 풍농과 풍어를 비는 마을굿, 집안의 안녕과 길복을 기원하는 재수굿, 죽은 넋을 위로하는 사령굿 등 굿은 우리 민족의 다양한 삶의 맥락 안에서 사회와 함께하였습니다.

2. 굿은 민속 문화와 이웃 종교의 의식 두 가지 차원에서 이해될 수 있습니다. 가톨릭 신자는 민속 문화에 대한 관심에서 또 이웃과 마을 사람들을 존중하는 마음에서 굿판을 참관할 수 있습니다. 그렇지만 가톨릭 신자가 무속의 의식을 믿는 마음으로 받아들이고 따르며, 이에 적극적으로 참여해서는 안 됩니다. 직접 굿당을 찾아가 굿을 주문하거나 점을 치는 것 또한 한 분이신 하느님을 섬기는 그리스도교 신앙에 어긋나는 행위입니다.(「대화와 선포」, 32항 참조)

Q 26 가톨릭 신자가 부적(符籍)을 몸에 지니거나 집이나 사무실에 붙여 놓아도 되나요?

A
1. 종이에 글씨, 그림, 기호 등을 그린 부적(符籍)은 악귀를 쫓거나 복을 가져다준다고 여겨지는 주술 도구입니다. 일반적으로 부적은 광명을 상징하고 악귀들이 싫어한다는 황색 종이에 생명과 정화의 힘을 상징하고 악귀를 내쫓는 붉은색 글씨로 만들어집니다. 수명의 연장, 부의 성취, 자손의 번성, 출세, 가족의 안녕, 액운의 제거, 악귀의 퇴치 등 그 목적에 따라 여러 종류의 부적이 있습니다.

2. 무속에서는 부적이 현세적인 행복을 추구하는 인간에게 도움을 준다고 여깁니다. 그러나 하느님의 활동은 인간이 만든 주술적 도구에

종속될 수 없으며, 하느님께서는 당신이 원하시는 사람에게 원하시는 때에 자유로이 은총을 베푸십니다. 그러므로 그리스도인들은 부적을 만들어 이를 몸에 지니거나 집이나 사무실에 붙여서는 안 됩니다.

3. 그러나 무속을 따르는 이들에게 부적은 종교적 상징입니다. 부적을 미신 행위로 여겨 가족의 일원이나 동료가 집이나 사무실 벽에 붙여 놓은 부적을 떼어 버리는 것은 상대방에 대한 존중에 어긋나는 행위이므로 삼가야 합니다. 또한 가톨릭 신자들도 묵주나 십자가, 상본과 기적의 패 등을 액운을 막아 주는 부적처럼 여기고 있지는 않은지 성찰해야 합니다. 그러한 것들은 기도의 도구이지, 그 자체로 효과를 발휘하는 물건이 아닙니다.(「대화와 선포」, 31항 참조)

Q 27 민간 신앙에서 금기(禁忌)로 여기는 것을 가톨릭 신자들도 조심해야 하나요?

A
1. 금기는 민간 신앙에서 특정 행위를 엄격하게 금지하는 것이며, 터부(taboo)는 위험한 것을 금지하는 강하고 확실한 표시를 뜻하는 폴리네시아어입니다. 무속의 전통은 깨끗함과 더러움이라는 이원론의 시각에서 더러움, 곧 부정을 타지 않는 것이 제의의 성공과 결부된다고 여겼습니다. 출산을 하는 여성, 사람의 죽음, 낯선 사람 등은 부정한 것으로 여겨, 집단적 제의에서 배제하였습니다. 기중(忌中)이라는 표시를 초상집 앞에 써 붙이는 것이나, 죽은 사람의 물건을 태우는 것이나, 상갓집에 다녀온 사람이 집안에 들어오기 전에 그에게 소금을 뿌리는 행위 등은 이러한 금기와 관련된 풍속입니다.

2. 낯설거나 혐오감을 일으키는 물건이나 동물을 보면 재수가 없다는 생각이나 오늘은 며칠이니 어느 방향으로는 가지 않는다는 생각과 같이 때와 방위를 가리는 금기는 일상생활에 확산되었습니다. 한 사람의 부정이 마을굿을 송두리째 못 쓰게 만들 수 있다고 생각하였고, 이를 탈이 났다고 하거나 빌미라고 일컬었습니다. 이와 같이 금기는 공동체 전체에 신중한 몸가짐을 요구하고 집단의 결속력을 강화하였습니다.

3. 그리스도인은 민간 신앙의 금기나 터부에 괘념하지 않습니다. 구약 성경은 금기시되는 음식 규정과 제의 규정을 엄격하게 적용하였지만, 예수 그리스도께서 단 한 번의 예물로 사람들을 영구히 완전하게 해 주신(히브 10,14 참조) 뒤로 그러한 규정은 효력을 상실하였습니다. 그리스도인은 금기나 터부에 마음을 쓰기보다, 하느님과 이웃 사랑의 계명에 따른 사랑과 자비의 실천을 더 중요시합니다.

Q 28 불교(佛敎)는 어떤 종교인가요?

A 1. 불교는 기원전 6세기 무렵 석가 가문의 성자, 곧 석가모니 부처인 고타마 싯다르타를 창시자로 인도에서 생겨난 종교입니다. 석가모니 부처는 고통에서 벗어나는 진리를 깨우쳐 해탈한 다음, 가르침을 통하여 사람들을 해탈의 길로 이끌었습니다.
2. 기원 전후 무렵에는 석가모니불의 지혜에 기초한 자비로써, 모든 살아 있는 것이 구제받을 수 있다는 대승 불교 신앙이 인도에서 생겨났습니다. 이 대승 불교가 중국을 거쳐 한반도에 전해졌고, 현재 한국불교종단협의회에는 조계종, 태고종, 천태종, 진각종, 관음종, 법화종 등 29개 종단이 소속되어 있습니다.(「비그리스도교 선언」 2항 참조)

Q 29 석가모니 부처란 이름이 가지는 의미는 무엇인가요?

A 1. 부처는 불교의 창시자인 석가모니 부처를 일컫기도 하지만, 본디 일반적으로 수행을 통하여 '깨달음을 얻은 사람'을 가리킵니다. 불교에서 부처(佛, 붓다)는 기원전 6세기 무렵 불교를 창시한 석가모니불과 과거, 현재, 미래라는 삼세(三世)와 세상 모든 곳에 존재하는 영원하면서 초월적인 힘을 지닌 부처를 가리켜 이르면서도, 석가모니불 이외에 신앙의 대상으로 사찰에 모셔진 아미타불, 비로자나불, 미륵불을 가리키기도 합니다. 또한 석가모니불의 가르침에 따라 수행하여 깨달음을 얻은 모든 사람을 가리킵니다.
2. 그러므로 부처는 한 분이 아니라 여러 분입니다. 부처들의 공통점은 스스로 깨닫고 해탈한 다음, 타인을 깨달음의 길로 이끌기 위하여 가르침을 주는 스승이란 점입니다. 따라서 부처는 초월적인 신이 아니

라, 선각자로서 제자들이 깨달음을 얻을 수 있도록 도와주는 협조자와 같은 존재입니다.(교황청 종교간 대화평의회, 1995년 부처님 오신 날에 불자들에게 보내는 경축 메시지 참조)

Q 30 불교의 극락(極樂)과 그리스도교의 천국(天國)은 어떻게 다른가요?

A
1. 극락(極樂)은 불교 신자들이 죽은 다음에 가는 세계 가운데 하나로 해탈의 전 단계입니다. 부처의 나라 (佛國土) 중에서 서쪽에 있는 극락은, 아주 훌륭한 스승들이 가르침을 주고 누구든지 그 이름을 열 번만 불러도 극락에 태어나게 할 수 있는 능력을 갖춘 아미타불이 다스리는 곳이며, 깨달음을 얻기에 최적의 조건을 갖춘 곳입니다. 그러나 깨달음을 얻어 해탈에 이르는 것, 곧 스스로 부처가 되는 것이 불교의 궁극 목적이므로 극락이 최종 단계는 아닙니다. 극락에 갔다고 해도 윤회에서 완전히 벗어난 것이 아니고, 조건에 따라 인간 세상으로 다시 돌아올 수 있기에 극락을 영원한 것이라고 할 수도 없습니다.

2. 한편 천국(天國)은 예수 그리스도께서 선포하신 하느님 나라, 곧 하느님의 다스림이 온전히 이루어지는 곳을 가리킵니다. 예수 그리스도와 함께 하느님 나라가 시작되었으며, 그리스도인들은 하느님의 뜻을 실천하면서 이 세상에 그분의 나라를 선포합니다. 지상 생활을 마친 그리스도인이 하느님을 마주 뵈며 그분과 온전히 결합할 때, 그는 온전히 하느님 나라 천국에 들게 됩니다.(교황청 종교간 대화평의회, 1999년 부처님 오신 날에 불자들에게 보내는 경축 메시지 참조)

Q 31 나무 아미타불 관세음보살(南舞 阿彌陀佛 觀世音菩薩)은 무슨 뜻인가요?

A
1. 아미타불(阿彌陀佛)과 관세음보살(觀世音菩薩)은 극락에서 불교 신자들을 보살펴 주는 부처와 보살입니다. 아미타불은 끝이 없는 생명 또는 가리는 것이 없는 무한빛을 지닌 부처이고, 관세음보살은 자비로 중생을 구원하고 교화를 돕는 보살입니다. 따라서 부처와 보살이란 칭호는 신(神)에 가까운 존재를 가리킵니다. 한편 나무(南舞)는 엎드려 경배하며 귀의(歸依)한다는 것을 의미합니다.

2. 이처럼 나무 아미타불 관세음보살(南舞 阿彌陀佛 觀世音菩薩)은 단순히 어떤 이의 이름을 부르는 것이 아니라, 부처와 보살에 대한 신앙을 고백하고 구원을 청하는 기도를 포함합니다. 친숙한 종교 용어라고 할지라도 그 안에 고유한 전통에 기초한 특별한 의미가 포함되어 있습니다. 따라서 여러 종교의 요소를 무분별하게 취하는 혼합주의의 위험에 빠지지 않도록 주의하고, 불교 행사에 참석할 때도 염불 또는 독경을 따라 하는 것은 피해야 합니다.(「교회의 선교사명」, 56항 참조)

Q 32 불교의 염주(念珠)와 가톨릭교회의 묵주(默珠)는 무엇이 다른가요?

A 1. 구슬을 실에 꿰어 만든 기도 도구는 가톨릭교회와 불교 이외에 동방 정교회와 이슬람교에도 존재합니다. 불교의 염주는 화환, 화관, 목걸이를 뜻하는 산스크리트어 '말라'에서 파생된 것으로 보입니다. 염주는 불교 신자들이 108배를 하거나 기도할 때 사용하는 기도 도구입니다. 염주(念珠)는 근심이 많아서 마음을 모아 부처의 가르침을 따라 수행을 할 수 없는 사람들에게 부처가 권한 기도 도구입니다. 구슬의 수에 따라 108주, 54주, 27주, 14주의 염주가 있습니다. 108개의 번뇌를 하나씩 없애고, 그만큼의 깨우침을 하나씩 얻는다는 뜻이 담긴 108주가 가장 많이 사용됩니다. 54주는 부처가 되기 바로 직전 단계인 보살(菩薩)의 수행을, 27주는 소승 불교의 위대한 수행자 27명을, 14주는 관세음보살이 14가지의 두려움을 없애 준다는 것을 상징합니다.

2. 한편 우리 가톨릭 신자는 예수 그리스도의 강생과 공생활의 주요부분, 수난과 부활 즉 예수 그리스도의 전 생애를 성모님과 함께 환희, 빛, 고통, 영광의 신비를 차례로 묵상하면서 받치는 기도를 하느님께 전달해 달라고 성모님께 청할 때 사용되는 묵주(默珠)는 '장미 화관', '장미 꽃다발' 이란 뜻을 지닌 라틴어 '로사리움'에서 유래하였습니다. 형태와 용어의 유사성 때문에 묵주가 염주에서 유래되었다는 주장이 있지만, 다양한 연구 결과에 따르면 각각 독자적 기도 전통에서 발생하였습니다.(교황청 종교간 대화평의회, 2003년 부처님 오신 날에 불자들에게 보내는 경축 메시지 참조)

Q 33 불교 사찰을 방문하여 불상 앞에서 예(禮)를 표하거나, 공양(供養)을 해도 되나요?

A
1. 고요한 분위기에서 명상을 하거나 영적인 장소에서 머물려고 고찰에 배어 있는 우리나라 역사 전통을 체험하거나 이웃 종교인들을 만나려고 사찰을 방문할 수 있습니다. 가톨릭 신자가 불교 사찰을 방문할 때, 불교 신자들에 대한 애정과 법당과 불상에 대한 존중을 표현하고자 합장이나 예를 표하는 것은 가능합니다. 그러나 가톨릭 신자가 그곳에 모셔진 불상을 신앙의 대상으로 예배하거나 그 앞에서 복을 기원하는 행위는 해서는 안 됩니다.

2. 전통적으로 사찰의 무료 공양은 가난하고 굶주린 사람들을 원조하는 역할을 하였습니다. 곧 사찰은 부처께 봉헌한 것을 그 안에서 모두 사용하지 않고, 이를 어려움을 겪는 사람들과 함께 나누며 부처의 자비를 실천합니다. 특히 공공복지의 성격을 지니는 사찰의 점심 공양은 부처의 자비 실천의 일환이므로 가톨릭 신자는 불교문화 체험의 차원에서 점심 공양을 할 수 있습니다. 그렇지만 이때 큰 소리나 단체로 식사 전·후 기도를 하는 것과 같이 자신의 종교를 과시하는 행위는 예의에 어긋나므로 삼가는 것이 좋습니다. 또한 불자들의 자비에 대한 보답으로 식사 이후 다음 공양 짓기나 그 밖의 다른 공공복지를 위하여 자율적으로 사례하는 것이 바람직합니다.(교황청 종교간 대화평의회, 2013년 부처님 오신 날에 불자들에게 보내는 경축 메시지 참조)

Q 34 가톨릭 신자로서 템플스테이(Temple Stay: 산사 체험)나 불교의 좌선(坐禪)을 체험해도 되나요?

A
1. 수려한 자연환경과 불교문화가 어우러진 사찰에서 수행자의 일상을 체험하며 마음의 휴식과 전통문화를 체험하는 템플스테이(Temple Stay: 산사 체험)에 가톨릭 신자가 참석하는 것은 종교 경험을 나누는 대화에 참여하는 것으로, 이는 종교 간 대화를 촉구하는 제2차 바티칸 공의회(1962-1965년)의 가르침에 부합합니다. 그러나 가톨릭 신자가 상대방을 존중하는 마음에서 비롯되는 참석의 차원을 넘어 염

불이나 예불과 같은 불교 예식에 적극적으로 참례하거나, 존중을 표하는 자세를 넘어 신앙의 대상으로 부처를 참배하는 것은 삼가야 합니다. 한편 영혼의 갈증을 채우고자 하는 가톨릭 신자는 영혼의 위로와 마음의 격려가 필요한 이들에게 생명과 사랑의 그리스도교 문화를 체험하도록 수도원과 피정의 집에서 제공하는 소울 스테이(Soul Stay)를 이용하는 것이 바람직합니다.

2. 본디 좌선(坐禪)은 불교의 깨달음에 이르고자 하는 종교적 행위로서, 가톨릭 신자가 일상생활에서 심리적 정신적 활력을 주려는 보조 수단으로 그리고 불교 전통에 감추어진 말씀의 씨앗을 발견하고 그것을 소중히 여기는 영성 교류 차원에서 좌선을 활용하는 것은 가능합니다. 이 경우에도 현대의 뉴에이지 사상이나 종교 혼합주의에 떨어지지 않도록 주위 깊게 식별할 필요가 있습니다. 가톨릭교회의 묵상과 관상 기도를 통하여 그리스도교 영성의 확고한 기초를 갖추는 것이 무엇보다도 중요합니다.(교황청 종교간 대화평의회, 1998년 부처님 오신 날에 불자들에게 보내는 경축 메시지 참조)

Q 35 죽은 가톨릭 신자를 위해서 사십구재(四十九齋)를 거행해도 되나요?

A
1. 불교의 가르침에 따르면 죽은 사람의 영혼은 대개 새로운 몸을 받아 환생하기 전까지 저승에서 49일 동안을 머무릅니다. 그때 그는 7일마다 저승의 왕들에게서 자신의 선행과 악행에 대한 심판을 받습니다. 그 심판을 통과하면 그는 조건에 맞는 곳으로 환생할 수 있습니다. 심판을 통과하지 못한 영혼은 다음 7일 째 되는 날 다시 심판을 받게 됩니다. 그러다가 최종 심판을 받고 누구나가 환생하게 되는 날이 49일 째입니다.

2. 이러한 배경에서 불자들은 죽은 사람이 저승에서 짧게 머물고 더 좋은 조건에서 탄생하기를 바라는 마음으로 7일에 한번 씩 재(齋)를 지냅니다. 그러나 오늘날에는 일반적으로 48일 째 되는 날 사십구재를 한 번만 지냅니다. 49일 째 되는 날이면 이미 죽은 사람은 다음 생으로 환생하여 직접적인 인연이 끊긴 상태가 되기 때문입니다. 이처럼

사십구재는 불교의 윤회 사상을 바탕으로 한 장례 예식이므로, 그리스도교 신자가 이러한 사십구재를 거행하거나 49일 째에 위령 미사를 봉헌하는 것은 옳지 않습니다.(「제삼천년기」, 9항 참조)

Q 36 가톨릭 신자가 불교식 예식(婚禮 또는 葬禮)에 참석하였을 때 어떻게 해야 하나요?

A 1. 다종교 사회에 살고 있는 가톨릭 신자로서 불교식 혼례(婚禮) 또는 장례 예식(葬禮禮式)에 참석할 때가 있습니다. 가톨릭교회에서 혼인 또는 장례 예식이 있을 경우에 이웃 종교인들도 마음을 모아 참석합니다. 이와 같이 이웃 종교의 예식에 참석하는 가톨릭 신자가 예의 있게 행동하고 예식의 당사자를 위하여 마음을 다하여 기도하는 것은 그리스도교의 애덕 행위입니다.

2. 예식에 참석하였을 때 사찰, 불상, 스님, 불교 신자에 대하여 존중하는 마음을 지니고 합장, 인사, 분향, 헌화 등을 함께 할 수 있습니다. 그 경우에도 예를 들어 '주님! 이 신혼부부에게 은총을 베푸소서!' 또는 '주님! ○○○에게 영원한 안식을 주소서!' 라고 마음으로 기도할 수 있습니다.

Q 37 유교(儒敎)에서 믿고 섬기는 대상은 무엇이며, 종교 의례는 어떤 것이 있나요?

A 1. 서양의 종교 개념에 부합하지는 않는다 하더라도 유교는 절대적 신념을 가지고 종교 행위를 실천해 왔습니다. 유교에서 최고의 절대자는 천(天)입니다. 본디 천(天)은 사람의 모습을 나타내는 상형문자인 대(大)자 위에 선 하나를 그은 글자로 인간위에서 인간을 굽어보고 있는 하늘, 곧 지고무상(至高無上)하며 유일한 존재를 의미합니다. 이 천(天)을 인격적으로 표현하는 호칭이 상제(上帝)입니다. 천(天)과 상제(上帝)는 유교 경전이나 전통에서 가장 일반적으로 사용되는 절대자의 명칭이며, 만물의 근원이고, 공경과 제사와 기도의 대상이며, 의지와 감정을 지닌 영명(靈明)한 존재이고, 상선벌악의 주재자이며,

인간에게 천명(天命)을 내리고 거두는 최고신입니다. 인간은 천(天)과 상제(上帝)를 우러러 공경하고(敬天), 두려워하며(畏天), 받들고(奉天), 섬기며(事天) 그에게 제사를 드립니다.

2. 유교의 종교 의례는 크게 제천(祭天), 제지(祭地), 제선(祭先)으로 구분됩니다. 그 가운데 가장 성대하고 장엄한 것은 하늘에 드리는 제천(祭天) 의식으로 이는 오직 천자(天子)인 황제만이 거행할 수 있습니다. 제지(祭地)는 산천에 드리는 제사로 제후(王)들의 몫이며, 일반 백성은 조상에 대한 제사인 제선(祭先) 의식만 거행합니다. 유교에서 공자는 예수 그리스도처럼 신성을 지닌 존재나 신앙의 대상이 아니라, 한 분의 성인(聖人) 또는 선현(先賢)으로 여겨지며 윤리적 스승으로 존경을 받습니다.(요한 바오로2세, 아시아 백성을 위한 담화, 1981년 2월21일)

Q 38 하느님을 천주님으로 부르는 이유는 무엇인가요?

A
1. 천주교를 동양에 전하는 과정에서 예수회는 중요한 역할을 하였습니다. 예수회의 창립회원인 프란치스코 하비에르(1506-1552년)는 인도를 거쳐 1549년 일본 선교를 시작하였으나, 중국 선교는 하지 못하고 선종하였습니다. 1583년 중국에 도착한 마태오 리치(1552-1610년)는 예수회 회원으로서 프란치스코 하비에르의 꿈을 실현하여 중국 문화를 이용, 그리스도교 선교 활동을 활발히 펼치면서 『천주실의』(天主實義)를 저술하였습니다. 조선에 전래된 이 책은 사대부 계층이 읽었고, 한국 천주교를 태동시키는 데 큰 역할을 하였습니다.

2. 본디 유교에서 천(天)은 상제(上帝)로 불리며 인격적 절대자로 흠숭되었으나, 16세기 말 중국에서는 신유학(新儒學)으로 불리는 성리학(性理學)이 주류를 이루고 있었습니다. 성리학은 춘추 전국 시대 이전(기원 전 8세기 이전)의 고전 유학과 달리 도교와 불교의 영향을 받아 무신론적 경향으로 당시 사람들은 천(天)을 비인격적 자연법칙으로 이해하였습니다.

3. 마태오 리치는 그리스도교의 인격적 하느님을 중국인들에게 소개하려고, 그들이 경외하는 천(天)에 그 주인 또는 지배자(主)로 설정하면

서 천지 만물의 주관자를 뜻하는 천주(天主)라는 용어를 만들었습니다. 그는 또한 유교의 경전에 나타나는 천(天)과 상제(上帝)가 그리스도교의 하느님인 천주(天主)와 같은 존재임을 역설하였습니다. 하느님을 천주님으로 표기하는 것은 조선에 전해져 지금까지 이어져 내려오고 있으며 이러한 관점에서 천주님이라는 표현은 유교와 관련이 있습니다.(「교회의 선교 사명」, 53항 참조)

Q 39 조선의 정치 사회적 이념이었던 유교가 왜 천주교를 박해하였나요?

A
1. 조선의 천주교 박해는 당시 신구 문화가 빚은 갈등과 사회 변혁, 정치적 상황 등 복합적인 원인에서 비롯되었습니다. 그러나 그 구체적인 계기는 1791년 윤지충 바오로와 권상연 야고보 복자가 조상에 대한 제사를 지내지 않고 그 위패를 불태운 진산(珍山) 사건입니다. 유교의 종교 예식인 제사는 조상을 공경하는 행위로 효(孝) 정신의 발로로 이해되었습니다. 그러므로 조상의 위패를 불사르는 것은 유교의 근본적 가르침에 위배되는 행위일 뿐만 아니라 유교를 국가 이념으로 삼던 조선의 사회 체제를 부정하는 행동으로 보았습니다.
2. 그렇지만 신앙의 선조들이 조상 제사를 거부한 배경에는 중국에서 선교 정책을 놓고 여러 수도회가 백 년간 벌인 의례 논쟁이 있습니다. 이 논쟁은 베네딕토 14세 교황이 1742년에 조상 제사 금지령을 반포하면서 일단락되었지만, 이 금지령은 1935년에서 1939년 사이에 다시 철회되었습니다.
3. 그러므로 천주교의 박해가 유교의 일부 가치에 대한 부정에서 비롯된 것은 맞지만, 제사를 고유한 미풍양속으로 받아들이는 현대 가톨릭교회의 입장과는 달리, 각 민족의 고유한 역사와 문화를 이해하지 못한 당시 신학과 교황청의 결정도 그에 한 원인을 제공하였다는 점에서 천주교 박해의 원인을 당시 국가 이념이었던 유교에 한정시킬 수는 없습니다.(비오 12세, 회칙 summi pontificatus, 1939년 10월 20일)

Q 40 가톨릭 신자는 유교의 관혼상제(冠婚喪祭)를 어떻게 받아들여야 하나요?

A 1. 관혼상제란 정해진 나이가 되면 어른이 되었다는 의미로 머리에 관을 씌워 주는 예식인 관(冠), 남녀의 혼인 예식인 혼(婚), 사람이 죽었을 때 장사를 지내는 예식인 상(喪), 돌아가신 분을 기억하여 올리는 예식인 제(祭) 등 네 가지 예식을 말합니다.

2. 오늘날에는 관례보다 성인식이라 하여 그에 맞갖은 선물을 주는 경우가 더 많습니다. 혼례(婚禮)와 상례(喪禮) 그리고 제례(祭禮)와 관련하여 사회생활과 윤리 생활에 관련된 유교의 가르침 안에서 가톨릭 신자는 하느님께서 뿌려 놓으신 복음의 씨앗을 많이 발견할 수 있습니다. 이를 존중하면서 그리스도교의 관점에서 이를 고양시키는 것이 가톨릭 신자가 갖추어야 할 바람직한 태도입니다.(「선교 교령」, 9항 참조)

Q 41 가톨릭교회에서 거행하는 삼우(三虞)미사는 어떤 의미가 있나요?

A 1. 유교의 예식에는 초우(初虞), 재우(再虞), 삼우(三虞) 등 우제(虞祭)의 전통이 있습니다. 초우(初虞)는 장사 당일, 재우(再虞)는 다음 날, 삼우(三虞)는 그 다음 날 지냅니다. 유교의 경전 가운데 예절서에 해당하는 「의례(儀禮)」는 고대부터 이어져 온 삼우제(三虞祭)를 언급하고 있습니다. 한나라의 유명한 주석가인 정현(鄭玄, 127-200년)은 삼우를 다음과 같이 풀이합니다. "우(虞)는 상제(上帝)의 명칭이다. 우(虞)는 안정(安定)시키는 것이다. 뼈와 살이 땅으로 돌아가니 정기(精氣)가 갈 곳이 없게 되어 효자는 그것이 방황할까 염려한다. 이에 세 번 제사를 드려 안정시키는 것이다."

2. 일반적으로 가톨릭 신자들이 장례를 치르고 이틀 뒤 봉헌하는 삼우(三虞) 미사는 유교의 예절에서 가져온 것입니다. 한국천주교주교회의 「상장 예식」에서는 삼우(三虞)를 고인이 아니라 유가족을 안정시키는 시간으로 해석합니다. "세상을 떠난 이보다도 살아 있는 사람들이 더 안정을 찾지 못하고 방황한다…… 그러므로 이 기간은 세상을 떠난 이를 생각하여 기도하고 그리스도의 부활과 성인들의 통공을 믿으며 사별의 아픔을 달래고 희망을 북돋우는 때이다."(「가톨릭교회 교리서」, 1689항 참조)

Q 42 도교(道敎)는 어떤 종교인가요?

A

1. 도교(道敎)는 신선 사상(神仙思想))을 바탕으로 도가 사상(道家思想)과 민간 신앙(民間信仰)을 흡수하여 중국에서 발생한 종교입니다. 수련을 통하여 불로장생의 신선이 되고자 하는 것이 도교 신앙의 핵심입니다. 중국 고대의 전설적 인물인 황제(黃帝)와 노자(老子, 기원 전 604년-?)를 교조(敎祖)로 모시지만, 실제 창시자는 장도릉(張道陵, 34-156년)입니다. 도교는 중국 남북조 시대(420-589년)에 불교의 영향으로 경전과 조직 등 체계를 갖춘 종교가 되었고, 이후 불교와 대립하거나 교류하면서 불교와 더불어 중국의 양대 종교로 자리를 잡았습니다.

2. 도교는 삼국 시대에 우리나라에 전래되어 왕실과 민간에 널리 퍼졌으며 이후 의례, 의학, 문학, 예술, 풍수지리, 미래를 예언하는 도참설(圖讖說), 불로장생의 양생법(養生法, 건강 증진법), 언어와 생활 풍속 등 광범위한 분야에 파급되면서 불교와 유교와 더불어 한민족의 정신세계에 깊은 영향을 주었습니다. 오늘날 우리나라에서 도교가 제도와 교리를 갖춘 종교로 큰 역할을 하지는 않지만, 여러 민간풍습이나 신흥 종교 운동 등에 여전히 큰 영향을 미치고 있습니다.(요한 바오로2세, 아시아 백성을 위한 담화, 1981년 2월 21일)

Q 43 이슬람교의 믿음의 대상은 누구이며, 그 가르침은 무엇인가요?

A

1. 동양에서는 회교(回敎)로 알려진 이슬람교는 하느님께 순종하는 사람이라는 의미에서 무슬림(모슬렘)이라고 부릅니다. 이슬람교는 유다교와 그리스도와 같이 유일신인 하느님을 신앙의 대상으로 하는 종교로 다신교적 우상 숭배를 철저히 거부합니다. 흔히 이슬람교에서는 '알라'를 믿는다고 하는데, 알라는 '유일신 하느님'을 뜻하는 아랍어입니다. 따라서 무슬림은 유다인과 그리스도인과 같이 한 분이신 하느님을 믿습니다. 또한 아브라함은 유다인과 그리스도인과 무슬림 모두에게 신앙의 선조로 여깁니다.

2. 이슬람교에서 무함마드(마호메트)는 사람들에게 하느님의 계시를

전달한 예언자입니다. 무슬림은 무함마드가 하느님의 말씀을 완벽히 전달한 마지막 예언자라고 믿습니다. 따라서 무함마드는 그리스도교의 예수 그리스도처럼 믿음의 대상은 아니지만, 무슬림은 그가 하느님의 말씀을 가장 잘 이해하고 실천하였다고 믿기 때문에, 그들에게 무함마드는 신앙의 모범이자 존경과 사랑의 대상입니다. 무슬림에서의 예수 그리스도는 하느님의 아들이 아니라 동정녀인 마리아의 아들이며, 하느님으로부터 파견된 분, 하느님의 말씀으로 치유의 기적을 행한 위대한 예언자 중의 한 분으로 알고 있으나, 그리스도인들에게 예수 그리스도는 하느님과 같으신 분이시고, 인류의 구원자이시며, 사람이 되신 하느님의 아드님이십니다.

3. 쿠란(코란 또는 쿠르안)은 예언자 무함마드가 하느님께 받아 사람들에게 전달한 계시를 기록한 책으로 이슬람교의 경전입니다. 쿠란은 우상 숭배 금지와 유일신 하느님에 대한 신앙, 불신자들에 대한 경고, 최후의 심판과 육신의 부활에 대한 메시지, 하느님께서 보낸 예언자들의 이야기는 물론 이슬람 공동체가 지켜야 할 규범 등을 담고 있습니다.

4. 이슬람교에는 실천해야하는 다섯 가지 핵심 규정이 있는데 이를 이슬람교의 다섯 가지 기둥이라고 합니다. 그것은 ① 하느님(알라) 이외에 신이 없으며 무함마드는 하느님의 예언자라는 신앙 고백과, ② 하루에 다섯 번 드리는 예배, ③ 일생에 적어도 한 번은 해야 하는 메카(Mecca) 성지 순례, ④ 라마단 기간 동안 지키는 단식, ⑤ 희사(喜捨)입니다.(요한 바오로 2세, 무슬림 지도자들에게 행한 연설, 2항 1982년 2월 14일 참조)

Q 44 종교 간 대화란 무엇이고, 대화의 상대는 누구이며, 대화가 왜 필요한가요?

A 1. 제2차 바티칸 공의회(1962-1965년)는 교회 역사상 처음으로 종교 간 대화를 가톨릭교회의 공식 입장으로 표명하였습니다. 가톨릭교회는 여러 이웃 종교를 통하여 인간 삶의 근본적인 문제에 대한 답을 찾고 있는 사람들에게 긍정적인 태도를 가지기 시작하였으며, 이들을 존중해야 할 필요성을 인식하였습니다. 그러나 실제로 이웃 종교를 들

여다보는 그리스도인은 그리스도교와는 다른 행동 방식과 생활양식 그리고 계율과 가르침을 만나게 됩니다. 그 안에도 하느님의 진리의 빛을 반영하는 '거룩하고 옳은 내용'이 적지 않으며 성령께서는 이웃 종교인들 안에서 우리가 알지 못하는 방법으로 활동하고 계십니다. 사실 서로간의 공통점 때문이 아니라, 차이점 때문에 대화가 가능합니다.(「비그리스도교 선언」, 2항 참조)

2. 종교 간 대화의 상대는 그리스도인이 아닌 모든 종교인, 곧 유다교, 이슬람교, 불교, 원불교, 유교, 천도교, 민족 종교, 도교, 힌두교 등의 가르침을 따르는 사람들이 종교 간 대화의 상대입니다. 이들이 믿는 종교를 가톨릭교회에서는 '비그리스도교'라고 부르지 않고 '다른 종교'로 표현되다가 1998년부터는 '이웃 종교'라는 용어를 사용하고 있습니다. 가톨릭 신자들은 이웃으로 한 사회 안에 살고 있는 다른 종교를 믿는 이들을 진정한 대화의 상대로 받아들일 필요가 있습니다.

3. 오늘날 운송 수단과 정보 통신의 발달과 교육과 생계를 위한 이주 때문에 전 세계 사람들이 마치 한 마을을 이루듯 함께 살아가는 지구촌 시대가 되었습니다. 이로써 여러 민족과 종교가 서로 만나고 교류하는 다문화 다종교 시대가 열렸습니다. 종교 간의 대화는 이러한 피할 수 없는 만남에 대한 적극적이고 긍정적인 대답입니다. 우리나라에서는 여러 종교가 서로 협력하여 비교적 평화롭게 지내고 있지만, 세계 각지에서는 종교가 다르다는 이유만으로 미움과 폭력이 창궐하고 심지어 전쟁까지 벌어지고 있습니다. 안타깝게도 종교가 세상을 염려하기보다 세상이 종교를 염려하는 슬픈 상황이 나타납니다. 가톨릭교회는 여러 종교가 서로를 잘 알지 못하기 때문에 서로에게 편견과 오해가 있으며, 그로부터 분쟁이 시작된다는 사실을 깨달았습니다. 바로 이러한 점을 개선하고자 가톨릭교회는 가톨릭 신자들에게 이웃 종교인과의 만남과 대화를 권고하고 있습니다.(「새천년기」, 55항 참조)

부록 3

가톨릭 주요 기도문
(2018년, 한국천주교중앙협의회)

이 내용은 한국천주주교회의 전례위원회가 편찬하고 한국천주교중앙협의회가 발행한 내용을 일부 인용하여 수록한 것입니다.

가톨릭 주요 기도문

성호경
십자 성호를 그으며
성부와 성자와 성령의 이름으로.
아멘.

주님의 기도
하늘에 계신 우리 아버지,
아버지의 이름이 거룩히 빛나시며
아버지의 나라가 오시며
아버지의 뜻이 하늘에서와 같이
땅에서도 이루어지소서!
오늘 저희에게 일용할 양식을 주시고
저희에게 잘못한 이를 저희가 용서하오니
저희 죄를 용서하시고
저희를 유혹에 빠지지 않게 하시고
악에서 구하소서.
아멘.

성모송
은총이 가득하신 마리아님, 기뻐하소서!
주님께서 함께 계시니 여인 중에 복되시며
태중의 아들 예수님 또한 복되시나이다.
천주의 성모 마리아님,
이제와 저희 죽을 때에
저희 죄인을 위하여 빌어 주소서.
아멘.

영광송
밑줄 부분에서 고개를 숙이며

영광이 성부와 성자와 성령께
처음과 같이
이제와 항상 영원히.
아멘.

사도 신경
전능하신 천주 성부
천지의 창조주를 저는 믿나이다.
그 외아들 우리 주 예수 그리스도님
밑줄 부분에서 모두 깊은 절을 한다.
성령으로 인하여 동정 마리아께 잉태되어 나시고
본시오 빌라도 통치 아래서 고난을 받으시고
십자가에 못 박혀 돌아가시고 묻히셨으며
저승에 가시어 사흗날에 죽은 이들 가운데서 부활하시고
하늘에 올라 전능하신 천주 성부 오른편에 앉으시며
그리로부터 산 이와 죽은 이를 심판하러 오시리라 믿나이다.
성령을 믿으며
거룩하고 보편된 교회와 모든 성인의 통공을 믿으며
죄의 용서와 육신의 부활을 믿으며
영원한 삶을 믿나이다.
아멘.

반성 기도
주님, 오늘 생각과 말과 행위로 지은 죄와
의무를 소홀히 한 죄를 자세히 살피고
그 가운데 버릇이 된 죄를 깨닫게 하소서. 아멘.

십계명
일. 한 분이신 하느님을 흠숭하여라.
이. 하느님의 이름을 함부로 부르지 마라.
삼. 주일을 거룩히 지내라.

사. 부모에게 효도하여라.
오. 사람을 죽이지 마라.
육. 간음하지 마라.
칠. 도둑질을 하지 마라.
팔. 거짓 증언을 하지 마라.
구. 남의 아내를 탐내지 마라.
십. 남의 재물을 탐내지 마라.

고백 기도

전능하신 하느님과 형제들에게 고백하오니
생각과 말과 행위로 죄를 많이 지었으며
자주 의무를 소홀히 하였나이다.
가슴을 치며 제 탓이요
가슴을 치며 제 탓이요
가슴을 치며 저의 큰 탓이옵니다.
그러므로 간절히 바라오니
평생 동정이신 성모 마리아와
모든 천사와 성인과 형제들은
저를 위하여 하느님께 빌어 주소서.

(✢ 전능하신 하느님, 저희에게 자비를 베푸시어
죄를 용서하시고
영원한 생명으로 이끌어 주소서.)
아멘.

통회 기도

하느님,
제가 죄를 지어
참으로 사랑받으셔야 할 하느님의 마음을 아프게 하였기에
악을 저지르고 선을 멀리한 모든 잘못을
진심으로 뉘우치나이다.

하느님의 은총으로 속죄하고
다시는 죄를 짓지 않으며
죄지을 기회를 피하기로 굳게 다짐하오니
우리 구세주 예수 그리스도의 수난 공로를 보시고
저에게 자비를 베풀어 주소서.
아멘.

삼덕송

신덕송
하느님, 하느님께서는 진리의 근원이시며
그르침이 없으시므로
계시하신 진리를
교회가 가르치는 대로 굳게 믿나이다.

망덕송
하느님, 하느님께서는 자비의 근원이시며
저버림이 없으시므로
예수 그리스도의 공로를 통하여 주실
구원의 은총과 영원한 생명을 바라나이다.

애덕송
하느님, 하느님께서는 사랑의 근원이시며
한없이 좋으시므로
마음을 다하여 주님을 사랑하며
이웃을 제 몸같이 사랑하나이다.

봉헌 기도
하느님, 저를 사랑으로 내시고
저에게 영혼 육신을 주시어
주님만을 섬기고 사람을 도우라 하셨나이다.
저는 비록 죄가 많사오나
주님께 받은 몸과 마음을 오롯이 도로 바쳐

찬미와 봉사의 제물로 드리오니
어여삐 여기시어 받아 주소서.
아멘.

삼종 기도
- ○ 주님의 천사가 마리아께 아뢰니
- ● 성령으로 잉태하셨나이다.
    성모송
- ○ "주님의 종이오니
- ● 그대로 제게 이루어지소서!"
    성모송
- ○ 이에 말씀이 사람이 되시어
- ● 저희 가운데 계시나이다.
    성모송
- ○ 천주의 성모님, 저희를 위하여 빌어주시어
- ● 그리스도께서 약속하신 영원한 생명을 얻게 하소서.
- ✠ 기도합시다.
    하느님, 천사의 아룀으로
    성자께서 사람이 되심을 알았으니
    성자의 수난과 십자가로
    부활의 영광에 이르는 은총을
    저희에게 내려 주소서.
    우리 주 그리스도를 통하여 비나이다.
- ◎ 아멘.

부활 삼종기도 (주님 부활 대축일부터 성령 강림 대축일까지)
- ○ 하늘의 모후님, 기뻐하소서. 알렐루야.
- ● 태중에 모시던 아드님께서. 알렐루야.
- ○ 말씀하신 대로 부활하셨나이다. 알렐루야.
- ● 저희를 위하여 하느님께 빌어 주소서. 알렐루야.
- ○ 동정 마리아님, 기뻐하시며 즐거워하소서. 알렐루야.

● 주님께서 참으로 부활하셨나이다. 알렐루야.

✚ 기도합시다.
　하느님, 성자 우리 주 예수 그리스도의 부활로
　온 세상을 기쁘게 하셨으니
　성자의 어머니 동정 마리아의 도움으로
　영생의 즐거움을 얻게 하소서.
　우리 주 그리스도를 통하여 비나이다.
◎ 아멘.

묵주 기도

환희의 신비
1단 마리아께서 예수님을 잉태하심을 묵상합시다.
2단 마리아께서 엘리사벳을 찾아보심을 묵상합시다.
3단 마리아께서 예수님을 낳으심을 묵상합시다.
4단 마리아께서 예수님을 성전에 바치심을 묵상합시다.
5단 마리아께서 잃으셨던 예수님을 성전에서 찾으심을 묵상합시다.

빛의 신비
1단 예수님께서 세례 받으심을 묵상합시다.
2단 예수님께서 카나에서 첫 기적을 행하심을 묵상합시다.
3단 예수님께서 하느님 나라를 선포하심을 묵상합시다.
4단 예수님께서 거룩하게 변모하심을 묵상합시다.
5단 예수님께서 성체성사를 세우심을 묵상합시다.

고통의 신비
1단 예수님께서 우리를 위하여 피땀 흘리심을 묵상합시다.
2단 예수님께서 우리를 위하여 매 맞으심을 묵상합시다.
3단 예수님께서 우리를 위하여 가시관 쓰심을 묵상합시다.
4단 예수님께서 우리를 위하여 십자가 지심을 묵상합시다.
5단 예수님께서 우리를 위하여 십자가에 못 박혀 돌아가심을
　　묵상합시다.

영광의 신비
1단 예수님께서 부활하심을 묵상합시다.
2단 예수님께서 승천하심을 묵상합시다.
3단 예수님께서 성령을 보내심을 묵상합시다.
4단 예수님께서 마리아를 하늘에 불러올리심을 묵상합시다.
5단 예수님께서 마리아께 천상 모후의 관을 씌우심을 묵상합시다.

구원을 비는 기도
예수님, 저희 죄를 용서하시며
저희를 지옥 불에서 구하시고
연옥 영혼을 돌보시며
가장 버림받은 영혼을 돌보소서.

식사 전 기도
✚ 주님, 은혜로이 내려 주신 이 음식과
　저희에게 강복하소서.
　우리 주 그리스도를 통하여 비나이다.
◎ 아멘.

식사 후 기도
✚ 전능하신 하느님,
　저희에게 베풀어주신 모든 은혜에 감사하나이다.
◎ 아멘.

✚ 주님의 이름은 찬미를 받으소서.
◎ 이제와 영원히 받으소서.

✚ 세상을 떠난 모든 이가
　하느님의 자비로 평화의 안식을 얻게 하소서.
◎ 아멘.

일을 시작하며 바치는 기도

○ 오소서, 성령님.
　저희 마음을 성령으로 가득 채우시어
　저희 안에 사랑의 불이 타오르게 하소서.
● 주님의 성령을 보내소서. 저희가 새로워지리이다.
　또한 온 누리가 새롭게 되리이다.
✚ 기도합시다.
　하느님, 성령의 빛으로 저희 마음을 이끄시어
　바르게 생각하고
　언제나 성령의 위로를 받아 누리게 하소서.
　우리 주 그리스도를 통하여 비나이다.
◎ 아멘.

일을 마치고 바치는 기도 (성모님께 보호를 청하는 기도)

　천주의 성모님, 당신의 보호에 저희를 맡기오니
　어려울 때에 저희의 간절한 기도를 외면하지 마시고
　항상 모든 위험에서 저희를 구하소서.
　영화롭고 복되신 동정녀시여.

아침 기도

십자 성호를 그으며

✚ 성부와 성자와 성령의 이름으로.
◎ 아멘.

○ 하늘에 계신 우리 아버지,
　아버지의 이름이 거룩히 빛나시며
　아버지의 나라가 오시며
　아버지의 뜻이 하늘에서와 같이
　땅에서도 이루어지소서!
● 오늘 저희에게 일용할 양식을 주시고
　저희에게 잘못한 이를 저희가 용서하오니

저희 죄를 용서하시고
저희를 유혹에 빠지지 않게 하시고
악에서 구하소서.
◎ 아멘.
◎ 하느님 저를 사랑으로 내시고
저에게 영혼 육신을 주시어
주님만을 섬기고 사람을 도우라 하셨나이다.
저는 비록 죄가 많사오나
주님께 받은 몸과 마음을 오롯이 도로 바쳐
찬미와 봉사의 제물로 드리오니
어여삐 여기시어 받아 주소서.
아멘.
✚ 우리 주 하느님께 권능과 영광
지혜와 굳셈이 있사오니
찬미와 감사와 흠숭을 영원히 받으소서.
◎ 아멘.
✚ 전능하신 하느님
오늘도 저희 생각과 말과 행위를
주님의 평화로 이끌어 주소서.
◎ 아멘.

저녁 기도
십자 성호를 그으며
✚ 성부와 성자와 성령의 이름으로.
◎ 아멘.
✚ 주님, 오늘 생각과 말과 행위로 지은 죄와
의무를 소홀히 한 죄를 자세히 살피고
그 가운데 버릇이 된 죄를 깨닫게 하소서.
잠깐 반성한다
◎ 하느님,
제가 죄를 지어

참으로 사랑받으셔야 할 하느님의 마음을 아프게 하였기에
악을 저지르고 선을 멀리한 모든 잘못을
진심으로 뉘우치나이다.
하느님의 은총으로 속죄하고
다시는 죄를 짓지 않으며
죄지을 기회를 피하기로 굳게 다짐하오니
우리 구세주 예수 그리스도의 수난 공로를 보시고
저에게 자비를 베풀어 주소서.
아멘.

◯ 하느님, 하느님께서는 진리의 근원이시며
그르침이 없으시므로
계시하신 진리를
교회가 가르치는 대로 굳게 믿나이다.

● 하느님, 하느님께서는 자비의 근원이시며
저버림이 없으시므로
예수 그리스도의 공로를 통하여 주실
구원의 은총과 영원한 생명을 바라나이다.

◯ 하느님, 하느님께서는 사랑의 근원이시며
한없이 좋으시므로
마음을 다하여 주님을 사랑하며
이웃을 제 몸같이 사랑하나이다.

✚ 하늘에 계신 우리 아버지, 오늘 하루도 이미 저물었나이다.
이제 저희는 구세주 예수 그리스도를 통하여
모든 천사와 성인과 함께 주님을 흠숭하며
지금 이 순간까지 베풀어주신
주님의 사랑에 감사하나이다.
◎ 아멘.

✚ 전능하신 천주
십자 성호를 그으며

성부와 성자와 성령께서는
저희에게 강복하시고 지켜주소서.
◎ 아멘.

고해성사
1. 먼저 고해자는, 지은 죄를 모두 알아내고
2. 진정으로 뉘우치며
3. 다시는 죄를 짓지 않기로 굳게 결심하고
4. "고백 기도"와 "통회 기도"를 바친다.

십자 성호를 그으며
- 성부와 성자와 성령의 이름으로.
  아멘.
- ✚ 하느님께서 우리 마음을 비추어 주시니
  하느님의 자비를 굳게 믿으며
  그동안 지은 죄를 사실대로 고백하십시오.
- 아멘.
- 고해한 지 (며칠, 몇 주일, 몇 달)됩니다.

알아낸 죄를 낱낱이 고백한다.

죄를 고백한 다음
- 이 밖에 알아내지 못한 죄도
  모두 용서하여 주십시오.

사제는 고해자에게 통회를 하도록 권고하고 보속을 준다.
필요하다면 고해자에게 아래의 통회 기도를 바치게 할 수 있다.

- 하느님,
  제가 죄를 지어
  참으로 사랑받으셔야 할 하느님의 마음을 아프게 하였기에
  악을 저지르고 선을 멀리한 모든 잘못을
  진심으로 뉘우치나이다.
  하느님의 은총으로 속죄하고

다시는 죄를 짓지 않으며
　　죄지을 기회를 피하기로 굳게 다짐하오니
　　우리 구세주 예수 그리스도의 수난 공로를 보시고
　　저에게 자비를 베풀어 주소서.

사제는 고해자의 머리 위에 두 손을 얹거나 적어도 오른손을 펴 들고 사죄경을 외운다.

✚ 인자하신 천주 성부께서는
　　성자의 죽음과 부활로
　　세상을 당신과 화해시키시고
　　죄를 용서하시려고 성령을 보내 주셨으니
　　교회의 직무를 통하여
　　몸소 이 교우에게 용서와 평화를 주소서.

　　나도 성부와 ✠ 성자와 성령의 이름으로
　　이 교우의 죄를 용서합니다.
● 아멘.

고해자가 죽을 위험이 있으면, 사죄경의 핵심 구절만 아래와 같이 할 수 있다.

✚ 나는 성부와 ✠ 성자와 성령의 이름으로
　　이 교우의 죄를 용서합니다.
● 아멘.

✚ 주님은 좋으신 분이시니 찬미합시다.
● 주님의 자애는 영원하시다.
✚ 주님께서 죄를 용서해 주셨습니다.
　　평화로이 가십시오.
● 감사합니다.

성월 기도

성 요셉 성월
성 요셉에게 바치는 기도
- ○ 우리 주 예수님을 기르신 아버지시요
  정결하신 동정 마리아의 배필이시며
  임종하는 이의 수호자이신
  성 요셉께 간절히 청하오니
- ● 하느님께 빌어주시어
  저희가 예수님을 사랑하며 충실히 따르게 하소서.
  또한 죽을 때에 저희를 지켜주소서.
- ◎ 아멘.

성모 성월
마리아의 노래

성모님께서는 예수님을 잉태하신 뒤 엘리사벳의 집을 방문하셨다. 그 때 엘리사벳의 찬양을 받으시고, 성모님께서 겸손한 마음으로 하느님을 찬송하신 노래이다.

- ○ 내 영혼이 주님을 찬양하고
  내 구원자 하느님 안에서 내 마음 기뻐 뛰노네.
- ● 그분은 비천한 당신 종을 굽어 보셨네.
  이제부터 과연 모든 세대가 나를 복되다 하리라.
- ○ 전능하신 분이 나에게 큰일을 하셨으니
  그 이름은 거룩하신 분이시다.
- ● 그분 자비는 세세대대로
  그분을 두려워하는 이들에게 미치리라.
- ○ 그분은 당신 팔로 권능을 떨치시어
  마음이 교만한 자들을 흩으셨네.
- ● 권세 있는 자를 자리에서 내치시고
  비천한 이를 들어 올리셨네.
- ○ 굶주린 이를 좋은 것으로 채워주시고
  부요한 자를 빈손으로 돌려보내셨네.

● 당신 자비를 기억하시어
  당신 종 이스라엘을 돌보셨으니
○ 우리 조상들에게 말씀하신대로
  아브라함과 그 후손에게 그분의 자비 영원하리라.
○ 영광이 성부와 성자와 성령께
● 처음과 같이
  이제와 항상 영원히. 아멘.
✚ 기도합시다.
  저희를 하느님 아버지께 이끄시는 주 예수 그리스도님,
  주님의 어머니 동정 마리아를
  저희 어머니가 되게 하시고
  저희의 전구자로 세우셨나이다.
  비오니, 성모 마리아의 전구를 들으시어
  저희가 주님께 간구하는 모든 은혜를
  받아 누리게 하소서.
◎ 아멘.

예수 성심 성월
예수 성심께 천하 만민을 바치는 기도
○ 지극히 어지신 구세주 예수님,
  주님 앞에 꿇어 경배하오니
  저희를 굽어 살피소서.
● 저희는 이미 주님의 백성이오니
  언제나 주님과 함께 살아가기를 바라나이다.
  주님과 하나 되고자
  오늘 저희를 주님의 성심께 봉헌하나이다.
○ 주님을 일찍이 알아 모시지 못한 사람도 많고
  주님을 알고도 주님의 계명을 저버리고
  주님을 떠난 사람도 많사오니
● 지극히 인자하신 예수님,
  이런 사람들도 다 불쌍히 여기시어

주님의 성심께 이끌어 들이소서.
○ 주님께서는 목자이시니
주님을 떠나지 않은 사람들을 보살피시고
이미 주님을 떠난 사람들은
다시 아버지 집으로 돌아오게 하시어
굶어 죽는 일이 없게 하소서.
● 옹졸한 고집에 사로잡힌 사람들이나
불목하여 갈린 사람들도 부르시어
저희가 모두 같은 신앙을 고백하며
한 우리에서 한 목자 밑에 살게 하소서.
○ 주님, 거룩한 교회를 평화의 깃발로 세우시고
모든 나라에 참된 평화를 주시어
온 세상 어디서나 입을 모아
저희를 구원하신 성부와 성자와 성령께
영원히 찬미와 영광과 흠숭을 드리게 하소서.
◎ 아멘.
○ 예수 성심,
● 이 세상에 주님의 나라를 세우소서.

순교자 성월

한국 순교자들에게 바치는 기도
○ 이 땅의 모든 순교자여,
 당신들은 하느님의 은총에 힘입어
 굳은 신앙으로
 예수 그리스도의 사랑과
 복음과 교회를 위하여
 피를 흘리셨나이다.
● 저희는 현세에서 악의 세력과 치열하게 싸우며
 당신들이 거두신 승리의 영광을 노래하고
 모든 선의 근원이신 하느님을 찬양하오니
 저희를 위하여 빌어 주소서.

○ 위대하신 순교자들이여,
　천상의 모후이신 성모 마리아와 함께
　저희를 위하여 빌어 주시어
　하느님의 자비를 얻어 주소서.
● 지금도 어둠의 세력이
　교회를 박해하고 있사오니
　하느님께서 전능하신 팔로 교회를 붙들어 보호하시며
　아직 어둠 속에 있는 지역에까지
　널리 펴시도록 빌어 주소서.
○ 용감하신 순교자들이여, 특별히 청하오니
　우리나라를 위하여 하느님께 빌어주소서.
● 당신들은 이 땅에서
　많은 고난을 겪으며 사시다가
　목숨까지 바치셨으니
○ 전능하신 하느님께 빌어 주시어
　교회를 이 땅에서 날로 자라게 하시며
　사제와 수도자를 많이 나게 하시고
● 신자들이 주님의 계명을 잘 지키고
　냉담 교우들은 다시 열심해지며
　갈린 형제들은 같은 믿음으로 하나 되고
　비신자들은 참신앙으로 하느님을 알아
　천지의 창조주
　인류의 구세주를 찾아오게 하소서.
○ 참으로 영광스러운 순교자들이여,
　저희도 그 영광을 생각하며 기뻐하나이다.
　간절히 청하오니
　자비로우신 하느님 아버지께 빌어 주시어
　저희와 친척과 은인들에게
　필요한 은혜를 얻어 주소서.
● 또한 저희가 죽을 때까지
　예수 그리스도를 한결같이 믿어 증언하며

비록 피는 흘리지 못할지라도
　　주님의 은총을 입어 선종하게 하소서.
○ 성 김대건 안드레아와 성 정하상 바오로와
　　동료 순교자들이여,
● 저희를 위하여 빌어주소서.

묵주 기도 성월
성모 찬송
○ 모후이시며 사랑이 넘친 어머니,
　　우리의 생명, 기쁨, 희망이시여.
● 당신 우러러 하와의 그 자손들이
　　눈물을 흘리며 부르짖나이다.
　　슬픔의 골짜기에서.
○ 우리들의 보호자 성모님,
　　불쌍한 저희를
　　인자로운 눈으로 굽어보소서.
● 귀양살이 끝날 때에
　　당신의 아들 우리 주 예수님 뵙게 하소서.
　　너그러우시고, 자애로우시며
　　오! 아름다우신 동정 마리아님.
○ 천주의 성모님, 저희를 위하여 빌어주시어
● 그리스도께서 약속하신 영원한 생명을 얻게 하소서.
✚ 기도합시다.
　　하느님,
　　외아드님께서 삶과 죽음과 부활로
　　저희에게 영원한 구원을 마련해 주셨나이다.
　　복되신 동정 마리아와 함께 이 신비를 묵상하며
　　묵주 기도를 바치오니
　　저희가 그 가르침을 따라
　　영원한 생명을 얻게 하소서.
　　우리 주 그리스도를 통하여 비나이다.

◎ 아멘.

위령 성월
시편 130(129)

○ 깊은 구렁 속에서
  주님, 당신께 부르짖나이다.
● 주님, 제 소리를 들어 주소서.
  애원하는 제 소리에 당신 귀를 기울이소서.
○ 주님, 당신이 죄악을 헤아리신다면
  주님, 감당할 자 누구이리까?
● 당신은 용서하는 분이시니
  사람들이 당신을 경외하리이다.
○ 나 주님께 바라네.
  내 영혼이 주님께 바라며
  그분 말씀에 희망을 두네.
● 파수꾼이 새벽을 기다리기보다
  내 영혼이 주님을 더 기다리네.
○ 파수꾼이 새벽을 기다리기보다
  이스라엘이 주님을 더 기다리네.
● 주님께는 자애가 있고
  풍요로운 구원이 있네.
○ 바로 그분이 이스라엘을
  모든 죄악에서 구원하시리라.

✚ 기도합시다.
  사람을 창조하시고
  믿는 이들을 구원하시는 하느님,
  저희의 간절한 기도를 들으시어
  주님을 섬기던 사람들의 죄를 용서하시고
  그들이 바라던 영원한 행복을 얻게 하소서.
  우리 주 그리스도를 통하여 비나이다.
◎ 아멘.

✝ 주님, 그들에게 영원한 안식을 주소서.
◎ 영원한 빛을 그들에게 비추소서.
✝ 세상을 떠난 모든 이가
　하느님의 자비로 평화의 안식을 얻게 하소서.
◎ 아멘.

11월 1일부터 8일까지 정성된 마음으로 묘지를 방문하고, 세상을 떠난 이들을 위하여 기도하는 교우들은 연옥에 있는 이들에게 양도할 수 있는 전대사를 받을 수 있다.

여러 가지 기도

가정을 위한 기도 1

○ 마리아와 요셉에게 순종하시며
　가정생활을 거룩하게 하신 예수님,
　저희 가정을 거룩하게 하시고
　저희가 성가정을 본받아
　주님의 뜻을 따라 살게 하소서.
● 가정생활의 자랑이며 모범이신
　성모 마리아와 성 요셉,
　저희 집안을 위하여 빌어주시어
　모든 가족이 건강하고 행복하게 하시며
　언제나 주님을 섬기고 이웃을 사랑하며 살다가
　주님의 은총으로 영원한 천상 가정에 들게 하소서.
◎ 아멘.

부모를 위한 기도

○ 인자하신 하느님,
　하느님께서는 부모를 사랑하고 공경하며
　그 은덕에 감사하라 하셨으니
　저희가 효성을 다하여 부모를 섬기겠나이다.
● 저희 부모는 저희를 낳아 기르며

갖은 어려움을 기쁘게 이겨 냈으니
이제는 그 보람을 느끼며 편히 지내게 하소서.
◯ 주님, 저희 부모에게 강복하시고
은총으로 지켜 주시며
마침내 영원한 행복을 누리게 하소서.
우리 주 그리스도를 통하여 비나이다.
◎ 아멘.

부부의 기도

◯ 인자하신 하느님 아버지,
혼인성사로 저희를 맺어 주시고
보살펴 주시니 감사하나이다.
● 이제 저희가 혼인 서약을 되새기며 청하오니
저희 부부가 그 서약을 따라
즐거울 때나 괴로울 때나, 잘살 때나 못살 때나
성할 때나 아플 때나
서로 사랑하고 존경하며 신의를 지키게 하소서.
◯ 또 청하오니
언제나 주님을 찬미하는 저희 부부의 삶이
주님의 사랑을 드러내는 성사가 되게 하소서.
우리 주 그리스도를 통하여 비나이다.
◎ 아멘.

자녀를 위한 기도

◯ 세상을 창조하신 하느님,
하느님께서는 저희에게 귀한 자녀를 주시어
창조를 이어가게 하셨으니
주님의 사랑으로 자녀를 길러
주님의 영광을 드러내게 하소서.
● 주님, 사랑하는 저희 자녀를
은총으로 보호하시어

세상 부패에 물들지 않게 하시며
　　온갖 악의 유혹을 물리치고
　　예수님을 본받아
　　주님의 뜻을 이루는 일꾼이 되게 하소서.
　　우리 주 그리스도를 통하여 비나이다.
◎ 아멘.

복음화를 위한 기도
○ 만민의 임금이신 주님,
　　죽음으로 진리를 증언한 선조들을 통하여
　　이 땅에 구원의 빛을 밝혀 주셨으니 감사하나이다.
● 이제 저희도 선조들의 믿음을 본받아
　　힘차게 복음을 전하는 일꾼이 되어
　　온 민족의 복음화를 이루게 하소서.
　　또한 세계를 밝히는 등불이 되어
　　인류 평화와 번영에 이바지하게 하소서.
◎ 아멘.

세상을 떠난 부모를 위한 기도
○ 주님,
　　주님께서는 부모를 효도로 공경하며
　　은혜를 갚으라 하셨나이다.
● 세상을 떠난
　　부모(아버지 또는 어머니)를 생각하며 기도하오니
　　세상에서 주님을 섬기고 주님의 가르침을 따랐던
　　그들(그)에게 자비를 베푸시어
　　영원한 행복을 누리게 하소서.
○ 또한 저희는 부모(아버지 또는 어머니)를 생각하여
　　언제나 서로 화목하고 사랑하며
　　주님의 뜻에 따라 살아가게 하소서.
◎ 아멘.

평신도 사도직을 위한 기도 2

○ 하느님 아버지,
　저희에게 베푸신 특은에 감사하나이다.
　주님께서는 일찍이 이 땅의 백성들에게
　흔들리지 않는 믿음과 꺾이지 않는 용기를 부어주시어
　스스로 교회의 터전을 닦도록 하셨으니
　저희도 주님의 뜻을 깊이 깨닫고 교회 발전에 앞장서
　자랑스러운 평신도 사도직을 수행하도록 이끌어 주소서.

● 주님,
　주님께서는 이 땅에 수많은 순교자를 내시고
　이 겨레에 주님의 은총이 넘치게 하셨나이다.
　저희가 그 거룩하고 빛나는 순교 정신을 이어받아
　굳건한 믿음과 불타는 사랑으로
　온 땅에 복음을 전파하게 하소서.

○ 주님, 저희가 이 시대에 맡은 사명을 깊이 깨닫고
　성령의 이끄심으로 늘 새로워지며
　이웃을 사랑하고 사회 정의를 실현하여
　이 땅에 주님의 나라를 세우게 하소서.
　우리 주 그리스도를 통하여 비나이다.

◎ 아멘.

병자를 위한 기도

○ 전능하시고 영원하신 하느님 아버지,
　아버지께서는 앓는 사람에게 강복하시고
　갖가지 은혜로 지켜 주시니
　주님께 애원하는 저희 기도를 들으시어
　아무의 병을 낫게 하시며
　건강을 도로 주소서.

● 주님의 손으로 일으켜 주시고
　주님의 팔로 감싸 주시며
　주님의 힘으로 굳세게 하시어

더욱 힘차게 살아가게 하소서.
◎ 아멘.

사제들을 위한 기도 1
○ 영원한 사제이신 예수님,
주님을 본받으려는 사제들을 지켜주시어
어느 누구도 그들을 해치지 못하게 하소서.
● 주님의 영광스러운 사제직에 올라
날마다 주님의 몸과 피를 축성하는 사제들을
언제나 깨끗하고 거룩하게 지켜주소서.
○ 주님의 뜨거운 사랑으로
사제들을 세속에 물들지 않도록 지켜 주소서.
● 사제들이 하는 모든 일에 강복하시어
은총의 풍부한 열매를 맺게 하시고
○ 저희로 말미암아
세상에서는 그들이 더없는 기쁨과 위안을 얻고
천국에서는 찬란히 빛나는
영광을 누리게 하소서.
◎ 아멘.

선종을 위한 기도
죽음을 이기고 부활하신 주님,
저에게 선종하는 은혜를 주시어
죽음을 맞는 순간에도
영원한 천상 행복을 생각하고
주님을 그리워하며
기꺼이 죽음을 받아들이게 하소서.
아멘.

부록 *4*

한국 천주교 가정 제례 예식서
(2018년, 한국천주교중앙협의회)

- 설·한가위 명절 미사 전이나 후에 거행하는 "조상에 대한 효성과 추모의 공동 의식"에 관한 지침
  제1장 | **설·한가위 명절 추모 의식 참례**

- 기일 제사와 명절 차례
  제1장 | **한국 천주교 가정 제례 지침**
  제2장 | **한국 천주교 가정 제례 예식**

이 내용은 한국천주교주교회의 전례위원회가 편찬하고 한국천주교중앙협의회가 발행한 내용을 일부 인용하여 수록한 것입니다.

제사(Ancestral Rites)

한국 천주교회가 허용한 제례는 유교식 조상 제사를 답습하는 것이 아니라 조상에 대한 효성과 추모의 전통 문화를 계승하는 차원에서 그리스도교적으로 재해석한 예식이다. 따라서 제례의 의미가 조상 숭배의 개념으로 오해되지 않도록 주의해야 한다. 제사를 허용하되 권장하지는 않는다는 것이 한국 천주교회의 공식 입장이다.

– 가톨릭평화신문(2017. 1. 22)

설·한가위 명절 미사 전이나 후에 거행하는 "조상에 대한 효성과 추모의 공동 의식"에 관한 지침

― 한국 천주교 주교회의 2012년 춘계 정기총회 승인 ―

제1장 | 설·한가위 명절 추모 의식 참례

1. 한국 천주교 제례의 의미

「한국 천주교 사목 지침서」는 "제사의 근본정신은 선조에게 효를 실천하고, 생명의 존엄성과 뿌리 의식을 깊이 인식하며, 선조의 유지에 따라 진실한 삶을 살아가고, 가족 공동체의 화목과 유대를 이루게 하는 데 있으며, 한국 주교회의는 이러한 정신을 이해하고 가톨릭 신자들에게 제례를 지낼 수 있도록 허락한 사도좌의 결정을 재확인한다."(제134조 1항)고 명시하고 있다.

이처럼 한국 천주교 주교회의가 허락한 제례는 유교식 조상 제사를 답습하는 것이 아니라, 조상에 대한 효성과 추모의 전통 문화를 계승하는 차원에서 그리스도교적으로 재해석한 예식이다. 따라서 한국 천주교 제례의 의미가 조상 숭배의 개념으로 오해되지 않도록 주의해야 한다.

2. 공동 의식의 의미

「한국 천주교 사목 지침서」는 "설이나 한가위 등의 명절에는 본당 공동체가 미사 전이나 후에 하느님에 대한 감사와 조상에 대한 효성과 추모의 공동 의식을 거행함이 바람직하다."(제135조 2항)고 명시하고 있다.

이처럼 공동 의식의 의미는 가정 제례와 구분하여 명절에 본당 공동체가 하느님에 대한 감사와 조상에 대한 효성과 추모의 뜻으로 거행하는 본당 공동체 제례이다. 따라서 공동 의식을 거행할 때에도 주교회의가 허락한 제례의 의미가 훼손되지 않도록 주의해야 한다.

3. 공동 의식 거행의 때

「한국 천주교 사목 지침서」는 공동 의식 거행의 때를 '미사전이나 후'(제135조 2항)로 명시하고 있다. 그 이유는 '전례와 비전례적 신심 행위를 혼합하지 말아야 한다.'는 보편 교회의 가르침을 따라야 하기 때문이다(교황청 경신성사성, 대중 신심과 전례에 관한 지도서: 원칙과 지침, 2001, 73~74항 참조). 곧 명절 미사라는 전례와 우리나라 고유의 전통문화 계승 차원에서 주교회의가 허락한 신심 행위인 제례가 혼합되지 않아야 하기 때문이다. 따라서 각 본당에서 공동 의식을 거행할 때에는 명절 미사 전이나 후에 거행하도록 한다.

4. 공동 의식의 내용

명절 미사가 본당 공동체 차원에서 드리는 공식적인 전례 행위이며, 공동 의식은 사목적인 차원에서 허락되는 부가적인 신심 행위이다. 따라서 공동 의식의 내용은 되도록 간소하게 구성한다. 곧 공동 의식에 대한 사제의 설명, 분향, 세상을 떠난 이들을 위해 바치는 한국 교회의 전통 기도인 위령 기도를 주요 예식으로 구성한다.

5. 상차림

공동 의식을 위한 상차림은 본당 상황에 따라 선택할 수 있다. 만일 제대 앞에 상차림을 할 경우에는 그리스도교적 전례 정신을 반영한 봉헌의 개념으로 상징적인 의미를 담아 간소하게 차리도록 한다.

6. 조상의 이름

명절 미사는 본당 공동체가 돌아가신 조상을 위하여 봉헌하는 미사 전례이다. 미사 전례의 성격상 조상의 이름을 일일이 적어 게시하는 것은 불필요할 뿐 아니라 유교식 조상 제사에서 사용하는 위패로 오해될 소지가 많다. 따라서 부득이하게 사목적 이유로 조상의 이름을 게시할 경우에는 특히 음식상 위나 제대 앞에 게시하지 말고 제대 주변에 미사 지향을 알리는 차원에서 게시하도록 한다.

7. 제례 용어

기일 제사와 명절 차례를 포괄하는 개념으로 제례라는 용어를 사용하였다.

신위(神位), 신주(神主), 위패(位牌), 지방(紙榜)이라는 유교식 제례 용어는 조상 숭배의 의미를 연상시킬 소지가 있어, '조상(고인)의 이름', '조상(고인)의 사진' 등의 용어로 대치 하였다.

기일 제사와 명절 차례
– 한국 천주교 주교회의 2012년 춘계 정기총회 승인 –

제1장 | 한국 천주교 가정 제례 지침

1. 한국 천주교 제례의 의미

「한국 천주교 사목 지침서」는 "제사의 근본정신은 선조에게 효를 실천하고, 생명의 존엄성과 뿌리 의식을 깊이 인식하며, 선조의 유지에 따라 진실한 삶을 살아가고, 가족 공동체의 화목과 유대를 이루게 하는 데 있다. 한국 주교회의는 이러한 정신을 이해하고 가톨릭 신자들에게 제례를 지낼 수 있도록 허락한 사도좌의 결정을 재확인한다."(제134조 1항)고 명시하고 있다.

이처럼 한국 천주교 주교회의가 허락한 제례는 유교식 조상 제사를 답습하는 것이 아니라, 조상에 대한 효성과 추모의 전통문화를 계승하는 차원에서 그리스도교적으로 재해석한 예식이다. 따라서 한국 천주교 제례의 의미가 조상 숭배의 개념으로 오해되지 않도록 주의해야 한다.

2. 가정 제례의 필요성

신자 가정들 가운데는 가풍으로 제례를 지내오는 경우가 많고, 특히 나이가 들어서 입교한 성인 신자 중에는 다종교 가정에서 생활하여 오랫동안 제례를 지내온 경우가 많다. 한국 천주교 주교회의는 이들을 위한 사목적 배려 차원에서 신자들이 조상의 기일이나 명절에 가정이나 묘지에서 제례를 지낼 수 있도록 허용하고 있다.(「한국 천주교 사목 지침서」 제134조 1항 참조)

3. 가정 제례와 미사

신자 가정에서 의무적으로 제례를 지내야 하는 것은 아니다. 신자 가정에서는 기일 등 선조를 특별히 기억해야 하는 날에는 가정 제례보다 우선하여 위령 미사를 봉헌한다.
(「한국 천주교 사목 지침서」 제135조 1항)

그러나 여러 가지 필요로 기일 제사나 명절 차례를 지내야 하는 가정은 '한국 천주교 가정 제례 예식'을 기준으로 제례를 지낼 수 있다.

4. 가정 제례의 준비

제례를 드리기 전에 신자들은 다음과 같은 준비를 한다.

(1) 마음과 몸의 준비

제례 전에는 고해성사를 통해 마음을 깨끗이 하며, 제례 때에는 복장을 단정하게 갖추어 입는다.

(2) 상차림

제례상은 음식을 차리지 않고 단순하게 추모 예절만을 위한 상을 차릴 수도 있다. 상 위에는 십자가와 조상(고인)의 사진이나 이름을 모시며, 촛불을 켜고 향을 피운다. 그 외에 『성경』, 『가톨릭 성가』, 『상장 예식』(또는 『위령 기도』) 등을 준비한다. 음식상을 차릴 때에는 형식을 갖추려 하지 말고 소박하게 평소에 가족이 좋아하는 음식으로 차린다.

5. 가정 제례의 내용

가정 제례의 내용은 시작 예식, 말씀 예절, 추모 예절, 마침 예식으로 구성한다. 특히 추모 예절에서는 분향과 절, 세상을 떠난 이들을 위해 바치는 한국 교회의 전통적 기도인 위령 기도를 주요 예식으로 구성한다.
(「한국 천주교 사목 지침서」 제133조 참조)

6. 제례 용어

기일 제사와 명절 차례를 포괄하는 개념으로 제례라는 용어를 사용하였다.

신위(神位), 신주(神主), 위패(位牌), 지방(紙榜)이라는 유교식 제례 용어는 조상 숭배의 의미를 연상시킬 소지가 있어, '조상(고인)의 이름', '조상(고인)의 사진' 등의 용어로 대치하였다.

제2장 | 한국 천주교 가정 제례 예식

1. 머리말

(1) 신자 가정에서 의무적으로 제례를 지내야 하는 것은 아니다. 신자 가정에서는 기일 등 선조를 특별히 기억해야 하는 날에는 가정의 제례보다 우선하여 위령 미사를 봉헌한다.
(「한국 천주교 사목 지침서」 제135조 1항 참조).

그러나 여러 가지 필요로 기일 제사나 명절 차례를 지내야 하는 가정은 '한국 천주교 가정 제례 예식'을 기준으로 제례를 지낼 수 있다.

(2) 여기에 수록된 가정 제례 예식은 기일 제사나 명절 차례를 지내고자 하는 신자들을 위하여 기준 예식을 마련한 것이다. 따라서 '한국 천주교 가정 제례 지침'의 의미를 따르면서 각 가정의 전통과 풍습에 따라 변형하여 제례를 지낼 수 있다.
(「한국 천주교 사목 지침서」 제134조 2항 참조)

2. 준비 사항

(1) **마음과 몸의 준비** : 제례 전에는 고해성사를 통해 마음을 깨끗이 하며, 제례 때에는 복장을 단정하게 갖추어 입는다.

(2) **상차림** : 제례상은 음식을 차리지 않고 단순하게 추모 예절만을 위한 상을 차릴 수도 있다. 상 위에는 십자가와 조상(고인)의 사진이나 이름을 모시며, 촛불을 켜고 향을 피운다.

그 외에 『성경』, 『가톨릭 성가』, 『상장 예식』(또는 『위령 기도』) 등을 준비한다. 음식상을 차릴 때에는 형식을 갖추려 하지 말고 소박하게 평소에 가족이 좋아하는 음식으로 차린다.

3. 시작 예식

(1) 제례 준비가 끝나면 가장은 다음과 같이 제례의 시작을 알리며 예식을 진행한다.

  1) 기일에는
     지금부터 (　)의 기일을 맞이하여 제사를 거행하겠습니다.

  2) 설이나 한가위에는
     지금부터 명절을 맞이하여 설날(또는 한가위) 차례를 거행하겠습니다.

(2) 성호경
　✠ 성부와 성자와 성령의 이름으로. ◎ 아멘.

(3) 시작 성가
『가톨릭 성가』중에서 자유롭게 선택한다.
성가 50번(주님은 나의 목자), 54번(주님은 나의 목자), 227번(나는 부활이요 생명이니라), 436번(주 날개 밑), 462번(이 세상 지나가고) 중에서 선택할 수 있다.

(4) 시작 기도
가장은 오늘 거행하는 제례의 취지를 설명한 후 가족들의 마음을 모으는 기도를 바친다.

  1) 기일에는
     ✠ 사랑하는 가족 여러분,

우리는 오늘 (　　)의 기일을 맞이하여 온 가족이 한 자리에 모여 (　　)를 기억하며 제사를 올리고 있습니다.

예수님께서는 "나는 부활이요 생명이다. 나를 믿는 사람은 죽더라도 살고, 또 살아서 나를 믿는 사람은 영원히 죽지 않을 것이다."(요한 11,25~26)라고 말씀하셨습니다.

생명과 부활의 주인이신 주님께 (　　)와 우리 자신을 봉헌하면서 정성된 마음으로 이 예절에 참여합시다.

2) 설이나 한가위에는
   ✚ 사랑하는 가족 여러분,
   우리는 오늘 설/한가위 명절을 맞이하여 온 가족이 한자리에 모여 조상님들을 기억하며 차례를 올리고 있습니다.
   예수님께서는 "나는 부활이요 생명이다. 나를 믿는 사람은 죽더라도 살고, 또 살아서 나를 믿는 사람은 영원히 죽지 않을 것이다."(요한 11,25~26)라고 말씀하셨습니다.
   생명과 부활의 주인이신 주님께 조상님들과 우리 자신을 봉헌하면서 정성된 마음으로 이 예절에 참여합시다.

3) 잠시 침묵 후에
   ✚ 주님, 이 세상에서 불러 가신 주님의 종 (　　)를 받아들이시어 영원한 행복을 누리게 하시며 성인들과 함께 주님을 찬미하게 하소서. 또한 저희도 주님의 뜻 안에서 서로 화목하며 사랑할 수 있게 해주소서.
   우리 주 그리스도를 통하여 비나이다. ◎ 아멘.

4. 말씀 예절

(1) 성경 봉독

아래에 있는 성경 말씀 외에 다른 본문을 자유롭게 선택할 수 있다.
마태 5,1~12(참 행복), 요한 14,1~14(아버지께 가는 길), 로마

12,1~21(그리스도인의 새로운 생활과 생활 규범), 1코린 13,1~13(사랑), 에페 5,6~20(빛의 자녀) 중에서 선택할 수 있다.

예) 요한 15,1~12 (나는 참 포도나무다)

형제 여러분, 요한이 전한 거룩한 복음의 말씀을 들읍시다.
"나는 참 포도나무요 나의 아버지는 농부이시다. 나에게 붙어 있으면서 열매를 맺지 않는 가지는 아버지께서 다 쳐 내시고, 열매를 맺는 가지는 모두 깨끗이 손질하시어 더 많은 열매를 맺게 하신다. 너희는 내가 너희에게 한 말로 이미 깨끗하게 되었다. 내 안에 머물러라. 나도 너희 안에 머무르겠다. 가지가 포도나무에 붙어 있지 않으면 스스로 열매를 맺을 수 없는 것처럼, 너희도 내 안에 머무르지 않으면 열매를 맺지 못한다. 나는 포도나무요 너희는 가지다. 내 안에 머무르고 나도 그 안에 머무르는 사람은 많은 열매를 맺는다. 너희는 나 없이 아무것도 하지 못한다. 내 안에 머무르지 않으면 잘린 가지처럼 밖에 던져져 말라 버린다. 그러면 사람들이 그런 가지들을 모아 불에 던져 태워 버린다. 너희가 내 안에 머무르고 내 말이 너희 안에 머무르면, 너희가 원하는 것은 무엇이든지 청하여라. 너희에게 그대로 이루어질 것이다. 너희가 많은 열매를 맺고 내 제자가 되면, 그것으로 내 아버지께서 영광스럽게 될 것이다. 아버지께서 나를 사랑하신 것처럼 나도 너희를 사랑하였다. 너희는 내 사랑 안에 머물러라. 내가 내 아버지의 계명을 지켜 그분의 사랑 안에 머무르는 것처럼, 너희도 내 계명을 지키면 내 사랑 안에 머무를 것이다. 내가 너희에게 이 말을 한 이유는, 내 기쁨이 너희 안에 있고 또 너희 기쁨이 충만하게 하려는 것이다. 이것이 나의 계명이다. 내가 너희를 사랑한 것처럼 너희도 서로 사랑하여라."
○ 주님의 말씀입니다.
◎ 그리스도님, 찬미합니다.

(2) 가장의 말씀

가장은 조상(고인)을 회고하면서 가훈, 가풍, 유훈 등을 가족들에게 설명해 준다. 또한 성경 말씀을 바탕으로 가족들이 신앙 안에서 성실하게 살아가도록 권고한다.

5. 추모 예절

(1) 분향과 배례

가장이 대표로 향을 피우고 참석한 모든 사람이 다 함께 큰절을 두 번 한다.

(2) 위령 기도(『가톨릭 기도서』 122~128쪽)

긴 위령 기도를 바치거나 노래로 부를 때에는 『상장 예식』(또는 『위령 기도』)을 참조한다.

╋ 성부와 성자와 성령의 이름으로
◎ 아멘.
╋ 지극히 인자하신 아버지,
  저희는 그리스도를 믿으며 살다가 이 세상을 떠난 모든 이가 마지막 날에 그리스도와 함께 부활하리라 굳게 믿으며 아무의 영혼을 아버지 손에 맡겨 드리나이다.
○ 이 주님의 종이 세상에 살아 있을 때에
  무수한 은혜를 베푸시어
  아버지의 사랑과
  그리스도 안에서 모든 성인의 통공을 드러내 보이셨으니
  감사하나이다.
● 주님, 저희 기도를 자애로이 들으시어
  이 주님의 종에게 천국 낙원의 문을 열어 주시고
  남아 있는 저희는

그리스도 안에서 모두 다시 만나
주님과 형제들과 함께 영원한 행복을 누릴 때까지
믿음의 말씀으로 서로 위로하며 살게 하소서.
우리 주 그리스도를 통하여 비나이다.
◎ 아멘.

시편 130(129)

- ○ 깊은 구렁 속에서
  주님, 당신께 부르짖나이다.
- ● 주님, 제 소리를 들어 주소서.
  애원하는 제 소리에 당신 귀를 기울이소서.
- ○ 주님, 당신이 죄악을 헤아리신다면
  주님, 감당할 자 누구이리까?
- ● 당신은 용서하는 분이시니
  사람들이 당신을 경외하리이다.
- ○ 나 주님께 바라네.
  내 영혼이 주님께 바라며
  그분 말씀에 희망을 두네.
- ● 파수꾼이 새벽을 기다리기보다
  내 영혼이 주님을 더 기다리네.
- ○ 파수꾼이 새벽을 기다리기보다
  이스라엘이 주님을 더 기다리네.
- ● 주님께는 자애가 있고
  풍요로운 구원이 있네.
- ○ 바로 그분이 이스라엘을
  모든 죄악에서 구원하시리라.
- ✚ 주님, 아무에게 영원한 안식을 주소서.
- ◎ 영원한 빛을 그에게 비추소서.

시편 51(50), 3-21

○ 하느님, 당신 자애로 저를 불쌍히 여기소서.
　당신의 크신 자비로 저의 죄악을 없애 주소서.
● 제 허물을 말끔히 씻어 주시고
　제 잘못을 깨끗이 지워 주소서.
○ 제 죄악을 제가 알고 있사오며
　제 잘못이 언제나 제 앞에 있나이다.
● 당신께, 오로지 당신께 잘못을 저지르고
　당신 눈앞에서 악한 짓을 하였사오니
○ 판결을 내리셔도 당신은 의로우시고
　심판을 내리셔도 당신은 떳떳하시리이다.
● 보소서, 저는 죄 중에 태어났고
　허물 중에 제 어미가 저를 배었나이다.
○ 그러나 당신은 가슴속 진실을 기뻐하시고
　남몰래 저에게 지혜를 주시나이다.
● 우슬초로 정화수를 뿌리소서.
　제가 깨끗해지리이다.
○ 저를 씻어 주소서.
　눈보다 더 희어지리이다.
● 기쁨과 즐거움을 맛보게 하소서.
　당신이 부수신 뼈들이 춤을 추리이다.
○ 저의 허물에서 당신 얼굴을 돌리시고
　저의 모든 죄를 없애 주소서.
● 하느님, 제 마음을 깨끗이 만드시고
　제 안에 굳건한 영을 새롭게 하소서.
○ 당신 앞에서 저를 내치지 마시고
　당신의 거룩한 영을 제게서 거두지 마소서.
● 구원의 기쁨을 제게 돌려주시고

순종의 영으로 저를 받쳐 주소서.
○ 저는 악인들에게 당신의 길을 가르치리니
제인들이 당신께 돌아오리이다.
● 하느님, 제 구원의 하느님, 죽음의 형벌에서 저를 구하소서.
제 혀가 당신 의로움에 환호하오리다.
○ 주님, 제 입술을 열어 주소서.
제 입이 당신을 찬양하오리다.
● 당신은 제사를 즐기지 않으시기에
제가 번제를 드려도 반기지 않으시리이다.
○ 하느님께 드리는 제물은 부서진 영.
부서지고 뉘우치는 마음을
하느님, 당신은 업신여기지 않으시나이다.
● 당신의 자애로 시온을 돌보시어
예루살렘의 성을 쌓아 주소서.
○ 그때에 당신이 의로운 희생 제사, 제물과 번제를 즐기시리이다.
그때에 사람들이 수소를 당신 제단 위에 바치리이다.
✚ 주님, 아무에게 영원한 안식을 주소서.
◎ 영원한 빛을 그에게 비추소서.
✚ 주님, 저희의 기도를 들어주소서.
◎ 또한 저희의 부르짖음이 주님께 이르게 하소서.

아래의 기도문 가운데 하나를 골라서 바친다.

(1) 사망일부터 장례일까지

✚ 기도합시다.
언제나 저희를 불쌍히 여기시어
너그러이 용서하시는 하느님,
(오늘) 이 세상을 떠난 아무를 기억하시어
사탄의 손에 넘기지 마시고

거룩한 천사들이 천상 낙원으로 데려가게 하소서.
아무는 세상에서 주님을 바라고 믿었사오니
지옥 벌을 면하고
영원한 기쁨을 얻게 하소서.
우리 주 그리스도를 통하여 비나이다.
◎ 아멘.

(2) 장례 후 탈상일까지

✚ 기도합시다.
주님, 세상을 떠난 아무를 생각하며 비오니
주님의 성인들과
뽑힌 이들 반열에 들어
주님의 영원한 기쁨을 누리게 하소서.
우리 주 그리스도를 통하여 비나이다.
◎ 아멘.

(3) 기일에는

✚ 기도합시다.
너그러우신 주 하느님,
아무의 기일을 맞이하여 비오니
그에게 영원한 안식과 평화를 주시고
세상에 사는 저희는
주님의 말씀을 따라 살게 하소서.
우리 주 그리스도를 통하여 비나이다.
◎ 아멘.

(4) 설이나 한가위에는

✚ 기도합시다.

주님, 세상을 떠난 조상님들을 생각하며 비오니
그들이 주님의 성인들과
뽑힌 이들 반열에 들어
주님의 영원한 기쁨을 누리게 하소서.
우리 주 그리스도를 통하여 비나이다.
◎ 아멘.

모두 무릎을 꿇고 '주님의 기도', '성모송'을 각각 한 번씩하고,
아래의 기도로 위령 기도를 마친다.

✚ 주님, 아무에게 영원한 안식을 주소서.
◎ 영원한 빛을 그에게 비추소서.
✚ 아무와 세상을 떠난 모든 이가
　　하느님의 자비로 평화의 안식을 얻게 하소서.
◎ 아멘.

6. 마침 예식

(1) 마침 성가

『가톨릭 성가』 중에서 자유롭게 선택한다.
성가 50번(주님은 나의 목자), 54번(주님은 나의 목자), 227번(나는 부활이요 생명이니라), 436번(주 날개 밑), 462번(이 세상 지나가고) 중에서 선택할 수 있다.

(2) 음식 나눔

온 가족이 한자리에 앉아 음식을 나누며 사랑과 친교의 대화 시간이 되도록 한다.

| 참고문헌 |

- 『성경』 한국천주교중앙협의회, 2005
- 『교회법전』 한국천주교중앙협의회, 2011
- 『한국 천주교 사목 지침서』 한국천주교중앙협의회, 2012
- 『가톨릭교회 교리서』 한국천주교중앙협의회, 2011
- 『한국 천주교 예비 신자 교리서』 한국천주교중앙협의회, 2015
- 『한국 천주교 청년 교리서』 한국천주교중앙협의회, 2011
- 『간추린 사회 교리』 한국천주교중앙협의회, 2006
- 『성체성사 나눔의 신비』 한국천주교중앙협의회, 2018
- 『제2차 바티칸공의회 문헌』 한국천주교중앙협의회, 2007
- 『가톨릭 기도서 개정판』 한국천주교중앙협의회, 2018
- 『상장 예식 개정판』 한국천주교중앙협의회, 2018
- 『한국 천주교와 이웃 종교』 한국천주교중앙협의회, 2019
- 『천주교 용어자료집』 한국천주교주교회의 매스컴위원회, 2011
- 『한국 가톨릭대사전』 한국교회사연구소, 2006
- 『전례사전』 가톨릭출판사, 2005
- 『무엇하는 사람들인가?』 박도식 신부, 가톨릭출판사, 2007
- 『가톨릭 신앙살이 교리』 허성학 신부, 불휘미디어, 2015
- 『말씀으로 익히는 가톨릭 교회 교리문답』 정승현 신부, 한님성서연구소, 2018
- 『YOU CAT 가톨릭 청년교리서』 오스트리아 주교회의, 가톨릭출판사, 2017
- 『성모 마리아』 이계창 신부, 한빛출판사, 2016
- 『가톨릭 인터넷 굿뉴스』 자료실 가톨릭 교리편, 2018
- 『가톨릭신문』 자료실, 2018
- 『가톨릭 평화신문』 자료실, 2018
- 『성모 마리아』 사진작가 김정자, 한빛출판사, 2016
- 『그곳에서 하느님을 만나다』 사진작가 김정자, 한빛출판사, 2016
- 『성당 건축이야기』 한기온 외 6인, 대전교구 원신흥동 성당, 2018

| 엮은이 |

김 성 열 마태오

- 1955년 충남 서산 출생
- 1974년 홍성고등학교 졸업
- 1974년 홍성세무서 근무
- 1995년 한국 세무사시험 합격(32회)
- 1995년 서울지방국세청 퇴직(국세청 21년 근무)
- 2001년 한밭대학교 경영학과 졸업(경영학사)
- 2003년 고려대학교 행정대학원 졸업(경제학석사)
- 2007년 한남대학교 일반대학원 졸업(경영학박사)
- 2007년 한국 경영지도사시험 합격(22회)
- 2004-2008년 한밭대학교 경상학부 겸임교수 역임(4년)

- 1983년 세례(천주교 대전교구 홍성성당)
- 1987년 천주교 대전교구 꾸르실료 남성 제54차 수료
- 1995년 천주교 서울대교구 제555차 ME교육 수료
- 2005-2007년 천주교 대전교구 월평동성당 사목회장 역임(2년)
- 2006-2008년 천주교 대전교구 재무평의회위원 역임(2년)
- 2012년 대전 가톨릭대학교 교리신학원 졸업(2년)
- 2014-2016년 천주교 대전교구 반석동성당 사목회장 역임(2년)
- 2017년 대전 가톨릭대학교 교리신학원 심화과정 수료(1년)
- 2018년-현재 천주교 대전교구 반석동성당 예비신자 교리교사 활동
- 2019년-현재 천주교 대전교구 반석동성당 비정규 성체분배자 활동

- 세무법인 큐택스 둔산법원점
  대표 세무사 김성열

가톨릭교회 평신도를 위한 신앙생활 길잡이 ①

가톨릭이란 어떤 종교인가요?

교리교사가 330가지 질문을 알기 쉽게 풀이한
가톨릭 교리문답

교 회 인 가 : 2017년 2월 9일(천주교 대전교구장 유흥식 라자로 추기경)
초 판 인 쇄 : 2018년 2월 22일(성 베드로 사도좌 축일)
초 판 발 행 : 2018년 3월 19일(복되신 동정 마리아의 배필 성 요셉 대축일)
제 2 판 발행 : 2018년 4월 1일(주님 부활 대축일)
개정 증보판 교회인가 : 2019년 7월 29일(성녀 마르타 기념일·천주교 대전교구장 유흥식 라자로 추기경)
개 정 증 보 판 발 행 : 2019년 8월 15일(성모 승천 대축일)
개정증보판 2판 인쇄 : 2019년 9월 21일(성 마태오 사도 복음사가 축일)

엮 은 이 : **김성열 마태오 (010 - 5457 - 9390)**

엮은이 저작권, 판매권 소유 엮은이 인지 생략

발행 및 인쇄처 : **도서출판 프린트샵**
등 록 2018년 3월 26일
이메일 wj2359@naver.com
대전광역시 유성구 테크노중앙로 155 테크노피아

도서 구입 문의

사 업 자 상 호 : 마태오서적
사업자등록번호 : 359 - 99 - 00508
직 통 번 호 : **070 - 7605 - 6391**
휴 대 전 화 : **010 - 5457 - 9390**
이 메 일 : **semu8272@hanmail.net**
입금 계좌 번호 : 740901 - 01 - 594252 (국민은행, 마태오서적 김성열)

값 : 15,000 원

해외에서 송금할 때 SWIFT CODE : CZNBKRSE

은행명 : KOOKMIN BANK
지점명 : DUNSAN CLOVER BR
주   소 : 55 MUNYE-RO SEO-GU DAEJEON, KOREA
계좌번호 : 740901-01-594252 (국민은행, 마태오서적 김성열)
성   명 : Kim Seong Yul

Tel : 042-483-5353 / +82-42-483-5353
Fax : 042-483-5355 / +82-42-483-5355
H.P : 010-5457-9390 / +82-10-5457-9390
E-mail : semu8272@hanmail.net
Add : 103-602, 219, Bugyuseong-daero,
       Yuseong-gu, Daejeon, 34077,
       Republic of Korea

ISBN 979-11-963630-3-1 (03230)
* 잘못된 책은 바꿔드립니다.